통합심리치료

평가와 사례개념화

Andre Marquis 저 | **문일경** 역

학지사

The Integral Intake

by Andre Marquis

역자 서문

이 책은 미국의 대표적인 통합사상가인 켄 윌버의 이론을 상담 및 심리치료의 실제에 적용한 저서로서, 통합 이론에 대한 상세한 해설과 함께 그것을 어떻게 심리치료의 맥락에서 개념화하고 실용화할 수 있는가에 대한 구체적이고 친절한 지침과 사례를 제시하고 있다.

최근 동양의 전통적 지혜와 서구의 심리학적 성과를 결합하여 그만의 독특한 통합적 체계를 구축한 윌버의 사상에 대한 대중적 관심이 점차 확산되고 있으며 우리나라에서도 그의 번역서가 다수 출간되고 있다. 그러나 아직까지 주 관심은 이론적, 철학적 수준에 머물고 있으며, 이러한 상황은 해외에서도 크게 다르지 않은 듯하다. 2000년대에 들어와 통합연구소를 중심으로 통합 이론을 정치, 문화, 예술, 심리치료 등 다양한 분야에 적용하려는 시도를 하고 있으나 아직은 초보 단계라고 할 수 있다. 이러한 측면에서 이 책이 제시하는 통합심리치료의 평가 및 사례개념화 방법은 윌버 통합 사상의 실질적인 유용성을 심리치료 분야에서 본격적으로 실험하고 검증해 볼 수 있는 도구가 될 수 있을 것이다.

대학원에서 자아초월상담학을 공부하면서 나는 윌버의 통합 사상에 대해 큰 매력을 느껴 왔으나, 그의 이론이 현실에 어떻게 적용될지에 대한 의문도 동시에 가져왔다. 특히 상담 실무자로서, 윌버의 이론을 상담 현장에 어떻게 접목해야 할 것인가에 대해서는 상당한 막막함이 있었다. 또한 스스로 자아초월 상담자로서의 정체성을 가지기에는 전반적으로 자아초월 상담 또는 통합 상담에 대한 공유된 이해의 기반이 취약하고 실제로 상담을 진행할 만한 전문가적 역량이 부족하다는 점에 대한 안타까움도 느꼈다. 그러던 차에 2008년 미국에서 열린 통합 이론 컨퍼런스에서 그때 막 출간된 이 책을 발견한 후, 처음으로 통합 상담에 대한 구체적인 그림이 잡히는 느낌과 함께, 그것을 실제로 구현할 수 있으리라는 어떤 기대감과 희망을 볼 수 있었다.

이 책에서 다루고 있는 심리치료의 평가 및 사례개념화 모델은 윌버의 통합적 메타 프레임워크인 'AQAL(All Quadrants, All Levels(모든 상한/모든 수준)' 에 기초하고 있다. AQAL은 통합 사상의 핵심으로, 모든 통합적 접근이 고려해야 하는 다섯 가지 필수 요소인 모든 상한, 모든 수준을 비롯하여, 모든 라인, 모든 상태, 모든 유형을 포함한다. 그것은 다양한 관점에서 모든 것을 조화시키는 역할을 수행하며 광범위하고 정확한 의미로 삶과 실재를 이해하는 방식이다. 의식, 우주, 모든 수준, 모든 차원에서의 인간 발달에 관한 지도라고 할 수 있는 AQAL은 수백 가지 이론으로부터 핵심적 진리를 추출하는 메타 이론으로, 영적 전통, 철학, 근대 과학, 발달심리학, 다른 많은 학문들의 심오한 통찰을 체계화한다.

이 책에서 다루고 있는 통합심리치료는 어느 한 가지 지향을 선호하면서 다른 모델의 관점이나 기법을 접목하는 부분적 통합 방식, 즉 대체로 지도 원칙이나 이론적 정당성이 부족한 여타의 절충적 방식과는 달리, 서로 상충되는 수많은 치료적 접근들 간의 공명적 조화를 이룰 수 있는 견고하고 일관되며 포괄적인 AQAL 메타 패러다임에 기초하고 있다는 점이 가장 큰 특징이자 강점이라고 할 수 있다. 여기서 제시하는 통합적 치료 모델은 치료자들에게 AQAL이라는 단순한 개념적 틀을 제공하여, 특히 상한과 발달의 측면에서 내담자들의 치우쳐 있거나 부족한 영역을 보다 전체적 · 균형적 시각에서 조망하고 그들의 발달적 무게중심을 평가한다. 또한 이러한 다차원적인 이해를 기초로 내담자들의 복잡하고 미묘한 정보를 의미 있고 실용적인 사례개념화로 조직화하여 치료를 계획하고 실행하고 반성하고 보완하는 과정을 거친다.

이 책의 핵심 메시지는 매우 단순하다. 내담자를 가능한 전체적이고 정확하게 평가하고 그에 적합한 치료적 개입을 취하는 것이 내담자를 가장 잘 도울 수 있는 접근이라는 것이다. 이 책을 읽는 일부 독자들은 '평가'라는 용어에 민감할 수도 있다. 저자도 여러 차례 강조하고 있지만 여기서의 평가는 가치 판단을 위한 평가가 아니라, 내담자의 현재 상태와 문제를 가능한 내담자의 진실에 가장 가깝게 이해하고 존중하고자 하는 치료자의 최선의 노력이라는 점을 항상 염두에 둘 필요가 있다. 구체적으로 어떤 치료적 개입을 취할 것인가는 그다음의 문제일 수 있다. 즉 어떻게 보면 내담자의 문제를 가능한 다차원적 · 통합적 관점으로 이해하고, 이를 조직적으로 개념화하는 것이 통합심리치료의 핵심이자 거의 전부라고 해도 결코 지나치지는 않을 것이다.

그러나 이 통합심리치료 분야는 지금 막 걸음마를 시작한 단계에 있다고 할 수 있기에, 앞으로 임상 현장에서 적용하여 확인하고 구체화해야 할 과제들이 여전히 산적해 있다. 이제 통합상담자로서의 정체성을 스스로 천명하면서, 나는 이론적으로 명쾌하고 임상적으로 설득력이 있는 이 강력한 통합적 상담 체계의 유용성을 우리나라 환경에서 검증하고 활성화해야 한다는 사명감과 책임감을 느낀다. 그리고 그 노력이 우리 상담 및 심리치료 분야에 작은 기여가 되기를 바라는 야무진 욕심도 있다.

이 책의 번역 작업에 많은 분이 도움을 주셨다. 특히 아직 학문적으로 많이 부족한 역자의 의욕과 열정만을 믿고 선뜻 번역을 맡겨 주신 학지사의 김진환 사장님께 진심으로 감사를 드린다. 또한 판권 계약부터 편집, 교정에 이르기까지 이 책을 위해 애써 주신 출판사 여러분께도 고마운 마음을 전하고 싶다.

2011년 7월

옮긴이 문일경

독자 중에서 개인적으로 통합접수평가지 PDF 파일을 받기 원하시는 분은 역자에게 이메일(ikmoon@dreamwiz.com)로 요청하기 바람.

추천사

요즘 나는 그동안 우리가 알아 왔던 상담 및 심리치료는 죽었다는 생각에 점점 빠지곤 한다. 신은 죽었다고 말한 니체의 우화 속에 나오는 미친 남자처럼, 이러한 생각을 공유하는 것은 이상한 표정, 웃음 그리고 가끔은 조롱까지 불러일으킬 수 있음을 안다. 안드레 마퀴스(Andre Marquis) 박사는 내가 이러한 생각을 나눌 수 있는 몇 안 되는 친구와 동료들 중의 한 명이다. 그는 이론적으로 흥미로운 것과 임상적으로 유용한 것 간의 차이점을 이해한다. 그는 부분 진리와 이 분야가 갖는 비전 사이의 차이점을 이해한다. 더욱 중요한 점은, 그가 증상을 치료하는 비전과 영혼을 치유하는 비전 사이의 차이점을 이해한다는 것이다. 만약 우리가 심리학적 고통으로부터의 진정한 치유를 촉진시키고자 한다면, 우리 가운데 가장 실증적인 치료자들조차도 부분 진리로는 더 이상 삶과 일 속에서 벌어지는 다양한 문제를 감당할 수 없을 것이다. 우리 인류가 유례없는 도전을 맞게 되면서 마음은 심리학적 증상을 처치하기 위한 어떤 한 접근만으로는 설명할 수 없는 유례없는 압력에 놓여 있다. 정신 건강 전문가들은 지나치게 전문화되어 있는데, 이러한 전문성은 심리학적 나무에 대해서는 유용한 구분을 제공하는 반면, 정신이라는 숲의 비전을 결여하고 있다. 이 책을 통해 마퀴스는 우리에게 실용적 · 혁신적 · 필연적 탈출구를 제시하고 있다.

상담 및 심리치료에 대한 우리의 전통적 접근들은 죽었다(또는 최소한 죽어가고 있다). 그 이유는 그 접근들이 조심스럽게 보전은 되었으나, 부분적인 심리학적 지도에 반영된 인간상에 대한 고정된 전제에 기초하기 때문이다. 이러한 부분적인 지도들은 훈련 프로그램과 엘리트 기관에서 구체화되고 있으나, 그것들은 대학원 과정에서는 언급조차 되지 않는 경제적 의제가 주도하는 치료 시장에서는 대개 무시되고 있다. 분석적 · 행동적 · 인본주의적 · 자아초월적 그리고 통합적 개혁은 주류 치료라는 대양의 한가운데 간신히 파문만 일으키며 왔다가 사라졌다. 넓은 독자층을 가지고 있지 않은 전문 저널은 차츰 상담 및 심리치료의 부분적인 관점으로부터 빠져나와 양적인 이해를 쥐어짜고자 노력하고 있으나, 그러한 노력이 갖는 부분적인 특성은 여기에서 다시 임상가들에게 의미 있는 방식으로 종합되고 있지 않다.

또한 심리학적 건강과 치유에 대한 아이디어들의 파편화는 마음에만 집중하는 학문 속에 반영된다. 심리역사학자인 대니얼 로빈슨(Daniel Robinson, 1995)이 말했듯이, "심리학의 현재 형태는 매우 다양하며 별개의 지역으로 너무 분할되어 있어 비전문가는 통일된 주제가 전혀 없다는 유감스러운 결론을 내릴 것이다."(pp. 3-4) 이러한 파편화는 부분적으로는 임상가와 연구자를 분리시키는 가정에서 비롯되었는데, 즉 스스로를 치유자로 믿는 사람과 스스로를 과학자로 믿는 사람을 구분하는 것이다. 따라서 우리는 인간 경험의 작은 부분만을 반영하는 이론들을 지속적으로 확장시키고 있으며, 마치 변명을 하듯이, 수박을 담은 가방을 산까지 끌고 올라가는 모든 우아함을 갖춘 '통합적인' 또는 '초이론적인' 체계로 그 이론들을 전부 종합하고자 노력하고 있다. 물론 우리가 지도에 대한 지나치게 구체적인 해석을 통해 현실을 상호 창조하고 있다는 사실을 외면하려는 경향은 인간의 특성이기도 하다. 융(Jung, 1960)은 "모든 사람은 종종 밀폐된 칸막이를 가지고, 그 자신만의 세계의 일부를 스스로 만들고, 그 자신만의 개인적인 체계를 구성하고 난 얼마 후에야 전체의 의미와 구조를 이해하게 되는 듯하다. 그러나 유한한 것은 무한한 것을 결코 이해할 수 없다."(p. 139)고 말했다. 정신 건강 분야에서 일하는 우리조차도 유망한 연구에는 흥분하는데, 다음 이슈의 저널이 출판되기 전에 세미나가 열리고, 열정적인 추종자, 인기 있는 워크숍 그리고 비평가들이 있다. 제인 뢰빙거(Jane Loevinger, 1987)는 "어떤 관점이 넓게 받아들여지면, 많은 사람은 한 방향 또는 다른 방향으로 그것을 논박하는 입장에 서게 되고, 또 다른 사람들은 그것을 변호하는 데 깊게 관여한다." (p. 130)라고 언급하였다. 따라서 여기서 우리는 각기 다른 지도를 옹호하고, 그것을 인간 정신의 실제 영토로 받아들이는 실수도 종종 범하면서, 우리의 관점을 위해 죽을 때까지(또는 정년퇴직할 때까지) 투쟁한다.

안드레 마퀴스는 이 책에서 더 나은 방식의 모델을 제시하고 있다. 이것은 인간의 경험에 대한 대담한 지도를 그린, 진정으로 통합적인 책이며, 치료 과정을 처음부터 끝까지 신중하게 안내하면서 일련의 적용 가능한 설명들로 상세하게 구성하였다. 유한한 것은 무한한 것을 이해할 수 없다는 점을 인식하면서, 마퀴스는 능숙하게 켄 윌버(Ken Wilber)의 '모든 것의 이론'을 접수 상담 과정으로 명쾌하게 해석해 냈다. 그는 특정 이론을 임상 실제에 구현하려는 사람들, 임상을 위해 이론을 통합하기 원하는 사람들, 우리가 더 잘할 수 있음을 믿는 사람들 모두를 테이블로 초대하는 접근을 제시하였다.

『통합심리치료: 평가와 사례개념화』는 내담자를 평가하기 위한 효율적인 지도를 제공하면서 도입부를 시작하는데, 치료 절충, 내담자가 증상뿐만 아니라 성장을 표현할 수 있는 방식에 대한 치료자의 이해, 철저한 수퍼비전을 받는 방법까지도 안내하는 프레임워크를 제공한다. 이 자료는 이론적 토대 및 실용적 적용과 독자가 그 양쪽을 잘 취합하여 접수 평가 도구를 통해 실제 작업을 진행할 수 있도록 돕는 사례 연구가 잘 조화를 이루고 있다.

이 책에서 풀어 놓은 통합적 지도는 아마도 우리가 가진 인간 성장과 발달에 대한 가장 야심만만한 지도로서, 마퀴스는 이론과 그 적용을 초보자와 베테랑 임상가 전부에게 호소력 있고 명쾌하고 실용적인 방식으로 설명하고 있다. 나는 이 책이 최신의 임상적 접근을 따라잡고자 하는 우리 연구자들에게도 호소력이 있다고 믿는다. 이 책에서는 연구자와 치료자 양쪽을 고려하였다. 마퀴스는 독자를 위해 지도를 제시했을 뿐 아니라, 지형을 연구하고 그의 지적 계보를 제공하였다. 추가적으로 그는 이 책의 기본인 도구, 즉 통합접수평가지에 대한 연구를 진행해 왔다. 과학적 엄격성을 가장하며 잠시

스쳐 지나갔던 수많은 심리학적 유행을 지지하는 사람들과는 달리, 마커스는 접수평가지에 대한 연구의 완성도를 높여 왔으며, 임상적 환경에서 그 효과성을 지속적으로 탐구하고 있다.

우리는 한 걸음씩 상담 및 심리치료의 진화 과정 속에 있으며, 우리가 물려받은 지혜를 통합하고 종합하며 불필요한 짐을 던져 버리고 내담자의 전인성을 포용하는 임상적 작업에 필요한 도구를 갖춰 시너지를 꾀하는 방식으로 전진해야만 한다. 이러한 도구는 명백히 그것을 사용하는 임상가에게 오히려 더 많은 것을 요구한다. 치료의 최전선에서 기꺼이 일하고자 하는 임상가들은 통합접수평가지가 치료를 시작하기에 소중한 도구라는 점을 발견할 것이다. 그것은 우리의 내담자를 신선한 눈과 가슴으로 보면서 내담자에 대한 보살핌의 수준을 직접적으로 증진시키고 우리의 작업에 새로운 생명력을 불어넣는 진정한 개혁을 시작하는 도구다.

Elliot Ingersoll, PH.D., PCC

참고문헌

Jung, C. G. (1960). The structure of the psyche. In R. F. C. Hull (Trans.), *Collected works: Vol. 8. The structure and dynamics of the psyche*. Princeton, NJ: Bollingen.

Loevinger, J. (1987). *Paradigms of personality*. New York: Freeman.

Robinson, D. N. (1995). *An intellectual history of psychology* (3rd ed.). Madison: University of Wisconsin Press.

저자 서문

1984년에 켄 윌버는 최근까지의 심리학적 발달의 가장 전체적인 모델을 소개하는 두 개의 획기적인 논문을 발표하였다. 이 논문이 더욱 큰 가치를 지니는 점은, 그가 각 발달 단계는 특정한 심리학적 또는 심리영적 병리와 관련 있으며, 각 병리는 서로 다른 치료적 개입 양식에 의해 최적으로 치료된다는 점을 제안하였나는 점이다(1984a, 1984b). 지난 20여 년에 걸쳐 윌버는 철학적 · 심리학적 · 영적 분야의 이론을 정립하는 작업을 지속해 왔으며, 현재 20권이 넘는 그의 책은 30개 이상의 언어로 출판되었다. 그가 미국 학계에서 가장 많이 번역된 책의 저자이며 가장 체계적이고 전체적인 현대의 철학적 사상가로 자리매김했음은 거의 분명한 사실이다(Visser, 2003; Schwartz, 1995). 불행히도 심리치료 분야는 아직 이 강력한 통합적 체계, 즉 이론적으로 명쾌할 뿐 아니라, 임상적으로도 설득력이 있고 실용적으로도 유용한 통합 이론에 대해 알지 못하고 있다.

통합접수평가지는 윌버의 '모든 상한, 모든 수준(AQAL) 모델' 에 기초한 심리치료의 접수평가지다. 이 책은 통합접수지를 어떻게 활용할지에 대한 설명뿐 아니라 통합 이론과 AQAL에 대한 해설을 제공하고 있다. 통합접수평가지를 만들 당시의 나의 주요 목표는 치료자가 내담자를 보다 전체적으로 평가하여 자신이 계획하고 실행하는 치료를 향상시키는 것이었다. 이 책을 쓸 때의 주요 목표는 치료자에게 복잡하면서도 단순한 개념적 체계, 즉 통합 이론을 제공함으로써 내담자에 대한 엄청난 폭과 깊이의 정보를 의미 있고 실용적인 사례개념화로 조직화하는 것이었다. 이와 같이 나는 수련 중인 치료자뿐만 아니라 보다 경험이 많은 치료자들이 임상적으로 유의미한 정보를 수집하고 조직화하도록 돕기 위해 개념적 명료성과 실용적 활용도 간의 균형을 맞추기 위해 노력함으로써, 내담자와 그들의 문제를 더 풍부하게 이해하여 가장 적절한 치료적 개입 과정을 계획하는 데 기여하고자 하였다.

통합접수평가지는 상담, 심리치료 그리고 정신의학과 간호학, 지역 건강 클리닉과 병원부터 학교와 개인 병원까지, 거의 모든 환경에서 사용할 수 있다. 대개 다른 전문성을 가진 치료자들이 각기 다른 이론적 개념으로 개념화하거나(도덕적 해이의 문제 또는 만족스러운 관계의 결여 등 건강하지 못한 사회적 체계와 대조되는 생의학적 질병) 사람의 병리와 고통에 관련된 임상적으로 유의미한 많은 요소 중 일부에만 주로 집중한다는 측면을 고려할 때, 통합 이론과 같은 통합적 체계는 각 치료자들의 효과성뿐만 아니라 학제 간 소통과 다학제적인 자원과 치료를 위한 더 큰 가능성을 촉진한다.

통합접수평가는 개별 기술적 · 자전적 · 다차원적 평가 도구인데, 그 의미에 대해서는 다른 일반적인 평가 이슈들과 더불어 제1장에서 설명할 것이다. 통합 이론의 관점에서 본다면(제2장에서 소개하며, 제3장부터 제6장까지는 보다 자세히 설명할 것이다), 상담 및 심리치료를 원하는 내담자에 대한 전체적 · 전일적 개념화는 각 내담자의 네 개의 구분된 상한(관점)을 이해하는 것을 요구한다. 그것은 내담자의 내적 경험, 외부적으로 관찰 가능한 내담자의 행동, 내담자의 문화 그리고 내담자의 사회적 시스템이다. 상한의 평가는 제3장의 초점이다. 통합적 평가에 또한 필수적인 것은 수준(단계) 그리고 라인(인지, 욕구, 정체성, 도덕성 등 사람들의 발달 측면들), 의식의 상태 그리고 성격 유형인데, 이 모든 내용에 대해서는 제4장부터 제6장까지 설명하고, 제7장에서는 두 가지의 폭넓은 사례 연구를 보여 줄 것이다.

내담자로부터 최대한의 정보를 얻는 것만이 치료적 평가와 접수 면담이 수반하는 전부는 아니다. 앞서 언급한 통합 이론의 다섯 가지 요소들(상한, 수준, 라인, 상태 그리고 유형)은 통합치료자에게 주된 지향적 프레임워크를 제공하여, 내담자에 대해 생물심리사회적인 개념화보다 훨씬 더 포괄적인 개념화를 조직화하도록 한다(Short, 2005; Ingersoll, 2002; Engel, 1977; Cambell & Rohsbaugh, 2006). 통합 이론은 전통적이고 유서 깊은 심리치료의 지식 및 실제와 의식의 초개인적 상태, 후-후형식적 발달 단계와 같은 보다 최첨단의 도발적인 이슈들을 통합하여 시너지를 꾀한다.

치료자가 내담자와 초기에 접촉하고 평가하는 일의 또 다른 중요한 요소는 치료적 동맹을 형성하는 것을 포함한다. 이 이슈에 대해서는 이 책의 여러 군데에서 언급하고 있다. 마찬가지로 통합 이론과 통합 실제 간의 연결성을 보여 주기 위해, 통합접수평가지(지필 형태 대 반구조화 또는 구조화된 면접에 대한 안내)를 활용하는 다양한 방법들로부터 치료 계획, *DSM* 진단, 그리고 통합심리도에 이르는 실용적인 예들 또한 각 장에 안내되어 있다. 제8장은 통합접수평가지에 대해 더 진전된 연구와 상세화를 위한 계획뿐만 아니라, 통합접수평가지와 다른 기술적 평가 도구에 대해 진행했던 연구를 다루고 있다. 제9장에서는 이 책에 대한 결론을 간략하게 내렸다.

통합접수평가지는 이 책의 끝에 부록으로 들어 있다. 또한 데이비드 레빗 박사가 수정한 통합접수평가지의 정신의학적 버전도 포함되어 있는데, 그것은 *DSM-IV-TR* 진단으로 너무 빨리 귀결되면서 치우치는 경향이 있는 임상가들을 위해 보다 전체적인 의학적 평가와 증상에 대한 정신의학적 검토를 수반한다. 부담스러울 정도로 긴 통합접수평가지를 만들지 않으면서도 정신의학적인 질문을 추가하기 위해, 레빗 박사는 표준 통합접수평가지에서 보다 심각한 손상이 있는 환자에게는 덜 중요한 것으로 보이는 몇 가지 질문을 삭제하였다. 이 책에 첨부된 부록의 또 다른 형태는 새로운 내담자에게 통합접수평가지의 작성이 필요한 이유에 대해 설명한 편지 형식이다. 부록에 있는 내용을 그대로 사용하든, 여러분이 내담자를 평가하는 방식에 보다 쉽게 맞출 수 있는 내용으로 조정하기 위한 지침으로 사용하든, 여러분이 활용할 수 있도록 편지를 포함하였다. 나는 통합접수평가지를 더 통제된 연구뿐 아니라 그것을 활용하는 임상가들의 경험에 기초하여 지속적으로 수정할 의도를 가지고 있으므로, 여러분의 요구에 가장 맞는 버전이 무엇이든 간에 통합접수평가지를 사용할 것을 권유하며 여러분이 제공하는 어떤 피드백도 환영한다.

통합접수평가지의 주된 유익한 특성은 전반적인 유용성, 포괄성, 효율성이다(합리적인 시간 내에 적절한 정보를 수집하는 것). 더 구체적으로, 그것은 내담자의 문화와 다양성 이슈, 내담자의 영성, 내담자의 환경, 그리고 내담자에게 가장 의미 있는 것들을 다른 어떤 평가 도구보다 훨씬 포괄적으로 평가한다(Marquis, 2002; Marquis, Holdern, & Hupfeld, 출간 중). 대부분의 정신 건강 전문가들은 이전의 평가에서 무시되어 왔던 이 부분들이 내담자를 전체적으로 이해하여 최적의 치료 계획을 세우는 데 실제로 중요하다는 점에 동의한다.

통합 이론과 AQAL 모델은 20여 년 이상 심리치료자의 작업에 영향을 미쳐왔다. 통합 상담과 심리치료는 상호 심사 저널인 『상담 및 가치(*Counseling and Values*)』(2007)의 전체 호, 그리고 다른 많은 상호 심사 논문과 많은 전문적인 컨퍼런스 발표의 초점이 되어 왔다. 켄 윌버는 2005년의 심리치료의 진화 컨퍼런스의 발표에 초청되었으나 건강상의 문제로 참석할 수 없었다. 통합연구소에서 열린 통합심리치료에 대한 일주일간의 세미나에는 전 세계로부터 심리학자, 정신의학자, 상담자, 사회복지학자, 간호학자의 수많은 청중들이 참석했다. 그 발표 자료들은 『통합심리치료의 핸드북(*Handbook of Integral Psychotherapy*)』으로 편집 중이다(Marquis & Ingersoll, 진행 중). 앞으로도 통합적 평가와 치료는 지속적으로 발전할 것이다. 이에 나는 통합접수평가지에 대한 피드백을 환영하며, 미래의 개정판은 여러분이 치료하는 내담자에게 더 큰 도움을 줄 것이다. 나는 이 책과 통합접수평가지가 여러분에게 지적으로는 자극을 주며 실용적으로는 유익하기를 바란다.

Andre Marquis

감사의 글

통합 이론은 다른 많은 이론들 가운데서도 발달 이론이다. 나는 여기서 나 자신의 발달에 영향을 미쳐 왔던 나의 세 가지 열정, 즉 사람, 음악 그리고 자연에 감사를 표하고자 한다.

상담 및 심리치료의 통합적 접근을 발전시키고자 일하는 사람으로서, 이 통합적인 작업을 할 수 있도록 기여해 주신 분들께 나는 빚을 지고 있다. 나에게 자극을 준 저자들은 James, Freud, Piaget뿐만 아니라, Michael Mahoney, Robert Kegan, Diana Fosha, Paul Wachtel, Robert Stolorow, Irvin Yalom, Rollo May, Erich Fromm, Adi Da, Brother David Steindle-Rast 등이다. 그러나 Ken Wilber만큼 나의 지적인 작업에 많은 영향을 준 저자는 없었으며, 그가 없었다면 이 책을 시작하지도 못했을 것이다. 앞으로 논의할 모든 내용에 그가 완전히 동의를 할지는 확신할 수 없으나, 그의 고유한 작업이 없이는 그 대부분은 결실을 맺지 못했을 것이라는 점은 알고 있다. 더 나아가 나의 이 고마운 마음을 통합 연구소의 동료 심리치료자들에게로 확장하고 싶다. Bert Parlee, Willow Pearson, Susanne Cook-Greuter, Jeff Soulen, Tim Black, Durwin Foster 그리고 David Zeitler 등이다. 또한 통합접수평가지의 초판에 대한 아이디어에 도움을 준 Esbojorn-Hargens에게 특별한 감사를 전하고 싶다. Sean Esbojorn-Hargens는 짧은 시간 내에 내가 평생의 친구로 느꼈던 드문 사람 중 한 명이다. 자연에 대한 사랑, 정서적 발달, 지적 탐구, 영적 수련에 대한 Sean의 균형은 나를 고무시킨다. 또한 그와 같이 있으면 엄청나게 즐겁다. 나의 '정신적 형제 저자' 이며 동료 통합 치료자인 Elliot Ingersoll의 동의 없이는 이 책을 출판하지 못했을 것이다.

Elliot은 이 책의 초판에 대해 소중한 피드백을 제공했을 뿐 아니라 저술을 하든 발표를 하든, 또는 함께 편집을 하든 소중한 동료다. 또한 그는 보물과 같은 친구다. 나의 존경하는 친구인 Michael Mahoney는 그의 지난번 책의 서문에서 "깊고 지속적인 우정이야말로 인간의 삶의 가장 귀한 축복 중의 하나다."라고 썼다.

노스 텍사스 주립대학교(UNT)에서 사귄 친구들은 내 삶에서 여전히 중요하다. Jan Holden은 내 논문의 초점으로서 통합접수평가지를 사용해 보라는 아이디어를 주었고 '새로운 내담자들에게 보내는 편지' (부록에 포함됨)의 초판을 써 주었을 뿐 아니라, 나의 박사 연구 프로그램 내에 통합 상담 전문영역을 개설하는 것을 허락해 주었다. 그의 관대한 멘터십에 깊이 감사드린다. Kathy Oden, Paul Abney, Sarah Menninger, Zac Tureau, Rich Herrington, Leah Brew, Maggi Budd 등과 나는 모두 UNT의 상담/심리학 박사 과정에서 연구했다. 여러분들의 우정과 지지, 우리가 연구실에서 함께 보냈던 모든 행복한 시간에 대해 감사한다. Scott Warren과 함께 했던 특별한 우정은 삶의 위대한 축복 중의 하나다. Scott은 나의 좋은 면과 그다지 좋지 않은 면을 알고 그 모든 것을 통틀어 나를 지속적으로 좋아하고 사랑한다. 그의 지혜, 이해, 배려 그리고 관심은 힘들었던 많은 시간 동안 나에게 도움이 되었다. 나는 텍사스 북부의 통나무집에서 럭스트라는 이름의 사랑스러운 존재인 갈색 래브라도 강아지와 함께 살았다. 럭스트는 삶 속에서 경험할 수 있는 사랑, 미, 기쁨의 가시적인 표현일 뿐만 아니라 완벽하게 일관된 자기대상이며 소중한 동반자였다. 럭스트, 너를 기억할 때마다 나는 행복하다.

나는 노스이스턴 주립대학교의 동료들과 친구들을 떠나면서 큰 슬픔을 느꼈다. Kenny Paris, Alicia Casas-Celaya, Bill Schiller, Harriet Bachner, Sarah Menninger 등과 나는 열띤 토론을 나눴으며, Alicia의 덱, Kenny의 벽난로 주변에서, 그리고 오클라호마 시골에 있는 나의 집에서 아주 즐거운 파티를 몇 차례 가졌다. 학문적인 삶의 만만치 않은 요구에도 불구하고, 우리 직업은 다른 대부분의 직업보다는 시간을 훨씬 더 유연하게 활용할 수 있다. Kenny와 나는 그 유연성의 이점을 완전히 누렸다. 우리는 여유가 생길 때마다 일리노이 강 또는 바론 포크 계곡에서 카누와 카약을 했으며, 낙연어 낚시뿐만 아니라 오자크의 훼손되지 않은 작은 언덕, 흰머리 독수리, 무수히 다양한 새들과 야생동물을 즐겼다.

나는 로체스터 대학교(UR)에 정착하여 지적 자유와 물질적 지원을 누리게 되었을 뿐 아니라, 그보다 더 중요하게는 내가 진정으로 유대감을 느끼는 동료들을 갖게 되었다는 점에 감사한다. Doug Guriffrida와 Karen Mackie와 같은 동료 집단 속에서 나의 개인적이고 전문적인 역할은 훨씬 자연스럽게 융화되었다. 나는 UR에서의 첫 번째 해에 Howie Kirschenbaum의 인간-중심 리더십을 경험하는 행운을 누렸다. 누군가를 위해 일하는 것이 그보다 더 쉬울 수는 없었다. Gerry Rubenstein은 나와 Erica를 가족처럼 따뜻하게 맞이하면서 집으로 초대하였다. 사회 구조에 대한 Paul Stein의 시식은 백과사전적이며, 그의 예리한 눈은 진정한 의미에서 비판적이며, 인간 외의 존재까지를 포함한 모두를 위한 더 나은 세상에 대해 그가 갖는 자비로운 확신은 아름답고 고무적이다. 우리가 자주 비공식적으로 나누었던 토론으로 나의 사고는 더욱 발전했다고 느낀다. 마지막으로, Kathryn Douthit는 예리한 지성, 풍부한 학식과 진심 어린 감수성, 역동적인 즉흥성, 실천하는 연민을 통합했다는 점에서 나에게는 하나의 모델이다. 나는 UR 상담 교수진의 일부임이 자랑스럽고 그들과 우정을 나눌 수 있음에 감사하다.

나는 성장하고자 하는 용기와 헌신, 인간 변화 과정은 추상이 아니라는 점을 보여 주고, 내가 보다 도움이 되고 통합적인 조력자의 역할을 하게 된 점 대해 나의 내담자들에게 감사하고 싶다. 나는 신뢰, 용기, 혼동을 인내하는 자발성, 그리고 배우고 발전하고자 하는 노력에 대해, 나의 학생들과 수련생들에게도 고마움을 전달하고 싶다. 나는 진심으로 탐구, 학습, 발달의 과정 속에 참여할 수 있는 특권을 부여 받은 사람이라고 느낀다.

니체는 "음악이 없으면 삶은 정말 재미가 없을 것이다."라고 말하였다. 그의 극단적인 표현에 내가 완전히 동의할 수 있을지 확신은 들지 않지만, 음악이 나의 삶을 풍부하게 하고 나의 의식을 형언할 수 없을 정도의 충만한 절정 영역으로 변화시킨다는 사실은 확실히 알고 있다. 내가 사랑하는 음악은 스트라빈스키, 마일즈 데이비스, 칙 코리아부터 예스, 비틀스, 존 덴버까지 다양하지만, 나는 바흐의 음악에 가장 열광적이다. 바흐의 음악은 예술이 자연을 모방한다는 아리스토텔레스의 개념(바흐의 과학적 음악에 대한 개념의 핵심을 형성한 원칙)을 멋지고 아름답게 표현하는데, 자연의 운행을 알리는 몸, 마음, 영의 차원 또는 초자연적인 음악적 '교시'를 개방하는 것일 수 있다. 나는 즐거운 참여와 완전한 몰입에 깊이 감사한다. 나의 이해와 향유가 이 '대기권의 음악' 속에 담긴 진, 선, 미에 대한 부분적인 일별에 불과할지라도, 바흐 음악의 섬세한 숭고함에 참여하는 경험을 할 수 있을 만큼 나는 운이 좋다.

내가 자연에 대해서 무엇을 말할 수 있겠는가? 나는 그것이 필요하고 내가 항상 그 속에서 몰입해올 수 있었음에 감사한다. 요즘도 나는 직장이나 집에 없을 때는, 뉴욕 중부의 프리스틴 핑거 호 중 하나인 헴록 호수에 있을 가능성이 가장 많다. 핑거 호 혹은 뉴욕 중부의 수많은 시내와 강에서 낚시를 하건 안 하건 간에, 자연이 나에게 제공하는 평화, 즐거움, 활기는 값을 매길 수 없을 만큼 너무도 소중한 선물이다. 물고기를 잡는 것과는 별개로, 낚시는 물 위의 경쾌한 댄스 공연, 흐르는 파동의 신비, 해와 달이 뜨고 지면서 나타나는 완벽한 변화를 나에게 선물한다.

내가 만나고 싶은 만큼 만날 수는 없을지라도, 나와 이 친구와의 거리는 단지 지리적인 것에 불과하다. 우리는 영적으로 하나다. 나는 16세 때 Eric Hartman을 만났고 그의 딸과 데이트를 했다. 우리의 우정이 얼마나 지속적으로 변화해 왔는지는 역동적인 시스템에 대한 증거다. Graig Thigpen은 처음에는 나의 기타 선생님이었다. 그는 나에게 스트라빈스키의 음악을 소개해 주었고, 나를 음악적인 충격과 집착에 빠지게 했다. 그에 대한 보상으로 나는 그에게 바흐에 대한 사랑을 다시 불러일으켰다. Leslie Grove는 존경하는 영혼, 내가 알고 있는 가장 헌신적인 어머니이며, '항상 변함이 없는' 친구다. 그녀는 나에게 '지혜로운 노인' 인 Peter Bellonci를 소개시켜 주었는데, 그의 매일의 명상은 수공도구를 가지고 돌을 조각하는 것이다. 내가 오스틴을 떠나기 전까지 우리가 금요일마다 타운 호수 주변을 산책하고 매그놀리아 카페에서 브런치를 함께 했던 일은 잊지 못할 소중한 의례였다. Chris Warren은 어렸을 때부터 신사였으며, 그의 말, 유머 그리고 우정은 완벽하게 신뢰할 만하다. 매일을 충만하게 살고 있는 Gaby Rosch는 위험이 없는 삶은 살 만한 가치가 없는 삶이라고 나에 가르쳐 주었다.

여러분이 예상할 수 있다시피, 나의 부모님은 오늘날의 내가 되는 데에 지대한 영향을 미치셨다. 나에게 일관되게 주신 사랑과 관심에 대해 어머니께 감사드린다. 그녀는 규칙적으로 그리고 헌신적으로, 내가 일과 여가에 집중할 수 있도록 촉진하는 데 시간을 쓰셨다. 그 과정에서 그녀는 내가 어린 나이였을 때부터 훈련의 가치를 스며들게 하였다. 내가 일과 여가에 열성적으로 몰입하게 만든 모델이었으며, 높은 기준을 독려하고 자연의 경이로움에 나를 눈뜨게 했던 점에 대해 아버지께 감사드리고 싶다. 화학 연구원이셨던 아버지와 낚시를 하는 어린아이로서, 나는 또한 실험적인 방법에 대해 조기 교육을 받았다. 다른 측면들은 일정하게 유지하면서(위치, 깊이, 유혹의 유형 등), 한 번에 한 측면을 달리하면서(추출 속도, 유혹하는 색깔, 인상의 유형 등), 결과를 기록하고(우리는 방대한 양의 낚시 기록을 했다) 패턴을 관찰한다. 즉 아버지는 나에게 가장 먼저 과학적 훈련을 시키셨던 것이다. 어렸을 때 나의 네 명의 누이들과 함께 사는 일은 항상 만만치는 않았으나(그들도 나에 대해 똑같은 이야기할 것이라고 확신한다), 지금은 그들과 어울려 사는 것이 진정으로 즐겁다. 정신분석 심리학자인 Anne-Marie와 나는 심리치료에 대해 토론하기를 즐긴다. Merianda와 그의 남편인 Clint와는 음악과 자연에 대한 나의 열정을 공유할 수 있다. 하이킹이나 자전거 타기에서 그들을 따라잡을 수만 있으면 좋겠다. Natalie는 개인적인 성장과 용서를 보여 주는 산 증인이다. 어릴 때의 가장 즐거운 기억을 함께 공유하는 Julie는 그녀의 고양이와 야생동물, 그들의 생태를 정말 잘 돌본다. 형 Ro(Robert의 약자)와 나만큼 더 가깝게 지내는 형제를 나는 개인적으로 알지 못한다. 카누를 타고, 알래스카 강에서 낚시를 하고, 함께 음식을 만들고, 감동적인 음악을 함께 감상하건, 천 마일 떨어진 곳에 살건, 우리가 함께 공유하는 매우 특별한 유대감을 유지하고 있다는 점에 감사한다. 나는 그와, 그의 아내 Kristin, 세 명의 사랑스러운 아이들과 더 많은 시간을 보내지 못하는 점이 무척 아쉽다. 나보다 다섯 살 많았던 Ro는 내가 아직 어렸을 때부터 내가 하는 모든 것, 예를 들어 내가 행복하게 느꼈던 것 또는 내가 다르게 했더라면 좋았을 것 등에 대해서 성찰하라고 가르쳤다. 그는 내면을 성찰하는 방법을 나에게 처음으로 격려했던 사람이었다.

또한 나는 통합접수평가지를 개정하고 변환하도록 도왔던 분들께 감사드리고 싶다. 볼더 지역 병원의 정신과 의사이며, 볼더 콜로라도에서 통합적 정신의학 분야의 개업의인 David Leavitt, M.D., 애리조나 대학교의 고등교육 연구 센터의 조교수인 Cecilia Rios, Aguilar, Ph.D., 캐나다 퀘벡에 있는 통합적 심리치료 연구소의 소장인 Manon Hotte, M.D. 등이다. 또한 이 책의 뒷표지에 사용된 나의 사진을 찍어 준 Gaby Rosch에게 감사의 마음을 표하고 싶다.

Roultege 출판사의 편집자인 Dana Bliss에게 내가 원하는 방식으로 저술할 수 있는 자유를 허용해 주고 나의 연구에 대해 관심을 가지고 격려해 준 점에 진지한 감사를 전하고 싶다. Charlotte Roh는 항상 유쾌한 사람이다. 표지에 내가 찍은 자연 사진을 실고 싶었던 나의 바람을 받아들여준 점은 나에게 큰 의미가 있다. 두 분과 함께 작업하게 되어 기쁘다.

마지막으로, 나의 아내인 Erica Crane에게 진심으로 감사의 마음을 전달하고 싶다. 이 책의 모든 내용을 세심하게 읽었을 뿐 아니라 도움이 되는 피드백을 주었던 그녀는 격려, 균형, 사랑의 지속적인 원천이었다. 또한 그녀는 자연 속에서 종종 낚시를 하면서 많은 시간을 보내고자 하는 나의 욕구를 매우 잘 이해하고 인내한다. 우리가 나누는 사랑과 우정을 통해 인간관계가 가장 중요하다는 나의 믿음은 더욱 새롭게 다가온다. 당신은 날이 갈수록 나에게 더욱 소중해진다. 우리 강아지, 넬슨과 함께 살면서, 그녀는 내가 기대하지도 않았던 방식으로 나의 성장을 독려해 왔다.

차 례

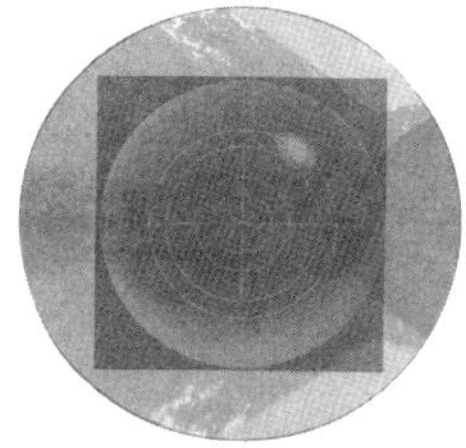

01 평가에 대한 몇 가지 일반적 기초

상담과 심리치료에서 평가의 역할

대부분의 상담 이론가들과 임상가들은 내담자의 가능한 많은 측면을 포함하는 정보를 합리적인 범위 내에서 수집하는 종합적 평가가 성공적인 상담에서 필수불가결하다는 점에 동의한다(Cavanagh, 1982; Eckstein, Baruth, & MAhrer, 1992; Hood & Johnson, 1991; Lazarus, 1995, 1997; Mosak, 1995; Shertzer & Linden, 1979; Wilber, 2000e). 뿐만 아니라, "치료하는 환경과는 상관없이 한 개인을 평가할 수 있는 능력은 모든 상담자들에게 요구되는 기본적인 기술이다." (Shertzer & Linden, 1979, p. 3) 이러한 관점에 예외가 있다면, 칼 로저스(Carl Rogers, 1957, 1961)로 대변되는 인본주의자들이라고 할 수 있다. 로저스와 말년의 하인즈 코헛(Heinz Kohut, 1984)은 모두 내담자의 문제가 무엇이든 간에, 치료자가 할 수 있는 가장 중요한 일은 정확한 공감으로 소통하는 것이라고 주장하면서 평가를 상대적으로 불필요한 것 또는 심지어 내담자에게 가장 도움이 되는 것으로부터의 우회로 치부하였다.

그러나 평가에 대한 로저스와 코헛의 이러한 관점은 수정이 필요할 수 있다. 이는 안타깝게도 별로 드물지 않은 하나의 상황을 떠올려보면 입증될 수 있다. 가난에 찌든 알코올 중독 부모를 둔 자녀는 이너시티(Inner City, 대도시 중심부의 저소득층 거주 지역-역자 주)에서 성장하면서 갱들이 저지른 범죄 현장과 여타의 사회적 억압을 헤쳐 나가기 위해 고군분투하고 있다. 우리는 이와 같은 내담자에게도 다른 무엇보다 공감이 필요하다고 진정으로 믿는 걸까? 때로는 심리적 개입이 아니라, 간단한 식단의 변화, 운동량의 증가, 항우울제 복용, 기타 생물물리학적 개입이 심리치료만큼, 혹은 그 이상으로 효과적일 수 있다(Lazarus, 1995; Leonard & Murphy, 1995; Wilber, 2000b).

심리치료와 상담에서 접수 평가 도구들(도구[instrument]라는 용어는 검사[inventory]라는 용어와 동의어로 사용한다)을 활용하는 것은 내담자에 대한 정보를 수집하여 내담자에게 가장 최적의 도움을 주도록 상담 접근을 맞춤화할 수 있는 효과적이고도 체계적인 방법이다(Van Audenhove & Vertommen, 2000; Beutler & Rosner, 1995; Palmer, 1997). 상담자가 더 많은 정보를 수집할수록, 내담자를 더 깊게 이해할 수 있는 가능성은 높아지며, 이에 따라 상담 과정이 적절하게 이루어질 가능성이 높아지고, 궁극적으로는 치료 성과가 성공적일 가능성도 높아진다(Kang & Wiens, 1998).

앞 문단에서는 어떤 형태의 상담 또는 심리치료가 특정 내담자에게 있어서는 가장 적절하게 진행하는 조치일 수밖에 없음을 가정하고 있다. 접수 평가 과정은 상세하고 이론적인 질문을 포함할 뿐 아니라, "이 사람에게 전문적인 도움이 필요한가?"와 같은 근본적인 질문도 필요하다. 만약 그 답이 맞다고 하면, 그다음 질문은 "이 사람에게 상담이나 심리치료가 가장 적절한 형태의 도움인가?"다. 이에 대한 답도 맞다고 하면, 이제 질문은 "이 사람이 맞닥뜨린 문제에 대해서 최적의 이론적 접근과 구체적인 개입 방법은 무엇일까?" 그리고 "내가 이 사람과 그의 욕구를 유능하게 도울 수 있을 것인가?"다. 반 오덴호프와 버토멘(Van Audenhove & Vertommenn, 2000)은 많은 임상가들이 종종 이러한 중요한 질문들 가운데 첫 두 가지 질문을 잊어버리거나 건너뛴다고 지적하였다. 우리는 새로운 잠재 내담자와 관련하여, 임상가들이 이러한 질문들을 진지하게 받아들일 것을 촉구한다.

이러한 점을 감안한다면, 평가는 다양한 이슈들을 고려할 수 있도록 촉진하고 내담자의 문제의 본질을 밝히는 것을 도우며 가능한 대안을 제공해 줄 수도 있고, 종종 상담의 성공 여부를 평가할 수 있는 수단이 될 수도 있다(Hood & Johnson, 1991; Lambert & Cattani-Thompson, 1998; Ruddell, 1997).

내담자로부터 정보를 수집하지 못하면, 효과적인 상담은 불가능하다(Persons, 1991; Shertzer & Linden, 1979). 실존주의자들(May & Yalom, 1995), 그리고 공식적으로는 평가 도구로 내담자를 평가하지 않는다는 인본주의자들조차도 점점 내담자와의 상호작용으로부터 모은 정보를 지속적으로 받아들이고 개념화하고 있는 중이다. 이 관점에서 보면, 상담자가 이 정보를 어떻게 개념화하는가에는 그의 주된 상담 이론이 작용하며, 이는 상담자가 이 평가 과정을 일마큼 의식하는지 혹은 의식하지 못하는지와는 무관하다(Fall, Holden, & Marquis, 2004; Shertzer & Linden, 1979). 그렇다면 문제는 임상가들이 그들의 내담자를 평가해야 하는지의 여부가 아닌 것이다. 로저스(1961)조차도 자신의 내담자들을 평가했기 때문이다. 그들이 자신의 경험에 얼마나 개방적인지, 그들의 이상적 자기와 자기-개념이 어느 정도로 일치하는지 등이다. "인간중심 치료자들에게 있어, 자신과 내담자의 상대적인 일치성/불일치성의 정도와 특정 내용을 개념화할 수 있는 능력은 상담 및 심리치료 과정의 핵심이다." (Fall et al., 2004, pp. 191-192에서 재인용) 이제 문제는 오히려 얼마나 공식적으로, 그리고 어느 정도의 이론적 일관성을 가지고, 임상가가 평가 과정에 접근하는가라고 볼 수 있다.

어떤 임상가가 초기의 평가를 얼마나 공식적으로 혹은 비공식적으로 수행하는가의 문제는 중요하다. 앞서 언급한 것처럼, 모든 심리치료자들은 자신의 내담자들을 어떤 하나의 방식 혹은 또 다른 방식으로 평가한다. 나는 평가 도구나 명시적으로 과정을 이끌어가는 어떤 공식적인 구조 없이 회기 내에서 내담자와 관계를 맺기, 또는 면접을 통해 정보를 수집하는 것을 비공식적인 평가라고 본다. 어떤 정신 건강 전문가들은 보다 공식적이고 구조화된 면접을 선택하여 치료자가 면접에서 묻는 질문을 평가 도구를 통해서 이끌어낸다. 비공식적 평가와는 대조적으로, 공식적 평가는 평가 도구의 활용을 포함한다. 평가 도구가 보편 정립적(nomothetic, 대규모 집단 표집을 대상으로 평가나 실험을 하고 집단의 보편적인 성향을 확인하고자 하는 접근-역자 주)인가 또는 개별 기술적(idiographic, 개별 사례에 초점을 두고 개인을 집중적으로 평가하는 방법-역자 주)인가에 대해서는 이후에 자세히 다룰 것이다. 관리 의료(managed care)에 의한 단기 치료의 특별한 가치를 감안하면, 효과적으로 가능한 많은 정보(이상적으로는 상담 회기 자체 내에서 많은 시간을 요구하지 않는다)를 수집할 수 있는 초기의 평가 도구는 많은 임상가들과 내담자들에게 상당한 가치를 지닐 수 있다(Beutler & Rosner, 1995). 『심리학적 평가 편람(*Handbook of Psychological Assessment*)』의 저자에 따르면, "관리 의료 서비스는 의료 서비스를 제공하는 데 비용의 효율성을 강조하며, 이는 면접에서 필요한 정보를 최소한의 시간 내에 밝혀내야함을 의미한다. 즉 이것은 컴퓨터에서 추출된 정보 혹은 **지필 양식을 극대화함으로써 상담을 간소화하는 것을 의미할 수 있다.**" (Groth-Marnat, 1999, p. 71; 고딕체는 추가됨)

과정으로서의 평가

비록 평가가 치료자와 내담자의 초기 만남에서 시작되기는 하지만, 반드시 초기에 끝나는 것은 아니다. 즉 평가와 전반적인 치료 과정은 서로 밀접하게 연결되어 있다(Person, 1991). 가필드(Garfield)가 말했듯이, "실제로 평가와 치료는 서로 얽혀 있으며 치료 전반에 걸쳐 지속된다." (2003, p. 175) 또한 여러 가지 면에서, 평가는 하나의 개입 방식이기도 하다. 내담자가 어떻게 느끼는지, 자신을 어떻게 경험하고 있는지, 어떤 생각이 그들을 괴롭히는지, 그리고 그들의 강점, 자원, 최선의 선택이 무엇인지를 살펴보는 것이 바로 평가 과정의 시작이다(Persons, 1991; Mahoney, 2003). 초기의, 그리고 바람직하게는 종합적인 평가에 기초하여, 치료자는 잠정적인 치료 계획을 구상한다. 치료가 진행됨에 따라, 내담자와 치료자는 치료가 얼마나 잘 이루어지고 있는지를 주기적으로 평가하고, "평가와 치료 사이의 지속적인 상호작용을 의미하는 경험적인 가설-검증 접근을 활용하여, 필요하다면 치료 계획을 수정한다." (Persons, 1991, p. 100)

평가에 대한 나의 접근은 퍼슨스(Persons, 1991)의 '사례개념화(case formulation)' 와 상당히 일맥상통하는데, 그것은 초기 평가 과정에서 습득한 정보를 잠재적인 요인, 이슈, 그리고/또는 내담자가 보여 주는 증상과 문제의 밑바닥에 깔려 있는 기제의 특성 등을 작업가설을 구축하는 데 활용한다. 사례개념화는 치료자가 어떤 특정 문제를 지닌 특정 개인에게 최선이라고 판단하는 특별한 접근과 구체적인 개입을 택하는 데 필요한 기초를 제공한다. 중요한 점은 사례개념화는 이후에 진행될 각 회기에서 획득한 정보에 기초하여 지속적으로 재평가되고, 필요하다면 수정되어야 하는 작업 가설이라는 점이다.

앞 문단의 내용에서 주의할 점은, 반 오덴호프와 버토멘(2000)의 접수 면접과 치료법 선택에 대한 '절충적 접근(negotiation approach)' 에서 볼 수 있듯이, 사건에 대한 내담자의 지각과 치료자의 관점 사이의 조화 혹은 적합성을 반드시 찾아낼 필요가 있다는 점이다. 치료자 혼자만 평가 과정과 치료계획의 구축을 끌고 가서는 안 된다. 임상가는 반드시 내담자가 스스로를 어떻게 경험하고 평가하는지에 대해 주의를 기울여야만 한다. 즉 내담자가 자신의 핵심 문제라고 간주하는 것, 그들의 문제가 지속된 기간과 그 문제를 촉발한 사건, 왜 그들이 지금 이 시점에 도움을 구하게 되었는지, 그들이 스스로를 어떻게 분류하는지, 그들이 어떻게 자기 자신과 관계를 맺고 있는지, 그들이 자신의 강점 및 약점이라고 여기는 것은 무엇인지, 그들이 이전에 치료를 받은 적이 있는지 여부, 그리고 그 경험은 어떠했는지, 더 나아지기 위한 변화의 가능성에 대한 그들 자신의 평가, 그들이 바라는 성과와 목표를 가장 잘 달성하는 방법에 대해서 어떻게 생각하는지 등이다. "일반적으로 변화에 대한 내담자의 이론은 적어도 치료자가 믿는 이론만큼이나 중요하다." (Mahoney, 2003, p. 41; 자세한 내용에 대해서는 Bohart & Tallman, 1999 참조; Hoyt, 1998) 덧붙이면, 내담자가 치료자와 상호작용하는 방식은 종종 그들의 특징적인 행동 패턴을 드러내며, 이는 보통 그들이 도움을 구하고자 하는 문제와 연관된 행동 패턴이다(Yalom, 2002; Garfield, 2003).

요약하면, 상담자와 심리치료자가 평가를 위해 갖추어야 하는 기술적인 지식과 임상적인 전문성에 더하여, 회기 초반은 다음의 사항들을 반드시 포함시켜야 한다.

- 무엇이 내담자를 힘들게 하고, 무엇이 가장 도움이 될 수 있다고 생각하는지에 대한 내담자의 관점을 탐색
- 그들, 그들의 문제, 그리고 가장 적절한 치료 과정에 대해 치료자가 갖고 있는 관점을 내담자에게 전달
- 내담자의 관점과 치료자의 관점 사이의 절충 과정

비록 평가의 핵심적 목표가 궁극적으로는 그들의 즉각적인 관심사와 일생의 발달에 기여할 수 있는 방식으로 내담자를 이해하는 것이기는 하지만, 자기 자신을 알아가는 일은(깊은 자각; 도구로서의 치료자) 타인을 깊게 알아가는 일과 밀접하게 연관되어 있다(Yalom, 2002; Mahoney, 2003).

조율

첫 회기에 이루어지는 초기 접촉은 내담자의 성공적인 결과를 가져오는데 절대적으로 중요하다. 라포 형성하기, 치료 관계 구축하기, 나-당신(I-Thou) 관계 만들기, 혹은 치료적인 '우리'를 형성하기 중 어떤 표현을 쓰든, 함께 협업하는 초기 국면은 너무나도 중요하다. 그런 측면에서 (첫 회기의)

접수 면접은 이상적으로는 서로가 잘 맞는지에 대한 상호 탐색의 형태로 이루어진다. 치료자만 내담자의 성격, 문제, 맥락을 평가하는 것이 아니라, 내담자 또한 서로 잘 맞는지, 도움을 줄 수 있는 치료자의 능력에 대해 신뢰하는지 여부를 평가한다. 따라서 내담자는 치료의 과정과 성격에 대해서, 또는 특정 치료자가 작업하는 방식(이론적인 가정과 특정한 개입 방법)에 대해서 그들이 품은 어떠한 의문이라도 던질 수 있는 기회를 가져야만 한다. 만약 치료자가 특정 내담자에게 도움이 될 수 있을지에 대해 확신이 없다면, 그 내담자를 내담자의 문제, 문화 등의 면에서 보다 유능한 다른 치료자에게 의뢰해야만 한다. 또한 치료자가 내담자를 좋아하지 않는다면 내담자와 관계를 맺거나 그의 관심사에 공감하는 데 어려움을 겪거나 혹은 내담자의 자기-표현의 어떤 측면에 대해 부정적으로 느끼게 되어, 내담자에게 최적의 도움을 주지 못할 가능성이 크다. 우리는 다른 치료자에게 의뢰하는 방법에 대해 보다 주의를 기울이고 연구할 필요가 있다. 그것은 특정 내담자를 의뢰하는 적절한 시점을 파악하는 것뿐만 아니라, 그러한 결정을 최적으로 전달하는 방법 등이 될 수 있다(Wachtel, 1993; Mahoney, 2003; Garfield, 2003).

첫 회기에서 클립보드와 표준화된 접수 평가 양식을 가지고 작업하는 치료자들은 많지 않는 편이며, 또한 많은 이들이 회기 중에 메모를 하지 않을 것이다(Fosha, 2000; Mahoney, 2003; Garfield, 2003). 비록 내가 즉각적인 주의를 요하는 문제와 관련된 어떠한 신호에 대해 질문을 던지고 귀를 기울인다 해도, 회기 초반에 나의 전반적인 주의는 가능한 진솔하고 현재에 머물러야 한다. 나는 내담자에게 그들이 익숙한 것과는 경험적으로 구별되는 인간관계 형태를 제공하고자 한다. 비록 나는 내담자가 말한 내용을 가능한 자세하게 기억하려 애쓰지만, 모든 세부 사항을 전부 따라가는 것에 대해서는 너무 염려하지 않는다. 내담자는 한 회기 전체, 혹은 치료가 진행되는 내내 자신의 핵심적인 문제로 반복적으로 돌아올 것이기 때문이다(Fosha, 2000; Watchel, 1993; Mahoney, 2003).

첫 회기를 마칠 무렵, 나는 내담자에게 나와 함께한 작업에 대해 어떻게 느꼈는지를 묻는다. 만약 우리가 서로가 잘 맞는다는 느낌을 갖는다면, 그들에게 통합접수평가지(Integral Intake)를 제공하면서 다음 회기 전까지 작성해 줄 것을 요청한다(때때로 전화로 내담자들이 치료 과정을 촉진하기 위해 자신이 할 수 있는 모든 것을 하겠다는 의욕을 표현하고, 나와의 신뢰감을 구축하기 이전에도 개인적으로 민감한 질문들에 답하는 것에 동의한다면, 나는 첫 회기 전에 통합접수평가지를 우편으로 보내기도 한다). 나는 내담자에게 우리의 작업이 어떻게 진행되고 있는지에 대해 지속적으로 함께 평가할 것이라고 알려주며, 그들이 가능한 많은(생각, 느낌, 행동, 상호작용 등에 대한) 자기관찰과 자기-검토를 하도록 격려한다.

지필 검사 대 임상 면접

"심리 평가는 검사의 기계적인 시행과 점수 계산 이상의 임상적 기술의 활용을 포함하고 있으며…… 임상가의 최종적인 분석에 가장 큰 가치를 지니는 측정 도구는 임상가이지, 검사가 아니다."(Beutler & Rosner, 1995, p. 6)라는 점을 반드시 유념해야 한다. 실제로 임상가들이 가장 빈번하게 활용하는 평가 절차는 도구를 사용하지 않는 비공식적인 평가, 즉 임상 면접이다(Beutler, 1995b). 임상 면접은 구조화된 것(이전에 정해진 형식, 일련의 질문들, 순서를 따르는 것)일 수도 있고, 구조화되지 않은 것(상담자의 기술, 능력, 판단 그리고 창조성에 의존)일 수도 있다(Vacc & Juhnke, 1997; Beutler, 1995b). 비록 임상가들이 비구조화된 면접 방법을 더욱 자주 활용할지라도, 뷰틀러(Beutler)는 비구조화된 면접은 "심리학적 평가에서 활용되는 신뢰도와 타당도가 가장 낮은 측정 방법 중의 하나"(1995b, p. 94)라고 경고하였다.

임상 면접은 내담자, 그녀가 처한 상황 그리고 그녀의 경험에 대해 보다 자세한 설명을 요하는 추가적인 질문처럼, 지필 도구로는 얻기 어려운 특정한 형태의 정보를 수집하는 데 필요한 조건을 제공한다. 또한 면접은 상담자가 관찰한 대인 방식 및 말로 표현한 내용과 관찰된 행동 사이의 불일치에 대한 정보를 알려주기도 한다.

이러한 점을 염두에 두고, 뷰틀러(Beutler, 1995b, p. 97)는 그가 '통합적이고 반구조화된 면접' 이라 불렀던 내용을 다음과 같이 제시하였다.

> 통합적이고 반구조화된 면접은 평가에서 핵심적인 역할을 차지하지만, 유일하거나 심지어 가장 중요한 도구로서의 역할을 하는 것은 아니다. …… 이처럼 면접을 종합적인 임상 평가의 일부로서 생각하기 때문에 임상가는 반구조화된 면접을 일련의 통합된 평가 절차 안에 포함시킨다.

본질적으로, 이와 같은 면접은 내담자가 완성한 자전적 검사(biographical inventory)를 상담자가 숙독한 다음에 상담자와 내담자 사이에서 일어나는 것이다. 이는 문맹인 내담자를 평가하는 데에도 적합한 방법이 될 수 있다.

통합접수평가지의 효과에 대한 초기 연구는 기대하지 않았던 평가의 몇 가지 '그림자' 에 대해서도 밝혀냈다(Marquis, 2002). 특정 검사에 열정과 호감을 가지고 있음에도 불구하고, 많은 연구 참여자들은 내담자를 평가하는 데 지필 도구보다는 대화나 비공식적인 면접을 선호한다고 보고하였다. 그들은 내담자가 신뢰할 만하고 건강한 치료적 동맹을 형성하기 전까지는 이와 같은 개인적인 정보의 노출을 '유보할' 수 있다는 잠재적 위험성에 관해 우려하였다. 나는 이것이 중요하고 타당한 우려라는 점에 동의한다. 임상가는 어떤 내담자가 지필 검사를 실행하는 것을 선호할지, 또는 어떤 내담자가 대화를 통해 비공식적으로 평가받는 것에 의해 더 도움을 받을 수 있을지에 대해 자신의 임상적 판단을 활용해야 한다. 물론 치료자는 잠재 내담자들에게 일련의 자세한 자전적 · 맥락적 질문들에 대해 답을 작성하기 원하는지, 아니면 그와 유사한 질문들을 치료자가 상담 면접을 통해 묻는 것이 좋은지에 대해 단순하게 물어볼 수도 있다.

임상적 유연성

내담자에게 접수평가지를 작성하게 할지의 여부, 그리고 만약 작성한다면 언제 시킬지의 이슈는 복잡하고도 중요한 문제다. 개인적인 정보를 비개인적인 양식에 작성하는 과정을 '완료할 수 없기 때문에', 대기실을 떠나서 다시는 돌아오지 않은 내담자들의 사례는 수도 없이 많다(Kottler & Brew, 2003). 따라서 대부분의 임상가들은 새로운 내담자와의 첫 번째 만남에서는 강한 치료적 동맹 관계를 형성하는 데 주력하는 쪽을 택한다. 대개의 경우 나는 내담자들이 다음 회기 이전까지 작성해 오도록 첫 회기가 끝난 뒤 통합접수평가지를 나누어 준다. 새로운 내담자들에게 보내는 편지(부록에 포함되어 있음)에서 볼 수 있듯이, 만약 내담자가 통합접수평가지가 무엇인지 이해하고 그것에 진심으로 동의한다면(만약 그들이 진정으로 이 과정에 빨리 참여하고 싶어 하는 것처럼 보인다면), 나는 이따금 통합접수평가지를 내담자들에게 전자우편으로 보내 주기도 한다.

따라서 통합접수평가지를 정확히 어떻게 활용해야 할지는 임상가 각자에게 달려 있다. 만약 당신이 대부분의 내담자들, 혹은 모든 내담자들에게 접수평가지를 작성하도록 요청하는 편이라면, 초기 면접 이전 혹은 이후에 통합접수평가지를 작성하게 할 수 있을 것이다. 마퀴스(Marquis, 2002)의 연구는 통합접수평가지만큼 포괄적이고 효율적이며, 임상적으로 유용한 개별 평가 도구는 없음을 시사한다. 내담자들에게 이와 같은 양식지를 작성하게 해 본 적이 거의 없거나 한 번도 해 본 적이 없는 치료자들에게, 즉 건강한 치료적 관계를 구축하는 데 우선순위가 있는 임상가들에게, 통합접수평가의 이론적 틀은 포괄적이고 반구조화된 임상 면접을 위한 틀로도 활용될 수 있고, 당신이 궁극적으로 각 내담자의 도전 및 강점과 연관된 역동과 요인의 모든 기본을 다루도록 상기시켜 주는 데 도움이 될 수도 있다(이것은 치료 과정 전반에 걸쳐 일어날 것이다. 제2장부터 제6장까지 이에 대해 좀 더 자세히 살펴볼 것이다). 기본적으로 치료자들은 통합접수평가지를 상당히 자유롭게 활용할 수 있으며, 그것을 자신이 선호하는 방식에 적합하게 그 활용을 맞춤화할 수 있다.

법칙 정립적 평가와 개별 기술적 평가

어떤 유형의 평가 도구를 사용할지에 대해 고려할 때, 가장 중요한 문제는 아마도 법칙 정립적인 평가를 활용할 것이냐, 아니면 개별 기술적인 평가를 활용할 것이냐의 문제일 것이다. 법칙 정립적 평가 도구는 양적 도구이며 표준화되어 있기 때문에 개인의 점수를 비교할 수 있는 규범적인 준거 틀을 제공한다. 반면 개별 기술적 평가 도구는 '강제 선택적(ipsative)' 이라 불리는 자기-참조적(self-referent) 도구로서, 표준화되어 있지 않으며 자기 자신을 평가 기준으로 삼는다(Beutler, 1995a). 즉 개별 기술적인 도구는 개인차와 각 개인의 고유함과 보다 밀접한 관련이 있다. 후드(Hood)와 존슨(Johnson)은 "법칙 정립적인 기법은 보다 손쉽게 해석할 수 있지만, 개별 기술적인 방법만큼 유의미하거나 심층적이지는 않을 수 있다." (1991, p. 7)라고 언급하였다. 이 문제와 관련하여, 마호니(Mahoney)는 "심리 측정이 원래 개인 간 차이를 설명하기 위해 개발되었음에도 불구하고, 역사적으로 그러한 차이를 줄이는 방향으로 활용되어 왔다는 사실은 명백한 역설이다." 라고 강조하였다(2003, pp. 39-40).

미국상담학회의 주요 저널인 『상담 및 발달 저널(*The Journal of Counseling and Development*)』은 10년 넘게 분명하고 의도적인 움직임을 보여 왔다.

> '평가' 라는 보다 광범위한 개념에 대한 시험적 검토에 초점을 두는 것으로부터 10년 넘게 분명하고 의도적인 움직임을 보여 왔다. …… 다양한 속성들

(성취, 직업 선택 등)을 예측하는 데 검사 점수를 활용하는 선택-지향적 (selection-oriented) 예측 모형에서 탐색, 자기-이해 그리고 진단을 위해 고안된 보다 정성적인 평가 기법으로 나아가는 전반적인 흐름이 나타나고 있다 (Hohenshil, 1996, p. 64).

뮤틀러(1995a)는 인문 과학 분야에서 나타나는 양적 측정과 방법론에 대한 선호가 주로 대학에 소속된 연구자들로부터 비롯된 것임을 지적하였다. 마호니(1991, 2003)는 일반적으로 숫자와 '수량 애호증(quantophilia)' 이 개별 기술적이고 질적인 평가보다 여전히 더 많은 과학적 자본과 권위를 지니고 있음에 개탄하였다. 비록 법칙 정립적인 측정 방법이 종종 내담자의 문제와 패턴을 개념화하기 위한 귀중한 수단을 제공해 주기는 하지만, 그것은 절대적으로 확실한 것과는 거리가 멀다. "중요한 특질을 포착하는 데에서 숫자의 한계는 의미의 측정, 특히 개인적인 의미를 측정할 때 바로 분명해진다. 개인에 대한 양적 측정 방법은 매우 다양하지만, 의미 있는 측정이란 어려운 일이다." (Mahoney, 2003, p. 39) 마호니와 나는 숫자, 수학 또는 법칙 정립적인 평가를 없애자고 하는 것은 아니다. 어떠한 통합적 체계 내에서도 모든 관점은 가치 있어야 하며 포함되어야 하지만, 그와 동시에 그 한계와 편협성 역시 인식되어야만 한다. 법칙 정립적인 평가의 일차적인 한계는 간단하게 요약된 숫자와 통계치만으로는 내담자의 개인적인 의미와 현실을 적절히 포착하는 것이 사실상 불가능하다는 데 있다.

심리치료 및 심리치료 연구에서 가장 흔하게 사용하는 법칙 정립적 평가 척도는 벡의 우울 척도(Beck Depression Inventory: BDI)와 미네소타 다면적 인성 검사(Minnesota Multiphasic Personality Inventory: MMPI-2), 웩슬러 지능검사(Wechsler Adult Intelligence Scal: WAIS-R), 아동용 웩슬러 지능검사 (Wechsler Intelligence Scale for Children: WISC-III), 밀런 임상적 다축검사 (Millon Clinical Multiaxial Inventory: MCMI), 증상점검표-90-개정판 (Symptom Checklist-90-Revised: SCL-90-R), 그리고 캘리포니아 심리학적 검

사(California psychological Inventory: CPI) 등이 있다(Groth-Marnat, 1999). 대다수 학자들의 '수량 애호증'과는 대조적으로, "개인의 개별성에 주목하는 데 실패한 학구적인 심리학과 심리측정 이론가들을 비판하면서, 양적 방법론의 환상에서 깨어난"(Beutler, 1995a, p. 81) 임상가들이 존재한다. 임상가들은 다차원적 자전적 검사(multidimensional biographical inventory)와 같은 개별 기술적인 평가가 인간으로 존재하는 것의 복잡성을 정확히 포착하면서, 전체 인간상과 그 환경에 주의를 기울이는 시도를 한다고 믿는 편이다. 그러나 동시에 뷰틀러는 개별 기술적인 평가가 타당성과 신뢰도에 대한 양적 증명을 결여하고 있기 때문에, 이와 같은 도구들이 이론적 기반을 갖추는 것이 중요하다는 점을 지적하고 있다.

이론적인 기반을 갖춘 초기 평가 도구들은 극히 드물다. 단 3가지, 즉 생활양식 소개 면접(the Life-Style Introductory Interview: LSII)(Eckstein et al., 1992), 다중양식 생애사 검사(the Multimodal Life History Inventory: MLHI)(Lazarus, 1997) 그리고 개인 경험 보고(Personal Experience Report: PER)(Mahoney, 2003)(PER은 내 연구가 끝난 다음에 출판되었기 때문에, 내 학위논문에 포함시키지 않았다. 우연히도 마호니는 내 학위논문의 심사를 맡았다)가 출판되어 있다. 최적의 상담은 이론에 기초하고 평가는 "상담의 전반적인 맥락 속에 포함되어 있다."(Ruddell, 1997)는 가정이 폭넓게 받아들여진다는 것을 감안하면, 전문적인 문헌들을 철저히 탐색한 결과로 이론적인 기반을 갖춘 초기 평가 도구를 겨우 3개밖에 찾지 못했다는 점은 놀랄 만한 일이다. 퍼슨스(1991, p. 100)의 다음 인용문을 고려할 때 더욱 예견치 못한 상황이다.

> 성과 연구에서의 평가 전략은 진단을 강조하면서, 기술적이고 비이론적이어야 한다. 반면에 심리치료 이론에 의해 기술되는 평가 전략은 심리치료 모형과 그 구성물에 의해 결정되어야 한다. …… 일반적으로 심리학 이론은 진단 범주에 대한 이론이 아니다. 그보다는 심리적 현상과 과정에 대한 이론이다.

많은 상담자들, 특히 지역 기관, 클리닉, 병원에서 임상을 하고 있는 상담자들은 자신의 서비스를 가장 원하는 내담자의 유형과 자신이 수행하는 연구 유형 모두를 고려하여 설계된 비공식적인 초기 평가 검사들을 사용하고 있는 것 같다. 비록 이런 식의 접근들이 유용하고 어느 정도의 성공은 거둘지라도, 이론적인 기초를 바탕으로 한 공인된 초기 평가 도구는 효율적이고, 상담자의 주된 이론의 관점에 입각하여 정보를 수집해 준다. 뿐만 아니라 훨씬 더 많은 임상가들에게 그 도구를 활용할 기회를 제공하여 효과성을 증대시켜 주는 동시에, 비교와 연구를 수행할 수 있는 보다 큰 가능성을 열어 준다. 더욱이 이미 공식적인 평가 도구가 있음에도 불구하고, 유사한 평가 도구를 새로이 만들어 내는 것은 쓸모없는 짓이다.

대부분의 법칙 정립적인 방법들과 비교하였을 때, 개별 평가적인 방법들의 결정적인 이점은 바로 광범위한 주제에 관한 정보를 모으는 데에서 절약과 효율성이 더욱 증대된다는 점이다. 이에 더하여 개별 기술적인 방법은 상담자가 법칙 정립적인 방법으로는 획득할 수 없는 유형의 정보를 얻을 수 있게 해 준다. 이는 내담자에게 가장 의미 있는 질적, 주관적 정보뿐만 아니라, 문화적 · 환경적 요인의 경우에 특히 그렇다(Hood & Johnson, 1991; Mahoney, 2003).

통합접수평가지가 실용적인 도움을 주기 위해, 즉 임상적인 효과성을 높이기 위해 고안되었음을 강조하는 것은 중요하다. 말하자면, 그것은 표준화된 연구에서의 평가 목적으로 설계된 것이 아니다. 그러나 성과 평가가 통합접수평가지가 설계된 목적은 아닐지라도, 판스워스, 헤스 그리고 램버트(Farnsworth, Hess, & Lambert, 2001)의 연구는 내담자의 자기-보고(통합접수평가지를 통해 수집된 자료의 형태)가 심리치료 연구에서의 성과 자료를 위한 가장 공통적인 원천이라는 점을 밝혀냈다.

평가와 진단 구별하기

보다 일반적으로 진단이라고 간단히 불리는 심리 진단은 한 개인이 고통받는 특정한 문제, 장애 또는 병리를 분석하고 설명하는 것을 말한다. 또한 진단은 개인의 강점과 다른 긍정적인 차원을 포함하기도 하지만, 개인의 심리적 병리, 그 원인적 기원, 치료 절차 그리고 예후에 초점을 맞추는 것이 좀 더 보편적이다(Corey, 2001). 이처럼 진단은 보다 포괄적인 개념인 평가의 일부를 대변한다. 즉 모든 진단은 평가이지만 모든 평가가 진단은 아니다(Mahoney, 2003). 호헨실(Hohenshil, 1996)과 같은 다른 학자들은 이 용어들을 다르게 구별하였다. 그에 따르면, 평가는 진단을 하기까지 도움을 주는 정보를 수집하는 행위를 포함하며, 평가로부터 끌어낸 해석과 의미로서 진단을 하게 된다.

심리치료는 내담자의 문제, 고통 그리고/또는 심리적 장애(고통, 배신, 무엇이 삶을 살 만한 가치가 있게 만드는가에 대한 의문부터 정신적 불안정에 대한 생의학적인 원인을 상정하는 의료적 프레임워크까지, 사람들이 전문적인 도움을 구하는 이유에 대해서 어떻게 인식하는가에 의존한다)의 본질을 목표로 하며 치료 계획과 사용되는 구체적인 개입은 파악된 문제와 적합해야만 한다(Clarkin & Levy, 2004). 모든 치료자들은 내담자를 어떤 식으로든 평가를 하는 반면, 진단에 대한 치료자들의 관점은 매우 다양하다. 특히 진단의 경전이라고 할 수 있는 『정신 질환의 진단과 통계 편람(*Diagnostic and Statistical Manual of Mental Disorders: DSM-IV-TR*)』(미국정신의학협회, 2000)에 대한 관점이 그렇다. 어떤 사람들은 *DSM*을 효과적인 치료에 필수불가결한 것으로 보는 반면, "다른 사람들은 불필요한 것, 해로운 것이거나 소수 인종과 여성에 대한 차별적인 것으로 보기도 한다."(Corey, 2001, p. 53) 기껏해야, "심리치료 성과 연구를 위한 지침으로서 *DSM-IV*의 활용은 혼재된 축복이다."(Clarkin & Levy, 2004, p. 198) 그것이 혼재된 축복인 이유는 생의학적인 범주 진단

(Douthit & Marquis, 2006)에 대한 강조는 내담자가 귀속되는 양식, 역기능적 태도, 사회인구통계학적 특성, 내담자가 습득한 자원, 도움에 대한 긍정적인 기대, 치료에 대한 강한 확신과 같은 다른 중요한 매개 변수에는 관심을 두지 않기 때문이다(Clarkin & Levy, 2004, p. 198에서 요약함). 가필드(Garfield)는 “개인적으로는 나는 공식적인 정신의학적 진단을 하지 않으려고 한다. 그러나 제3자가 돈을 지불하는 경우에는 일반적으로 필요하다. 잠재적으로는 심리치료의 과정과 성과에 보다 밀접하게 관련된 변수가 훨씬 중요하다.” (2003, p. 175)라고 하였다.

DSM 진단과 다른 형태의 평가 간에 한 가지 주목할 만한 차이는, 전자는 특정 기준 세트에 의해 정의된 유형에 따라 정신 질환이 분류되는 단정적인 접근에 기반하는 반면, 후자는 본질적으로 차원적일 수 있다. 예를 들면, 자기애와 관련된 연속적인 스펙트럼에 따라 구체화되는 것이다. *DSM-IV-TR*(pp. xxxi-xxxii)에는 다음과 같이 쓰여 있다.

> 분류에 대한 단정적인 접근은 진단 분류의 모든 구성원들이 동질적이고 분류 간에 명확한 경계가 있으며 서로 다른 분류들이 상호배타적일 때 최선이다. …… 단정적인 분류 체계의 한계는 인식되어야만 한다.

> *DSM-IV*에서는 정신 장애의 각 범주는 하나의 장애를 다른 정신 질환 또는 정신 질환이 아닌 상태와 구분하는 절대적인 경계를 가진 완전히 별개의 개체라고 가정하지 않는다. …… *DSM-IV* 분류는 *DSM-III-R*에 사용된 단정적인 모델이라기보다는 차원적인 모델을 따라 조직화되었다. 차원적 체계는 범주에 할당하기보다는 속성의 정량화에 기초하여 임상적 증상을 분류하며, 연속적으로 분포되어 있고 명확한 경계를 가지지 않은 현상을 설명할 때 가장 적합하다.

양자택일의 범주에 할당하는 것과는 대조적으로, 내담자의 발달적이며 차원적인 스펙트럼에 따라 드러난 이슈를 개념화하는 것은 많은 임상적 이점을 제공한다. 이 내용은 제 4, 5 ,7장에서 더 다룰 것이다.

물론 어떤 내담자들은 다음과 같은 몇 가지 다른 이유들로 진단을 원하기도 한다. 첫째, 내담자는 진단을 자신의 존재 방식에 대한 설명으로 활용하는 경우가 종종 있다. 둘째, 정신 건강 전문가가 진단을 제공하는 경우, 내담자는 그 전문가가 신뢰할 만하고 문제를 정확히 파악한다고 받아들이는 편이며, 이는 보통 성공적인 치료의 첫 단계다. 이와 대조적으로 가장 심리치료적인 치료 접근, '경험적으로 증명된 치료(empirically supported treatments)' 목록에 속한 대다수의 치료 접근들조차도 매우 실험적이고 일반적인 경향이 있다. 다른 말로 하면, 효과적이라고 간주된 이러한 접근들이 다양한 종류의 문제/정신 장애들로 진단을 받은 개인에게 효과적인 경향이 있다는 것이다(Marquis & Douthit, 2006; Western, Novotny, & Thompson-Brenner, 2004; Westen & Morrison, 2001). 따라서 다음과 같다.

> 진단은 최적의 치료 형태를 구체화하는 것 외에도 다른 기능을 수행하는 것으로 보인다. 나의 우려는 병리-중심적인 진단 체계가 계속 확장되고 그 속에 갇힌 나머지, 범주화에 대한 우리의 개인적 · 집단적 경향성이 우리의 내담자들 혹은 우리의 전문가적 초점에 최적의 도움이 되지 않는 방식으로 악용되고 있다는 점이다(Mahoney, 2003, p. 41).

자전적 검사

자전적 검사는 개인 자료 기록(personal data records), 개인 이력 질문지(personal history questionnaires), 자전적 자료 검사(biographical data inventory), 그리고 개인적/자전적 자료 은행(personal/biographical data banks)이라고도 불리며, 직접 면접(in-person interviews)의 대안으로 개발된 자기-보고식 질문지다. 이와 같은 검사는 정보 수집에 소요되는 시간과 관련

하여 경제성과 효율성이라는 두 가지 이점을 지니고 있다. 내담자가 회기 밖에서 작성할 수도 있으며 비구조화된 면접과 비교하여 그 형식이 동일하기 때문이다(Shertzer & Linden, 1979). 게다가 건강 및 행복-지향적인 자기평가를 특징짓는 장점들 중 하나는, 그것이 개인의 책임감에 기여한다는 점이다(Dana & Hoffman, 1987). 이러한 검사에 내담자가 답하는 반응은 훌륭한 출발점을 제공해 줌으로써, 상담자가 이어지는 회기에서 더 많은 탐색을 할 수 있도록 이끌어준다. 또한 비록 표준화된 점수의 관점에서 비교하는 것은 아닐지라도, 이러한 검사들은 법칙 정립적 도구의 경우와 마찬가지로, 임상가가 다양한 내담자들로부터 나온 결과들을 비교할 수 있게 해 준다. 예를 들어, 내담자가 쓴 취미의 빈도는 우울한 내담자와 그렇지 않은 내담자를 비교했을 때 상당한 차이를 보일 수 있다.

이와 같은 검사의 가치는 다음의 네 가지 요인에 달려 있다.

> 개인의 특성에 관한 자료를 구하는 검사 도구의 포괄성, ② 개인이 그 자신, 혹은 그녀 자신을 기술하는 정확성, ③ 면접이나 상담 회기 내에서 탐색되어야 하는 개인의 특성과 행동 영역에 대해 해당 도구가 상담자, 교사, 기타 사람들에게 제공해 주는 관점, 그리고 ④ 보다 증대된 자기-이해를 획득하려는 개인에게 이 검사 기법이 제공해 주는 기회(Shertzer & Linden, 1979, p. 383).

쉐르처(Shertzer)와 린던(Linden)은 더 나아가 다음과 같이 적었다.

> 자기-이해와 개인적 발달을 검사의 이차적 목표가 아니라 일차적 목표로 삼기 위해서는 측정 도구와 기법에 중대한 변화가 요구된다. 그러나 이러한 변화는 아직은 초보 단계에 머물러 있다. 그것은 흥미로운 모험이며 상담자가 할 만한 매우 유망한 작업이 될 것이다(1979, pp. 538-539).

병리에만 초점을 맞추는 것이 아니라, 자각과 건설적인 발달적 잠재력의 가치 또한 강조하고자 하는 마음가짐으로 나는 통합접수평가지를 만들었다.

다차원적인 평가 도구

다차원적인 평가 도구는 인간 경험의 주요 차원들에 대해 되도록 많은 정보를 획득하고자 하는 자전적 검사의 한 유형이다. 비록 이러한 도구의 정확한 내용은 도구의 이론적 기초가 갖는 기능으로서 다양하지만, 그 목적은 개인 전체와 그 개인이 거주하는 환경에 대해 가능한 포괄적인 '스냅사진(snapshot)'을 얻는 것이다(George, 1994). 이와 같은 포괄적인 접근은 개인의 행복의 다양한 차원들 간의 주요한 상관 관계를 보여 줄 수도 있다(Marquis, 2007). 몇몇 연구자들은 평가 검사들이 내담자의 문제와 어려움에 영향을 미칠 수 있는 환경적 요인을 거의 다루지 않았음에 주목하였다(Kang & Wiens, 1998; Pressly & Heesacker, 2001; Shertzer & Linden, 1979). 대략적으로 통합접수평가지의 1/4은 이와 같은 환경적, 시스템적 그리고 '상호객관적(interobjective)' 정보를 얻는 데 명시적으로 할애되고 있다.

앞서 언급했듯이, 상담과 심리학 문헌을 검토함으로써 상담을 위해 고안된 초기 평가 도구들 중 출판되고 이론적인 뒷받침이 있는 것은 겨우 두 가지에 불과하다는 사실을 밝혀냈으며, 이 두 가지 모두 다차원적이다. 생활양식 소개 면접(The Life-Style Introductory Interview; Eckstein et al., 1992) 그리고 다중양식 생애사 검사(Multimodal Life History Inventory; Lazarus & Lazarus, 1991).[1] 이론에 기초한 초기 평가 프로토콜이 이처럼 희소하다는 것은 놀라운 발견이었다. 특히 수많은 구조화된 임상 면접 방법을 기술한 평가 문헌들을 감안하면 말이다(Hodges, 1993). 그러나 바크(Vacc)와 준케(Juhnke)가 설명한 것처럼, "구조화된 기술적 평가 면접은 어떠한 특정 이론적 틀에도 근거하고 있지 않다."(1997, p. 471) 이는 최소한 일반적이지는 않다. 다음은

LSII와 LMHI의 강점과 약점에 대한 간략한 설명이다. 두 가지 모두 지필 검사도구 또는 구조화된 임상 면접 지침으로 활용할 수 있다.

생활양식 소개 면접

아들러식 심리치료와 상담의 핵심은 생활양식(lifestyle)에 대한 탐구다(Eckstein et al., 1992; Mosak, 1995). 생활양식은 한 사람의 '개인적 신화(Personal mythology)' (Mosak, 1995, p. 70)로 간주되어 왔으며, 4세부터 6세에서 구축하는 신념과 지향 원리들로 이루어진 성격 구조의 한 형태로, 사람은 그것을 통해 자신의 경험을 조직화하고 이해한다. 내담자의 생활양식을 조사하는 것은 그가 초기에 형성한 영향력을 어떻게 경험했는지에 대해 탐구하는 것을 의미한다. 초점은 첫 사회 집단, 보통 원 가족 집단에 대한 개인의 지각에 맞춰진다. "비록 시간적으로 과거를 참조할지라도, 현재와 미래에 대해 갖는 함의를 파악하는 것이 생활양식 평가의 목표다."(Eckstein et al., 1992, pp. 21-22)

1929년까지, 아들러는 어린아이, 청소년 그리고 성인을 위한 생활양식 질문지를 만들었다. 그는 성인용 질문지를 구성하는 18개의 문항에 대한 정보를 수집하는 것이 "30분 내에 개인의 생활양식에 대한 방대한 통찰"(Eckstein et al., 1992, p. 43에서 인용)을 제공해 줄 수 있다고 기술하였다. 1967년에, 드레이커스(Dreikurs)는 이 18개의 문항을 상세화시켜 보다 긴 질문지를 개발함으로써 현재의 LSII를 위한 상당한 양의 자료들을 제공하였다(Eckstein et al., 1992). 저작권이 부여된 이 검사도구는 켄달/헌트 출판사(Kendall/Hunt Publishing Company)로부터 얻을 수 있다.

LSII는 내담자의 주관적인 '세상 속의 존재 방식(way of being in the world)' 에 관한 질문을 던지는 것으로 시작하여, 그다음에는 내담자 스스로 일/학교, 우정, 사랑, 자존감 그리고 영성/실존성이라는 삶의 과업 차원들에 점수를 매기게 한다. 문항의 대다수는 "누가 가장 당신과 달랐나요? 어떻게 달랐나요? 어린 시절에, 동료 집단 내에서 누가 가장 당신과 달랐나요?" 그리고 "누가 누구를 돌보았나요?" 와 같은 문항들이며, 내담자의 원 가족의 분위기를 탐색한다. 그다음에, 내담자에게 '영리한(intelligent)' '순응적인(conforming)' 그리고 '이상적인(idealistic)' 과 같은 23개의 성격을 제시하여, 어떤 형용사가 내담자의 각 형제의 특성을 가장 잘 나타내는지, 혹은 가장 덜 나타내는지의 정도를 점수 매기게 한다. 그다음에 내담자는 부모에 대해 기술하는데, 여기에는 부모 각각이 가장 좋아한 아이와 그 이유가 포함되어 있다. 검사는 내담자의 어린 시절에 대한 회상과 반복되는 꿈이 무엇인지를 묻는 질문으로 끝난다.

다중양식 생애사 검사

1966년, 아널드 라자루스(Arnold Lazarus)는 다음과 같이 썼다.

> 회상(回想, anamnestic) 면접은 글을 읽고 쓰는 능력을 갖춘 개인에게 여유시간에 생애사 질문지(Life History Questionnaire)를 작성하도록 요청함으로써 상당히 짧아질 수 있을 것이다. …… 작성이 완료된 질문지를 지침으로 삼아, 환자와 치료자는 환자의 과거 경험과 현재 상태에 대한 포괄적인 그림을 신속하게 얻을 수 있을 것이다(Lazarus & Lazarus, 1998, p. 15에서 인용).

1966년 이래로 라자루스의 초기 검사는 4개의 버전을 거치면서 진화해 왔으며, 각 개정판은 현장 검증을 통해 얻은 것을 통합시켰다. 가장 최신판은 1997년에 나왔으며, 다중양식 생애사 검사(Multimodal Life History Inventory: MLHI)라고 불린다. 이는 15쪽 분량으로 저작권이 부여된 검사이며, 리서치 출판사(Research Press)에서 구할 수 있다.

라자루스는 앞서 언급한 다른 사람들처럼, 이 검사를 스스로 완료하기 원하지 않는, 또는 완료할 수 없는 내담자들을 면접할 때는 검사를 지침서로 활용했다고 보고하였다. 보고에 따르면, 라자루스는 내담자가 한 번에 검사를 끝내기보다는 며칠에 걸쳐 완성할 것을 권하였다. 내담자가 검사를 완성해서 돌려준 다음에, 치료자는 따로 시간을 내서 처음부터 끝까지 읽어 보아야 하며, 다음 회기에서 좀 더 다루고 싶은 문항들에는 메모를 해야 한다. 만약 내담자가 검사를 보다 정직하게 작성하는 데 도움이 될 것 같다면, 내담자에게 이름이나 기타 개인 정보들을 빈칸으로 남겨둘 수 있다고 알려 준다.

MLHI와 LLSI에 대한 평가

MLHI은 보다 더 포괄적인 검사 도구로서, 자신의 상담 이론을 평가 도구로 변환해 놓은 그 명료함과 폭넓음에 대해서, 라자루스는 인정받을 만한 가치가 있다. 그러나 통합적인 관점에서 보면(통합적 관점에 대해서는 제2장에서 다룰 것임), 내담자의 물리적 환경, 문화, 영성 그리고 기타 의미-구성 차원에 주의를 기울이는 점은 부족해 보인다. 또한 연구는 MLHI의 또 다른 약점으로 검사의 길이가 길어, 완료하려면 종종 '피로'와 '엄두가 안 나는 느낌'을 수반한다는 점을 밝혀냈다(Marquis, 2002). 처음에 나의 학위논문 연구를 이끌었던 문제의식은 비교적 덜 긴 검사 도구로 비교적 폭넓은 정보를 더 효율적으로 수집할 수 있는가의 여부였다. 그 질문에 대한 답은 '가능하다'였다(Marquis, 2002; MArquis & Holden, 출간 중; 이 책의 제8장 참조). 비록 LSII가 내담자의 원 가족 분위기에 대해 약간 더 자세히 질문하기는 하지만, LSII는 MLHI보다 덜 포괄적이다. MLHI와 마찬가지로, LSII 또한 내담자의 현재 환경이라는 물리적 측면 혹은 문화에 대해 질문을 던지지 않는다.

통합접수평가지

통합적인 관점에서 보면, 포괄적인 평가는 적어도 두 가지 측면, 즉 발달과 상한을 포함해야만 한다. 내담자의 발달적 이슈들은 임상가가 치료 양식을 선택하는 것과 매우 관련이 깊다. 그러나 1년 넘게 문제의식을 가지고 연구를 하고, 돈 벡(Don Beck), 수전 쿡 그뢰터(Susan Cook-Greuter) 그리고 제프리 술렌(Jeffrey Soulen)과 같은 발달 연구자들로부터 자문을 구한 후에 (Beck & Cowan, 2000; Cook-Greuter & Soulen, 2007), 나는 문장 완성 검사 (Sentence Completion Test; Hy & Loevinger, 1996), 주체-객체 면접(Subject-Object Interview; Kegan, 1982) 등과 같은 자기-발달 측정 도구들이 시행과 채점/해석에서 광범위하기 때문에 내담자의 시간과 비용을 많이 소모한다는 것을 깨달았다. 따라서 나는 통합접수평가지에 공식적으로 원래대로 효과적인 발달적 차원을 포함시키게 되면, 내담자를 효율적으로(내담자를 압도하지 않는 방식으로) 평가하겠다는 나의 목표가 좌절될 수 있다는 결론을 내렸다. 내담자의 발달 수준과 발달 라인을 평가하는 것에 대해서는 제4장과 제5장에서 훨씬 더 많이 다룰 것이다.

통합접수평가지를 개발하게 된 주된 동기가 포괄성과 효율성 사이의 균형이었기 때문에, 나는 통합 이론의 상한 측면을 강조하기로 결정하였다 (Marquis, 2007). 상한의 강조는 발달적 이슈에 대한 공식적이고 명확한 평가보다는 내담자에 대한 '전체 그림(whole picture)'를 얻는 데 더욱 중요하다. 그럼에도 불구하고, 통합접수평가지는 일반적인 발달 문제에 대한 점검표뿐만 아니라 발달적 이슈를 묻는 다른 문항들도 포함시켰다. 또한 통합적 상담의 다른 측면들, 즉 발달 라인, 의식의 상태, 성격 유형 등도 통합접수평가지에서 다루어진다(제4~7장 참조).

다양성과 다문화적 이슈

다양성과 다문화주의를 구분하는 것은 중요하다. 다양성(diversity)이라는 용어가 사람들이 민족, 인종, 성별, 나이, 성적 취향, 종교 소속, 사회 계층, 건강 상태와 같은 차원들에 따라 어떻게 달라지는지의 이슈를 포함하고 있는 반면, 다문화주의(multiculturalism)라는 용어는 권력과 특권이라는 이슈에 대한 주의를 요한다(Robinson, 1997; Cormier & Hackney, 2005). 비록 이러한 용어들이 다양한 방식으로 정의될 수 있지만, 그 의미는 자원(권력)에 대한 차별적 접근, 불로소득(unearned advantage)과 그에 따른 지배(특권)이란 개념을 중심으로 움직인다(Cormier & Hackney, 2005).

어떤 검사를 표준화했건 간에 문화와는 다른 문화적 배경을 가진 다양한 내담자들에 대한 평가는 무수한 어려움을 낳는다(Kottler & Brew, 2003; Hood & Johnson, 1991; Shertzer & Linden, 1979). 다행히도 개별 기술적인 평가는 개인의 고유성과 개성에 초점을 맞춤으로써 이러한 어려움들의 대부분을 피해갈 수 있다. 그럼에도 불구하고, 상담자는 내담자의 다양한 문화적 배경, 특히 그 배경이 그들의 경험에서 어떻게 의미를 구성하는지에 대한 넓은 이해를 사전에 강구해야 한다. 이러한 이해는 작성된 검사의 의미에 대한 보다 정확한 해석을 촉진시킨다. 따라서 내담자의 문화적 배경은 항상 고려되어야 하며, 치료자는 내담자의 문화적 관점으로부터 내담자의 반응이 어떤 의미를 지니고 있는가에 대해 예민해야 한다. 제2장과 제3장에서 더 논의하겠지만, 통합접수평가지는 거의 1/4를 내담자의 문화적 차원과 그 문제들에 관심을 기울인다.

만약 치료자가 내담자의 각양각색의 문화적 맥락에 주의를 하지 않는다면, 치료자는 잘못된 진단을 내릴 수도 있다. "개인의 문화적 준거 틀의 미묘한 차이에 익숙지 않은 임상가는 어떤 사람의 문화에서는 정상적인 행동, 신념 혹은 경험을 정신 병리로 잘못 판단할 수도 있다." (*DSM-IV-TR*, p. xxxiv) 이러한 오류는 특정한 종교적 신념이나 경험을 정신병적인 것으로 해석하기, 아프리카계 미국인, 라틴계 미국인 또는 아메리카 원주민을 동기가 없고, 우유부단하고, 억압되었다고 평가하기, 내담자의 다양성에 대한 둔감성과 기타 민족적 편견 등을 포함하며, 다양한 내담자들에게 최적의 도움을 줄 수 있는 우리의 능력을 심각하게 저해한다. 도움을 구하는 이러한 다양한 내담자들 대다수가 전반적인 사회의 권력 불평등으로 억압받거나 소외되었다고 느낀다는 점을 명심해야 한다. 평가에 의해 생기는 더욱 심각한 문제를 들자면, 전문가로서 자신이 갖는 권력의 지위를 자각하지 못하는 치료자들은, 특히 치료 초반기에 상당히 민감한 정보를 획득하는 방식과 관련하여 이미 취약하다고 느끼는 내담자를 소진시킬 수 있으며, 내담자가 애초에 전문가의 도움을 구하게 된 원인인 바로 그 문제를 다시 유발할 수도 있다.

통합적 평가의 필요성

정확한 평가는 통합적 상담에서만 중요한 것이 아니라(Marquis & Wilber, 출간 중; Marquis, 2007; Marquis & Warren, 2004) 모든 상담에서 중요하다. 왜냐하면 다른 상한, 다른 발달 단계에 있는 사람들은 각기 다른 문제점에 직면하고 그에 따른 해결책은 서로 다른 상담 접근과 실천 방법을 요구하기 때문이다. 반 오덴호프와 버토멘(2000, p. 288; 고딕체는 추가됨)은 다음과 같이 밝혔다.

> 대부분의 경우 심리치료자의 이론적 프레임워크가 접수 면접의 구체적인 형태를 규정하며, 이것은 내담자를 위해 선택할 치료의 형태를 미리 결정하는 데 강력한 영향을 미친다. …… 문제와 주호소가 개념화되어 특정한 내담자를 위한 가장 적합한 방법을 선택할 수 있게 하는 **메타이론적(*metatheoretical*) 프레임워크**는 없다.

비록 지금까지 통합적 접근을 하나의 이론으로 언급했지만, 당신은 제2장에서 그것이 사실상 일종의 메타이론적 프레임워크라는 점을 발견하게 될 것이다. 반 오덴호프와 버토멘(2000)은 모든 내담자에게 유사한 치료를 제공하기보다는 각 내담자에게 가장 적합한 치료를 전달해 줄 수 있도록, 가능한 이론적 편견을 최소화하고 내담자를 평가하는 메타이론적 프레임워크가 필요하다고 언급하였다. 앞으로 보겠지만, 통합적 상담자는 왜 그들이 어떤 내담자에게는 상당히 인지행동적으로 접근하면서, 또 다른 내담자에게는 매우 정신역동적으로 혹은 실존적으로 치료하는지에 대한 정당한 메타이론적 근거를 가지고 있다.

이 책의 전반적인 내용을 통해 알게 되듯이, 한 내담자의 문제가 주로 어느 상한(들)에 기인하는지, 그리고 그 결과 다른 상한들에 어떤 영향을 미칠 수 있는지를 확인하는 것은 중요하다. 예를 들어, 상담 문헌에서 환경적 · 문화적 · 영적 이슈들의 중요성과 타당성이 인정되기는 하지만, 이를 철저하게 다루는 검사는 거의 없다(Karg & Wiens, 1998). 대부분의 평가들은 "개인과 개인의 구체적인 특질, 상태, 경향 그리고 태도에 초점을 맞춰 왔다. 개인이 기능하는 환경에 대해서는 거의 주의를 기울여 오지 않았다." (Hood & Johnson, 1991, p. 168) 환경(상호 객관적/시스템적 그리고 상호 주관적/문화적 차원 포함)은 물론, 통합 이론의 사상한의 반인 아래 부분이다(제2장의 〈표 2-1〉 참조). 따라서 통합접수평가지는 내담자뿐만 아니라 그의 환경(사회적/상호 객관적, 그리고 문화적/상호 주관적 환경 모두)을 전반적으로 살펴보는 데 도움을 줄 것이다.

마찬가지로 미국 인구의 96%가 신(God) 또는 모종의 우주적 영(Spirit)을 믿고 있고, 92%가 종교 단체에 가입되어 있다고 보고함에도 불구하고, 대부분의 평가 도구들은 내담자의 종교와 영적 차원에 대한 적절한 질문을 던지지 못하고 있다(Marquis, 2002). 프로차스카(Prochaska)와 노크로스(Norcross)는 치료자들이 점점 더 심리치료적 처치와 종교적 · 영적 이슈들을 통합하고 있으나, "미래의 종교와 영성은 보다 구체적이고 공공연한 방식으로 치료에 통합될 것이다. 임상가들은 종교와 영성을 임상적 평가의 표준적인 차원으로, 특히 잠재력과 사회적 지지로 포함시킬 것이다." (2003, p. 556)라고 언급하였다. 제8장에서 논의하겠지만, LMHI와 LSII와 비교했을 때, 통합접수평가지는 내담자의 영성과 관련된 가장 좋은 평가 도구로 간주되었다. 통합접수평가지와 LMHI, 그리고 통합접수평가지와 LSII의 순위와 점수 차는 모두 통계적으로 $p<.001$로 유의미하게 나왔다(Marquis, 2002; 제8장 참조).

통합접수평가지는 임상가들이 어떤 관점(사상한)과 어떤 발달 수준이 내담자의 가장 당면한 이슈를 반영하고 있는지를 명료화하는 데 도움을 주기 위해 개발되었다(Marquis, 2002). 통합적 평가의 이 두 가지 핵심적인 측면과 기타 핵심적인 차원(발달 라인, 성격 유형, 의식의 상태 및 자기-체계) 그리고 치료 계획을 어떻게 수립할 것인가에 대해서는 다음 장에서 논의할 것이다.

결론

망치의 법칙은, 만약에 쓸 수 있는 도구가 망치뿐이라면, 망치가 필요한 일들이 많이 나타날 것이라고 말한다. 이러한 역동은 특정 개입 방법에 능숙하여 그 개입이 필요하지 않은 상황에서도 그것을 활용하는 치료자들에게도 적용될 수 있다(Mahoney, 2003, p. 57). 나의 목표 중 하나는 여러 가지 이슈와 욕구를 가진 다양한 내담자들을 수용할 수 있고, 그에 따라 임상가들이 자신의 이론적 · 실천적 '도구상자'를 확장시키고, 더 나아가 그들이 개별 내담자를 위해 최적의 '도구'/치료적 접근을 선택할 수 있도록 도와줄 수 있는 도구, 즉 통합접수평가지를 개발하는 것이었다.

미 주

1) 앞서 언급한 것처럼, 이론에 바탕을 둔 기존의 상담용 초기 평가 도구들의 임상적인 효용성, 포괄성 그리고 효율성을 비교한 나의 학위논문 연구가 끝난 후, Mahoney(2003)는 초기 평가 검사인 개인 경험 보고(Personal Experience Report)를 포함한 책을 출간하였다.

02 통합 이론

통합접수평가의 메타이론*

개요

통합 이론은 모든 현상에 대해 가장 포괄적인 이해를 추구하는 이들을 위한 앎의 방식으로, 이 책에서는 내담자를 평가하고 치료 계획을 수립하기 위한 이해를 말한다. 우리의 내담자들과 그들이 속한 상황의 서로 다른 측면들은 생물학적 기질, 자기에 대한 느낌, 문화적 세계관에서 사회 시스템에 이르기까지 그들의 안녕(well-being) 또는 고통에 결정적인 영향을 끼친다. 따라서 통합 이론의 일차적인 목표는 평가 과정에서 그 측면들을 주의 깊게 살

* 이 장은 『상담 및 가치 저널(*Counseling and Values*)』, *51*(3), pp. 164-178에 실린 마커스의 논문을 재인용하였다.ⓒ2007 미국상담협회(The American Counseling Association)의 허락하에 재인용하였다. 더 이상의 복제는 미국상담협회의 문서화된 허락 없이는 허용되지 않는다.

펴보아야 한다는 인식을 촉구하는 것이다. 통합 이론을 평가와 치료에 적용하는 것은 우리의 이해를 '현실 세계'에 적용하도록 해 줌으로써 내담자에게 더 나은 도움을 제공하고 우리의 전문성을 기를 수 있게 한다.

통합 이론은 어떻게 상담, 사회복지, 임상 의학, 심리학 그리고 다양성에 대한 연구들을 보다 상위의 질서로, 통일된 전체로 통합할 수 있는가? 이러한 통합은 단순하고 자기반성적인 개념적 발판을 제공함으로써 이루어졌으며, 이를 바탕으로 정신분석적, 인지 행동적, 실존적-인본주의적, 그리고 자아초월적 관점에서 의학적, 사회학적, 철학적 그리고 경제적 관점에 이르기까지 타인을 이해하고 돕고자 하는 무수한 접근들에 질서를 부여하였다. 통합 이론과 같은 통합적 메타 프레임워크(metaframework)는 우리가 문화 간, 시스템 간, 혹은 동일한 문화, 동일한 가족 내의 개인들 사이에서 발견하는 중요한 차이점들을 축소시키려 하지 않는다. 이 접근에서 이러한 축소화는 분명한 단점으로 나타난다. 그러나 그 차이점들이 핵심적이고 필수적이며 삶에 풍미를 더해 준다는 점을 인정하는 것뿐만 아니라, 통합 이론가들은 개인과 문화 간에 발견되는 놀라울 정도의 다양한 차이들에 침투해 있는 심오한 패턴의 유사점을 탐색하기도 한다(Wilber, 1999d, 2000b 참조). 그러므로 우리는 종종 통합적 접근이 다양성 안의 통일성을 진정으로 존중한다고 말하곤 한다. 통합시키는 패턴을 찾는 일의 강점은, 이 경우에는 상담과 평가에 대한 다양한 접근들 사이에 존재하는 명백한 모순들을 조화시킨다는 것이다. 나의 견해로는, 그렇게 하는 것이 보다 포괄적이고 전일적이며 효과적인 치료로 이끈다.

통합 이론은 다양한 스펙트럼의 인식론적 관점들이 크게 기여했던 것들을 존중함과 동시에, 그러한 관점들의 편협성과 오해를 인식하는, 진실로 메타 이론적인 프레임워크다. 다시 말하면, 통합 이론은 우리가 모든 다양한 지적 접근들을(전근대에서 근대, 탈근대에 이르기까지) 상충되기보다는 상호 보완적으로 배치할 수 있도록 돕는 메타 관점을 제공해 준다. 그렇다면 통합 이론이라 불리는 이 이론적 프레임워크는 과연 무엇인가? 간단히 말하면, 그것은 바로 AQAL이다(/ah-kwihl/이라고 발음한다).

AQAL: 모든 상한, 모든 수준

AQAL은 '모든 상한(all quadrants), 모든 수준(all levels)' 을 가리키며, 또한 '모든 발달 라인(all lines), 모든 유형(all types), 모든 상태(all states)' 를 언급하는 것이기도 하다. 이 의미에 대해서는 다음에 간략하게 설명할 것이다. 그러나 일단 우리의 논의는 사상한에 대한 설명으로부터 출발하고자 한다.

모든 상한: 사상한

사상한은 다양한 학문 분야와 이론적 접근들에서 분명 상호 모순적으로 보이는 주장들이 지나치게 많다는 점에 대응하여 윌버(Wilber, 2000b)가 개발한 통합 모형의 핵심적인 구성 요소다. 이 모형은 치료자가 다양한 관점들을 배치할 수 있도록 도와줌으로써, 그 관점들이 경쟁하고 상충하기보다는 상호 보완할 수 있게 해 준다. 사상한은 두 개 축의 교차, 즉 내부-외부 그리고 개인-집단(〈표 2-1〉 참조)의 교차에 의해 형성된다. 다시 말하면, 사상한이란 현실에 대한 네 가지의 상호 연관되면서도 상호 환원될 수 없는 영역/관점을 만드는 현실의 측면, 그리고 현실에 대한 관점이다. 통합 이론은, 어떠한 현상에 대한 포괄적인 기술은 이러한 네 가지 환원될 수 없는 관점에 대한 설명을 요구한다고 가정한다.

- 경험적(주관적): 내부로부터 바라본 개인
- 행동적(객관적): 외부로부터 바라본 개인
- 문화적(상호 주관적): 내부로부터 바라본 집단
- 사회적(상호 객관적): 외부로부터 바라본 집단

좀 더 자세히 살펴보면, 사상한은 다음과 같이 펼쳐진다.

좌상상한/경험적: 내부-개인적

이 상한은 개인 의식의 주관적 · 현상학적 차원을 포함한다— '나(I)' 언어로 현상학적으로 기술될 수 있는 모든 경험, 감각, 지각, 느낌 그리고 생각이며, 개인이 의식하지 못하는 충동의 스펙트럼, 유인(誘因) 그리고 동기도 포함된다.

우상상한/행동적: 외부-개인적

이 상한은 '그것(it)' 언어로 과학적으로 기술될 수 있는 개인의 구조, 행동, 사건 그리고 과정에 대한 상대적으로 객관적이고 실증적인 관점을 포함한다.

좌하상한/문화적: 내부-집단적

이 상한은 집단의 상호 주관적인 차원을 포함한다(Hargens, 2001). 이 관점은 어떤 주어진 공동체의 구성원들에게만 공통적으로 나타나는 공명(sympathetic resonance)을 필요로 한다. 특정 문화에 속한 구성원들 상호 간에 이해되며, '너/우리(you/we)' 의 언어로 주관적으로 기술되는 공유된 세계관, 관습, 언어적 의미, 윤리, 공동체적 가치, 기타 의미-구성 활동들이다. 중요한 타자, 배우자, 상사, 친구 그리고 가족과의 관계도 포함한다.

우하상한/사회적: 외부-집단적

이 상한은 시스템에 대한 상호 객관적인 관점을 포함하며, 경제 구조, 시민 자원(교육 체제, 고용 기회, 가용한 교통 시설), 정부 체제 그리고 도시 계획(건축 양식, 산재형 대 밀집형, 가용한 공원들과 기타 아름다운 자연 공간), 사회 현상은 객관적, 3인칭, 복수형('그것들[its]') 언어로 기술된다. 여기에는 시스템의 부분들 간의 관찰 가능한 모든 상호작용들이 포함된다.

〈표 2-1〉 상담과 심리치료에서의 사상한

좌상: 개인-내적 경험— '내부로부터' 감지되는 것	우상: 개인-외적 행동— '외부로부터' 관찰되는 것
• 내담자의 자기-경험에서 주목할 만한 패턴 • 자기-이미지, 자기-개념 • 자존감, 자기-효능 • 불안정 또는 안정 • 즐거움, 열정, 목적, 동기 • 우울, 슬픔, 공허감 • 불안, '안절부절못함' '활기찬' 느낌 • 정치적, 종교적 그리고/또는 영적 믿음 그리고/또는 경험 • 마음으로 경험되는 의식 • 예를 들어 우울 경험: 슬픔, 즐거운 활동에 대한 관심 결여, 피로감, 무가치감, 집중의 어려움, 죽음에 대한 빈번한 생각, 자살 생각 등; 사랑하는 사람의 죽음, 이혼, 깊은 상실 또는 출산 등의 경험에 대한 이해	• 주목할 만한 행동 패턴: 어떤 구체적인 행동이 내담자로 하여금 치료를 찾게 하고 어떤 특정 행동이 성공적인 결과를 암시하는가? • 의학적 장애 • 약물 • 다이어트 • 알코올 그리고/또는 마약 사용 • 에어로빅 그리고/또는 강화 훈련 • 수면 패턴과 휴식 • 신경전달물질에 의해 설명되는 의식과 뇌구조의 기능 • 관찰 가능한 변화, 예를 들어 우울: 눈물을 보임, 더 이상 즐거운 활동에 참여하지 않음, 뚜렷한 체중 감소 또는 증가, 심리운동적 초조함 또는 지체, 세로토닌의 낮은 가용 수준, 사회적 철수
좌하: 집단-내적 문화— '내부로부터' 의 집단 경험	**우하: 집단-외적 사회 시스템— '외부로부터' 의 집단 행동**
• 내담자의 민족성 경험 • 내담자의 가족 역동의 경험 • 내담자의 의미-구성 체계(들) • 주요한 타인과의 관계, 특히 배우자, 상사, 친구 그리고 가족 • 치료적 관계의 매개, 그리고 내담자와 치료자가 그들의 상호 주관성을 어떻게 경험하는가 • 특정 감정에 부여한 문화적 의미, 예를 들어 우울: 아픈, 게으른, 무책임한, 비통한, 홀린, 넋이 빠진 등	• 내담자의 사회경제적 지위 • 주변 환경 • 환경적 스트레스 인자 그리고/또는 위안: 집안의 배치 • 가족사를 포함한 대인 역동의 분석 • 치료의 맥락(환경—입원/외래와 치료 환경의 물리적 특성; 회기 빈도와 길이; 양식—개인/집단/가족치료) • 예를 들어 우울을 초래하는 사회 시스템: 경제(빈곤, 마약 그리고 갱이 들끓는 마을); 교육(열악한/위험한 학교); 의료(건강관리를 할 수 있는 최저의 기회—짧은 치료 또는 전혀 치료의 기회가 없음); 인종 차별, 성주의, 종족 차별, 성차별, 계급 차별, 나이 차별 등

예를 들어 어떤 내담자의 상황을 이해하고자 할 때, 이러한 네 가지 관점 각각은 보다 완전한 이해를 위해 필요한 서로 다른 의미와 정보를 제공해 준다. 결국 이러한 이해는 네 가지 관점 중 그 어떤 것도 해당 관점의 필수적인 가치를 훼손하지 않고서는 다른 관점으로 환원될 수 없음을 드러낸다. 예를 들어 사랑 또는 불안(좌상)의 경험을 신경전달물질과 두뇌 구조(우상)로만 환원하는 것은 생생한 경험을 객관적으로 관찰하고 측정할 수 있는 것으로 복속시키는 것이다(두뇌를 마음 위에 놓아 특권을 부여하는 것이다). 이와 유사하게, 최근 신경과학에서의 혁신적인 발견들(우상)을 무시하고 오직 현상학(좌상) 또는 사회적 담론과 실천(좌하)에만 초점을 맞추는 것 역시 하나의 관점이 다른 나머지 세 가지 관점 위에서 일관되게 특권을 부여받는 '상한 절대주의(quadrant absolutism)'의 또 다른 형태일 뿐이다.

각 상한은 어떤 주어진 현상에 대해 서로 다르지만 타당한 관점을 제공한다. 예를 들어 치료자는 내담자가 호소하는 불만을 상한에 의해 이해하기 위해 통합 이론을 활용할 수 있다(Ingersoll, 2002). 〈표 2-1〉을 다시 살펴보면, 우울증에서 느껴지는 경험은 무가치함에 대한 자기 평가를 포함하는 좌상상한 요인들, 수면 장애, 비정상적인 EEG, 신경전달물질 체계의 조절 이상, 그리고 뉴로펩티드의 변화 같은 우상상한 요인들, 우울증 삽화를 발전시킬 가능성(내적 성장을 돕기보다는 물질적 재화의 획득에 에너지가 향하는 소비적 문화)과 우울증이 해석되는 방식(의학적 질병 대 비진정성[inauthencity] 대 저주) 모두에 영향을 끼치는 좌하상한 요인들, 그리고 가난과 적절한 정신 보건이 결핍된 삶과 같은 우하상한 요인들이 존재한다. 알다시피, 모든 경험 혹은 사건은 상호 환원될 수 없는 주관적·객관적·상호 주관적·상호 객관적 차원들을 포함하며, 이러한 차원들 중 하나 혹은 그 이상을 무시하는 것은 온전치 못하고 환원적이다. 그러므로 통합적 관점에서 보면, 한 개인의 심리적 발달은 서로가 서로의 일부를 이루는 적어도 네 가지의 구별되는 차원을 지닌 하나의 현상으로 이해되어야 한다.

모든 수준: 스펙트럼 접근

윌버(1999a)는 그의 첫 번째 책을 저술하기 전에, 뉴턴/아인슈타인, 프로이트/스키너, 그리고 붓다/아퀴나스와 같은 천재들이 주장하는 분명히 상반되는 진리들을 어떻게 근본적으로 조화시킬지의 문제를 내포하는 철저한 개념적 변화를 겪고 있었다. 윌버가 다양한 학문 분야들이 각자의 특권을 주장하는 '진리 가치(truth value)'의 서로 다른 형태들을 파악했을 당시에, 그는 생화학 박사과정을 밟고 있었다. 그는 실증적인 과학이 잘못된 것이 아니라는 점을 깨달았다. 오히려 그것은 인간 경험의 많은 부분을 드러내는 능력에 한계가 있을 뿐이었다. 가장 뚜렷한 문제는 과학이 삶의 의미에 침묵하는 것으로 보였다는 점이었다. 이러한 문제를 다루기 위해, 윌버는 과학(물리학에서 화학, 심리학과 사회학에 이르기까지), 철학(동양과 서양, 전근대, 근대 그리고 탈근대), 그리고 종교(동양과 서양, 신앙에 기초한 종교와 관조적인 종교)의 문헌들을 섭렵하는 지적 여정을 시작하였다. 그는 곧 플라톤, 붓다, 데카르트 그리고 프로이트 등의 수많은 위인들의 다양한 진리 주장, 방법론 그리고 실천 방법에 몰입하면서 각각이 명백히 모순적으로 보인다는 점을 발견하였다. "나는 그들 모두가 뭔가 진실을 이야기하고 있다고 느꼈다." "그러나 그들 중 누구도 진실을 온전하게 파악하고 있지는 못했다. …… 나는 이들이 모두 동일한 의식 수준을 다루고 있는 것이 아니라는 점을 조금씩 깨닫기 시작했다."라고 윌버는 기술하였다(Schwartz, 1995, p. 351에서 재인용). 따라서 질문은 더 이상 "누구의 관점이 옳은가?"가 아니라 "어떻게 하면 이 서로 다른 통찰들이 서로 모순되지 않는 방식으로 조화를 이룰 수 있을까?"가 되었다. 윌버의 문제의식은 그가 '스펙트럼 접근(spectrum approach)'이라고 칭한 발달 모형에서 정점에 도달했는데, 이 모형은 가장 초기의 기본적인(Mahler, Pine, & Bergman, 1975) 형태로부터 가장 온전히 성숙하고 복잡한(White, 1984) 형태에 이르기까지 가장 포괄적인 발달 잠재력의 스펙트럼을 포함하고 존중한다.

모든 발달의 단계 이론에 있어, 우리는 실제로는 상대적으로 연속적인 과정 속에서 구분(수준 혹은 단계)을 짓는 것이 작위적이라는 점을 잊어버리는 함정에 빠질 수 있다. 윌버(2000b)는 자신의 작업 전반에 걸쳐 서로 다른 특수성[1)]의 정도에 따라 의식의 기본 구조를 개념화하였다. 비록 그가 보통 그 구조들을 전개인, 개인, 초개인, 세 가지 넓은 영역으로 묶는 열 개의 홀라키적인[2)] 동심원들로 묘사하기는 했을지라도 말이다. 전개인 영역과 개인 영역은 여러 서구 심리학자들에 의해 합의적으로 입증되었다(Freud, 1963; Kohut, 1977; Mahler et al., 1975; Piaget, 1977). 초개인적 영역에 대한 경험적 증거는 대부분 동서양의 정관적 전통에서 발견되는 발달적인 분류로부터 파생된다(Brown, 1986; Chirban, 1986).

윌버(1999d)는 의식 발달의 기본 단계를 묘사하기 위해 몇 가지 상이한 용어들을 사용하였다. 그는 각 발달 단계의 질적으로 구별되는 특성을 암시하기 위해 발달 수준이라는 용어를, 각 단계의 통합적이고 전일적인 성격을 강조하기 위해 구조(structures)라는 용어를, 그리고 단계들이 서로 어우러져 흐르는 유동성을 강조하기 위해 파동(waves)이라는 용어를 사용하였다. 중요한 점은 어떤 개인이 어떤 특정한 단계 혹은 발달 수준에 있는 것이 아니라는 점이다. 오히려 발달의 전체 스펙트럼은 개인 내에서 실현될 수 있는 잠재력으로서 현존하는 것이다. 또한 이러한 단계는 구체적인 구조로 볼 것이 아니라, 가능성의 파동으로 보아야 한다. 즉 한 개인의 발달 수준은 근본적으로 한 개인 내에 존재하는 구체적인 구조가 아니라, 오히려 특정 발달 수준을 규정하는 사고, 느낌, 행동의 구체적인 패턴이 존재하고 안팎으로부터 관찰될 수 있는 가능성이 매우 높은 심리학적 공간 안에 머무는 기능이다(Marquis & Wilber, 출간 중).

윌버에 따르면, 건강한 발달에서는 개인의 자아감 혹은 정체감이 점차 현재의 의식 구조에서 분화되고, 그다음의 구조와 동일시하여, 마침내 이전의 의식 구조(들)를 통합하는 전반적인 과정을 거치면서 한 단계에서 다음 단계로 나아가게 된다. 이처럼 어떤 사람의 자기감(self-sense)은 변형을 통해 마침내 뚜렷하고 새로운 자기감이 촉진될 때까지 종종 불안정하게 흔들리고, 때로는 약간 앞으로 나아갔다가, 때로는 약간 뒤로 밀려나기도 한다. 물론 발달적 구속/고착부터 이전의 단계들을 온전히 통합하지 않은 채로 의식의 다음 구조와 동일시하는 문제에 이르기까지, 다양한 탈선이 일어날 수 있고 일어나기도 한다(예: 어떤 사람이 합리적인 정신 과정과는 동일시하지만 체화된 정서적 경험을 부인하거나 해리될 때).

전개인적 영역

윌버(2000b)에 따르면, 아동은 보통 대략 생의 초기 7년을 세 개의 기본적인 발달 구조를 거치면서 보내며, 이 세 개의 구조는 전개인적 영역을 구성한다.[3] 전개인적이란 용어는 어떤 사람에게는 경멸적인 말로 들릴 수도 있는데, 그것이 어린아이는 아직 개인이 아니라는 걸 의미할 수도 있기 때문이다. 나는 어린 시절을 비하하고자 하는 의도가 분명 아니다. 그보다는 전개인적이란 용어는 응집력 있고 상대적으로 안정적이며 개인화된 자기감이 아직은 출현하는 과정 중에 있는 발달 단계들을 가리키는 것이다. 말러(Mahler)와 동료들은 인간 유아의 심리적 탄생과 신체적 탄생을 구별하였다(Mahler et al., 1975). 전개인적 구조의 심리적 기능은 주로 전개인적이다. 신생아는 자신의 환경과 심리적으로 미분화된 상태로 감각물리적(sensoriphysical) 구조로 들어선다. 첫 1년 반 동안, 그들은 신체적 자아로서의 정체성을 발달시킴으로써 개인화를 향한 시험적인 발걸음을 내딛는다. 그다음에는 환상/정동적(phantasmic/emotional) 구조로, 유아는 자신의 정서적 자아감을 발달시키며, 이를 통해 타인의 감정과는 다른 자신의 감정을 인식하고 타인으로부터 정서적으로 분화되었다고 느낀다. 3세 무렵, 표상심(representational mind) 구조로부터 유아의 정신적 자기가 출현한다. 유아가 자신의 감각을 통해서만 알아왔던 것을, 이제는 정신적으로 표상할 수 있게 되는 것이다. 피아제(1977)는 이 구조를 전조작적(preoperational)이라고 분류하였으며, 이 구조에서 상징과 언어 능력은 유아가 과거와 미래 속의 대상과 관념으로 이루어진 완전히 새로운 세계에 접근할 수 있게 해 준다.

개인적 영역

4단계에서 6단계까지는 개인적 영역을 구성하는데, 자율적이고 일관된 자아가 정교화되고 안정화되는 것과 관련되어 있다. 이 구조에서 비롯된 심리적 기능은 더욱 합리적이다. 아동이 대략 7세가 되면, 보통 규칙/역할심(rule/role mind) 구조에 들어서며, 이는 피아제(1977)의 구체적 조작기(concrete operations)에 해당한다. 이 시기의 아동은 타인의 관점(역할)을 취할 수 있는 능력을 발달시키며, 그에 따라 역할 자아(rule self)로서의 정체성을 가정하게 되고 다양한 사회적 역할과 관련된 규칙들을 습득한다. 사춘기는 형식-반성적(formal-reflexive) 구조의 출현과 더불어 시작되며, 이는 피아제의 형식적 조작기(formal operations)에 해당한다. 젊은 십대는 이제 사고에 대해서 사고할 수 있을 뿐 아니라(이는 내성을 가능하게 한다), 자기-구조화가 점점 반성적이고 분화되어 가며, 표면적인 모습 또는 인습에 얽매이지 않은 가능성을 자각하게 된다. 이 모든 것은 양심적인 자기(conscient self)의 출현을 나타낸다. 더 이상 스스로 전통적인 역할, 가치 그리고 표준에 철저히 의문을 제기하거나 평가하지 않고서는 그것을 따르는 데 만족하지 않는다. 많은 사람들이 자신의 삶을 이 발달 단계를 중심으로 살아간다(사실 몇몇은 결코 이 형식 조작적 사고를 온전히 획득하지 못한다). 그러나 젊은이들은 비전-논리(vision-logic) 구조로 발달할 수 있는 잠재력을 지니고 있다(Wilber, 2000e, pp. 197-217의 표 참조). 형식-반성적 구조가 이분법적이고 양자택일 방식의 사고인 반면, 비전-논리 구조는 통합적-무조망적(integral/aperspectival; 어떤 단일한 조망에 특권을 주지 않는다는 의미다. 보다 전일적 · 통합적 조망을 얻으려면 무조망적 접근이 필요하다-역자 주)이며, 다양하고 겉보기엔 모순되어 보이는 관점들에 관심을 기울일 수 있도록 해 주며, 종합과 통합을 통해 다양한 관점들 사이의 상호작용의 그물망을 개념화할 수 있게 해 준다. 이 지점에서 인지 발달은 크게 확장되나 실존적인 문제가 종종 개인을 괴롭히기도 한다.

초개인적 영역

처음의 다섯 혹은 여섯 단계들이 개인에게 의도적인 노력 없이 발달하는 경향이 있다면, 이어지는 발달의 고도들(altitudes)의 출현은 점차 의도적인 관조적 수행(contemplative practice)(꼭 종교적이지는 아닐지라도)을 요구하는 경향이 있다.[4] 마지막 네 단계들은 고립된, 분리된 그리고 개인적인 자아감으로부터의 증가하는 탈동일시와 관련되어 있기 때문에 이 고도의 발달 단계들을 초개인적이라고 부르며, 이는 개인적인 단계를 포함하면서 초월한다. 이 영역에서의 심리적 기능은 점점 초합리적이 되어 가며, 즉각적인 자각과 직관적인 이해를 포함한다. 나는 초개인적인 단계에 대한 잇따른 묘사들이 뉴에이지 철학처럼 빙빙 돌려서 이야기하는 것 같고 비과학적으로 보일 수 있다는 가능성에 대해 잘 알고 있다. 특히 이 영역에 대한 경험을 맛보지 못한 독자에게는 더욱 그렇다. 회의적이거나 단순한 호기심이 있는 독자에게는 오스틴(Austin, 1998), 스카튼, 친넨, 그리고 바티사(Scotton, Chinen, & Battista, 1996), 골먼(Goleman, 2003), 그리고 월시와 보간(Walsh & Vaughan, 1993)의 철저한 과학적·학술적 문헌들을 참고해 보라고 강력히 권한다. 윌버(1999a, 1999b, 1999c, 1999d, 2000a, 2000b, 2000c, 2000d)가 한 기여의 중요성 역시 두말 할 나위 없다. 서로 다른 자료들이 보완적인 방식으로 존재할 수 있는 프레임워크를 제공해 줌으로써, 수많은 영적 공동체로부터 나온 자료들이 서구 심리학에서 나온 자료들을 보완시키는 방향으로 통합될 수 있다.

초-마음(para-mental) 발달 고도의 경험은 앨런 와츠(Allan Watts, 1966)가 일컬었던, 만연되어 있으나 환영적인 "피부라는 가방 안에 싸인 분리된 자아로서의 자신에 대한 감각"을 넘는 정체성의 확장을 뜻한다(p. ix). 여기에서 개인의 정체성은 시공간에 대한 합의된 감각을 초월하는 우주적인 자기로서 펼쳐진다. 이와 같은 거친 우주와의 신비적인 합일의 느낌은 현실 검증과 명확한 자기감을 결여한 정신증 삽화와 분명하게 구별될 수 있다. 오히려 우주적인 자기는 이성적이면서도 초이성적인 기능 둘 다를 포함할 뿐 아니라, 모든 자연 현상을 포용할 만큼 확장되면서도 개별 유기체로서의 자기감 역시 포함하고 있다.

메타-마음(meta-mental) 발달 고도의 경험은 모든 거친 지시 대상들을 초월한다. 즉 의식이 거친 영역들에만 닻을 내리는 것을 그만두면서 이 내적 경험의 내용이 자연계를 초월한다. 여기에는 보통 원형적인 이미지, 내면의 빛과 소리, 그리고 정묘한 지복의 물결이 포함된다. 이 수준에서 자각몽은 예외라기보다는 규칙이 되며, 개인의 정체성은 종종 그의 영혼과 신과의 합일 속에서 확장된다(혹은 정묘한 원형들과의 합일 속에서). 따라서 개인은 신성의 신비주의를 경험할 수 있다(Wilber, 2000b).

상위-마음(over-mental) 발달 고도의 경험에서, 개인은 외부 세계와 내부 세계 양쪽의 모든 현상이 일어나는 무형상의 기반을 깨닫는다. 이것은 어떤 특정한 내용이 없는 순수 의식의 체험이다. 그 속에서 순수한 주의 그 자체, 마음의 근본은 노력, 전략적인 조종 또는 자의식 없이 머문다. '주시-의식(witness-consciousness)' (Avabhasa, 1985), 우주적 존재 그 자체의 자궁에 대한 주시를 경험하면서, 개인은 나타나지 않은 근원, 기반, 지지대 그리고 모든 이전 수준들의 원인을 단순히 인식하는 것을 넘어 직접 깨닫는다. 이와 같은 경험들이 심리영적으로 소화되면서 개인의 정체성은 일어나는 모든 현상이 나타나기 전의 근원으로서 머문다.

이와 대조적으로 초월-마음(super-mental) 발달 고도에서, '개인(individual)' 은 무형상의 기반과 그 기반으로부터 출현한 현상과의 구별조차도 초월한다. 사실 이 수준의 발달은 이전의 모든 발달 수준들과 분리되어 따로 존재하는 어떤 수준이 아니라, 오히려 모든 발달 수준들의 실재, 조건 혹은 여여함이다. 다시 말하면, 이 궁극적인 합일 의식 속에서, 우리는 정신(spirit)과 그 현현(顯現, manifestation), 의식, 그리고 의식의 표현, 공(空)과 형상(形象), 열반(涅槃, *nirvana*)과 윤회(輪廻, *samsara*)(궁극적인 실상 혹은 진리 그리고 대부분의 사람들이 집착하고 있는 고통의 조건화된 영역)가 '둘이 아니라는 것(not-two)' 을 깨닫는다. 이와 같은 경험이 소화되면, 자아는 이전의 모든 형상들을 만물로서 그 진실하고 영원히-현존하는 본성에 대한 안정적인 깨달음 속에서 유지하고 통합한다.

모든 발달 라인: 구체적인 발달의 측면

통합 이론가들이 발달적 이슈를 매우 강조한다는 점을 고려하면, 발달한다는 것이 정확하게 무엇인지에 대해 질문을 던질 필요가 있을 것이다. 인간 존재 내에는 다양한 라인들이 발달한다. 말하자면, 인간 기능의 서로 다른 측면들은 의식의 동일한 기본 발달 수준을 통과해 가며 발달할 수 있는 잠재력을 지니고 있다는 뜻이다. 하나의 사례를 들어 명확히 하자면, "존의 발달이 형식-반성적 발달 수준 주변에 있다."라고 말하는 것은 무슨 의미일까? 이와 같은 질문을 다루는 데에서의 어려움 중 하나는 존의 다양한 발달 라인 혹은 측면(예: 인지, 도덕, 정서 그리고 대인 측면)이 상당히 다르게 발달했을 수 있다는 점이다. 말하자면, 존의 인지 라인이 극도로 잘 발달되어 있을 수 있는 반면, 그의 정서적 · 대인적 라인들은 훨씬 덜 발달되어 있을 수도 있다는 것이다.

따라서 다른 발달 이론가들의 연구를 받아들이면서, 윌버(1999d; 2000b)는 각각 순차적으로 발달하면서도, 준-독립적으로(quasi-independently) 의식의 10가지 기본 구조들을 따라 진행하는 20개가 넘는 서로 다른 발달 라인들을 기술하고 지도로 만들었다. 이 발달 라인들 중 일부는 인지, 자아-정체성, 대상관계, 도덕, 역할 취하기, 심리성, 정서 혹은 정동, 창조성, 미학, 이타주의, 대인관계, 영성, 가치, 욕구 그리고 세계관을 포함한다. 각 라인은 각 수준에서 상대적으로 구분되는 방식으로 그 자체를 나타낸다. 그러나 앞서 언급한 것처럼, 발달 라인들은 종종 서로 다른 속도로 발달할 수 있다. 따라서 비록 특정한 발달 라인과 수준이 순차적으로 펼쳐지기는 하지만, "전반적인 발달(overall development)은……일련의 순차적인, 사다리 같은, 기계음으로 소란스러운 단계라기보다는 거대한 생명의 강에 흐르는 무수한 파도와 지류의 유동적인 흐름을 의미한다."(Wilber, 2000b, p. xvii, 원문에서는 이탤릭체임)

윌버(2006)는 일반적으로 인지 발달 라인이 다른 모든 라인들을 이끈다고 언급하였다. 넓게 정의하면, 인지는 개인이 알아차릴 수 있는 것을 결정하기 때문이다. 자기 라인은 인지를 뒤따르며(알아차릴 수 있는 것들 중에 내가 동일시하고 있는 것은 무엇인가?), 마지막으로 자기감 또는 자아를 중심으로 움직이는 자기-관련 라인들도(예: 가치, 도덕, 욕구) 존재한다.

비록 이 장에서의 통합 이론에 대한 도입부의 범위를 넘는 이야기이기는 하지만, 독자는 윌버(2000b)가 인간 개인 내에서뿐만 아니라 모든 사상한 내에서도 발달적 진보의 지도를 그렸다는 점을 명심해야 한다. 다양한 상한 내의 홀론들(holons, 어떤 수준에서는 전체인 동시에 다음 수준에서는 부분이 되는 것)은 서로 교환 관계 속에 있으며, 윌버의 『성, 생태, 영성(*Sex, Ecology, Spirituality*)』(2000b, p. 198)에 나온 상세한 그림은 어떻게 수렵채집, 원예농업, 농업, 산업 그리고 정보화 같은 사회적 구조(structure)/수단(means)/시대(ages)/연대(era, 우하)가 원시적 · 마술적 · 신화적 · 합리적, 켄타우로스적과 같은 문화적 세계관(좌하)과 상응하는지를 잘 보여 주고 있다.

모든 유형: 세계-내의-존재 및 행동의 다양한 방식

지금까지 우리는 사상한, 수준 그리고 발달 라인에 대해 다루었다. 이 모든 것들은 사실상 상대적으로 보편적인 것들이다. 말하자면, 성별이나 문화와 관계없이 모든 사람은 경험적 · 행동적 · 문화적 · 시스템적 상한의 관점으로 바라볼 수 있다는 뜻이다. 모든 사람은 의식의 동일한 기본 수준/구조를 따라 발달할 수 있는 잠재력을 지니고 있다. 모든 사람은 그 혹은 그녀의 발달 라인이라는 관점에서 설명될 수 있다. 통합 모형의 또 하나의 중요한 부분이 바로 유형 혹은 성격 유형론이며, 이것은 세계-내의-존재(being-in-the-world)의 서로 다른 개별적인 방식을 묘사한다. 발달 수준을 수직적으로 개념화할 수 있는 반면, 유형론은 수평적인 차원이다.[5] 달리 표현하면, 한 개인의 유형은 발달의 모든 수준에서 나타날 수 있다. 예를 들면, 유형은 성격

5요인 모델(McCrae & Costa, 1996), 마이어-브릭스 성격 유형지표(Myers-Briggs Type Indicator: MBTI; Briggs & Myers, 1977), 에니어그램(Riso & Hudson, 1999), 아들러의 성격 우선순위(Adlerian personality priorities; Fall, Holden, & Marquis, 2004), 혹은 심지어 성별로도 설명할 수 있다. 모든 개인이 동일한 의식의 기본 구조를 통과하며 발달할 수 있으나, 모든 개인은 동일한 방식으로 발달하지는 않으며, 동일한 유형론 체계에 의해서 가장 잘 설명될 수 있는 것도 아니다. 따라서 다양한 유형론 체계와 익숙해지는 것은 통합적 개념화의 중요한 요소다.

길리건(Gilligan, 1982)의 작업은 남성적 유형과 여성적 유형 간의 매우 중대한 차이 몇 가지를 설명하였다. 이들 중 한 유형이 다른 유형보다 더 낫다거나 더 발달했다는 것이 아니라, 서로 다른 유형은 서로 다른 강조점을 두고 삶의 여정을 따라 발달한다는 것이다. 길리건의 용어를 빌려 표현하면, '다른 목소리(different voice)' 로 말이다. 그녀에 따르면, 남성적인 유형은 자율성, 규칙, 권리 그리고 정의에 초점을 두는 경향이 있는 반면에, 여성적 유형은 관계, 연결, 책임감 그리고 돌봄을 강조하는 경향이 있다. 이 차이에 대해 길리건은 무엇을 하고 놀 것인지에 대해 의논하는 어린 소년과 소녀의 이야기를 예로 들어 설명하였다. 소녀는 이웃사촌 놀이를 하고 싶어 하고, 소년은 해적놀이를 하고 싶어 한다. 어린 소녀는 "좋아, 그럼 너는 옆집에 사는 해적을 해."라고 말한다. 남성적인 유형과 여성적인 유형은 게임을 진행하는 동안 종종 부딪힌다. 길리건은 동네 야구 게임의 사례를 인용하였다. 남자 아이가 투수가 던진 공에 맞아 울기 시작하였다. 또 다른 남자 아이는 가만히 서서 기다리고 있다. 규칙은 스트라이크가 세 개면 넌 아웃이라는 거야, 규칙은 규칙이니까, 끝- '걔 기분이 상했다면 그건 걔 문제지.' 길리건은 만약 여자 아이가 함께 야구를 하고 있었다면, 그녀는 그 남자 아이에게 기회를 한 번 더 주자며 모든 사람들에게 간청했을 것이라고 지적하였다. 여자 아이는 고통을 당한 남자 아이에게 공감하면서 돌봄의 자세로 행동할 것이다. 다른 남자 아이들은 남성적인 논리를 실천하는 것이기 때문에 규칙과 원칙에 근거한 정의를 바탕으로, 규칙을 지키기 위해서라면 기분이 상하는 것도 기꺼이 감수할 것이다. 반대로 여성적인 관계 맺기를 실천하는 여자 아이들은 돌봄을 근거로 삼고 연결성을 유지하는 것을 바탕으로, 다른 사람의 느낌을 보호하기 위해서는 종종 규칙을 바꿀 것이다(Wilber, 2005a에서 재인용).

따라서 개인의 성격 유형에 주의를 기울이는 것은 중요한 일이다. 사람들의 서로 다른 유형은 삶의 서로 다른 차원을 강조하고 있기 때문이다. 한 명이 극단적으로 여성적인 반면, 다른 한 명은 극단적으로 남성적이거나(성별), 혹은 그들 중 한 명이 매우 내성적인 반면, 다른 한 명은 매우 외향적(MBTI)이거나, 혹은 한 명은 중재를 하면서 자신을 내세우지 않는 유형(에니어그램 9번)으로 삶을 항해하는 반면, 다른 한 명은 도전적이고 직면적인 방식을 드러내는 유형(에니어그램 8번)이라는 사실로 미루어보아 발달이라는 미로를 통과하는 사람들의 여정이 얼마나 다채로워질 수 있는지를 생각해 보라.

유형의 덜 건강한 측면을 살펴보면, *DSM-IV-TR* 축 II 장애의 진단 기준에 맞는 사람들 역시 서로 다른 유형으로 개념화될 수 있다. 경계선 성격 장애의 진단 기준과 맞는 사람은 상대적으로 일관된(그 일관성이 불안정성일지라도) 세계-내의-존재 방식을 보인다. 회피성 성격장애, 자기애성 성격장애, 그 밖의 성격장애도 마찬가지다. 그러나 *DSM-IV-TR* 축 II 장애를 제외하면, 일반적으로 그 어떤 유형도 다른 유형보다 더 우수하거나 더 열등하지는 않다는 점을 기억하는 것이 중요하다. 그러나 어떤 유형의 사람이 다른 유형의 사람보다 어떤 특정 상황을 더욱 쉽게 다루거나 조정할 수 있다. 우리가 유형을 포함시킴으로써 우리의 개념화가 얼마나 다차원적이 될 수 있는지를 파악하는 것 역시 중요하다. 에니어그램은 9개의 유형들로 이루어져 있으며, 각각은 10개의 수준 모두에서 나타날 수 있다. 9개의 유형에 10개 수준을 곱하여 나온 90개의 서로 다른 성격 유형이라는 유형론을 산출한다. 우리는 아직 의식의 서로 다른 상태를 다루지도 않았다.

모든 상태: 세계-내의-서로 다른 존재와 앎의 방식

의식의 수준 및 단계를 다루었으므로, 이제 우리는 의식의 단계와 상태를 구별할 필요가 있다. 의식의 수준/단계가 의식 안에서 일어나는 사건들의 상대적으로 안정적인 패턴을 의미하는 의식의 기본적인 구조/특질로 간주될 수 있다면, 의식의 상태는 보다 임시적이며 상대적으로 빠르게 지나간다. 의식의 상태는 자연적 · 변성적이라는 두 개의 주요 범주로 나뉜다. 가장 잘 알려진 의식의 상태는 자연적 의식 상태로, 깨어 있는, 꿈꾸는 그리고 깊은 수면 상태다. 모든 의식의 구조 혹은 단계에서는 모든 특정 상태가 나타날 수 있다. 예를 들어 어떤 사람은 전조작기, 구체적 조작기 혹은 형식적 조작기 단계에서 꿈을 꿀 수 있다. 마치 어떤 사람이 깨어 있는, 꿈꾸는 그리고 잠자는 상태를 매일 오고 가면서도 여전히 구체적 조작기에 남아 있을 수 있는 것과 같다. 세계의 지혜 전통에 따르면, 이 의식의 세 가지 자연적 상태들은 특정한 영적 상관물을 지니고 있다. 깨어 있는 상태는 우리의 일상적 자아 상태인 반면, 꿈꾸는 상태는 개인의 정신(psyche)에 의해 창조된 영역이기 때문에 영혼(정신[psyche]의 원래 의미)의 영역으로 나아가는 길을 제공해 준다. 꿈 없는 깊은 수면 상태는 순수한 무형상의 영역이기 때문에 인과적/무형상의 영의 영역으로 나아가는 길을 제공한다. 이러한 영적 상관물의 중요성은 모든 사람들이 깨어 있고, 꿈꾸고, 잠자기 때문에 그들의 발달 수준과 관계없이 모든 개인이 의식의 모든 영역에 대한 접근이 가능하다는 점에 있다.

변성 의식 상태는 비일상적인 의식 상태라고도 불리며, 명상이나 기타 정관 수행들에 의해 야기된 경험들뿐 아니라 약물이나 단식에 의해 야기된 경험들도 포함한다. 심리학 분야는 절정체험에 상당한 관심을 기울여 왔으며, 이는 그들의 발달 단계와 관계없이 개인 내에서 일어날 수 있다. 절정체험은 보통 초개인적인 경험이며, 이를 통해 개인은 깨어 있는 동안에, 초-마음, 메타-마음, 상위-마음 혹은 초월-마음 수준을 직접 자각한다. 그러나 한 가지 명심해야 할 사항은 비록 모든 발달 단계에서 누구라도 일시적으로 초개인적인 의식 단계에 접근할 수 있지만, 개인은 그러한 상태를 자신이 가진 가용한 발달 도구를 가지고 해석한다는 점이다. 윌버는 다섯 개의 서로 다른 발달 단계에 있는 개인들이 초-정신적, 메타-정신적, 상위-정신적 그리고 초월-정신적 수준에서의 경험을 각각 서로 다르게 해석할 수 있는 점에 대한 훌륭한 사례들을 제공하고 있다(Wilber, 1999c, 1999d, pp. 446-447 참조). 한 가지 기억할 점은 어떤 사람의 절정체험이 얼마나 심오하고 충격적인가와 관계없이, 절정체험은 그 정의상, 일시적이고 과도기적이고 지나가는 상태다. 즉 "더 높은 수준의 발달이 일어나기 위해서는 이러한 일시적인 상태가 반드시 영속적인 특질이 되어야 한다." (Wilber, 1999d, p. 447) 일시적인 변성 의식을 보다 영속적인 깨달음으로 전환하는 데 관심을 갖는 이들은, 몇 가지 형태의 정관적 혹은 요가적 수행을 분명히 필요로 한다.

> 자연적 상태와는 달리(자연적인 수면 주기(cycle) 내에서 심혼, 정묘 그리고 원인 상태에 접근할 수 있기는 하지만, 의식이 깨어 있는 동안에는 거의 접근하지 못한다), 그리고 자발적(덧없는) 절정체험과는 달리, 명상적 상태는 이러한 상위 영역들을 의도적이고 지속적인 방식으로 접근할 수 있다(Wilber, 1999d, pp. 447-448).

의식의 변성 상태와 상담이 무슨 관계가 있는가? 무엇보다도 먼저, 우울, 조증, 공황, 섬망의 삽화, 심지어 정신증 삽화도 역시 의식의 상태라는 점을 인식해야 한다. 대부분의 사람들은 항상 우울하고, 조증 상태이고, 섬망 상태이거나 혹은 정신증적인 것이 아니라, 이러한 상태들 안팎을 오간다. 또한 상담 시간 내에 내담자는 자신의 의식 상태에 적합한 특정 개입에 보다 순응적일 수 있다. 만약 그들이 지나치게 '흥분되어' 있으면, 현재 무엇이 일어나고 있는지에 대해 '머무를 수 없고', 그들이 경험하고 있는 것을 '깊게 처리할' 가능성은 거의 없다. 역으로 "우리가 존재론적인 양식으로, 즉 일상의 고민을 넘어선 영역에서 존재하면 우리는 개인적인 변화를 위한 특별한 준비 상태로 존재하는 것이다."(Yalom, 2002, p. 127) 의식의 변성 상태를 야기하는 가치에 대한 분명한 사례들은 에릭슨 최면(Ericksonian hypnosis; Erickson & Rossi, 1981), 안구운동 탈감각화 및 재처리(Eye Movement Desensitization and Reprocessing; Shapiro, 2001) 혹은 꿈 작업(dream work; Hill, 1996)에서 볼 수 있다. 칼 로저스 역시 내담자와 작업하면서 변성 의식 상태의 가치를 자각하고 있었으며, "아마도 관계 속에서 내가 약간 변성 의식 상태에 있을 때 하는 모든 것은 치유적인 것 같다."(1986, p. 198)라고 기술하였다.

자기-체계

상한, 수준, 라인, 유형 혹은 상태에 반대되는 '자기-체계(self-system) 또는 자기감(self-sense) 혹은 그냥 자기(self)'는 "행동이 존재하는 곳(where the action is)"으로(Wilber, 2000c, p. 548), 어떤 응집력 있는 전체를 확립하면서 다양한 발달 라인을 결합하는 역동적인 과정이다. 자기는 동일시(자아-정체성), 조직화(개인의 경험에 대한 일관성의 느낌을 제공), 의지(행동을 선택하고 시작), 방어(방어 기제의 채택), 그리고 대사(개인의 경험에 대한 심리적 소화), 그리고 항해(발달이라는 미로를 통과하는 개인의 여정)와 같은 다양한 주요 작용과 능력이 자리 잡은 곳이다. 자기는 다양한 수준, 라인, 상태 등을 균형 잡고 통합하고 항해할 뿐만 아니라, 각 개인의 심리학적 우주의 경험적 중심이기도 하다. 그럼에도 불구하고, 자기가 어떤 '사물(thing)'로 구체화되는 것은 아님을 기억하기 바란다. 자기는 '한 개인의 피부 안쪽의' 존재감을 만들어 내는 과정 혹은 행동이다. 나는 자기-체계에 대해 제6장에서 훨씬 깊이 있고 자세하게 논할 것이다.

통합 방법론적 다원주의

철학적으로 이론은 모형 혹은 영토에 대한 지도와도 같으며, 반면에 패러다임은 영토 그 자체를 규정하고 펼치는 교시(injunctions) 혹은 실천에 가깝다. 중요한 점은 새로운 실천이 없는 새로운 이론은 영토가 없는 지도와도 같다는 것이다. 통합적인 메타 패러다임은 개념화만 다르게 하는 것이 아니라 실천 및 연구도 다르게 하도록 촉구하는데, 이것이 바로 통합 방법론적 다원주의(Integral Methodological Pluralism: IMP)이다. 나는 통합적 패러다임이 실천의 그물망이며 특정한 상황에서는 각 접근이 최선일 수도 있지만, 다른 상황에서는 그렇지 않을 수도 있다는 것을 자각함과 동시에 각 인식론적 접근의 효능을 존중하게 해 주는 것임을 강조하고 싶다. 모든 가용한 지식-접근과 그에 상응하는 실천은 통합적 운영 체제(integral operating system: IOS)의 핵심적인 구성 요소다. 그것은 세상과 그 고통의 다양성에 기여하고 '모든 기반을 건드리는' 통합 방법론적 다원주의다. 또한 IOS는 우리가 가장 적절한 의식의 수준에서(모든 의식 수준에서) 우리의 세계-내의-존재의 네 가지 차원 전부(사상한)를 바탕으로 개념화를 하고 작업하게끔 일깨워 주는 자기-교정적인(self-correcting), 자기-조직적인(self-organizing) 지원 활동이기도 하다. 모든 진정한 IOS(하나만 있는 게 아니다)는 우리가 자신이나 타인의 중요한 세계-내의-존재 양식을 존중하고 있지 않을 때, 우리를 지속적으로 상기시킬 것이다. 그 중요한 양식은 모든 상한, 모든 수준, 모든 라인, 모든 유형 그리고 모든 상태다. 발달의 각 단계에서의 실패는 특정한 병리와 방어기제를 야기하며, 가장 중요하게는 특정 치료 양식은 특정 발달 수준에서 파생된 발달적 문제를 위해 최적이라는 개념을 포함하는 임상적으로 가장 중요한 윌버의 논제는 제4장에서 논의한다.

따라서 IMP는 (잠재적으로) 혁명적인 다원주의인데, 그것이 각 분야/상담 이론의 불완전성과 맹점을 인식하면서도 각 분야/상담 이론의 타당성을 존중하고 동시에 그와 관련된 방법론과 기법을 존중하기 때문이다. 뿐만 아니라 IMP는 다양성이 각 분야의 절대주의를 경감시킴으로써, 각각의 타당성을 구원하는 보다 포괄적이고 포용적인 프레임워크(AQAL, 모든 상한 모든 수준) 속에서 다양성들이 어떻게 통합될 수 있는지를 정확하게 드러냈고, 이를 통해 대부분의 다문화적 · 다원적 태도를 넘어 한 걸음 더 나아갔다. 다양한 분야들이 진정으로 통합되면, 우리는 IMP를 갖게 되고, 그에 따라 부분적인 다원주의에서 통합적인 전일주의(holism)로의 변형을 이루게 된다.

이 장의 도입부에서, 나는 통합 이론이 치료자들로 하여금 '우리의 내담자를 더 잘 돕고 우리의 전문성에 더욱 기여할 수 있게' 도와줄 것이라고 언급하였다. 희망컨대, 통합 이론이 체계적이고 응집력 있고 일관된 프레임워크를 제공함으로써 모든 심리치료 이론과 실제를 활용할 수 있게 하는 것뿐 아니라, 치료자가 단지 정신(psyche) 그 이상을 치유하도록 촉구하는 것을 독자가 볼 수 있기 바란다. 말하자면, 사상한적 사고는 개인의 사고와 자기-경험(좌상)만을 변형시키는 것이 아니라 인간의 고통에 똑같이 책임이 있는 사회적 체계(좌하) 역시 변형시킬 필요성을 절실하게 드러낸다. 이는 전문적인 조력자로서, 우리가 인간의 고통을 유발하는 체계적인 구조를 변형시키는 작업을 시작할 필요가 있음을 의미한다. 이러한 사회적 해방으로의 부름은 미국상담협회(American Counseling Association)가 윤리 규정에서 다음과 같이 기술하면서 옹호한 입장과 명백하게 일치한다. "상담자들은 개인적 · 집단적 · 조직적 · 사회적 수준에서 개인과 집단을 위해 삶의 질을 향상시키는 변화, 제공하고 있는 적절한 서비스를 공급하거나 접근하는 것을 방해하는 장애물을 없애기 위한 변화의 촉진을 옹호한다."(2005, section C) 상담자/심리치료자로 훈련된 사람으로서, 나는 내가 가난, 계급 차별, 인종주의를 양산하는 사회적 구조의 대규모적인 변형에 영향을 미치는 방법에 그리 익숙지 못하다는 사실을 인정한다. 그러나 나는 진정으로 포괄적인 치료는 우리 내담자의 고민의 모든 근원을 다루어야 하며, 그러한 시스템의 힘이 엄청난 고통을 낳는다는 사실에 많은 독자가 동의하지 않을까 하는 생각을 해 본다.

결론

이 장은 윌시와 보간이 "체계적인, 광범위한, 다학제간, 통합적인, 이상적이면서도 학문적인…… 아마도 전례가 없는"(1994, p. 18) 것이라고 일컬은 통합 이론에 대한 간략한 개관에 불과하다. 아마도 당신은 내용을 소화하기 부담스럽다고 느낄 수도 있다. 아마도 당신은 몇 가지 구체적인 세부 사항에 대해 동의하지 않을 수도 있다. 아마도 당신은 발달 모형이 특정 사람들을 소외시키는 데 사용될 수 있음을 걱정하고 있을 수도 있다(나는 이를 발달적인 학대라고 부른다).

만약 당신이 부담을 느낀다면, 그것은 통합 이론을 처음 맛본 것에 대한 정상적인 반응이라고 확신한다. 이 책을 좀 더 읽어 보고, 여기서 간단히 언급만 한 내용들을 명확하게 해 주거나 더 상세하게 설명하고 있는 다른 자료들을 참고하라(보다 이론적인 쟁점들은 제3장부터 제6장 내에서 논의한다). 폴, 홀든, 그리고 마퀴스(Fall, Holden, & Marquis, 2004)는 그들의 책에 통합적 상담에 대한 60페이지에 달하는 분량을 포함시켰다. 2007년에 『상담 및 가치의 저널(*the Journal of Counseling and Values*)』은 이 책의 모든 면을 상담에서의 통합 이론에 할애하였다. 윌버(2000e)는 심리학과 치료에 구체적으로 적용되는 통합 이론에 대한 훌륭한 입문서다.

만약 윌버나 내가 과도한 일반화를 시켰다고 생각한다면, 그 역시 있을 수 있는 일이다. 윌버와 같은 온 우주적(Kosmic)[6] 철학자가 물리학, 경제, 정치 이론, 신경 과학, 심리학, 인류학 그리고 문학 이론과 같이 공통점이 없는 분야들을 통합할 때, 그에 필요한 추상화의 수준은 보다 좁은 연구 의제(議題)를 가지고 있는 이들이 발견한 세부 사항에 대해서는 항상 정당하지 않을 수도 있는 정향적인 일반화(orienting generalization)다. 이렇게 확인되지 않은 세부 사항에 대한 의견을 통해 통합 이론은 수용적으로 '사실과 맞춰 보는' 작업을 가속화한다. 그것은 결국 지식이 발전하는 본질적인 방식인 것이다.

통합적인 사상가들은 우리가 유일한 이론 혹은 유일한 답을 가지고 있다는 생각에 현혹되지 않는다. 우리가 가진 것은 다른 이론들보다 훨씬 단순하고 포괄적인 개념적 지도이며, 그것이 결코 최후의 결정 혹은 폐쇄된 체계가 아니라는 사실은 분명하다. 오히려 통합 이론은, 내 견해로는 정교하게 자기반성적(self-reflexive)이다. 우리 각자가 열려 있고 겸손하고 정직한 상태에 있다면, 통합 이론은 지속적으로 우리의 그림자와 맹점을 드러내고 우리 자신, 우리의 내담자 그리고 세계 안의 파편들을 해석하거나(translate) 변형시키기를(transform) 간절히 바랄 것이다.

발달적인 학대의 가능성과 관련하여, 통합 이론가들은 가치적 판단을 내리기보다는 발달적 판단을 훨씬 더 많이 내린다. 말하자면, 20세가 8세보다 더 나은 사람이 아니듯이, 비전-논리 단계에 있는 사람이 규칙/역할심(rule/role mind) 단계의 누군가 보다 더 낫거나 더 가치 있는 사람은 아니라는 점이다. 한편 모든 발달 이론들은 분명 목적인(telos; 목적은 사물의 존재와 생성, 행위를 촉구하고 이유를 부여하는 것을 의미하는 철학 용어-역자 주)과 관련되어 있다. 즉 그것은 실질적인 종착점이라기보다는 성장이 진행되는 일반적인 방향에 가깝다. 그러나 통합 상담의 목표는 모든 내담자들이 되도록 가장 높은 단계에 도달하게 만드는 것이 아니다. 오히려 우리가 하는 대부분의 작업에서 최우선 지침은 우리가 만나는 내담자들의 바로 그 수준에서 내담자들이 되도록 건강하게 적응하도록 돕는 것을 의미한다. 비록 개인적으로 나는 규칙/역할심 구조를 넘어 발달하지 못한 사람들에게 가장 흔하게 나타나는 다양한 근본주의 형태들에 대해서는 반대하지만(구체적 조작기 사고와 인습적/순응주의자의 도덕적 특성을 띠는), 나는 규칙/역할심 구조에 무언가 잘못되었다거나 그 자체가 문제라고 생각하지 않는다. 앞에서 암시한 바와 같이, 각각의 그리고 모든 단계/구조는 그 나름의 특정한 문제와 병리의 유형을 지니고 있다.

마지막으로, 통합 이론가들은 사람에 대한 작업을 하는 것이지 단계에 대한 작업을 하는 것이 아니다. 실제로 인간 발달의 전 스펙트럼에 대한 지식은 우리가 각계각층의 다양한 사람들을 더 잘 이해하고 함께 참여하고 소통할 수 있게 해 준다. 따라서 윌버의 스펙트럼 모형에 대한 이해는 실제로 우리의 내담자들과 보다 인간적인 관계를 맺을 수 있게 촉진해 준다. 통합 치료자들은 특정한 구조에만 집중하는 것이 아니라 발달의 전체 스펙트럼의 건강에 집중하며, 우리가 믿는 이 발달의 전체 스펙트럼은 잠재력으로만 존재할지라도, 각각의, 그리고 모든 인간 존재 안에 현존하는 것이다.

미 주

1) 윌버(2000e)는 '구조(structure)' 라는 용어를 '전일적인 패턴(holistic pattern)' 이라고 정의한다(p. 651). 이 책의 곳곳에서 강조하겠지만, 통합 이론가들은 구조를 상대적으로 안정되고, 조직화된 패턴들 혹은(정신 활동, 외부 활동 등의) 상대적 배치(configurations)라고 간주한다. 윌버는 서로 다른 유형의 구조들을 기술하였다. 이어지는 발달 단계들에 의해 대체되거나 부정되는 과도기적 구조(transitional structure; 예: 인지 발달)와는 대조적으로, 기본 구조는 본질적으로 지속적인 구조다. 그렇기 때문에 그것은 이어지는 발달 단계로 통합되는 경향이 있다(예: 인지 발달). 윌버(2000b, 2000e)에 따르면, 의식의 기본 구조는 본질적으로 의식의 발달 단계와 동의어다. 기본 구조는 표면적이고/국소적인 특징뿐 아니라 깊고/보편적인 특징도 지니고 있으며, 이 이슈는 제4장에서 다룰 것이다.

2) 홀라키(holarchy)는 홀론들로 이루어진 위계질서다. 홀론은 전체 부분이다. 한 수준에서는 전체인 동시에 그다음 수준에서는 전체의 일부가 된다. 따라서 한 개인이 점차 증대하는 전일적 질서를 발견할 때마다, 그는 일종의 홀라키를 마주하고 있는 것이다. "홀라키는 자연의 모든 곳에 존재한다. 원자는 분자의 일부인 전체이고, 분자는 세포의 일부인 전체이고, 세포는 조직의 일부인 전체다."(Fall, Holden, & Marquis, 2004, p. 429). 피아제의 인지 발달 단계는 홀라키의 심리학적 사례 중 하나다. 감각운동기는 전조작기에 의해 통합/조작되는 하나의 전체 구조이며, 전조작기는 구체적 조작기에 의해 통합/조작되는 하나의 전체 구조이고, 구체적 조작기는 형식적 조작기에 의해 통합/조작되는 하나의 전체 구조다.

3) 모든 발달 단계 이론들에서 그렇듯이, 다양한 개인들이 단계를 인식하는 구체적인 나이보다 단계의 순서가 더욱 중요하다. 인지 발달과 관련하여, 윌버(2000b)는 피아제를 선호하는 것으로 보인다. 나는 피아제(1977)의 이론에 대한 다양한 비판을 알고 있으며, 그가 아동의 인지적 능력을 과소평가하면서 사회적 환경과 아동의 신체 활동의 역할을 얼마나 경시했는지를 알고

있다. 예를 들어 베일러건과 드보(Bailargeon & De Vos, 1991)는 그들이 피아제의 평가 방식을 수정했을 때, 피아제가 제시한 시기보다 훨씬 일찍 유아들이 대상 영속성(object permanence)을 획득할 수 있다는 사실을 발견하였다. 아쉽게도 지면의 한계상 발달 단계 이론들에 대한 수많은 비판과 대부분의 아동이 다양한 발달적 능력을 획득하는 구체적이고 정확한 나이에 대한 내용보다는 발달 과정들의 전체적인 흐름에 좀 더 초점을 맞출 필요가 있었다.

4) 고도(altitude)는 통합 이론가들이 주어진 발달 라인에서의 발달의 정도를 기술하기 위해 사용한 또 다른 용어다(Wilber, 개인적 교신, 2005. 2. 28.). 제4장에서 나는 고도라는 용어의 가치를 논하면서 등산의 은유를 활용하여 발달의 측면들을 묘사하였다(pp. 115-116, pp. 134-135 참조).

5) 비록 수준을 수직적으로 개념화하는 것이 완전히 부정확한 것은 아니지만, 수직적인 '사다리'보다 더 적절한 은유는 겹쳐진 동심원의 은유이며, 이 속에서 각각의 연속적인 단계(원)는 선행하는 수준(원)을 넘어섬과 동시에 포함하고, 수용하고, 통합한다. 따라서 각 수준의 본질적인 특성은 새로운 특성이 펼쳐지는 동안에도 존중되고 유지된다.

6) 온우주적(kosmic)은 우주적(cosmic)과 대조적으로 단순히 물질적인 우주 또는 코스모스(cosmos)가 아니라 전체 우주의 패턴화된 본성을 언급하는 고대 그리스어에서 파생되었다.

03 상한 평가

개요

발달 수준, 라인, 상태 그리고 유형을 결코 무시할 수는 없을지라도, 통합접수평가의 많은 부분은 상한 평가와 관련되는데, 이는 경험적 · 행동적 · 문화적 · 사회적/체계적 차원에서 내담자와 그의 고통을 평가하는 것이다. 상한의 각 차원은 개방형/폐쇄형 질문, 리커트 척도 그리고 체크리스트를 포함하는 많은 질문들에 의해 평가된다. 통합 상담의 한 가지 중요한 측면은 내담자의 상한 프로파일에 대한 정확하고 전체적인 평가다. 치료자는 이 정보를 내담자의 통합 프로파일의 핵심적인 구성 요소로 활용하여, 각 내담자와 협동적으로 목표를 설정하고 치료 계획을 시작할 때 다루어야 할 현상에 대한 우선순위를 매기는 데 도움을 받는다.

사상한에 대한 구체적인 정보를 탐색하기 전에, 통합접수평가는 실질적으로 모든 유능한/능숙한 심리치료자들이 초기 면접에서 다루는 몇 가지 기초적인 자료들을 요구한다. 그것들은 내담자가 이전에 심리치료를 받은 경험의 유무, 이번 상담 경험에 대한 기대나 목표가 무엇인지 등과 같은 이슈다.

초기 면담 동안에 내담자에게 공통적으로 묻는 또 다른 몇 가지 질문들은 다음과 같다. "나와 상담하는 동안 무엇을 달성하기 원합니까?" "치료를 받게 된 계기는 무엇입니까?" "왜 그 이슈가 지금 당신에게 문제가 됩니까?" "당신은 삶의 어떤 측면에서 잘 기능하고 있습니까?" "가장 변화하기 원하는 것은 무엇입니까?" 초기 면접 동안 그리고 그 이후에, 치료자들이 스스로에게 던져봐야 할 질문은 다음과 같다. "이 내담자에게 상담 그리고/또는 심리치료 서비스가 필요한가?" "내가 이 내담자에게 최선의 치료자인가, 아니면 나는 그를 다른 곳에 의뢰해야 하는가?" "이 내담자는 의료적 자문을 필요로 하는가?" "이 내담자에게는 어떤 형태의 상담 접근(예: CBT, 정신분석 또는 인간 중심)과 상담 양식(개인, 가족 또는 집단)이 적합한가?" "자살의 위험은 없는가?" "이 내담자는 얼마나 많은 시간과 자원을 가지고 있으며 그와 그의 어려움, 생활환경 등에 대한 초기 평가를 고려할 때 그것은 충분한가?" "이 내담자는 내가 미처 알아차리지 못한 어떤 숨겨진 의제를 가지고 있을 수 있을까?" 그리고 "이 내담자의 문제가 그의 사고, 행동 패턴, 생물생리학(biophysiology), 원 가족, 다른 문화적 역동 그리고 대규모의 체계(large-scale system) 등 다른 역동과는 어떻게 연관되는가?"

사상한이 개인과 집단에 대한 내면적 그리고 외현적 측면을 대변한다는 점을 기억하라. 심리치료자는 효과적으로 평가하고 치료하기 위해 다음과 같은 기술적(technical) 논점을 이해할 필요는 없을지라도, 통합심리치료자는 '~로부터의 관점(view from)' '~을 통한 관점(view through)' 을 구분한다. 윌버(2006)는 모든 개인적 홀론들은 그들이 세계를 접촉하고 바라보는 네 가지 측면을 가지고 있다고 하였다. 이것이 사상한이다('~을 통해서 보는 것'). 동시에 그 어떤 것, 예를 들어 말과 같이 감각을 가지고 있는 홀론(감정 알아차림이나 지각 능력을 소유한)이건, 소파와 같이 감각이 없는 인공물(감정 알아차림이나 지각이 부족한)이건 간에 그 네 가지 관점으로부터 바라볼 수 있다. 기술적으로 통합치료자는 그러한 관점을 4학(quadrivia; quadrivium의 복수형)이라고 말한다(Wilber, 2006). 통합접수평가는 이론적 논문이 아니라 실용적 도구로서 설계되었으며, 단순하고 명료하게 설명하기 위해, 나는 그 네 가지 차원의 관점을 '상한' 이라고 간단히 부를 것이다.

경험적 질문: 개인-내적

경험적 차원은 내담자의 현상학적 체험에 대한 평가의 측면을 포함한다. 그것은 각 내담자의 자기-경험(신체 이미지, 자존감, 자기-개념, 자기비난, 자기-증오, 자기-위로를 위한 능력, 자기-연민 그리고 자기-성찰 등을 포함)과 내담자가 자각하지 못하는 동기, 원인, 충동의 스펙트럼을 평가한다. 따라서 경험적 평가는 다음과 같은 질문들을 포함한다.

- 전반적인 기분 또는 감정을 어떻게 묘사할 수 있습니까?
- 어떤 정서를 가장 강하고 가장 자주 느낍니까?
- 반복되는 이미지 또는 생각이 무엇인지 알아차리고 있습니까? (깨어 있을 때나 꿈을 꿀 때) 예/아니요
  만약 '예' 라면 자세한 내용을 적어 주십시오.
- 가장 초기 기억은 무엇입니까?
- 가장 행복했던 기억은 무엇입니까?
- 가장 고통스러웠던 기억은 무엇입니까?
- 몸의 어느 부위에서 스트레스를 느낍니까? (어깨, 등, 턱, 기타)
- 전반적으로, 당신의 삶에 대해 얼마나 만족하고 있습니까?
  전혀 아님 1 2 3 4 5 6 7 매우 그러함
- 전반적으로, 당신 자신에 대해 어떻게 느끼고 있습니까? (자존감)
  매우 나쁨 1 2 3 4 5 6 7 매우 좋음
- 전반적으로, 당신 삶과 감정을 어느 정도 통제하고 있다고 느끼십니까?
  전혀 못함 1 2 3 4 5 6 7 매우 잘함

- 현재 자살에 대한 생각을 하고 있습니까? 예/아니요
  만약 '예' 라면 어떤 상황인지 알려 주십시오.

이러한 예들은 상당히 직접적인 질문이다. 어느 정도 명료화가 필요한 경험적 질문은 다음을 포함한다.

- 자신이나 다른 사람을 심각하게 해치고 죽이려고 시도했던 적이 있습니까? 예/아니요
  만약 '예' 라면 자세한 내용을 적어 주십시오.
- 가족구성원 중 누군가 자살을 시도했거나 자살한 적이 있습니까? 예/아니요
  만약 '예' 라면 자세한 내용을 적어 주십시오.

이 두 가지 질문은 각각 우상상한과 우하상한에 속하는 것처럼 보인다. 결국 내담자가 자살 또는 살인을 시도한 적이 있는지 없는지는 외부에서 관찰될 수 있으며, 높은 수준의 평정자 간 신뢰도를 기초로 동의할 수 있는 내용이다. 마찬가지로 내담자의 가족 중 한 사람이 자살을 시도했거나 자살을 했는지 여부는 시스템적(우하) 문제로 분류하는 것이 가장 적절할 수 있다. 그럼에도 불구하고, 이 두 가지 질문이 좌상상한에 위치한 이유는 그 질문과 당면한 본질적인 문제와의 밀접한 연관성 때문인데, 내담자가 현재 자살 충동을 경험하건 아니건 간에 그것은 개인-내적(좌상) 문제다.

- 고통을 느낄 때, 스스로를 돌보고 위로하는 방법은 어떤 것입니까?
- 자신 안에서 일어나는 강한 정서를 어떻게 다루고 있습니까?
- 스트레스를 주는 상황 및 다른 어려움에 대해 어떻게 반응을 하고 있습니까?
- 자신을 창조적 또는 예술적으로 표현하는 방법이 있습니까? 예/아니요

만약 '예' 라면 자세한 내용을 적어 주십시오.

- 여가 시간을 어떻게 보내고 있습니까? (취미/놀이)

이러한 다섯 가지 질문의 측면이 행동적(우상) 차원의 특성이 강하다는 사실은 논쟁의 여지가 있다. 독자는 '많은 내담자들은 뜨거운 물에 목욕을 하거나, 음악을 듣거나, 요가를 함으로써 자신을 위로한다(강력한 정서와 스트레스 받는 상황과 관련된 그다음 두 가지 질문(두 번째, 세 번째 질문)에 대한 가능한 답변들이기도 하다).' 라고 생각할 수도 있다. 그 모든 것들은 외부에서 관찰할 수 있으므로 확실히 행동적(우상) 질문이다. 그럼에도 불구하고, 이 세 가지 질문이 좌상상한에 놓이는 이유는 그것이 다른 무엇보다도 우선적으로 내담자의 고충, 강한 정서, 그리고 스트레스 상황에 대한 내담자의 경험에 기초하고 있으며, 위로, 보살핌 또는 내담자에게 건강하다고 경험되는 것이 무엇이든 간에, 그 느껴지는 감각(내부적으로)을 어떻게 회복하는지와 연관되어 있기 때문이다. 결과적으로 많은 방법에 의해 내담자는 자신의 균형 감각, 위로 등을 회복하는데, 그것을 외부로부터 직접적으로 관찰하는 것은 용이하지 않다. 안심시키고 확신을 주는 자기-대화, 위안을 주는 상상, 강력한 정서에 대한 깨어 있는 주의 등은 직접적인 행동 관찰보다는 내담자의 현상학적 체험에 더 드러나는 자기를 보듬는 방법들이다. 앞서 제시한 마지막 두 가지 질문(여가 시간, 예술적 표현)의 요점은 우리가 행동적으로 관찰할 수 있는(그는 낚시를 간다, 그녀는 카약을 한다, 그는 뜨개질을 한다, 그녀는 첼로를 연주한다) 것이라기보다는, 이러한 활동들이 개인에게 미치는 경험적 효과다. 더 나아가 미, 예술, 즐거움은 보는 사람의 눈에 달린 것으로, 말하자면 이러한 관여의 의미는 행동적 관찰 또는 객관적 분석에 드러나지 않는다는 것이다. 그것은 대개 주관적인(좌상) 문제다.

- 당신에게 지속적으로 영향을 주었던 가족 내의 심각한 질병, 출생 문제, 죽음 또는 다른 상실이나 변화가 있었습니까? 예/아니요

만약 '예' 라면 자세한 내용을 적어 주십시오.

- 언어적, 정서적, 신체적 또는 성적 학대의 희생자가 되어본 경험이나 그런 상황을 목격한 적이 있습니까? 예/아니요
  만약 '예' 라면 자세한 내용을 적어 주십시오.

앞서 한 설명과 유사하게 이 두 가지 질문은 상대적으로 객관적인(우상) 방식이라고 확신할 수 있을지라도, 치료자들은 주로 그러한 질병, 죽음 또는 학대(종종 매우 주관적이고 개인의 고유한 것들이다)가 내담자에게 어떻게 영향을 미치는지에 대해 더 큰 관심을 기울인다. 과거의 트라우마와 상실에 대한 내담자의 지각은 종종 외부적 관점에서 파악할 수 있는 사건을 둘러싼 객관적인 사실보다는 그들이 갖는 현재의 어려움에 더 시사하는 바가 있다.

행동적 질문: 개인-외적

행동적 차원은 내담자의 관찰 가능한 행위 및 상대적으로 객관적인 다른 차원들과 관련된 평가의 측면을 포함하는데, 그것은 그들의 고통과 그 고통에 대처하는 잠재적 자원과 연관된다. 종종 내담자는 물질 남용, 우울증에 의한 대인관계 철수 또는 불안이 고조된 회피 행동과 같은 구체적인 행동들 때문에 심리치료를 찾는다. 더 빈번하게는 성공적인 치료에 대한 내담자의 목표와 관점은 종종 구체적인 행동(식사, 흡연, 음주 또는 공격성을 감소시키거나 친절, 연습 또는 사회적 활동을 증가시키는 것)을 포함한다. 이러한 행동적 평가는 다음과 같은 상대적으로 객관적인 질문들을 포함한다.

- 현재 복용하고 있는 약이 있다면 적어 주십시오. (용도, 용량, 복용의 목적 등)
- 주치의가 있습니까? 예/아니요
  만약 '예' 라면 누구입니까?

- 언제 마지막으로 건강검진을 받았습니까? 예/아니요
- 특별한 요주의사항이 있었습니까? (질환, 혈압, 콜레스테롤, 기타)
- 두뇌 손상이나 다른 심각한 손상을 경험한 적이 있습니까? 예/아니요
  만약 '예' 라면 자세한 내용을 적어 주십시오.
- 평상시의 식습관은 어떠합니까? (즐겨 먹는 음식 종류나 양)
- 약물이나 알코올 섭취에 대해 적어주십시오. (과거와 현재)
- 꾸준히 하고 있는 운동이 있습니까? (에에로빅 또는 근육강화 운동)
  예/아니요
  만약 '예' 라면 자세한 내용을 적어 주십시오.

이와 같은 질문들이 행동적(개인-외적) 상한에 속하는 이유와 함께 그 질문들의 타당성이 명백할지라도, 나는 많은 내담자들이 보여 주는 증상은 심리적인 질병 때문이 아니라 의학적인 장애 때문일 수도 있음에 대해 더 부연하고자 한다. 예를 들어 갑상선 기능 저하증, 뇌종양 그리고 심장병은 각각 우울증, 조증삽화 그리고 공황장애 등과 연관된 많은 증상들을 유발한다. 따라서 생의학적인 장애를 가려내어, 본질적으로 내담자의 고통에 보다 많이 기여하는 것이 생의학적 원인일 때는 치료자와 내담자가 심리치료에 시간을 소비하지 않도록 해야만 한다. 반대로 대부분의 심리치료자 그리고 특히 통합 치료자들은 생물심리사회적(biopsychosocial) 모형의 중요성(Engel, 1977, 1980)을 인식하는데, 그것은 생물학적 · 심리학적 · 사회적 차원이 전부 질병과 건강에 중요한 역할을 하며 각각은 다른 것에 영향을 미친다는 개념을 포함한다. 독자는 통합된 생물심리사회적 공식(Campbell & Rohrbaugh, 2006)과 상한 공식(formulation) 사이의 어떤 유사점을 인식할 수도 있다. 발달 수준과 라인, 인간의 다른 유형, 그리고 다양한 의식 상태에 대해 고려하지 않으면, 상한 공식은 생물행동적-심리실존적/영적-문화적-체계적(우상-좌상-좌하-우하) 공식으로 부를 수 있다. 이 명칭은 표현하기 용이하지 않으므로, 나는 그것을 '통합적 상한 공식' 이라고 부른다. 약간 명료화가 필요한 행동

적 차원의 질문들 중 몇 가지는 다음과 같다.

- 전반적으로, 당신의 신체 건강은 어느 정도 상태입니까?
  매우 나쁨 1 2 3 4 5 6 7 매우 좋음

이것이 내담자의 자기-보고라는 점을 감안하여, 어떤 사람들은 그 자료들이 주관적이므로 개인-내적(좌상)이라고 주장할 수 있다. 그러나 이 질문이 행동적 상한에 있는 이유는 그것이 내담자의 신체적 건강에 대한 상대적으로 편견 없고 객관적인 측정을 원하기 때문이다. 따라서 만약 고혈압과 만성 질환이 있으며 독감과 감기를 자주 앓는 비만 환자가 4 또는 그보다 높은 점수에 표시를 하면, "의사는 당신의 신체적 건강을 어떻게 진단할 것 같습니까?"와 같은 후속 질문을 통해 전반적인 신체적 건강에 대한 객관적 지수에 보다 가까운 근사치를 내야만 한다.

- 수면 패턴은 어떠합니까? (몇 시에 잠자리에 듭니까? 몇 시간을 잡니까? 깨지 않고 잡니까? 아니면 자면서 중간에 깹니까?)
- 잠에서 깨어나면 푹 쉰 느낌이 듭니까? 예/아니요

이 질문들 중 두 번째는 명백히 경험적(좌상) 문제이면서도 수면 실험실에서 객관적으로 평가할 수 있는 이전 질문과 아주 가깝게 묶여 있는데, 일관성을 위해 그 질문과 함께 포함된 것이다(만약 특정 이슈와 관련된 질문, 즉 이 경우에 수면이 함께 묶이지 않는다면, 접수평가지는 더 산만해질 것이다).

- 다음 중에서 당신에게 해당되는 행동 또는 신체감각이 있으면 모두 표시해 주기 바랍니다.
  _____ 과음
  _____ 금지된/향정신성 약물 복용

_____ 과식

_____ 거식

_____ 친구와 가족에 대한 무관심

_____ 자신 또는 자신의 욕구에 대한 무관심

_____ 자신에게 친절하거나 사랑을 베풀기 어려움

_____ 자신 또는 타인에게 결국 상처를 주는 방식으로 행동함

_____ 과도하게 흥분함

_____ 몇 가지 행동에 대해서는 통제하기 어려움

_____ 자살에 대한 생각

_____ 집중하기 어려움

_____ 수입 이상으로 소비함

_____ 울기

_____ 그 밖에 이야기하고 싶은 다른 행동적인 특징들이 있습니까?

예/아니요

만약 있다면 무엇입니까?

_____ 두통

_____ 생리 문제

_____ 현기증

_____ 심장 두근거림

_____ 안절부절못함

_____ 성적 집착

_____ 울렁거림/무감각

_____ 과도한 피로감

_____ 환청/환시

_____ 의식불명

_____ 그 밖에 다른 신체적 고통이나 어려움이 있습니까? 예/아니요

만약 있다면 무엇입니까?

이와 같은 행동(불법적 그리고/또는 마음을 변화시키는 마약의 사용, 울기)과 신체적 감각들 중의 몇 가지(심장 두근거림, 의식불명)는 외부로부터 객관적으로 구별할 수 있으며(외적 관찰은 의료적 도구의 활용과 감각적 관찰을 확장시키는 기타 측정 도구 등을 사용하는 것을 포함함), 그 행동들 중 대부분은 중요한 주관적 그리고/또는 해석적 요소를 갖는다. 예를 들어 무엇이 과음, 과식을 하고 자기 자신과 자신의 욕구를 무시하는 것을 규정하는가? 그럼에도 불구하고 이러한 점검 항목 등은 심리학적으로 관련되어 있다기보다는(자존감, 자기-증오와 같은 이슈 또는 직접적인 관찰 또는 측정으로는 훨씬 덜 적합한 예술적인 향유), 물리적으로(상대적으로 직접적인 관찰 또는 측정을 할 수 있는) 더욱 관련된다.

문화적 질문: 집단-내적

문화적 차원은 각 내담자의 문화적 체험과 관련된 평가 측면들과 관련되는데, 그것은 민족성, 종교성/영성, 성별, 성적취향, 성별, 연령 등뿐 아니라 대인관계, 의미 구성 체계, 그리고 특정 문화, 커뮤니티, 단체의 구성원들에게만 공통적인 상호 이해 또는 공명의 형태로 공유되는 모든 다른 상호 주관적인 차원들을 포함한다. 통합접수지의 독특한 특성은 각 내담자의 문화에 대한 공식적인 평가다(좌하상한). 따라서 통합적 상담의 시작부터 본질적이고 구조적인 관심을 가지고 다양성과 다문화적 검토가 이루어져야 한다. 이와 같이 문화적 평가는 다음과 같은 문항을 포함한다.

- 어떤 형태의 편견 또는 차별의 희생자가 되어 본 적이 있습니까? (인종, 성차별 등) 또는 사회생활 중에 권력이나 특혜라는 맥락에서 불이익을 겪어 본 적이 있습니까? 예/아니요
  만약 있다면 자세한 내용을 적어 주십시오.

- 친구, 가족, 동료 등 당신의 관계에 대해 기술하십시오.
- 전반적으로 친구 관계를 비롯한 다른 관계들에 대해 얼마나 만족하고 계십니까?

  매우 불만족 1 2 3 4 5 6 7 매우 만족
- 전반적으로, 사회적인 상황에서 얼마나 편안합니까?

  매우 불편 1 2 3 4 5 6 7 매우 편안
- 스스로의 인종적 정체성을 어떻게 보고 계십니다? 당신의 민족 문화는 얼마나 중요합니까?
- 성생활에 대해 이야기해 보십시오. 성생활에 대해 얼마나 만족하고 있습니까?
- 종교/영적 공동체 또는 수련을 가지고 있습니까? 예/아니요

  만약 있다면 자세한 내용을 적어 주십시오.
- 참여하고 있는 정치 또는 시민연대가 있다면 적어 주십시오.
- 참여하고 있는 환경운동이 있다면 적어 주십시오. (재활용, 카풀, 에너지 절약 등)

이러한 예들은 매우 직접적인 것이다. 보다 명료화가 요구될 수 있는 문화적 문항들은 다음과 같은 것들을 포함한다.

- 당신에게 중요하거나 의미가 있는 것은 무엇입니까? (당신에게 가장 중요한 일은 무엇입니까?)
- 전반적으로, 당신의 종교나 영성에 대해 얼마나 만족하십니까?

  매우 불만족 1 2 3 4 5 6 7 매우 만족

대부분의 독자들은 아마도 의미-구성(종교성과 영성은 유일한 의미-구성 체계는 전혀 아닐지라도, 본질적인 것에 속한다)이 외부로부터의 관찰로 드러나는 것이 아니라, 좌측 상한의 하나에 속해 있는 것이라는 점에는 동의하면서도,

많은 사람들은 왜 그것이 좌상상한(개인 내면)에 위치하지 않는가에 대해 의문을 가질 수도 있다. 종교적 믿음, 세계관 그리고 다른 삶의 철학들이 개인의 마음속에 내재되어 있을지라도, 의미-구성 활동은 개인이 포함된 종교적/영적, 민족적, 정치적, 도덕적 그리고 다른 문화적 전통과 분리할 수 없는 것으로, 개인의 의미-구성을 단지 개인의 활동(다양한 문화적 맥락에 포함된 것과 반해서)으로 개념화하는 것은 상호적인 이해와 심지어 자기 이해가 출현하는 상호 주관적인 세계 공간의 거대한 망을 거부하는 것이다. 나에게 의미 있는 것이 나의 체험으로 다가올지라도, 그 의미는 공유된 문화를 형성하는 언어적 · 문법적 구조뿐 아니라 맥락적 규준과 관습의 거대한 망이 없이는 출현할 수도, 유지될 수도 없는 것이다. 따라서 만약 내담자가 당신이 이해할 수 없는 언어로 말하거나 당신이 공명하지 못하는 문화적 관습에 대해서 이야기한다면, 그 모든 말들이 당신의 귀와 뇌에 입력이 될지라도, 당신은 내담자가 말하고 있는 것을 이해하지는 못할 것이다(Wilber, 2000b).

- (당신이 성장한) 원 가족 내에서 촉진되거나 주로 표현되었던 정서는 어떤 것입니까?
- 원 가족 내에서 좌절되거나 허용되지 않았던 정서는 어떤 것입니까?
- 최근 가장 편안한 정서는 어떤 것입니까?

의미-구성과 관련된 위의 논점과 유사하게, 개인이 정서를 경험할지라도 그 개인에게 정서가 가지는 의미는 공유된 상호 주관적 체험, 특히 개인의 원 가족 내에서의 유아기의 체험으로 특성 지을 수 있는 것에서부터 비롯된다(Fosha, 2000; Bowlby, 1988; Greenberg, 2002). 예를 들어 어린 시절 그들이 화를 낼 때 주 양육자가 매우 다르게 반응했던 두 사람은 성인이 되어서도 그들 자신과 그들의 분노에 대해 매우 다른 체험을 하게 된다. 한 사람은 매우 자율적이며 자신의 분노를 바르게 정당화할 수 있는 반면, 다른 한 사람은 극단적인 죄책감을 느끼고, 약간이라도 분노를 느낄 때에는 언제나 유기 공포에 압도당할지도 모른다. 결과적으로 삶의 특정 측면(이 경우에는 정서)이 자신의 원 가족 내에서 격려받았는지 좌절되었는지, 또는 다른 방식으로 다루어졌는지에 대해 내담자에 질문하는 것, 그리고 동일한 측면이 그들의 현재 삶 속에서 어떻게 나타나는지에 대해 질문하는 것은 많은 내담자가 현재의 사고, 감정, 행동의 다양한 패턴과 그들의 유아기 체험 간을 통찰하고 연결하도록 돕는다. 이것은 다음의 네 가지 질문을 구성하는 근거의 많은 부분이다.

- 원 가족은 사랑과 보살핌을 어떻게 표현했습니까?
- 현재 가족은 사랑과 보살핌을 어떻게 표현하고 있습니까?
- 원 가족은 불만을 어떻게 표현했습니까?
- 현재 가족은 불만을 어떻게 표현하고 있습니까?
- 애정 관계에 대해 기술하십시오. (만약 있다면)
- 성에 대해 어떤 믿음을 가지고 있습니까? 이 믿음은 당신에게 얼마나 중요합니까?
- 가장 중요한 도덕적 가치는 무엇입니까? 그 도덕적 가치는 당신에게 얼마나 중요합니까?

이와 같은 질문들(사랑, 성, 도덕)은 앞서 언급한 것과 동일한 이유들 때문에 많은 부분 문화적 상한(집단-내적)에 포함된다. 애정 관계는 사람들 간의 공유된 공간에서 일어난다. 성은 다른 사람과 함께하는 어떤 행위다(나는 우디 앨런(Woody Allen)이 "자위행위를 비난하지 마라. 그것은 내가 사랑하는 누군가와의 섹스다."라고 한 말을 기억한다). 또한 도덕적 문제의 중심은 기본적으로 어떻게 바르게 살고, 다른 사람과 관계 맺는지에 대한 질문이 된다. 사랑, 성, 도덕의 측면을 외부 관점으로부터 묘사할 수는 있을지라도(예: 오늘날의 신혼부부들의 일부는 초기에 인터넷 데이트 서비스를 통해서 만나거나 일주일에 ○회 정도의 많은 성행위를 한다), 나는 대부분의 독자가 사랑, 성 그리고 도덕성의 가장 중요한 측면(상담과 심리치료와 특히 관련된)은 행동적 관찰에 의해서가 아니라, 치료자와 내담자의 상호 이해를 위한 노력을 통해서만 드러난다는 점에 동의하리라고 확신한다. 또 하나의 중요한 점은, 이러한 질문에(설문을 통해서든, 면담을 통해서든) 내담자가 어떻게 반응하는가는 종종 그의 특정 반응 내용보다 더 시사하는 점이 있다. 예를 들어 다음의 대화는 상한 절대주의를 보여 준다. 내담자가 우선시하는 상한이 무엇인지 구별할 수 있는가 살펴보라.

치료자: 성관계에 대해 어떤 믿음을 가지고 있습니까?

내담자: 저는 적어도 하루에 한 번씩은 성관계를 해야 한다고 믿어요.

치료자: 그 외에, 당신의 성생활에서 중요한 것은 무엇이죠?

내담자: 가능한 자주하는 것만큼 더 중요한 건 없어요.

치료자: 당신과 성관계를 하는 상대방의 존재 또는 당신이 공유하는 체험의 특성에 대해서는 어떻게 생각하나요?

내담자: 물론 나는 내가 누구와 하느냐에 대해서 확실히 신경을 쓰죠. 나는 흑갈색 머리를 가진 백인 여성만을 좋아합니다.

비판단적 수용의 문제는 차치하고라도, 이 내담자의 반응은 행동적(우상) 절대주의를 드러낸다. 그의 모든 반응은 성관계의 횟수와 파트너의 신체적 특성 등과 같이 객관적인 관찰에 의해 묘사할 수 있다. 그의 반응은 그가 선호하는 체험(좌상)의 질, 그의 파트너의 내적 자질(따뜻하다거나, 배려한다거나, 또는 종교적, 정치적 관점과 같은) 또는 그들이 공유한 체험(좌하)을 함축하지는 않는다. 다른 내담자들의 경우에도, 당신은 다른 상한들을 배제하는 상황을 만나게 된다. 낮은 자존감과 유기 공포를 가진 사람은 자기 아내의 행동(우상)과 그들 사이에서 일어나는 논쟁, 다른 힘든 사건들(좌하/우하)에 대해 극도로 소심하게 반응할 수 있으면서도 그 자신의 체험에 주의를 기울이는 데에는 조직적으로 실패할 수도 있는데(좌상), 그것은 아내를 지나치게 배려하는 방식 속에 내재된 그의 불안정한 정서유형의 핵심적인 역동을 반영한다.

사회적/시스템 질문: 집단-외적

시스템적이라고도 불리는 사회적 차원은 내담자의 문제와 갈등의 유발 시점, 과정, 그리고 치료에 영향을 주는 환경과 시스템(가족, 지역에서 국가, 세계까지)에 관련된 평가의 측면들을 포함한다. 제2장에서 언급한 것처럼, 이 시스템은 경제, 기업 그리고 정부 조직 등을 포함한다. 그것은 시민 자원(교육, 고용 기회, 교통체계), 도시계획(이용 가능한 공원 그리고 다른 휴식 공간, 건축의 심미성 등), 가족 역동이나 근무 환경과 같은 더 소규모 조직들도 포함한다. 다른 사회적 시스템의 부분들 간에 두드러진 관찰 가능한 상호작용뿐 아니라, 해고 또는 불안한 생활 조건과 같은 상황(예: 페이트 칠이 벗겨진 낡은 집에서 아기나 어린아이를 양육하는 것)은 전통적인 심리치료에서의 유일한 관심사는 아닐지라도, 우선순위를 두는 좌상상한(경험적) 관심사에 앞서, 혹은 더불어 통합 상담에서 다루어진다. 이와 같은 사회적 시스템에 대한 평가는 다음의 문항을 포함한다.

- 현재의 물리적 주거 환경은 어떠합니까? (예: 주거 유형, 방음, 채광, 환기, 에어컨, 난방 등)
- 당신의 이웃은 어떠합니까? (안전한/위험한, 친절한/불쾌한, 조용한/시끄러운 등)
- 현재의 사회적 주거 환경은 어떠합니까? (함께 살고 있는 사람들과 당신이 어떻게 지내는지에 대해 외부인들은 어떻게 묘사할 것 같습니까?)
- 근무 환경은 어떠합니까? (동료와 당신에게 직접적으로 영향을 미치는 상사를 포함)
- 애인이 있습니까? 예/아니요 결혼한 적이 있습니까? 예/아니요
  만약 있다면 자세한 내용을 적어 주십시오.

이와 같은 것들은 매우 직접적인 것이다. 좀 더 명료화가 필요한 시스템과 관련된 몇 가지 질문들은 다음과 같은 내용을 포함한다.

- 삶의 어떤 측면들이 스트레스를 줍니까? 내용을 적어 주십시오.

이 질문은 스트레스가 개인이 내적으로 지각하는 경험적(좌상) 상한에 속하는 것처럼 보일수도 있다. 완성된 많은 통합접수평가지는 이 질문에 대한 가장 일반적인 반응이 내담자의 사회적 시스템을 포함한다는 사실을 드러냈다. 이 질문에 대한 편모의 반응은 그녀는 매주 40시간을 시간제로 일하고 석사과정생이고, 두 명의 자녀를 양육하면서 그녀 혼자 가정을 꾸려나가고 있음을 보여 주었다. 그녀의 지친, 저조한 그리고 불안정한 감정은 심리적 장애의 문제라기보다는 과도하게 부담이 많다는 구조적 요인에 기인하였다.

- 어떤 형태의 지지 체계를 가지고 있습니까? (친구, 가족 또는 필요시에 도와줄 수 있는 종교단체 등)

이 질문은 잘 알려진 사실을 다루고 있다. 심리적 장애(우울증부터 정신분열증까지)를 가진 사람의 경과와 예후는 건강하고 강력한 지지 연결망을 가진 경우가 그러한 지지 체계가 부족한 경우보다는 훨씬 좋다는 것이다.

통합적 치료개입분류표

이 책의 주요한 목적이 치료자가 내담자를 전체적이고 통합적인 방식으로 평가하는 것을 돕는 데 있을지라도, 나는 엄청난 기법의 무더기에 질서와 일관성을 부여할 수 있는 관련 분류 시스템을 간략하게 소개하고자 한다. 통합적 치료개입분류표(ITTI)는 내담자의 치유, 성장 그리고 행복을 촉진시키기 위해 통합치료자가 사용할 수 있는 절차적 방법과 실용적 기술을 분류해 놓은 정리 체계다. 내담자의 치유와 복지는 종종 상담이나 심리치료가 그 초기 역사의 많은 부분을 규정했던 단순히 내적 그리고 대인관계적 변화보다는 좀 더 사회적이고 체계적인 변화를 전제해야 한다는 이유 때문에, 나는 상담 또는 심리치료라는 용어 대신에 치료적이라는 말을 선택하였다.

나는 현재 200개가 넘는 치료적 개입들(Marquis, 2006)로 구성한 ITTI를 실은 원고를 제출하는 과정 중에 있다. 나는 독자가 통합적 접근을 위한 실용적 도구의 초안을 맛보기를 원하며, 전체 ITTI는 너무 많은 개입 방법들이 있어 한 페이지에 들어가기 어려우므로, 여기서는 미니 ITTI(〈표 3-1〉)라고 불리는 것을 제시하고자 한다.

이 분류표를 통합시키는 질서에는 통합 이론에 대한 나의 선호도가 작용한다. 그럼에도 불구하고, 통합 이론에 공명하지 않는 치료자들조차도 ITTI가 경험적으로 그리고 공통적으로 사용하는 많은 양의 치료적 개입을 조직화하여 임상적으로 도움을 줄 수 있다는 점을 발견할 수 있으리라 생각한다. ITTI(미니 버전이 아니라 전체 버전)를 비교적 빠르게 살펴보는 것은 특정 내담자에게 활용할 구체적인 기법과 개입뿐 아니라, 수많은 일반적인 실행 과정을 제시해 준다.

나는 유능한 치료자가 되기 위해서는 전체 ITTI 내에 배열된 200개 중 많은 개입들을 사용할 필요가 있다고 제안하는 것은 아니다. 그러나 당신이 사용하는 개입들 중 대부분 또는 모든 것이 기본적으로 하나 또는 두 개의 상한, 혹은 하나 또는 두 개 수준에 속한다는 사실을 알게 된다면, 내담자의 다른 차원(상한이건 발달이건 간에)들을 다루는 개입을 활용하는 것만으로도 효과성을 증대시킬 수 있다. 즉 이것이 AQAL 접근의 단순한 의미 중의 하나이며, 우리의 내담자와 우리 자신의 상한과 발달적 차원의 모든 것을 건드리는 것이다(발달적 측면에 대한 더 상세한 내용은 제4장과 제7장에서 다룰 것이다).

몸, 마음 그리고 영혼의 각 차원을 수련하는 것과 마찬가지로, 각 내담자의 '상한 균형(quadratic balance)' 에 대해 관심을 기울이는 것 또한 중요하

〈표 3-1〉 미니 통합적 치료개입분류표

좌상상한(UL): 개인-내적	우상상한(UR): 개인-외적
몸 • 젠들린의 '포커싱'과 즉각적인 '감지된 감각'에 대한 조율 • 자기-위로와 기본적인 센터링 연습 **마음** • 자각/의식으로 떠올리기 • 자기의 부분들과의 대화 **영성** • 명상/정관적 기도 • 마음챙김, 사랑, 연민, 용서 등의 배양	**몸** • 자기-관리 프로그램; 자기-관찰과 기록 • 약물 치료 **마음** • 인지적 재구조화[1)] • 현실 치료의 WDEP 체계 **영성** • EEG 바이오피드백과 의식의 세타파 상태를 유도하는 데 도움이 되는 뇌/마음 기계 • 요가
좌하상한(LL): 집단-내적	**우하상한(LR): 집단-외적**
몸 • 치료적 유대감 속에서의 주의를 기울이고 파열의 회복 • 관계 속에서 안정감 발견 **마음** • 치료적 관계의 형성 • 역할 놀이 **영성** • 상담의 핵심으로서의 연민적 이해 • '이기심 없는 봉사'; 사회적 관심; 사회적 해방	**몸** • 기본적인 회기 관리 기술과 회기의 구조 • 적어도 한 회기 내에 내담자의 사회적 지지 체계를 포함 **마음** • 사회적 기술 훈련 • 가계도 분석 **영성** • 타인에게 봉사하고 사회적 정의를 촉진하는 사회적 행동주의에 참여 • 환경에 책임 있게 관여

다. 예를 들어 과도하게 자신의 내면에 몰두해 있는(좌상) 사람은 자기에만 몰두해 있거나 보통 사람들이 자기애적이라고 말하는 상태일 것이다. 그런 사람은 시민 활동에 참여하는 것 또는 환경오염을 줄이기 위한 일과 같은 시스템적 활동(우하)이건, 다른 사람의 이야기를 공감적으로 경청하거나 지원이 필요한 사람을 도와주는 것과 같은 문화적 활동(좌하)이건 간에, 보다 집단적인 노력에 시간, 에너지, 주의를 투여함으로써 종종 도움을 받을 수 있다. 반대로 '우리(we)' 혹은 다양한 집단 내에서의 자신의 위치에 과도하게

신경을 쓰는 사람(좌하)은 과도한 순응주의자라고 할 수 있다. 이 사람에게는 자연 속에 머무는 것, 명상, 운동 또는 어떤 형태의 예술 활동에 참여하거나 음악, 독서를 하건, 자신에게 즐거움을 주는 개인적인 활동을 통해서건 간에 혼자 더 많은 시간을 보내는 것이 도움이 될 수 있다. 마지막으로, 삶의 외적 또는 보다 객관적 차원에만 과도하게 집중하거나 빠져 있다면(우상/우하), 자기 자신이나 자신이 속한 집단으로부터 소외될 수 있다. 이러한 사람은 좌상 또는 좌하 상한으로부터 개입을 해야 할 것이다. 예를 들어 젠들린(Gendlin)의 포커싱(focusing), 자기의 부분들 간의 대화 혹은 타인과의 대화, 개인적인 일기쓰기를 실천할 수도 있고, 친구, 가족 그리고 타인에 대한 공감과 연민을 훈련시킴으로써 보다 나은 관계를 가질 수 있다.

요약하면, 통합치료자로서 우리는 내담자가 어떤 상한 차원을 도외시하고 회피하고 가치를 덜 두는지를 파악하고, 그 도외시하고 회피하고 가치를 덜 두었던 상한으로부터 구체적인 개입을 선택하는데, 그것은 세계-내의-존재로서의 개인의 유형 혹은 방식에 최적으로 맞춤화된 것이다. 다른 연구에서도 나는 통합 이론의 '모든 상한, 모든 수준' 은 상담의 다양한 개입들에 질서를 부여하는 최우선적 기준이며, ITTI는 통합 상담의 임상적 도구의 하나의 예라고 주장해 왔다(Marquis, 2006). 당신의 주된 이론과 무관하게, ITTI는 치료적 처치의 실제에 대한 매우 포괄적인 분류를 제공한다. 다른 상한 또는 수준으로부터 몇 가지 접근이 각 내담자의 특수한 갈등에 적절하건 그렇지 않건 간에, 당신과 내담자는 ITTI를 참고함으로써 도움을 받을 수 있다(여기에 제시된 미니 ITTI는 단지 전체 ITTI에 포함된 개입의 10% 정도 밖에 안 된다는 점을 명심하기 바란다).

연민을 갖는 치료와 가장 최신의 과학적 상담의 성과 및 과정 연구를 통합시키는 상담 접근을 구현하기 위한 임무를 띠고, 통합 이론은 가슴과 이성뿐 아니라 내담자의 체험과 선택 능력(좌상), 생의학적인 관점과 개인적인 행동(우상), 문화와 의미-구성 체계(좌하), 우리 자신을 발견하는 사회적 시스템(우하)을 결합시킨다. 이러한 결합은 각 내담자의 몸, 마음 그리고 영성이 각각 자기, 문화 그리고 자연에서 펼쳐지는 것을 치료자가 존중하고 양육하도록 도와준다.

결론

이 장에서는 통합접수평가지가 평가하는 자료들의 예를 다루었다. 통합접수평가지(부록)나 제7장의 완성된 접수지의 예를 살펴본다면, 당신은 이 장에서 다루었던 통합접수평가지의 대표적인 것들보다 훨씬 더 많은 질문들을 발견할 것이다. 풍부한 정보를 얻는 것보다 훨씬 더 중요한 것은 통합(AQAL) 모형이 이 자료들을 일관되고, 이해할 수 있고, 치료자와 내담자에게 의미 있는 방식으로 조직화한다는 점이다. 미니 ITTI는 치료적 개입을 조직화하는 AQAL 모형의 역량에 대한 다른 하나의 간단한 예시를 제공하였다.

미 주

1) 인지적 개입은 개인의 내면에서 일어나는 인지를 목표로 하기 때문에 좌상 개입으로 분류하는 것이 적절해 보이기도 한다. 다른 연구에서(Marquis, 2006), 나는 왜 인지적 개입을 우상상한에 두었는지에 대해 설명하였다. 본질적으로 인지적 개입은 가능한 객관적이고 경험적이고자 노력한다. 더욱이 벡(Beck)은 과학적 방법론에 따라 그의 접근을 명시적으로 구성하였으며 내담자가 스스로 그 접근을 연습할 수 있도록 가르친다. 내담자가 "그들의 믿음을 가설로 다루고 추가적인 정보를 수집하며 그 정확성을 검증하기 위해 행동적 실험을 행하도록 배운다." (Hollon & Beck, 2004, p. 448) 이러한 모든 특성은 '자신의 사고로부터 거리를 확보하는 것', 즉 외부로부터의/외적인 관찰을 의미한다. 개인은 자신의 사고를 '있는 그대로' 볼 수 없는데, 그것은 '객관성' 이 무엇인가에 대한 모든 것이다라는 주제와는 크게 관련이 없다.

04 발달, 병리 그리고 치료의 스펙트럼

> 인간 변화 과정의 복잡성은 실로 감탄할 만하다. 인간 발달이 단순하고 선형적인 여정을 따르는 경우는 극히 드물다. 그보다는 훨씬 더 지그재그 과정으로, 그 과정 속에서 자주 난관에 봉착하고, 반복적으로 맴돌고, 가끔씩 퇴행하기도 하며, 몇 번의 놀랄 만한 도약과 추락이 일어난다. 개별 상황들은 그 다양성 때문에 혼란스러워 보일 수는 있으나, 패턴이 있다. **그 패턴은 원리를 보여 준다. 인간 발달의 원리를 이해하는 것은 심리치료의 필수불가결한 과제다.**
>
> (Mahoney, 2003, pp. 9-10, 고딕체는 추가됨)

> 서로 다른 이론은 내담자 성장의 서로 다른 단계에서 다양한 수준의 도구들을 제공한다.
>
> (Ivey, 1986, p. 2)

개요

이 장의 첫 인용문에서 언급했듯이, 인간 발달의 이슈는 상담 및 심리치료에서 핵심적이다. 더 나아가 인간 발달은 복잡하면서도 엄청나게 다양한 개별성을 드러내고 무수한 사회문화적 맥락에 의해 영향을 받을지라도 패턴과 원리를 보여 준다. 이러한 원칙과 패턴(구조)은 인간 발달의 핵심을 형성하는데, 이는 발달한다는 것이 갖는 의미의 본질, 인간 변화 과정에 미치는 영향, 그 과정 내의 이정표, 발달이 진행됨에 따라 일어날 수 있는 문제에 대한 몇 가지 근본적인 의문들을 보다 잘 이해하기 위한 시도로부터 출현한다.

발달 이론, 특히 발달심리학이 상담 및 심리치료에 왜 중요한가? 무엇보다도 가장 중요한 이유는 다음과 같다.

> 심리치료는 발달심리학의 적용 분야다. 치료자는 환자의 부적응적 이유와 내담자의 보다 생산적인, 또는 적어도 덜 파괴적인 발달 과정을 촉진하거나 재구성하기 위해, 발달적 나선에 어떻게 진입할 수 있는지에 대한 몇 가지 결론에 도달하고자 정상적인 발달에 대한 지식을 활용한다. …… 발달적 나선의 모델은 치료적 개입을 가능하기 위한 틀을 제공한다(Basch, 1988, p. 29).

따라서 대부분은 아닐지라도, 내담자가 보여 주는 문제와 도전의 많은 부분은 그들의 발달적 이슈와 밀접하게 연관되어 있다.

더 나아가 의미-구성(meaning-making)은 인간의 경험과 성공적인 상담에 핵심적인 과정이다(Mahoney, 2003; Cook-Greuter & Soulen, 2007). 각기 다른 사람들이 의미를 구성하는 것이 얼마나 다양한가를 이해하는 일은 인지적 · 도덕적 발달(Piaget, 1977; Kohlberg, 1990; Gilligan, 1982)부터 자아와 세계관의 발달(Loevinger, 1976; Gook-Greuter, 2003; Wilber, 2000b)에 이르는 다양한 발달 과정을 이해함으로써 상당한 도움을 받을 수 있다. 기본적으로 사람들은 성격 유형과 같은 차원에서도 다양하거니와, 의미-구성의 발달 수준의 기능에 있어서도 현격한 차이가 있다(Cook-Greuter & Soulen, 2007). 서로 다른 성격 유형(MBTI, 에니어그램에서 보여 주거나 평가하는 성격 유형과 같은)이 동등하게 타당한 방식으로 강조될지라도, 초기 발달 단계보다 후기 발달 단계에 분명한 이점, 더 큰 역량, 그리고 더 많은 복잡성이 존재한다. 예를 들면 상담자로서의 활동에 대해서 생각해 보라. 서로 다르게 발달한 두 명의 상담자들이 얼마나 효과적인가를 비교해 보라. 한 명은 타인의 관점을 취하는 능력(피아제의 전조작기 발달의 특성)을 발달시키지 못했으며, 정서적 역동에 대한 자각 능력이 거의 없는 상담자다(Goleman, 1995; Salovey & Mayer; Matthews, Zeidner, & Roberts, 2002에서 재인용). 그리고 다른 한 명은 타인의 관점을 취하고 추상적으로 사고하면서 내담자의 다양한 문제를 구성하는 패턴과 원리를 볼 수 있을 뿐 아니라, 개인 내적, 대인관계 역동이 세련되게 발달하여 정서적 지능이 매우 통합된 감각을 지닌 상담자다. 동일한 훈련을 가정할 때, 두 명의 상담자 중 누가 더 효과적이겠는가? 그 답은 명백하지 않겠는가?

이제 앞서 제시한 두 번째 인용문을 생각해 보자. 이 인용문은 이 장의 핵심적인 논점을 제시하고 있다. 즉 다른 치료적 접근은 각기 다른 발달적 무게중심(center of gravity)[1]으로 기능하는 개인에게 최적으로 맞춤화되어 있다는 점이다.

이 장의 논지에 대한 근거

이 장뿐만 아니라 통합치료자의 임상적 작업에 대한 주요 부분에서 윌버의 핵심적인 논지는 발달, 병리, 치료의 스펙트럼이 있다는 점이다. 간단히 말해서 그것이 일부 의미하는 바는 "자기 발달의 각 단계에서, 그 단계로부터의 정지, 고착 또는 해리는 특정 병리를 초래한다." (Marquis & Wilber, 출간 중)는 것이다. 정신분석, 정신역동 그리고 그 밖의 발달 분야 내의 다양한 연구자들과 치료자들은 이와 유사한 개념들을 제시해 왔다(Kernberg, 1980; Kohut, 1971, 1977, 1984; Masterson, 1981; Fosha, 2000; Ivey, 1986; Mahoney, 1991). 그러나 이 부분에 대해 윌버의 논지가 차별화되는 점은 전개인 영역(정신분석 전통에서 치중해 왔던)과 개인 영역(인지적 이론가들이 보다 집중해 왔던)뿐만 아니라 초개인 영역(상담과 심리치료 분야에서 그다지 진지한 관심을 기울이지 않았던 영역; Jung, 1961, 1968; Assagioli, 1988; Maslow, 1971; Washburn, 1988, 1994; Grof, 1998 등 소수의 예외는 있다)에 이르기까지, 그가 다루는 발달 스펙트럼이 훨씬 포괄적이라는 점이다.

아마도 더욱 중요한 점은, 윌버가 특정한 심리치료 접근은 각기 다른 병리로 고통받는 내담자를 위해 최적으로 맞춰져야 함을 주장했다는 점이다. 아이비(Ivey)는 "각 치료는 내담자의 발달에 대해 다양한 측면을 다룰 수 있는 그것만의 특별한 강점을 갖는다."(1986, p. 143)라고 말하면서 매우 유사한 아이디어를 제시하였는데, 그의 생각은 피아제의 인지 발달 수준에 의해 구조화된 반면, 윌버는 다양한 발달 라인을 강조한다. 더욱이 아이비는 "모든 이론이 발달 분야의 모든 측면을 다룬다 할지라도, 특정 이론은 그 분야의 특정 부분만 주장해 왔다. 어떤 치료가 대체로 구체적 조작기에서 작용한다면, 인지행동과 같은 다른 치료들은 여러 수준에서 기능하는 것으로 보인다."(Ivey, 1986, p. 170)라고 제안하였다. 나는 아이비의 이 제안 중에 첫 번째 문장에 대해 강력하게 반대한다. 예를 들어 인지행동 접근 계통과 실존주의 접근은 인간 본성의 전개인적 차원은 다루지 않는다. 아주 극소수의 치료적 접근만이 인간 본성의 초월적, 초개인적 영역을 다룬다(앞서 말한 예외에도 불구하고). 서로 다른 내담자와 마찬가지로, 서로 다른 치료적 접근은 서로 다른 발달적 강조점에 의해 규정된다는 점을 치료자가 인식하고 수용하는 것은 반드시 필요하다(Ivey, 1986, p. 171)는 아이비의 기본 논점에는 동의한다.

고든 폴(Gordon Paul)은 지금은 고전적이 된 다음의 질문을 제기했다. "특정한 문제를 가진 이 사람에게, 누구에 의한 어떤 치료가 어떤 환경의 조건 속에서 가장 효과적이며, 어떻게 그 효과는 일어나는가?" (Ivey, 1986, p. 140에서 재인용). 발달, 병리, 치료 스펙트럼의 논지는 그 질문에 대한 기본적인 대답이다. 아이비는 그가 '방식-전환 상담(style-shift counseling)' 이라고 일컬었던 것으로 폴의 질문에 답하였다. "만약 현재 상담이나 치료 방식이 효과적이지 않다면, 내담자의 발달적 요구에 부합하기 위해 방식을 전환하라. 더 나아가 내담자의 인지적 복잡성이 더욱 발달했다면, 그 내담자를 계속 치료하기 위해서는 방식을 전환하라." (p. 140) 치료자는 내담자가 발달적으로 어디에 있는지를 평가한 후에, 내담자의 "발달 수준에 맞는 상담 접근을 선택해야 한다." (p. 140)고 아이비는 제안하고 있다. 아이비는 피아제의 인지발달 단계에 주로 초점을 맞추며, 그의 네 가지 주된 상담 방식은 감각운동, 사고(구체적 조작), 감정(형식적 조작), 그리고 학습 수준(변증법적)이다(p. 141). 이와 같이 윌버의 논지와 관련된 선행연구는 상담 및 심리치료의 전통 속에서 나타난다.

발달적 관점을 적용하는 것은 상담자로 하여금 내담자를 더 잘 이해하고 공감하도록 해 준다. 제5장에서 살펴보겠지만, 개인의 자아 발달은 그가 어떻게 의미를 구성하는가의 핵심적이며, 의미-구성은 행복과 '바른 삶' 의 경험에 결정적이다. 내담자의 자아 발달 수준을 고려하지 못하면, 상담자가 자신만의 의미-구성 방식을 내담자에게 투사하는 결과를 초래하여 내담자와 그의 문제를 이해할 수 없게 된다. 내담자의 다양한 문제의 밑바닥에는 종종 하나의 발달 원칙이 깔려 있으며, 발달적 관점을 취하지 못하는 것은 중요한 현상을 못 보게 되는 결과를 낳는다. 예를 들어 대학 1학년 학생인 나의 내담자는 집에서나 교회에서 더 이상 적응할 수 없다고 느꼈기 때문에 상담을 받으러 왔다. 제니퍼는 집과 교회에서 갈등이 가중되고 있을 뿐만 아니라, 남자친구와도 잦은 말다툼을 하고 있었다.[2] 그 갈등에 더하여 제니퍼는 집과 교회에서 '소속감' 을 못 느끼거나, 연애 관계에서도 점점 더 외로움을 느끼고 이전에는 그녀의 요구에 아주 잘 부응했던 동일한 맥락에서도 오해가 일어났다. 아마도 어떤 상담자는 갈등 해결 기술과 같은 것들을 알려주면서,

문제 해결식의 접근을 취했을지도 모른다. 그녀의 몇 가지 명백한 개별 사안들은 그러한 치료자와의 회기에서 개입의 초점이 되었을 수도 있다. 그러나 발달적 관점에서 나는 제니퍼가 이전의 순응적인(규칙/역할) 발달 수준에서 보다 의식적인 발달(형식 반성심) 수준으로 이행하는 중이라고 보았다. 그녀의 아버지는 매우 권위적이었고, 그녀가 다니는 침례교회도 마찬가지였다. 남부 출신의 남자친구 또한 전통적인 성 역할을 고수하였다.

그녀가 성장하면서 가져왔던 도덕률의 경직성과 보편성에 의문을 제기하기 시작했을 때, 자유 예술 과정의 두 번째 학기를 마치게 된 상황은 우연이 아니었다. 그녀는 그때 믿기 힘들 정도로 고무되었고 마음을 '활짝 열어 놓는' 경험이었다고 보고하였다. 그녀는 다양한 집단의 학생들을 만났으며 새로운 사상과 세계관에도 빠져들었는데, 그 경험은 그녀 자신과 그녀를 둘러싼 세상에 대한 인식을 급진적으로 그리고 다소 과감하게 변화시켰다. 나는 그녀의 근본적인 '문제', 그리고 그것과 연관된 모든 도전과 고통을 발달적인 문제로 인식했으며, 다음의 생각을 그녀에게 전달하였다(이 독백과 정확히 같지는 않지만 기본적인 의미는 같다).

> 당신은 어떤 식으로든 현재의 가족, 교회 그리고 남자친구와의 관계를 넘어선 성장을 하고 있는 것으로 보인다. 그것은 그들을 사랑하고 필요하고 원하지 않는다는 것을 의미하지는 않지만, 당신은 그들과 다른 방향성으로 스스로를 정립시키고 있다. 이 말이 정확하지 않는다면, 지적을 해달라. 한때는 가장 위안을 주고 고무시켰던 가족과 교회의 그 규칙과 구조는 이제 당신을 가장 제한하고 짜증나게 만드는 바로 그것이 되었다. 자신에게 적합한 규칙인가에 대한 평가 없이, 집과 교회와 같은 조직의 다양한 규칙에 순응했던 것은 예전에는 발달적으로 적절했다. 또한 현재 당신의 삶을 어떻게 끌어갈지에 대해 스스로 의식적인 결정을 하고, 심지어 당신의 관점이 타인과 다를 때에도 자신을 표현하면서 스스로 생각하고 고민하는 것도 발달적으로 적절하다. 그러면서도 어떻게 가족, 교회 그리고 남자친구와의 유대감을 유지할지가 어려운 숙제인 것이

다. 또는 당신은 다른 신앙 단체나 남자친구를 선택하게 될 수도 있을 것이다.

이 내담자는 자신의 '문제' 가 정상적인 발달의 경험이라는 나의 해석에 대해 안도감을 느꼈다. 아이비(1986, p. 2)가 언급한 것처럼, "발달 이론은 임상 현장과는 너무 거리가 멀다." 만약 제니퍼가 그녀의 문제를 단순히 관계 혹은 가족 문제라고 이해하는 치료자를 만나서 의사소통 기술, 자기주장 훈련 또는 갈등 해결을 익혔다면, 매우 귀중한 발달적 기회는 상실되었을 것이다. 나는 약 30회기 정도 제니퍼와 상담했는데, 그녀가 스스로 생각하고 자신의 도덕적 관점에 대해 보다 상대적인 입장을 취하면서, 흥미진진해하고 생동감 넘치는 젊은 여성으로 피어나는 모습을 바라보면서 즐거움을 느꼈다. 남자친구는 그녀의 변화를 인내할 수 없었으므로 그들은 헤어졌다. 또한 그녀는 권위적인 교회를 떠났고, 유니테리언 교회(삼위일체론을 부정하고 신격의 단일성을 주장하는 기독교의 한 파-역자 주)에 나가기 시작하였다. 두 가지의 상실이 고통스러웠음에도 불구하고, 그녀는 애도를 하는 가운데서도 즐거움과 의미를 발견하였다. 그녀가 가족들과의 '뜨거운 논쟁' 이라고 규정했던 시간은 지속되었고, 이전에 가족들과 어떻게 관계해야 하는지를 구조화했던 엄격한 규칙이 해체되면서 그녀는 스트레스를 받으면서도 흥미진진함을 느꼈다. 치료를 종결했을 때, 그녀는 이전의 어떤 때보다 '훨씬 생기가 넘치는' 느낌이 든다고 하였다. 그녀와의 상담의 많은 부분은 그녀의 경험을 발달적 틀에서 단순하게 맥락화하고 소크라테스식의 대화를 통해서 그 경험을 처리할 수 있도록 도와주면서 진행 과정 내내 피드백과 공감을 주는 것이었다.

내담자의 발달적 수준은 내담자가 자신의 상호작용을 어떻게 해석하고, 그들이 의미 있다고 받아들이는 것은 무엇인지, 그들이 위협적으로 경험하는 것은 무엇인지, 그리고 그 밖의 여러 가지에 영향을 주기 때문에, 발달적 관점은 상담자로 하여금 내담자와 상호작용하는 방식을 조율하고 내담자의 반응, 방어 그리고 갈등 등을 예측할 수 있도록 돕는다(Cook-Greuter & Soulen, 2007; Pearson, 2007). 이는 서로 다른 내담자가 어떻게 피드백을 바라보고 받아들이고 부인하는가를 고려할 때 특히 적절한데, 이는 대개의 경우 자아 발달의 문제다(보다 자세한 내용은 제5장 참조; 또한 Cook-Greuter & Soulen, 2007 참조).

아이비에 따르면, "내담자의 현 발달 수준에 맞는 적절한 치료적 환경을 제공하는 것은 성장과 변화를 촉진하는 데 유용할 수 있다." (1986, p. 141) 따라서 제니퍼에게 출현했던 형식-반성적 능력에 대해 우리가 했던 많은 작업은 본질적으로 내성적이고 철학적인 것이었다. 그녀는 우리의 관계에 대해 '자기 스스로 일을 정리할 수 있는 공간' 으로서의 가치를 두었으며, 우리는 아이디어들에 대해 토론했고 다양한 관점에 대한 '증거들을 검토하였다.' 이전보다 훨씬 많은 불안을 느꼈음에도 불구하고(그녀가 따라야 했던 '유일한 진실의 길' 로부터는 더 이상 위안을 누릴 수 없었기 때문일 것이다), 그녀는 되어가는(becoming) 사람으로 발달해 나가기 위한 새로운 탐구에 활기차 있었으며, 새로 발견한 자유에 고취되는 경험을 했다.

> 상담 및 치료의 서로 다른 이론들은 어떤 내담자보다는 다른 내담자에게 더 유용할 수 있다. 따라서 발달적 상태를 평가하는 것은 중요한 관심사가 된다. 내담자의 발달적 · 인지적 수준을 일단 결정하게 되면, 내담자를 위한 발달을 내담자와 함께 체계적으로 계획하는 것이 가능해진다(Ivey, 1986, pp. 33-34).

제니퍼가 순응주의적/사회중심적 세계관을 보다 의식적/세계중심적 세계관으로 매우 확실하게 변화시켜 나갔음을 고려하면, 내가 그녀에게 취했던 개입은 매우 자아중심적인 내담자에게 취했을 개입과는 완전히 달랐다. 자아중심적인 내담자의 경우라면 내담자로 하여금 그의 가족과 교회 구성원들의 관점을 수용하고 순응할 것을 독려하면서(그러한 관점이 해가 되지 않거나 병리적이지 않다는 조건하에서), 자기 이익으로부터 벗어나 자신이 하는 행동의 부정적인 면을 볼 수 있도록 돕는 것이 치료 작업의 더 많은 부분을 차지했을 것이다. 그 내담자를 위해서는 그 자신을 넘어 구조의 가치를 받아들여 그것에 순응할 수 있도록 발달시키는 것이 주요한 변화가 될 것이다. 대조적으로 그것은 제니퍼를 제한했던 바로 그 구조/수준이며, 그녀는 그 수준으로부터 빠져나와 더욱 성숙한 젊은 여성으로 피어났다. 따라서 서로 다른 개입과 접근은 현재 수준에서 그들이 보다 효과적으로 적응할 수 있도록 도우면서 내담자를 지지함과 동시에, 그 다음 단계, 보다 더 넓은 세계관, 그리고 보다 더 큰 통합으로 변형해 나갈 수 있도록 동기를 불어넣고 촉진시킴으로써 현재 수준에서 그들에게 '도전'을 주기 위해서라도 필요하다(Cook-Greuter & Soulen, 2007).

발달적 역동과 치료 과정의 일반적인 원칙

마호니(Mahoney, 1991)는 삶과 인간 변화 과정이 복잡하기 때문에 치료 역시 복잡할 수밖에 없다고 하였다. 동시에, 그리고 역설적으로 그 변화 과정은 매우 단순하다. 결국 부모, 교사, 친구들은 일상적으로 타인의 발달을 촉진한다. "우리가 사회복지사 혹은 심리학자이건 정신건강 상담자 혹은 정신의학자이건, 치료적 스승 혹은 간호사이건, 우리는 모두 인간 발달의 이슈를 다룬다."(Ivey, 1988, p. xi) 아이비의 핵심적 발달 구성 요소의 첫 네 가지는 다음과 같다.

1. 발달은 분리(차별화)와 애착(연결성, 동일시, 통합)의 반복적인 패턴을 수반한다.
2. 발달은 잠재적으로 한 인간의 삶의 전 과정을 통해서 일어날 수 있다.
3. 발달은 항상 문화적 맥락에서 일어나며, 그중 많은 부분은 우리의 의식적 자각 밖에 있다.
4. "발달은 단지 의식적 수준에서 일어나는 것이 아니라 우리의 자각을 넘는 수준에서 일어난다. 우리의 자각을 넘는 이 수준은 종종 무의식적이

라고 불린다." (Ivey, 1986, p. 345)

대부분의 발달 단계 이론에서 공통적인 또 다른 원칙들은 다음과 같다.

- 특정 단계의 사람이 이전 단계를 규정짓는 해결 방법이나 존재 방식을 선호하는 경우는 드물다(Kegan, 1982, p. 56).
- 각 새로운 단계 또는 균형은 타인을 보다 전체적으로 바라볼 수 있는 능력을 가져오는데 그 타인은 별개의 통합 단계에 있기 때문이다(Kegan, 1982).
- 발달은 보다 단순한 것에서 보다 복잡한 것으로 진화하는 세계관과 함께, 보다 더 큰 이해와 효과성으로 이끄는 잠재력의 전개 과정을 포함한다.
- 전반적으로 인간 발달은 목적론적 법칙을 따르지만, 한편 나선적이기도 하다(수많은 퇴행과 비선형성; 이 장의 후반부에서 이 주제에 대해 더 많은 것을 언급할 것이다).
- 후반의 각 단계는 점차 복잡하고, 전일적이고, 포괄적이고 그리고 홀라키적이다.
- "사람들의 발달 단계는 그들이 동일시하고, 알아차리고, 자각할 수 있는 것과 설명할 수 있고, 계발할 수 있고, 영향을 줄 수 있고, 변화할 수 있는 것에 영향을 미친다." (Cook-Greuter & Soulen, 2007, p. 184)
- 후속 단계들은 반성, 유연성 그리고 세상 속에서의 세련된 상호작용뿐만 아니라 모호함과 다양성에 대한 인내력의 증가를 보여 준다.
- 그것은 끝나지 않는 과정이다. 우리가 얼마나 발달했는가와 상관없이, 우리의 이해와 지식은 항상 부분적이고 불완전한 상태에 있다.

명백히 말하면, 발달의 후반 단계는 보다 높은 행동적인 유연성, 인지적인 능력의 증가, 그리고 특히 타인의 체험이 자신의 체험과 다를 때 타인의 체험에 대한 감수성이 증대된다. 이 모든 것은 전문적이건 아니건 간에, 보다 친밀하고 만족감을 주며 치료적 관계를 촉진시키는 경향이 있다(Cook-Greuter & Soulen, 2007). 매우 일반적일지라도(그리고 어느 정도는, 모든 일반화는 과잉 일반화다), 후기 발달 수준에서 기능하는 사람들은 잠재적으로 이전 발달 수준의 사람을 이해할 수 있는 반면, 그 역은 성립되지 않는다. 이어지는 각 발달적 파동 속에서(발달적 파동은 수준, 단계 또는 구조와 동의어다. 이 네 가지 용어는 조금 후에 다룰 '몇 가지의 차이' 부분에서 명료화되고 구별될 것이다), 한 개인은 딜레마, 문제, 그리고 다른 복잡성을 해결하는 데 있어, 이전 파동에 있을 때보다 더 차별화되고, 더 전체적이고, 더 효과적이다(Cook-Greuter & Soulen, 2007).

또한 인간 발달의 많은 단계 이론들은 피아제의 핵심적인 개념을 흡수한다. 예를 들어 발달의 각 단계는 상대적으로 안정화된 성취 기간 이전에 준비 기간을 포함한다. 피아제에 따르면, "발달은 산발적이고 국지적이며 고르지 않다. 어떤 개념이 하나의 형태로 나타날 수 있으나, 그 자체를 가능한 범위를 넘어 확장시키는 것은 1년 또는 그 이상이 걸린다."(1977, p. xxv) 이 울퉁불퉁함 또는 **수평적 격차**(décalage; 일정한 발달 단계에서도 동일한 인지 구조로 조작되는 여러 분야의 과제를 수행하는 데서 나타나는 시간적 차이를 말함-역자 주)를 피아제는 발달의 기술적 원칙이라고 생각했다. 이전 구조와 공존하고 있는 보다 높은 발달 구조는 더 진보된 성장을 촉진시키는 갈등, 불안정성, 불협화음을 일으킨다. '평형(equilibration)'이라는 개념은 피아제의 이론에서 핵심적이다. 간단히 말하면, 그것은 인지구조를 균형 상태로 맞추려는 개인의 노력을 의미한다. 불안정성의 상태는 본질적으로 불만족스러운 것이며, 유기체는 다시 균형을 회복하기 위해 그것이 할 수 있는 것을 할 것이다. 키건(Kegan)은 이 개념을 "주관-객관의 균형"(1982, p. 39)이라고 설명하였다.

인간은 한편으로는 연결성, 관계 그리고 소속감의 욕구뿐 아니라, 다른 측면에서는 자율성, 개별화, 유능감의 욕구를 갖는다. 따라서 발달의 각 단계는 각각을 규정짓는 욕구들 간의 '균형적 활동' '역동적 안정성' 또는 '진화적 휴전'과 같은 것이며, 각 단계는 균형 속의 진보를 의미한다. 한 단계는 통합/연결성을 강조하며, 다른 단계는 분리/개별화를 강조한다(Cook-Greuter & Soulen, 2007). 어떤 축도 다른 축보다 더 좋다고 할 수는 없다. 둘 다를 필요로 한다. 이 둘 간의 긴장은 진화적 움직임의 중요한 부분이다. 키건(1982)에 따르면, 사실상 인간 경험의 가장 위대한 고군분투는 ① 포함, 연결, 소속 그리고 교감, ② 독립, 자율성, 분리 그리고 작인(agency; 자기 정체성과 자율성을 유지 · 보호하기 위한 홀론의 능력과 기술을 의미함-역자 주)이다. 이러한 두 가지 갈망은 충돌하는 것처럼 보이기도 하지만, 실제로는 가장 중요한 관계와 발생학적인 긴장이다. 앞서 언급했듯이, 각 단계는 작인/자율성과 그 후에는 교감/포함을 교대적으로 선호하면서 그들 간의 긴장을 해결하기 위해 노력한다. 남성적 유형(남성이든 여성이든)이 작인을 강조하는 경향이 있고 여성적 유형(남성이든 여성이든)이 교감을 강조하는 것이 사실일지라도, 윌버는 "남성과 여성 둘 다 교감 속의 작인으로서 존재한다(모든 홀론들과 마찬가지로)."고 강조하였다(2000c, p. 588).

발달과 치료

치료자가 자신의 가치 체계 속에 내담자를 깔끔하게 꿰어 맞추려고 하는 것보다는 내담자의 세계라는 틀 속에서 '이해하고, 존중하고 그리고 작업하는' 능력을 배양한다는 발달적 관점을 가지는 것은 필수적이며, 내담자와 치료자가 함께 생산적으로 일할 수 있는지(적합성과 목표의 양립가능성의 이슈)와 관련된 이슈를 평가하는 것보다도 훨씬 더 중요하다는 점은 일반적으로 인식되고 있다(Corey, 2001, p. 24; Mahoney, 1991, pp. 18-19 참조; Mahoney, 2003; Ivery, 1986). 치료자로서 우리는 "다른 사람의 세계와 세계관에 들어가야만 한다."(Ivey, 1986, p. 133; Rogers, 1961) 다른 사람의 (지각된) 세계와 세계관은 발달의 한 기능이므로 발달적 원칙과 그들의 발달적 수준을 평가하는 법을 이해한다면, 그들의 세계와 세계관을 훨씬 더 쉽고 정확하게 이해할 수 있다. "만약 누군가 타인을 이해한다면, 그들의 인식론과 세계에 대한 앎의 방식을 이해해야만 한다. …… 세상에서 구체적으로 기능하지도 못하는 사람에게 형식적 조작기의 치료를 제공하는 건 별로 효과가 없다."(Ivey, 1986, pp. 138-139) 통합 이론의 발달적 본질 때문에, 치료에 대한 '통합적 구성주의적' 접근은 과거로부터 습득한 교훈의 가치와 현재 행위의 가치 간의 균형을 맞춘다(Mahoney & Marquis, 2002; Mahoney, 2003).

이 장의 개입에 실은 인용 중에, 바쉬(Basch)는 자신의 발달 모형을 '나선적(spiral)'이라고 언급했다. 흥미롭게도 수많은 발달론자들은 나선이라는 은유 또는 모형을 사용한다(Kegan, 1982; Beck & Cowan, 1996; Cook-Greuter, 2003; Mahoney, 2003; Washburn, 1994; Wilber, 1999d). 바쉬의 발달적 나선의 내용(의사결정, 행동, 자존감)이 다른 발달론자들의 것과 구체적으로는 차이가 있을지라도, 발달적 치료자가 내담자를 평가하고 내담자가 발달 모형 내에서 걸려 있는 위치에 적합한 접근을 조율하는 데 필요한 원칙은 동일하다. 어떤 정상적 발달 과정 또는 과제를 성공적으로 달성하거나 순항하지 못하고 있는지를 평가한 후에, 내담자가 가진 이전의 결핍(그 결핍이 내담자의 내적 세계 혹은 외부의 지지 환경, 문화 또는 사회 체제 중 어디에 관련이 있든지 간에)에 대해 성공적인 향상을 촉진한다. 더 나아가 이러한 치료자들은 내담자의 자기-경험에 대해 보다 완벽하게 공감하기 위해 발달적 지식을 활용한다. 예를 들어 서로 다른 발달적 파동에 놓인 사람들은 각자 매우 다른 인지적 가능성을 자각하며(Piaget, Wilber), 다른 것에 가치를 두며(Graves, 나선 역학), 다른 과정을 통해 의미를 부여한다(Kegan, Cook-Greuter). 한 내담자의 변형은 순응과 복종을 요구하는 (군대와 같은) 상대적으로 권위적인 체제 속에서의 동화를 전제하는 것을 포함할 수도 있다. 만약 내담자가 이전에 매우 자아중심적이었다면, 민족중심적인 관점을 가정하는 것은(그것이 엄격할지라도) 실제로 변형이다. 그러나 내담자가 이미 다소 민족중심적인 치료를 하고 있다면, 그가 가장 필요로 하는 것은 더 큰 자율성과 자발성을 촉진하는 발달적 단계와 속도다. 따라서 각 개인의 발달적 요구에 근거한 다른 형태의 환경, 다른 "착근성의 문화(cultures of embeddedness)" (Kegan, 1982, p. 118)를 제공하는 치료자의 능력은 한 스펙트럼의 사람들에게 효과적으로 도움을 주는 데 필수적이다. "내담자의 미래의 성숙과 발달을 결정짓는 것은 치료자가 제공하는 환경이다." (Ivey, 1986, p. 131)

발달적 역동과 치료적 과정의 통합적 원칙

프로이트가 했던 말을 다른 식으로 표현하면서도 피아제, 키건, 쿡-그로이터 등의 다른 발달론자들과 일관되게, 윌버는 근본적인 발달적 역동(치료적 역동에도 역시 필수적인)을 "그것이 있었던 곳에 내가 있을 것이다." (1983, p. 67)로 요약한다. 실제로 프로이트가 *id*와 *ego*라는 라틴 용어를 사용하지 않고 'it'과 'I'라는 일상적인 독일어를 사용한 것을 고려할 때, 윌버의 논점은 "이드가 있었던 곳에 에고가 있을 것이다."라는 식으로 프로이트의 원래 표현을 바꿔 말하기보다는, 그대로 인용하는 쪽에 더 가깝다. 베틀하임(Bettleheim, 1983)과 카우프만(Kaufman, 1992)은 프로이트의 이 유명한 인용문을 번역하는 데 있어서 유사한 점을 지적했으며, 브란트(Brandt)는 "그것이 있었던 곳이 내가 되어야만 하는 곳이다."가 더 정확한 번역이라고 주장하였다(Loevinger, 1987, p. 41에서 재인용).

만약 당신의 '자기'를 고려한다면, 당신은 질적으로 구분되는 두 가지 측면을 알아차릴 수 있을 것이다. 즉 당신이 관찰할 수 있고 묘사할 수 있는 자신에 대한 모든 것('me'로 체험되는 원격자기[distal self]: 남편, 아버지, 교사, 친구로서 키는 6피트이고 바흐를 열정적으로 좋아하고 바깥 활동을 즐기는 사람 등등과 같은 자각의 대상), 그리고 그러한 자신을 기술하는 구성요소들을 알아차리는 관찰하는 자기('그는'으로 체험되는 근접자기[proximate self]: 경험의 내적 주체 또는 관찰)가 있다. 'I'는 체험과 자각의 주체이며, 'it'은 당신이 자각하는 모든 대상으로 구성된다는 점을 고려할 때, 프로이트의 유명한 인용은 본질적으로 1980년 즈음에 윌버와 키건 두 사람이 각각 개별적으로 정의한 문장과 본질적으로 유사하다. "한 단계의 주체는 다음 단계(주체)의 객체가 된다." (Wilber, 2000e, p. 34) 예를 들어 감각운동적 단계의 유아는 몸과 거의 배타적으로 동일시하며, 따라서 그들의 몸은 그들이 누구인가를 주체로서 구성한다. 이와 같이 그들은 그들의 몸을 그들이 누구인가라는 측면으로서 반성하거나 관찰할 수 없다. 그보다는 그들은 신체-자기(body-selves)다. 그들이 상징과 개념의 전조작기와 구체적 조작기의 능력을 발달시키게 되면, 그들은 마음의 개념(마음이 그들의 주체 또는 'I' 가 된다.)과 동일시하기 시작하고 이제 그들의 몸을 자각의 객체로서 관찰하고 반성할 수 있게 된다. 즉 그들의 몸은 이제 그들의 새로운 주체, 즉 마음의 객체다. 따라서 "한 단계의 그 'I' 는 다음 단계의 'me' (또는 'it')가 된다." (Wilber, 2000e, p. 34, 원본에서는 이탤릭체임).

제2장에서 언급했듯이, 심리적 발달은 단순히 좌상상한의 이슈가 아니다. 유전, 발달력 그리고 한 개인이 태어난 문화와 시스템은 엄격하게 그 사람의 선택과 자유를 제한할 수 있다. 그럼에도 불구하고 다른 생물학적 체계와 마찬가지로, 사람들은 스스로를 자기-조직화한다(Maturana & Varela, 1987; Guidano, 1987; Mahoney, 1991). 이처럼 사람들은 인생의 여정을 따르는 발달을 본질적으로는 복잡성이 증가되는 구조적 조직화를 통해서 분리와 통합의 과정에 의해 조절되는 자기생성 시스템으로 바라볼 수 있다(Guidano, 1987).

> 자기(근접자기)는 위대한 대둥지 속에서 새로운 수준을 직면할 때마다, 처음에는 그것과 동일시하며 그것을 통합한다. 그리고 그것을 탈동일시한다(그것을 초월한다[분리된다], 그것으로부터 탈동화된다). 그리고 더 높은 수준에서 그것을 포함하고 통합한다. 다른 말로 자기는 그만의 고유한 발달의 축(또는 이정표)을 거쳐나간다(Wilber, 2000e, p. 35; [ ] 부분은 저자가 추가함).

근접자기 라인은 통합치료자에게는 특히 중요한 라인인데, 윌버의 관점에서 보면, "근접자기의 발달은 의식 발달의 가장 핵심에 있기 때문이다. 존재의 대둥지 속에서 기본적인 파동을 거쳐나가는 것은 근접자기이기 때문이다."(2000e, p. 35, 원본에서는 이탤릭체임) 윌버는 발달의 '분기점(fulcrum)'을 발달적 이정표의 한 유형으로 정의했으므로 새로운 각 단계는 분기점이다. 분기점(지렛대가 중심을 이루는 지지 지점)에 대한 전통적인 정의와 유사하게, 발달적 분기점은 새로운 자기감을 생성하는 일을 지원하는 기본 구조를 포함한다. 따라서 한 사람의 축은 현재의 가능성의 파동으로서, 그것을 둘러싸고 그 사람의 기능과 존재 방식은 '불안정하게 휘청거리며(teeters)', 가끔은 약간 앞으로 진전하다가 또 가끔은 약간 뒤로 미끄러지기도 한다. 그러나 분기점과 수준, 단계, 파동 그리고 구조는 자아 발달을 측정하는 공식적인 방법으로서, 가장 밀도 있게 평가하는 근접자기 발달 라인에 한해서만 유사하다(더 자세한 내용은 제5장 참조).

안아 주는 환경과 착근성의 문화

모든 발달은 양육자와 아동 간의 유대감, 가족 관계, 동료 집단, 학교, 교회 그리고 다른 공동체의 소속으로부터 국가, 세계의 경제 그리고 정치 체제에 이르기까지 다양한 사회적 그리고 문화적 맥락(우하 그리고 좌하)에서 일어난다(Mahoney, 1991; Ivey, 1986; Wilber, 2000b). 키건(1982)은 다양한 '착근성의 문화'(양육, 역할 인식, 상호성, 자율성, 친밀성을 포함하는)에 대해 아주 상세하게 다루었는데, 그것은 개인이 필요로 각 발달 단계에 하는 질적으로 다른 '안아 주는 환경(holding environments)'을 최적으로 제공하는 것이다. 키건은 윌버의 마찬가지로, 우리의 착근성이 갖는 중요성을 강조하고 있다.

> 위니컷(Winnicott)의 관점에서 '안아 주는 환경'은 유아기의 본질적인 개념이다. 나의 관점으로는 그것은 진화의 본질적인 개념이다. …… 그것은 우리를 안아 주고(우리는 그것과 융합되어 있다) 우리를 나아가게 하는(우리가 차별화

> 되는) 심리사회적인 환경이다. 결코 '개인만은(just an individual)' 있을 수 없다. 바로 그 말은 사람의 개인화된 그 측면, 개별화의 측면을 의미한다. 동시에 항상 뿌리 깊은 측면도 존재한다. 사람은 개인 이상이다. '개인(individual)' 은 진화의 현재 상태를 명명한 것이다. '사람(person)' 은 진화 그 자체라는 본질적인 움직임을 의미한다. 삶이라는 환경으로부터 개별화된 만큼이나 그 환경 속에 뿌리박은 자기의 측면이다. 사람은 '개인' 임과 동시에 '소속된 개인(embeddual)' 이다(Kegan, 1982, p. 116).

발달의 가장 흥미로운 측면들 중 많은 부분은 사람이 자신과 세계를 동일시하고 이해하는 다양한 방식 사이에서 불안정하게 움직이거나 이행할 때, 발달의 두 단계 간의 발생과 경험을 수반한다는 점이다. 실질적으로 새로운 진화적인 균형으로 나아가기 위해서는 분화와 통합 둘 다(분화만이 아니라)를 해야만 한다.

> 사회로부터 분화되면서 얻어지는 인내는 도덕적 세계를 구성하는 균형 잡힌 지점은 아닌데, 그것이 정확히 새로운 진화적 휴전을 의미하지 않기 때문이다(어떻게 참을 수 없는 것을 참을 수 있겠는가?) 그것은 통합이 없는 분화다(Kegan, 1982, p. 66).

많은 발달적 모형들은 이어지는 발달의 단계를 '상위의(higher)' 라고 불렀는데, 그 용어에 대해 다른 많은 모형들은 부정적으로 반응하기도 한다. 제2장에서 언급하였듯이, 그러한 용어는 사람에 대한 가치적 판단이 아니라 발달적 판단이다. 따라서 십대들은 걸음마를 배우는 어린아이보다 한 인간으로서 더욱 가치가 있거나 존중받을 만하다는 것이 아니고, 대부분의 십대들은 대부분의 걸음마하는 어린아이보다 덜 자아중심적이고 복잡한 문제를 해결할 수 있는 능력이 더 많다는 것이다. 고도 혹은 수준 등의 개념과 관련하여, 통합이론가들은 종종 산을 등산하는 은유를 이용하여 발달에 대해 설명한다. 첫째, 대부분의 산이 그 정상으로 가는 길을 단 하나만 가지는 것은 아니다. 즉 서로 다른 유형의 사람 또는 문화는 서로 다른 강조점을 가지고 발달할 수 있다는 것인데, 어떤 사람은 더 가파르고 짧은 길이나 산을 하이킹하는 방식을 선호할 수 있는 반면, 다른 사람은 더 길고 점진적인 길을 선호한다는 것이다. 둘째, 어떤 사람들의 목표는 정상이 아니라 산으로 올라가는 길의 2/3 쯤에 위치한 아름다운 목초지라는 점이다. 셋째, 상담, 명상, 봉사 그리고 의식적인 관계가 전부 매우 차별화된 체험을 통해서 발달을 촉진할 수 있는 것처럼, 어떤 길은 다른 길이 제공할 수 없는 관점을 제공할 수 있다는 것이다.

이러한 차이점에도 불구하고, 정상에 실제로 도달하는 서로 다른 길은 같은 고도의 모든 것을 통과해야만 하며, 서로 다른 길이 갖는 관점의 구체성(표면적 특성)이 다양할지라도 더 높은 고도는 더 위대하고 더 넓은 관점을 열어 준다. 다시 말해서, 한 인간의 고도가 높아질수록 그 사람의 시야에는 그 아래로 더 많은 풍경이 펼쳐질 수 있다. 저 아래의 아름다운 골짜기와 시냇물뿐만 아니라, 예전에는 나무나 다른 풍경에 가려져 있던 어둡고 그늘진 장소도 볼 수 있다. 정상에 가까울수록, 특히 산맥의 가장 높은 산들 중 하나의 정상에 있을 때, 자신이 서 있는 산을 넘어 다른 산들, 또한 점차로 드러나는 수평선 위로 아득한 가능성까지도 볼 수 있다. "등산객은 더 많이 볼수록, 더 현명해지고, 더 시기적절하고, 더 체계적이고, 그들의 행위나 결정이 어떻게 되리라는 것도 더 잘 알게 된다. 이는 더 많은 관련 정보, 연결성 그리고 역동적 관계가 가시화되었기 때문에 그런 것이다."(Cook-Greuter & Soulen, 2007, p. 183)

그러나 상위의 수준이 문제나 고통으로부터 점차 자유롭게 해 주는 것은 아니다. 예전에 피아제가 말했듯이, "모든 문제가 해결되면 새로운 문제가 부상한다."(Ivey, 1986, p. 161에서 재인용) 윌버는 이 개념을 '발달의 변증법(dialectic of progress)' 이라고 불렀는데, 오래된 이전의 문제를 해결하는 것과 더불어, 더 상위의 발달은 새롭고 잠재적으로는 더 고통스러울 수도 있는 문제에 직면하게 되는 것을 의미한다. 예를 들어 자율적이고 형식 반성적으로 사고하는 사람은 군중 심리에 빠져드는 것으로부터는 자유로울 수는 있어도, 순응주의자 수준에서는 존재하지 않았던(적어도 강한 수준은 아니다) 실존적인 불안에 직면하기도 한다. 더 나아가 마호니는 "우리 중 누구도 문제로부터 자유로운 발달 수준에 이르는 것을 현실적으로 바랄 수 없다. …… 확실히 발달은 새로운 수준의 어려움을 만들어내지만, 발달은 또한 전반적인 과정을 포용하는 능력을 더욱 증대시키기도 한다."(2003, p. 88)

현실치료자들(Glasser, 1990)은 만약 인간이 전륜구동 자동차(우리가 운전대를 조정해서 직접적으로 영향을 주는)라면, 전륜은 우리의 생각이고 행동인 반면, 후륜은 우리의 느낌과 생리(직접적으로 영향을 주기가 더욱 어려운)라는 비유를 들었다. 나는 경제적이고 정치적인 것으로부터 교육학적이고 의학적인 것에 이르는 더 넓은 체제는 우리가 어디로 그리고 어떻게 운전하는지를 구조화하는 도로와 고속도로 체계라는 점을 덧붙이고 싶다. 물론 공공도로가 아닌 도로를 운전하는 매우 극소수의 발달적 개척자들은 언제나 존재하는 듯하다. 그러나 우리의 대부분은 대체로 이 더 큰 사회문화적 체계에 제약을 받고 영향을 받는다. 그리고 그 체계들 중 많은 부분은 우리의 의식적인 자각 밖에서 작동한다.

몇 가지의 차이

통합 이론이 강력히 견지하는 핵심적인 이슈는 발달의 파동은 엄격하고 영속적인 본질 또는 틀이 아니라는 점이다. 그보다는 그것은 '점진적인 리듬(grooves) 또는 습관'과 같은 것으로, 사건 혹은 경우 혹은 순간의 상대적으로 안정적인 패턴이다. 제2장에서 언급했듯이, 통합치료자는 단계를 엄격하고 구체화된 구조가 아니라 가능성의 파동으로 보고 있다.

단계, 수준, 구조, 파동

윌버는 수준이라는 용어를 발달의 다른 단계를 규정짓는 질적으로 구별되는 복잡성 또는 조직화의 정도를 일컫는 의미로 사용한다. 구조(structure)는 각 단계의 전일적이고 통합된 본성, 그리고 파동(wave)은 단계가 만나서 서로 합쳐지는 유동적인 합류점을 강조한다. 통합 이론은 기본 구조를 상정하는가? 그렇다. 엄격하고 규정된 구조인가? 그렇지 않다.

윌버는 명확하게 인간은 단계를 거쳐서 발달하는 존재로 보았다. 그러나 인간 발달의 단계 모형은 정확하게 무엇인가? 매카티(McCarthy)는 다음과 같이 말했다.

> 단계 모형은 서로 구별되고 점차 복잡해지는 발달 단계의 영구불변적인 순서이며, 어떤 단계도 건너뛸 수 없고 각 상위의 단계는 이전 단계를 함축하거나 상정한다. 이것은 퇴행, 중첩, 정지된 발달 등을 배제하는 것은 아니다. 단계는 질적으로 서로 구분되어 구성된 전체다. 단계-특정한 도식은 영구불변의, 위계적으로 구조화된 순서에 따라 배열된다. 후기 단계는 이전 단계가 완수되기 이전에 (안정적으로) 성취될 수 없으며, 초기 단계의 요소는 후기 단계에서 보전되고, 변형되고, 재통합된다. 요약하면, 발달-논리적 접근은 후기의 보다 복잡하고, 보다 포괄적인 발달 단계가 이전 단계를 상정하고, 그 위에서 이루어지는 구조적 전체의 위계가 갖는 구체성을 요구한다(Wilber, 2000d, p. 50에서 재인용).

윌버가 각 발달 라인은 영구불변의 순서로 발달하며, 이어지는 단계는 "이전 단계가 완수될 때까지는 안정적으로 성취될 수 없다."는 점에는 동의할지라도, 사람은 다음 단계로 진전하기 위해 발달 단계와 관련된 모든 임무를 완벽하게 완수할 필요를 느끼지 못한다. 윌버는 "당신이 필요로 하는 모든 것은 다음 단계에 도달하기 위한 통과 등급[그 단계의 기본적이고 필수적인 능력]

이다." 라고 언급하였다(Schwartz, 1995, p. 359에서 재인용). 더욱이 통합된 구조로 인식될 때조차도, 그러한 구조('구조'는 기본적으로 상대적으로 안정된 사건의 패턴이다)는 구체화된 것은 아니다. 그보다는 그것들은 라인, 유형, 상태, 그리고 하부 인격과 같은 복잡한 역동으로 가득 찬 파동으로 인식된다. 윌버는 다음과 같이 강조하였다.

> 한 가지 사실을 기억해야 한다. 이 단계(그리고 단계 모형)는 거대하고 지속적으로 흐르는 삶이라는 강물에 대한 개념적인 스냅사진에 불과하다. 대우주(Kosmos)의 어느 곳도 [여기는 어떤 발달 단계라고 이름 붙일 만큼] 단순한 곳은 없다(그것을 믿는 이론가의 개념적 공간을 제외하고). 즉 이는 단계가 단순한 구조이거나, 한쪽으로 치우친 관점과 반하여 사회적으로 구성된다는 점을 말하고자 함이 아니다. 단계는 현실 세계 속에서 일어나며, 우리가 발달 또는 성장이라고 부르는 어떤 것이 실제로 존재하고 있다는 의미에서는 현실적이다. 성장의 단계는 정해진 시간에, 그리고 특정한 각도로부터 특정 지점에서 우리가 찍는, 실제로는 단순한 스냅사진일 뿐이다(그 자체도 성장하고 발달한다)(2006, pp. 68-69).

발달 단계와 의식의 상태

사람들은 너무나도 다양하다. 그러나 모든 다양성이 동일한 것은 아니다. 예를 들어 토드와 바바툰드는 매우 다른 문화에서 성장했기 때문에 다를 수 있다. 또는 그들 중 한 사람은 인지적 그리고 도덕적 라인에서, 다른 한 사람은 예술과 운동감각 라인에서 훨씬 많이 발달했기 때문에 다를 수 있다. 또는 그들은 매우 다른 의식의 상태를 경험하고 있기 때문에 이 순간에는 다르게 보일 수도 있다(예: 한 사람은 잠을 자고 있고, 술에 취해 있고, 공황상태에 있고, 또는 절정 체험을 하고 있다). 아이비는 다른 많은 상담자들과 마찬가지로, 단계, 상태 그리고 라인을 종종 혼동하였다. 그는 내담자가 상담의 한 회기 내에서 4단계(감각운동기부터 형식적 조작기까지) 전부를 거칠 수 있다고 말했다. 사람들은 실제로 하루에 4가지의(또는 2가지조차도) 단계의 발달을 거치지는 않는다. 그보다는 다양한 발달 라인들은 각기 다르게 발달되기 때문에 어떤 내담자는 한 측면에서는(예: 도덕성) 매우 초보적인 발달을, 다른 라인(과학 또는 수학적 사고)에서는 고급 수준의 발달을 보여 줄 수 있다. 이와 같은 현상(내담자가 서로 다른 발달 단계의 속성을 드러내는 모습)은 단계와 의식의 상태 간을 구별함으로써 설명될 수 있다. 예를 들어 내담자는 형식-반성심(formal-reflexive mind) 주변에 발달의 무게중심을 가지고 있을 수 있으나 전조작기의 사고를 규정짓는 비논리적이고 증거에 반하는 사고에 머무는 공황 상태 또는 극심한 우울증을 경험할 수도 있다. 아이비가 단계와 상태를 구분하는 듯한 몇 가지 지점이 있는데, 구체적인 조작기의 내담자가 다양한 망각, 왜곡, 과잉일반화 그리고 다른 사고의 오류 또는 "전조작기 상태를 보여 주는"(1986, p. 163, 고딕체는 추가한 것임) 행동을 하는 모습을 발견하는 것을 상담자가 묘사할 때다. 이것은 중요한 논점이다. 기본구조는 완전히 안정적이지 않다. 만약 안정적이라면, 그 구조는 극심한 스트레스 상황에서조차 견뎌낼 수 있을 것이다. 그러므로 발달적 파동은 상대적으로 안정적이고 내구력 있는 것으로 받아들이고, 의식의 상태보다는 훨씬 더 안정적이고 지속적이면서도, 엄격하게 영속적인 구조와는 거리가 멀다.

발달 라인과 수준

또한 아이비는 피아제의 인지 발달 단계를 통해 내담자가 어떻게 순환하는지에 대해서도 언급하였다.

> 발달의 더 상위 수준으로 계속 진전하는 사람 역시, 역설적으로 기본적인 감각운동기 그리고 전조작기의 경험으로 돌아갈 수밖에 없다. 어떤 유능한 사람이 외국어를 배우기로 결정해서 어학 수업의 가장 초보 단계에 들어가면, 새로

운 언어에 대한 구체적 조작기에 들어가기 전까지는 감각운동기, 전조작기 그리고 구체적 조작기의 경험을 거친다(Ivey, 1986, p. 161).

사람은 아마 두뇌 손상 또는 신경계의 이상인 경우를 제외하고는, 전조작기의 사고 능력으로부터 감각운동기로 되돌아가지 않는다. 피아제는 인지 발달이 영구불변한 단계 속에서 일어난다는 점을 매우 강조하였는데, 이는 모든 사람들이 같은 순서로 단계를 진행함을 의미한다. 그와 동시에, 한 개인이 화학과 수학에서 형식적 조작기 사고(인지 발달의 단계 또는 수준)를 보여 주는 것이 그녀가 자동적으로 다른 영역에서도, 이 경우에는 외국어에서도 완숙한 수준으로 수행할 수 있음을 의미하지는 않다는 점 또한 진실이다. 이는 각 라인은 동일한 기본 수준, 단계, 발달의 파동을 따라 진행해 나간다는 다양한 발달 라인들 간을 구별하고자 윌버(2000e)가 응용했던 또 다른 예다. 아이비는 종종 수준과 라인의 차이를 다음과 같이 직관적으로 보여 주었다.

> 모든 내담자는 여러 개의 다양한 발달 수준의 혼합체이며[다른 라인은 다르게 발달한다], 완수할 필요가 있는 다양한 발달적 과제들을 가장 잘 보여 줄 것이다. …… 어떤 내담자는 한 수준에서는[한 라인에서] 마술적이고 전조작기적이나, 다른 수준에서는 구체적 조작기의 수준이며 또 다른 수준에서는 변증법적이기도 하다. …… 많은 구별되는 발달적 임무 때문에, 우리는 정말 많은 발달적 수준[그리고 라인]의 혼합체다(Ivey, 1986, p. 162).

그럼에도 불구하고, 아이비의 직관은 통합 이론에서 규정하는 명확한 구분과는 일관되게 표현되지는 않은 듯하다. 가끔 그는 상태와 단계, 라인과 수준을 구분한 반면, 다른 때에는 외국어를 배우는 것에 대한 앞의 예에서처럼, 그것들을 구분하는 데 실패하였다.

그럼에도 아이비(1986, p. 162)가 묘사했듯이, 특정 내담자가 한 회기 내에서도 다양한 라인과 다양한 발달 수준을 현저하게 보여 줄 수 있다는 점은 진실이다. 이 때문에, 통합치료자는 아주 빈번하게 전반적인 접근을 특정 내담자와 내담자의 발달적 무게중심에 맞춤화시키면서도, 가끔은 특정 라인에 주의를 기울이기도 한다(인지적 라인이 극단적으로 발달했으나 정서적 알아차림이 매우 제한적인 내담자의 경우에서처럼; 이 경우에 통합치료자는 내담자의 무게중심이 정서적 발달보다 더 높을 때일지라도 그가 자신의 정서적 알아차림을 발달시킬 수 있도록 도울 수도 있다).

"발달은 상담과 심리치료의 목표다." ……정체되어 있고 변화를 거부하거나 변화할 수 없는 것은 발달이 아닌 것이다."(Ivey, 1986, p. 28) 나는 이에 전적으로 동의하며, 모든 변화가 발달적이거나 변형적이지는 않다는 점을 인식하는 것 또한 중요하다. 이러한 이유로 윌버는 변형(transformation)과 해석(translation)을 구분하였다. 해석은 수평적 성장, 즉 하나의 발달 단계 내에서의 변화 또는 확장으로서, 심층구조를 근본적으로 변화시키지 않으면서 표층구조를 수정하는 것이다.[3] 해석은 새로운 정보를 습득하고, 새로운 기술을 연마하고, 한 영역의 지식을 다른 영역에 적용하는 것을 수반할 수 있는데, 그 어떤 것도 한 인간이 삶을 해석하고 의미를 구성하는 방식에 대한 근본적인 변화를 필수적으로 포함하지 않는다(Cook-Greuter & Soulen, 2007). 대조적으로 변형은 수직적 발달로서, 한 인간의 존재와 기능의 심층구조를 근본적으로 변형시키고 움직이는 새로운 단계의 발달로의 이행이다. 변형은 새롭고 보다 통합된 관점이 출현하고 고도(더 상위의 무게중심)가 높아지는 것을 포함한다. 성인에게서의 변형은 해석보다 훨씬 희귀한데, 실재, 자기 그리고 타인에 대한 관점을 말 그대로 변형시키는 것을 요구하기 때문이다. "일반적으로 자각 속의 변형 또는 우리의 마음 양식에서의 변화는 아무리 많은 양의 수평적 성장과 학습보다도 훨씬 강력하다."(Cook-Greuter & Soulen, 2007, p. 182) 아이비 역시 이 차이에 대해서 알고 있었으며, 그것을 강조하였다. 즉 그에게 있어, 전진하는 것 또는 다음 단계로 상승하는 것(변형)은 수직적 발달을 의미한다. 적절한 기초를 세우는 것(해석과 안정화[4])은

'수평적 발달' 로 불리는데, 그것은 삶의 요구에 건강하게 순항하기 위해 기본적이며, 건강한 분리-동일시-통합 과정이 일어나기 위해 필수적이다(Ivey, 1986, p. 8).

통합 이론에 따르면, 한 사람이 실제로 변형할 때 이전에 의식의 주체였던 것이 이제 의식의 대상이 된다. 이때 통합치료자가 내담자에게 하는 공통적인 치료적 개입은 그들의 경험을 자각의 대상으로서 의도적으로 성찰하는 연습이다. 만약 당신이 "한 단계의 주체가 다음 단계의 주체의 객체가 된다."라는 문장을 숙고해 본다면, 아마도 명상 혹은 다른 정관적 수련이 어떻게 자아 발달의 단계를 따라 진보해 나가는 것을 가속화시킬 수 있는지에 대해 이해할 것이다. 이러한 이론적 개념은 교도소 수감자부터 대학생, 중상층의 영적 수련자들까지 다양한 참여자를 대상으로 하는 경험적 연구에 의해 입증되어 왔으며, 명상 수련은 자아 발달을 촉진시키는 것처럼 보인다(Alexander, Druker, & Langer, 1990; Walsh, 1993).

그러나 대부분의 내담자들은 변형적이 아니라 해석적 변화를 원한다. 따라서 통합심리치료자는 종종 윌버(1999d)가 '주된 방향성(prime directive)'이라고 불렀던 것을 향해 일하게 된다. 즉 내담자를 그의 현재 발달 수준에서 안정화시키도록 돕는 것이다. 말하자면, 내담자가 가장 바라는 것이 변형일지라도, 그녀는 먼저 현재 수준에서 완전히 자리를 잡아야 한다. 한 사람이 완전히 안정화되거나 정착되지 못하였을 때, 강도 높은 변형적 작업을 하는 것은 단단한 기초를 먼저 세우지 않은 상태에서 집을 짓는 것과 같다. 통합 상담과 심리치료의 초기 목표는 내담자의 무게중심을 평가하고 그 수준에서 안정화시키는 것을 포함한다. 이것은 내담자와 함께 작업하는 것으로, 현재 자아 발달의 파동이 내담자에게 정당한 의미를 제공하고 충동을 통제하는 것부터 집이나 직장에서 상호 우호적인 관계를 맺는 것까지, 내담자의 환경이 요구하는 대로 기능하는 것을 허용한다. 기본적으로 이러한 과정은 내담자가 현재 삶의 수준에서 더욱 통합적이 되는 것을 지원한다. 만약 내담자와 상담자가 서로 동의한 것이 내담자와 그의 삶의 환경을 위해 가장 적절하다면, 그것은 내담자가 보다 효과적이고 만족스러운 방식으로 적응하는 것을 도울 뿐 아니라, 더 나아간 발달을 위한 초석을 다지는 것이기도 하다. 통합 상담자는 내담자의 발달을 촉진시키는 것을 즐거워하지만, 우리의 목표가 항상 '사람들을 발달하게 만드는 것'은 아니다. 많은 내담자들이 성공적인 결과라고 정의하는 것은 종종 그들이 보다 효과적으로 해석하도록 돕는 것이 될 수 있다.

발달의 스펙트럼, 병리, 방어 그리고 치료

이 장의 기초적인 설명을 마쳤으며 이제 이 장의 핵심에 이르렀는데, 이는 〈표 4-1〉(구체적인 수준의 기술은 제2장 참조)에 요약되어 있다.

〈표 4-1〉을 살펴본 당신의 첫 반응은 "내가 치료자로서 맞닥뜨리는 상황은 그 표가 제시한 내용과는 적합하지 않은 것 같다."와 같은 것일 수 있다. 많은 경우에 나는 동의한다. 치료자에게 근접자기 발달의 9개 수준을 전부 보여 주는 내담자를 만나는 일은 극히 드물 것이다.

> 실제로 전형적인 심리치료의 많은 형태는 몇 가지 수준만을 다룰 뿐이다. 대개의 경우는 분기점-3(억압된 감정과 그림자 요소를 드러내고 통합하는 것을 포함한다), 분기점-4(소속 욕구와 가혹한 각본에 대한 인지적 재구성을 포함한다), 그리고 분기점-5와 6(자존감과 자기실현을 포함한다)이다(Wilber, 1999d, pp. 17-18).

발달 수준과 정신병리 간의 관계

우리는 이제 내담자의 발달 수준과 그들의 주요한 심인성 병리를 어떻게 평가할지의 이슈를 다루어야 할 시점으로, 각 개인에게 최적의 접근을 맞춤화하기 위한 정보가 필요하다.[5] 대부분의 통합치료자들과 다른 발달 심리치료자들(Mahoney, 1991, 2003; Ivey, 1986; Guidano, 1987)은 지필 검사보다는 비공식적인 방식으로 평가한다. 자아 발달 평가(한 인간의 수준 또는 무게중심에 대한 유일한 최고의 표준화된 측정 도구다)에서 가장 저명한 인물 중 하나인 수잔 쿡 그뢰터(Susanne Cook-Greuter)에 따르면, 상담자는 공식적인 검사(워싱턴 대학교 문장완성검사[WUSCT] 또는 통합적 문장완성검사[SCTi]와 같은)나 '임상적 감각(clinical acumen)' 을 통해서 내담자의 발달적 무게중심과 그들의 레퍼토리 그리고 의미-구성 개념과 전략의 범위를 평가할 수 있다(Cook-Greuter & Soulen, 2007, p. 191).

내담자의 자아 발달에 대한 공식적인 평가에 관해서는 제5장에서 더 자세히 다루겠지만, 다음 사항들에 대해서 관심을 기울이는 것은 내담자의 발달적 무게중심을 평가하는 데 도움을 줄 것이다.

- 내담자의 언어 사용은 사고 과정을 반영한다. 내담자가 추상적으로 사고할 수 있는가? 내담자는 자신의 사고와 견해에 대한 증거를 검토하는 데 있어 개방적인가? 그는 그러한 사고와 견해를 기꺼이 변화시키려고 하고, 그것을 할 수 있는 능력이 있는가?
- 퇴행적 혹은 나이에 부적합한 강렬한 욕구와 같은 발달적 정지 또는 고착과 같은 신호들
- 의미-구성 활동에서의 분화와 복잡성의 정도
- 내담자가 당신과 관계하는 방식(예: 상호우호적인지, 아니면 자기 자신의 확장으로서만 받아들이는지, 내담자가 불러일으킨다고 여겨지는 당신 안에서 관찰할 수 있는 역전이 반응)
- 내담자가 가장 일반적으로 사용하는 방어 체계(〈표 4-1〉 참조; Pearson, 2007 참조)

〈표 4-1〉 인간 발달의 스펙트럼, 심인성 병리, 방어 그리고 개입

일반적 영역	수준/분기점	심인성병리의 분류	공통적 방어	최적의 개입
전개인적 (몸)	감각물리적	정신증	환각, 망상적 투사, 소망 성취	심리치료를 보조로 한 약물치료(행동주의/인지행동적 접근)
	환상/정동적	경계선/자기애적 장애	분열, (투사적 동일시), 자기-대상 융합	구조-구축 접근: 대상 관계, 자기 심리학(변증법적 행동치료)
	표상심	신경증	억압, (투사), 반동 형성	폭로 접근(정신역동): 융, 자아심리학, 게슈탈트, 포커싱(경험적/인간중심적)
개인적 (마음)	규칙/역할심	각본병리	전치, 불성실한 교류, 은밀한 의도, (억압)	각본분석(협동적 경험주의, 인지치료, REBT, 아들러치료, 현실치료 등)
	형식-반성	정체성 신경증	승화, 예상, 억제	성찰, 사색, 소크라테스적 대화(경험적)
	비전-논리	실존적 병리	비진정성, 감퇴, 실패한 자기 실현, 나쁜 믿음	실존심리치료(경험적 접근)
초개인적 (영성)	초-마음	심령 장애	쁘라나 장애, 요기의 병	요기의 길(가끔 정관적 작업의 일시적 중단)
	메타-마음 (밝은 마음)	정묘 장애	실패한 통합, 원형적 분열	정관적 수련의 강화, 영적 스승과의 접촉 증가
	상위-마음 (직관적 마음) 초월-마음	인과 장애	실패한 분화, 아라한의 병	학생과 영적 스승 간의 협동

출처: *The Collected of Ken Wilber*(Ken Wilber). ©1999, vol 4. Shambhala Publicaions, Inc. Boston, MA, www.shambhala.com과의 계약하에 게재함.

전개인적 장애

정신증적(psychotic)(분기점-1) 장애를 평가하는 데에서 기본적인 기준(분기점-1)은 해체된 사고/말, 망상, 환각, 긴장성 또는 거칠게 해체된 행동 그리고 무욕증(avolition), 무언어증(alogia) 또는 정동의 둔화(flat affect)(*DSM*-

IV-TR)와 같은 '부정적인' 증상을 포함한다. 분열, 자기대상 융합, 그리고 투사적 동일시과 같은 원시적 방어기제를 사용하고 매우 불안정한 관계 패턴은 경계선적 그리고 자기애적(borderline and narcissistic)(분기점-2) 장애를 암시한다. 경계선적 장애로 고통받는 사람은 자기에 대한 원거리의(remote) 그리고 미약한 자기 감각만을 갖는다. 더 구체적으로는, 그들은 다음과 같은 많은 진단적 기준을 보여 준다. 그들은 다른 사람을 이상화하거나 평가절하하는 사이를 오가면서 강렬하고 불안정한 관계를 갖는다. 자신에게 손상을 입할 수 있는 다양한 형태, 불안정하고 일관되지 않은 자기 감각을 포함하는 정체성 혼란, 정서적 불안정, 반복되는 자살 행동, 위협 또는 자해, 만성적인 공허감, 심각한 해리 증세 또는 스트레스와 연관된 일시적인 편집증 등이다(*DSM-IV-TR*).

경계선적 상태와 동일한 발달의 분기점으로부터 파생될지라도, 자기애적 내담자에게 '자기에 대한 윤곽(outline of a self)' 은 모호하고 종종 불안정할지라도, 더 선명한 것으로 특성화된다(Fall, Holder, & Marquis, 2004, p. 86). 자기애적 장애는 자존감을 조절하는 능력에서 근본적인 결핍을 반영한다. *DSM-IV-TR*에 묘사된 것처럼, 자기애의 과대적 형태는 자기애의 두 가지 기본 형태의 하나일 뿐이며, 아마도 덜 일반적인 형태일 것이다(Kohut, 1971, 1984). 자기애적 사람은 공감 능력이 부족하고, 과대함을 보여 주고, 과도한 칭찬을 요구하고, 그들이 특별하거나 유일하다고 믿고, 특권 의식을 가지고, 자만하고, 대인관계에서는 착취적이며, 종종 다른 사람들을 시샘하기도 한다(*DSM-IV-TR*). 근본적으로 그들은 자기 이상이나 야망에 대한 자신감이 부족하며, 공허감, 권태, 무덤덤함을 경감시키기 위해 주의를 분산시키고 다른 중독적인 행동에 빠지게 된다. 이러한 과대적 형태와는 대조적으로, 자기애의 취약한 형태를 가지고 있는 사람은 자존감을 조절하는 데에서의 부족에 더하여, 만성적인 공허감, 권태감으로 특성화된다. 그들은 종종 의미, 가치, 유머, 삶에 대한 열정이 부족하며, 그들의 이상화 체계에 광범위한 혼란을 겪는다고 보고한다(Kohut, 1971, p. 22). 코헛(Kohut, 1977)은 취약한 자기애주의자를 성숙한 자기대상을 갖는 성숙한 자기의 오직 일부만을 발달시켜 온 사람이라고 설명하는데, 그것은 원형적 자기와 원형적 자기대상이 혼재하는 것이다. 그들은 다른 사람의 평가에 대해서 과민한데, 대부분의 사람은 아주 미약한 정도로 생각할 만한 평가를 취약한 자기애주의자는 그들 존재의 핵심에 압도적으로 부정적인 공격을 가하는 것으로 경험한다(Kohut, 1984, p. 16). 이러한 부정적인 결과를 방지하기 위해, 부적절한 철수 또는 자기애적 격노와 같은 개인적인 절멸(annihilation)을 차단하는 원시적 방어에 종종 의지한다.

'자기의 장애(disorder of the self)' (Kohut, 1971)로 종종 불리는 이전 단계의 장애와 대조적으로, 신경증적(neurotic)(분기점-3) 장애에서는 억압와 자기감과 같은 자아 기능은 발달했지만, 자기는 내적 갈등에 의해 규정된다. 따라서 신경증은 상징적으로 가장된 억압과 투사라는 특성을 갖는다.

개인적 장애

신경증이 갈등에 대항하는 방어와 연관되는 반면, 각본 또는 역할(script and role)(분기점-4) 장애는 주로 왜곡된 사고, 역할 혼동, 엄격하고 가혹한 인지 각본, 다른 드러난 메시지가 숨겨진 메시지와 감춰진 주제를 덮어 버리는 이중적 교류의 역동을 말한다. 각본/역할 병리는 형식적 조작기의 사고를 할 수 있는 사람에게서도 발견될 수 있지만, 구체적 사고를 반영하는 경우가 더 많다.

일단 형식 반성적 자질이 한 개인 내에 선점하게 되면, 그녀의 자기-구조화(self-structuralization)는 더 내성적이고, 분화 수준이 높고, 반성적인(추상적) 가능성에 열려 있으며, 더 이상 구체적인 외양에 구속되지 않는다(이 수준의 발달에 대한 핵심적인 진단 기준이다). 그러나 이러한 발달적 역량은 정확하게 한 개인을 새로운 가능성에 열어놓기 때문에, 그것은 또한 새로운 병리를 드러낸다. 정체성(identity)(분기점-5) 신경증(neurosis)은 더 이상은 가족, 친구, 문화 또는 국가의 관습에 전반성적으로(pre-reflexively) 매이지 않으면서 새롭게 발아하는 개인을 포함한다. 아마도 에릭슨(Erickson, 1963, 1980)은 누구보다도 훨씬 명확하게 이러한 이슈에 대해 설명했을 것이다. 여기에서의 관심사는 자기 자신의 양심 원리로 굳건히 서기에는 아직 충분히 강하지 않다는 점을 두려워하는 것과 관련된다. 즉 한때는 마음이 맞았던 다른 사람과 갈등을 겪고 있으나 그 상황에 머무르기에는 충분히 용기가 없는 상태와 관련된 문제, 스스로 생각해야 하는 일을 두려워하는 것, 물살을 거슬러 계속 헤엄쳐나가기 위한 인내를 갖기에는 불확실한 상태 등이다. "모든 가능성에 대한 걱정에 사로잡히거나, 또는 기대에 들뜬 상태에서 밤을 온통 지새울 수도 있다." (Wilber, 1986, p. 116)

월버는 실존적 갈등 혹은 관점은 자기 발달의 모든 수준에서 일어난다고 강조했다. 이전 단계와 그 모든 병리를 삶 대 죽음의 실존적 역동, 보전 대 부정의 갈등, 개인적인 책임 대 집단적 '군중' 심리, 의미에 대한 물음 등을 포함하는 것으로 볼 수 있다. 그러나 윌버는 실존적 관점 혹은 실존적 파동을 가진 갈등과 그에 해당하는 **실존적**(existential)(분기점-6) **병리**(pathologies)의 차이를 구분했다. 그것은 권태감과 진정성에 대한 관심사로 특성화되는 것을 의미하는데, 자기실현, 몸과 마음의 통합, 책임 있는 삶, 선택, 의지, 무의미한 세계 속에서의 의미, 피할 수 없는 죽음과 유한성 등이다. 실존적 병리와 관련된 보다 일반적인 증상은 다음과 같다.

- **실존적 우울**(existential depression): 전체적으로 만성화된 우울 또는 무의미성을 지각하는 국면에서의 '삶의 정체(life arrest)'
- **비진정성**(inauthenticity): 하이데거(Heidegger, 1962)가 정의한 것으로, 심오한 자각이나 자신만의 유한성이나 피할 수 없는 죽음을 받아들이는 것의 결여
- **실존적 고립과 초자연주의**(existential isolation and uncanniness): 친숙한 세계임에도 불구하고 '편안하지 않다고(not at home)' 느끼는 충분히 강

한 자기

- 실존적 불안(existential anxiety): 세계-내의-존재의 자기반성적인 양식에 대한 죽음 또는 상실의 위협(분기점-5, 6 이전에는 일어날 수 없는 불안으로, 형식-반성심의 바로 그 능력은 그 때까지 나타나지 않기 때문이다)
- 좌절된 자기실현(aborted self-actualization): 매슬로(Maslow, 1971)가 언급한 바와 같다. "만약 당신이 될 수 있는 능력 이하를 의도적으로 보여 주고 있다면, 당신은 나머지 삶 동안 매우 불행할 것이라고 나는 경고한다." (Wilber, 1986, p. 118에서 재인용)

초개인적 장애

초개인적인 문제를 해결하기 위해 전문적인 상담 또는 심리치료를 찾는 내담자의 비율이 매우 낮기 때문에, 나는 이 장애들에 대해서는 다루지 않을 것이다. 실제로 연구 결과는 미국의 성인 인구의 0.5%보다 더 적은 인원이 자아 발달의 통합된 단계에 이르렀으나, 그 자체도 초개인적인 것이 아니라 윌버가 정의한 비전-논리와 매슬로가 설명한 자기-실현하는(자기 초월하는 사람이 아니라) 사람과 더 유사하다는 사실을 보여 준다(Hy & Loevinger, 1996; Cook-Greuter, 2000). 초개인적 장애와 그 치료에 관심이 있는 독자는 폴 등(Fall et al., 2004)의 제13장과 윌버(Wilber, 1999d, pp. 127-133, 143-149)를 참조하라.

정신병리학과 치료 간의 관계

통합치료자는 서로 다른 발달 단계에 있는 사람들은 다른 도전에 직면하며, 그 해결은 〈표 4-1〉에서 보여 주듯이, 다른 치료적 접근에 의해 최적으로 지원된다는 점을 가정한다. 그러나 윌버는 다음과 같이 강조하였다.

> 내가 윤곽을 보여 준 9가지의 보편적 수준은 제안적인 것에 불과하다. 그것은 발달심리학과 정관적 영성의 무수히 많은 다른 학파들에 의해 수집된 증거들을 주의 깊게 검토한 결과에 기초하며, 우리가 기대하는 것에 관한 대략적인 가이드라인이다. 말할 필요도 없이, 이러한 치료들 간에는 수많은 중첩이 있다. 예를 들어 분기점-4와 특히 관련된 것으로, '각본병리(script pathology)'와 '인지치료(cognitive therapy)'를 들 수 있다. 인지치료는 이러한 부적응적인 각본을 뿌리 뽑고 그 각본을 보다 정확하고 유연한 사고, 즉 건강한 사고와 자기 개념으로 대체하는 것이다. 그러나 인지치료가 이 의식 발달의 파동(분기점-4)에 초점을 두고 있다고 말하는 것은 다른 파동에는 효과가 없다고 말하는 것이 아니다. 분명히 효과가 있다. 그러나 파동으로부터 더 멀리 있을수록, 인지치료와의 연관성은 낮아진다는 점이다(그러나 완전히 불필요하다는 의미는 아니다). 분기점 1과 분기점-2에서의 발달은 대개 전언어적(preverva), 전개념적(preconceptual)이므로, 개념적인 재구성은 직접적으로 이 수준을 다루지 않는다. 또한 분기점-6을 넘는 발달은 대개 초정신적(transmental)이고 초합리적(transrational)이므로, 그 자체의 정신적 재구성은 효과성 면에서 제한된다. 특정 치료는 발달의 하나의 좁은 파동에 적용된다는 것은 아니지만, 대부분의 치료 양식은 하나 또는 두 개의 파동에 초점을 두고 있으면서 거리가 더 먼 영역에 적용될 때 그 효과성을 상실한다(Wilber, 1999d, p. 16).

나는 여기서 이 문제를 일반적인 방식으로 다루고자 한다. 나는 제7장에서 서로 다른 발달 수준에 있는 내담자가 어떻게 각기 다른 치료적 접근으로부터 도움을 받을 수 있는지에 대해 보다 자세히 설명할 것이다.

정신증적, 경계선적 그리고 자기애적 내담자는(전개인적 발달의 초기 두 수준으로부터 발생된 장애를 가진) 자신의 경험을 상대적으로 안정적인 방식으로 응집하는 데 필요한 심리학적 구조, 즉 자아 또는 자기가 부족하다(심리학적 구조는 다른 사람과 분리되면서도 관계를 맺는 개인적인 자기로서의 존재감을 촉진한다). 따라서 이러한 사람들에게는 몇 가지 구조 구축 형태의 접근이 가장 도움이 된다(구조를 구축하는 접근의 예는 Kernberg, 1980; Kohut, 1977, 1984; Masterson, 1981; Linehan, 1993; Stolorow, Atwood, & Orange, 2002; Stolorow, Brandchaft, & Atwood, 1987을 포함한다). 억압되고 투사되고, 아니면 충동에 대한 방어를 상징하는 고통스러운 증상들을 보이면서 신경증에 주로 시달리는 사람은 폭로기법(uncovering approach)이 훨씬 더 유용하다. 신경증 내담자의 경우에는 억압하고 투사할 수 있는 충분한 심리학적 구조를 가지고 있다. 그것은 결국 그의 이러한 이슈들이 왜 부대끼는 꿈과 같은 상징적 증상, 신체화된 몸의 고통, 공포 속에서 그 표현을 하려고 하는가에 대한 이유다. 따라서 이러한 내담자는(정신증적, 경계선적 그리고 자기애적 장애를 가진 사람과 같이) 구조를 구축할 필요는 없다. 오히려 그들은 스스로 자각 못하게 한 것을 드러냄으로써(uncovering) 가장 크게 도움을 받을 수 있다. 따라서 폭로 접근의 일반적인 범주들(정신분석의 전체 스펙트럼, 정신역동적 그리고 그 밖의 심층적 접근 등)이 도움이 된다.

다음의 일반적인 치료 범주는 상대적으로 응집된 감각과 개인화된 자기 감각을 가지고는 있지만, 그들이 준수하는 규칙과 역할의 맥락 속에서 자율성 또는 독립성을 더욱 정교화시키고 규정해 나가면서 방황하며 갈등에 직면해 있는 내담자를 포함한다. 그들은 "나는 누구인가?" "나는 가능한 어떻게 온전하고 진실하게 살 수 있는가?"와 같은 문제의식에 대해 보다 심층적인 답을 추구한다(다르게 표현하면, 발달의 개인적 수준으로부터 발생한 내담자다). 각본병리 그리고/또는 추론과 사고에서 체계의 왜곡을 가진 내담자를 위해서는 일반적으로 인지적 접근(교류분석, 벡의 인지치료 또는 엘리스의 합리정서적 행동치료)이 가장 효과적이다. 사회문화적, 그 밖의 다른 집단적 표준에 단순히 순응하기보다는 자율성과 자발성을 확립하고자 하는 개인적인 노력을 하는 정체성 신경증을 가진 내담자에게는 내성적 · 경험적 · 철학적 접근(즉 Greenber, 2002; Fosha, 2000)이 가장 큰 도움이 될 가능성이 있다. 정체성 신경증의 예민함이 한 사람이 형식-반성적 사고(단순히 이전 단계에서는 보편적이었던 허황된 관습적 의무보다는)를 통해 도달하는 인식론적 · 도덕적 결론을 포함하는 것을 고려할 때, 철학적 문제는 정체성 신경증에 핵심적이다. 따라서 철학적 교육과 상담은 정통적이며 종종 치료의 주요 구성 요소다. 일차적인 관심이 본질적으로 실존에 있는 내담자의 경우(자신의 삶에 깊이 책임을 지려고 하며, 자신의 유한성, 소외, 자유, 진정하고 자기실현적인 삶을 살기 위해 노력하는 경우)에는 실존-인본주의적 접근(Yalom, Bugental, Perls, & Rogers)이 가장 효과적이다.

그러나 만약 내담자가 자아초월적 혹은 초개인적 이슈(대부분의 전통적인 정신 건강 전문가들은 그녀가 건강하고, 아마도 더 의미 있는 자기실현을 하도록 고려할 것이다. 그러나 그럼에도 불구하고, 그녀는 즐거움, 의미, 그리고 대우주와의 상호 연결성을 경험할 수 있다는 사실을 직관하기도 한다. 다른 말로 하면, 발달의 초개인적 수준으로부터 발생한 장애를 가진 내담자라는 것이다)를 다룬다면, 융의 접근, 아사지올리(Assagioli)의 정신 통합, 또는 다른 초자연적인 접근(예: Washburn, 1988, 1994; Welwood, 1985, 2000)이 보다 적절하다.

명료화와 주의

통합 모형은 쉽게 희화되고 왜곡된다. 발달적 원칙과 역동을 이해하는 일은 우리 자신에 대해 얻는 통찰은 말할 것도 없고, 내담자와 그의 고통에 대한 강력한 통찰의 원천을 제공한다. 그러나 발달 이론을 단순히 읽는 것만으로는 임상적 기술의 개선을 촉진하지 못하며, 이 장에서 제시하는 원칙들을 실현하는 것은 치료적 과정에 단계와 관련된 개입을 단순히 추가하는 것 훨씬 이상을 요구한다. 발달 이론에 대한 지적인 이해와 임상 실제를 통합하는 것은 상담자로서의 효율성을 증가시킬 것이다. 단순히 읽는 것만으로는 안된다. 이상적으로는 발달 문헌(Mahoney, 1991, 2003; Kegan, 1982, 1994; Ivey, 1986; Loevinger, 1976; Cook-Greuter, 2003; Cook-Greuter & Soulenm 2007; Wilber, 1999d)에 대해 집중적으로 연구를 하는 기간을 거친 이후에, 지속적으로 돌아보면서 이러한 원칙을 적용하고 임상적 경험을 반성하고 발달적 관점에서 임상을 지속해야만 한다. 나는 이 학습 과정에서 능숙한 발달적 임상 수련감독자가 필수불가결하다고 생각한다. 그 수련감독자가 큰 도움을 주기 위해서 반드시 통합 이론의 정체성을 갖추는 것을 요구하지는 않는다. 대부분의 정신역동적 치료자들은 발달적 관점에서 사례개념화와 치료를 하며, 아이비와 마호니와 같은 사람들은 인지치료 전통에 강한 기반을 가지고 있다. 정신 건강 수련생들은 노련한 수련감독자하에서 실습과 인턴십(이론적 과정 속에서나 숙련된 수련감독자의 도움이 없이 하기보다는)을 통해 임상적 기술을 최적으로 갈고 닦는다. 발달적 관점에서 치료하는 방법을 최적으로 배우는 과정은 능숙한 발달적 수련감독자의 수퍼비전하에서 발달적으로 매우 다양한 사람들을 상담함으로써 성취할 수 있다.

통합 상담의 오용에 대한 많은 주의 사항과 명료화는 일반적으로 단계 이론에 대한 공통적인 오해와 관련된다. 이 부분은 발달 단계 이론의 다섯 가지 공통적인 비판 또는 관심사를 중심으로 한다. 그것은 단계의 보편성, 단계의 비가역성, 진보라는 개념 그 자체, 놀랄 정도로 과도하게 단순화되는 선형적 사다리 모형, 위계적 단계 이론의 위험성 등이다.

단계: 보편적인가 또는 맥락 종속적인가?

Yes and Yes 관상학을 성격 연구에서 다루는 것과 마찬가지로, 발달의 보편적 단계에 대한 개념은 학문적 사회 과학에서는 현재 유행이 한물갔을지라도, 통합 이론은 의식의 기본 구조가 교차 문화적이며 보편적 또는 적어도 준보편적이라는 점을 상정한다. 기본 구조/단계/의식의 파동은 어떤 특정 현상(우리 경우에는 사람과 그 발달)을 규정짓는 의식의 정도를 대변한다. 의식의 기본 구조는 산에 비유하면 고도와 같은 것이다. 두 가지는 모두 콘텐츠가 없으나, 가능한 것에 대해 매개변수를 설정한다.

> 고도 표시 그 자체(3,000피트, 8,000피트 등)는 콘텐츠가 없는 것으로, 의식과 마찬가지로 '텅 빈' 것이다. 그러나 각 여정은 산으로 오르는 고도에 의해

측정될 수 있다. '피트' 나 '고도' 는 발달의 정도를 의미하고, 그것은 의식의 정도다. ……그러나 우리는 발달의 일반적인 표시로 고도를 활용하여 다양한 라인에 걸쳐 있는 일반적인 유사성을 나타낼 수 있다. 그러나 미터, 인치, 야드로서의 고도, 그 자체는 내용이 없다. 그것은 비어 있다. 인치는 목재를 재는 측정 단위이지만, 그 자체 안에는 아무것도 없다. "나는 집을 짓는 일을 오늘 그만해야만 해요. 왜냐하면 인치가 다 바닥이 났거든요." 라고 말하면서 돌아다니지는 않는다…….

이러한 방식을 마찬가지로 의식에 대해서도 적용할 수 있다. 그것은 사물, 내용, 현상이 아니다. 그것은 설명도 아니다. 그것은 세계관, 가치, 도덕, 인지, 가치-밈(MEME; 비유전적 방법을 통해 전달되는 문화의 요소-역자 주), 수학적 논리 구조, 적응 지능, 다중 지능도 아니다. 특히 의식은 그 자체가 여러 라인들 가운데 한 라인이 아니라, 라인이 발생하는 공간이다. 의식은 텅 비어 있음, 개방성, 현상이 일어나는 공터이며, 그러한 현상이 단계 속에서 발달하면, 그것들은 발달 라인을 구성한다(인지, 도덕, 자기, 가치, 욕구, 밈 등). 의식 속에서 일어날 수 있는 현상이 많을수록 그 라인의 수준은 더 높다. 다시 말해서, 의식 자체는 현상이 아니라 현상이 일어나는 공간이다(Wilber, 2006, pp. 65-68).

이와 같이 윌버의 기본 구조 또는 파동(〈표 4-1〉의 '수준/분기점' 축에 나열된 용어들)은 발달 심리학자들이 다양한 삶의 주기에 있는 사람들을 진단할 때 관찰해 왔던 상대적으로 안정적인 몇 가지 패턴을 의미하는 단순한 표시일 뿐이다. 통합 이론에 따르면, 플라톤, 칸트, 아니면 융 학파이든 간에, 기본 구조는 영구적으로 고정되어 있거나 불변하는 본질은 아니다. 오히려 그것은 미리 정해진 판형보다는 우주의 기억 혹은 진화의 습관에 훨씬 흡사하다(Wilber, 2000b).

단계/구조의 보편성이라는 질문으로 돌아가서, 윌버는 다음을 강조했다.

기본 구조는 심층(보편적)구조와 표층(국지적)구조를 갖는다(촘스키의 형식

> 과의 혼동을 피하기 위해 나는 보통 이것을 '심층 특성(deep features)' 과 '표층 특성(surface features)' 으로 부른다. 심층과 표층은 차등제(sliding scale)다. 심층 특성은 집단, 가족, 종족, 무리, 공동체, 국가, 모든 인간, 모든 종, 모든 존재가 공유하는 특성이 될 수 있다. 따라서 '심층' 은 반드시 '보편성' 을 의미하지는 않는다. 그것은 '다른 사람과 공유되는' 것을 의미하며, 연구는 몇몇 소수의 사람으로부터 진정한 보편에 이르기까지 그 집단이 얼마나 큰지를 밝히는 것이다. 다수의 연구들은 내가 표(『통합심리학(*Integral Psychology*)』에서 제시한 모든 기본 구조, 모든 발달 라인이 몇 가지 보편적 · 심층적 특성을 갖는다는 주장을 지지하고 있다)(Wilber, 1999d, pp. 651-652).

따라서 기본 구조의 심층 특성은 각 수준의 조직을 규정하는 근본 체계를 의미한다(피아제의 감각운동, 전개인적, 구체적 조작기 그리고 형식적 단계의 경우와 같다. 각각 그 자체는 내용이 없다). 또한 보편적인 것으로 보인다. 다시 말하면, "대체로 변함이 없고 범문화적이며 준보편적이다" (Wilber, 1999d, p. 50) 대조적으로 표층구조는 문화적인 영향을 상당히 받으며, 특정 지역, 사람들의 유형 등에서 고유하다. 예를 들어 피아제의 인지발달 단계(심층구조)는 보편적인 반면, 기본 구조의 표층적 속성은 매우 다양할 것이다. 즉 개인들이 자신의 인지적 발달, 사고의 구체적 내용, 그리고 사고와 지식의 다양한 방식에 부여된 가치를 어떻게 사용하는가는 다양하다. 그것은 결코 보편적이지 않다. 두 사람이 형식조작기적 사고의 심층 특성을 공유할지라도 그것을 완전히 다른 방식으로 표현한다. 한 사람은 미적분을 하고, 한 사람은 소설을 쓴다. 두 사람은 명백히 다른 활동을 하며, 그 활동 중 어느 것도 형식-반성심의 능력 없이는 표출할 수 없다.

몇몇 연구에 의해 대부분의 성인이 형식적 조작기의 사고를 가지지 않는 문화를 밝혀졌을지라도, 나는 피아제가 제안한 것과 다른 순서로 단계가 나타나는 것을 발견한 어떤 연구도 알지 못한다. 어떻게 문화가 상징, 개념 그리고 규칙을 표현하는가와 상관없이, 상징은 개념 전에 출현하고 개념은 그러한 개념에 적용되는 규칙 전에 출현한다. 도덕 발달도 마찬가지다. 콜버그(Kohlberg)이든 길리건(Giiligan)이든, 어떤 프로토콜로 평가하든지 간에, 인습 단계는 전인습 단계 이후에 나타나고, 후인습 단계는 그다음에 나타난다. 더욱 한정적으로는 다양한 단계 모형의 세부 사항은 비판받을 수 있고 그래야만 하며, 지속적으로 데이터와 부합하도록 수정되어야 한다. 그것들은 구조이기 때문에, 단계 사이의 어디에 경계를 그어야 하는지에 대해서는 약간의 독단은 언제나 존재할 수밖에 없다. 그러나 미래의 연구가 피아제의 두 단계 사이의 질적으로 구분되는 인지구조, 또는 우리가 이전에는 구별된 것으로 여겼던 두 단계가 유사한 원칙으로 가동될 수 있다는 사실을 발견한다 할지라도(그에 따라 인지발달의 한 단계만을 보여 준다 할지라도), 아동이 개념으로 사고하기 전에 상징으로 사고한다는 피아제의 보다 핵심적인 논점과 그들이 현재 개념적으로 사고하고 있다면 이전에는 상징적으로 사고했었다는 사실을 변화시키지는 않는다. 특정 현상이 기본적으로 보편적, 준보편적 또는 범문화적 심층구조를 가진다는 주장에 대한 결정적인 기준 중의 하나는 단계의 구체적인 순서는 특정한(불변하는) 순서로 나타난다는 것이다.

요약하면, 표층구조는 보편적, 범문화적 또는 준보편적 심층구조의 표현 속에서 매우 다양한 변이를 보여 줄 것이다. 기본 구조는 매우 다양한 인간들이 자신들을 표현하는 골격 체계와 같은 것이다. 통합 이론에 따르면, 기본 구조의 출현은 순차적이나 그것은 고정된 기계적인 과정이라기보다는 유기적이고 살아 있는 습관과 같은 것이다.

단계: 역행할 수 없는가?

Yes and No 단계의 방향성과 비가역성은 단계 이론에서는 핵심적이다. 예를 들어 콜버그의 전인습적인 도덕에서 인습적인 도덕으로의 이행을 언급하면서, 키건은 이 개념을 포착하였다. "만약 아동이 발달하여 무엇이 공정한가에 대한 개념이 바뀌면 그것은 항상 도구(단계 2)로부터 대인관계적인 화합(단계 3)으로 바뀌는 방향 속에 있는 것이다. 역행할 수 없다." (Kegan, 1982,

p. 56, 고딕체는 추가됨) 반대로 우리는 준비와 수평적 격차에 관한 피아제의 경고를 기억하는 것이 좋을 것이다. "발달은 허술하며, 국지적이며, 고르지 않다. 개념은 하나의 형태 속에서 일어나며, 그 자체가 가능한 범위로 확장하기 위해서는 1년 또는 그 이상이 걸린다."(1977, p. xxv) 구조적인 조직에는 다양한 수준의 측면이 혼재하기 때문에, 사람들의 행동과 경험이 전부 동질적인 구조화의 단계로부터 비롯되지 않는다는 점은 당연하다. 실제로 키건(1982)과 같은 발달심리학자들이 의미하는 것은, 예를 들어 한 개인이 '4단계' 에 있을 때, 그녀의 무게중심은 4단계에 있으므로 그녀의 행동, 사고, 감정 등의 대략 50%는 4단계의 특성을 반영하는 반면, 그것들 중 25%는 3단계, 또 25%는 5단계를 반영한다는 것이다.

> 그러나 자기가 위대한 무지개 속의 특정 파동과 동일시된다고 말하는 것은 [무지개는 색과 기본 구조가 서로 엄격하게 구분된다기보다는 서로 합쳐지는 면을 강조한다] 자기가 엄격하게 그 수준에서 고착된다는 것을 의미하지는 않는다. 그와 반대로 자기는 종종 '전체 수준에 걸쳐 있을' 수 있다. 어느 정도 한계 내에서 자기는 의식의 스펙트럼 전반에서 일시적으로 방황할 수 있다. 그것은 퇴행하거나 존재와 앎의 홀라키를 하강할지도 모른다. 그것은 나선형이고 재통합하고 회귀할 수 있다. 더 나아가 발달의 모든 단계에서 자기는 의식의 위대한 자연 상태(심령적, 정묘한, 인과적, 비이원)에 유동적으로 접근하기 때문에, 일시적으로 초개인적 영역의 어떤 곳 또는 모든 곳에서 일시적인 절정체험을 할 수 있으므로 순간적으로는 보다 위대한 실재로 도약할 수 있다(Wilber, 1999d, p. 467).

이와 같이 지적한 것보다 파동의 비역행성의 개념과 더욱 관련이 있는 것은 아마도 단계 모형의 논리와 역동 사이의 중대한 차이다(Habermas; Visser, 2003에서 재인용). 단계 모형의 논리가 직선적이고 순차적인 전개를 설명하는 반면, 동일한 모형의 역동은 현실 세계에서 현실의 사람들에게 어떻게 발달

이 실제로 나타나는지를 탐색한다. 물론 누구도 한 페이지에 묘사된 단계 모형과 같이, 평탄하고 단순하게 발달하지는 않는다. 인간 변화 과정의 '혼란스러움' (한 인간의 삶의 과정 속에서 일어나는 다양한 합병증, 퇴행, 고착 등)은 발달 이론의 역동적인 측면이 주장하고 모든 치료자나 부모가 입증할 수 있는 것이다. 단계 모델의 선형적 측면에 대한 대부분의 비판은 그 논리가 특정 사람에게서 어떻게 전개되는지가 아니라, 모델의 논리에만 배타적으로 초점을 맞추고 있다.

단계의 진보: 후기 단계가 더 가치가 있는 것인가?

Yes and No 이 비판의 기본 생각은 발달의 후반기인 '상위의' 단계가 한결같이 이전의 '하위의' 단계보다 더 가치가 있거나 낫다는 개념이다. 한쪽 측면에서는 통합 이론으로 흡수된 발달 이론의 많은 부분(피아제로부터 키건, 쿡-그로이터까지)들은 사실상 후기 단계는 이전 단계와 단순히 다른 것이 아니라 더욱 효과적(다양한 차원에서)이며(Cook-Greuter, 1990; Cook-Greuter & Soulen, 2007), 특정 단계에 있는 사람은 이전 단계의 논리에 기초하여 문제를 해결하는 것을 선호하지 않는다(Piaget, 1948; Kegan, 1982, p. 56)고 가정한다. 이 관점에서 다음 단계는 이전 단계를 포함하고 포용하면서 그것을 초월한다(이것이 내가 발달 단계를 선형적인 사다리가 아니라 감싸는 동심원의 공간 또는 원으로 이해하기를 원하는 이유이며, 더 큰 원은 더 작은, 이전의 원을 포함하고 초월한다). 다음 단계는 이전 단계를 이해할 수 있으나 그 역은 성립되지 않는다. 따라서 다음 단계는 더 유연하고, 더 조직화되어 있고, 더 많은 것을 포함하고, 더 역동적이고, 더 분화되고, 더 포괄적이고, 빠르게 변화하고 점점 복잡해지는 세계 속에서 최적의 성능을 더 갖추고 있고, 다양성과 모호성에 대해 더 인내할 수 있고, 사전에 덜 프로그래밍되어 있고, 덜 자동적이고, 덜 방어적이다. 예를 들어 만약 아이의 조망이 달라졌기 때문에 안정적인 대상에 대한 전조작기 아이의 지각이 달라진다면, 그 아이는 대상 자체가 달라졌다고 선언할 것이다. 자신의 관점이 대상에 대한 자신의 지각에 어떻게 영향을 미치는지에 대한 이해를 발달시킨 아이는 대상 자체는 달라지지 않았음을 인식할 것이다. 대상에 대한 자신의 지각만이 달라졌을 뿐이라는 사실은 전조작기 아이들의 주장보다는 훨씬 진실에 가깝다. 쿡 그레터가 "더 상위 수준은 더 나은 것으로 인식되는데, 더 분화되고 더 자율적인 사람이 될수록, 그들은 그들 자신과 세계에 대해서 [상대적으로] 덜 왜곡되고(진실되고) 현실적인 관점을 가진다고 더 주장할 수 있기 때문이다."(1990, p. 91) 그럼에도 불구하고 쿡 그레터와 술렌은 "우리가 얼마나 진화되었는가와 상관없이 우리의 지식과 이해는 부분적이고 불완전하다"라는 점을 인정한다(2007, p. 184). 윌버는 다음과 같이 말하였다.

> 내가 '진보(progress)'라는 용어를 설사 사용했을지라도, 극히 드물게 사용해 왔다. 나는 '발달(development)' 그리고 '진화(evolution)'라는 용어를 사용해 왔다. 여기에는 큰 차이가 있다. '진보'는 발달이 필연적으로 모든 측면에서 긍정적이거나 유익한 사건이라는 것을 함축하는 경향이 있는데, 그것은 내가 절대적으로 거부하는 개념이다. 다른 측면에서 '진화' 또는 '발달'은 다양한 현상의 출현 또는 성숙의 과정 속에서 실제로 구별할 수 있는 차이와 어떤 구조와 기능이 증가된다는 점을 의미한다. 그러나 이러한 증가는 자애롭게 사용될 수 있을 뿐 아니라 무자비하게 사용될 수도 있다. …… 요약하면 의식에서의 모든 증가는 지불해야만 하는 대가가 있으며, 그 관점만이 인류 진화의 역사를 적절한 맥락 속에 놓을 수 있다고 나는 믿는다(1999d, pp. 283-284).

따라서 윌버와 그 밖의 통합이론가들은 우리 종의 진화와 더불어, 착취, 전쟁, 탄압 그리고 빈곤의 규모가 증가되는 것을 포함하여, 진보의 이면이 나타났음을 부정하지 않는다. 이것은 악의적인 목적으로 진화적 발달(기술적인 발달과 같은)을 사용하는 것을 의미한다. 불행히도 인간의 내적(특히 도덕적) 발달은 우리의 외적 기술만큼은 빠르게 발달해 오지 못했다. 더욱이 모든 발달적 순서는 '좋은' 측면과 '나쁜' 측면을 포함할 수도 있다. 예를 들어 형식-반성적 사고를 위한 역량이 발달할 때 출현하는 추론 능력은 어린아이에게 매우 익숙하고 민감한 몸의 충동과 느낌의 감지를 부인하고 억압하고 분리시키는 데 사용될 수도 있다. 요약하면, 발달의 통합적 관점은 진보의 변증법을 수용한다. 즉 발달은 건설적이고 유익한 잠재력과 역량을 펼치는 동시에, 그 잠재력과 능력은 파괴적이며 해로운 결과 또는 목적을 성취하기 위해 활용될 수도 있다.

우리는 단계 모형에서 제안하는 것만큼 단순한가?

이 장 도입부의 인용 중 하나는 인간 발달은 지나치리만큼 복잡할 뿐 아니라 단순한 선형적 여정이기보다는 퇴행과 나선에 의해 더 자주 규정된다는 점을 강조하였다. 그럼에도 불구하고, 패턴은 존재한다. 윌버(2000e)에 따르면, 기본적인 파동 혹은 구조는 삶이라는 위대한 강물의 보다 굵은 몇 개의 줄기를 나타낼 뿐이며, 그 여정을 따라 모든 인간 존재가 흘러간다. 윌버는 다음과 같이 말하였다.

> 의식과 그 발달은 실제로, 사다리와 같은 방식으로, 한 단계 다음에 또 다른 단계가 진행되는 선형적 · 획일적 단계인가? 그에 대한 대답은 전혀 그렇지 않다는 것이다. …… 위대한 둥지의 이러한 기본적인 파동은 정서, 욕구, 자기-정체성, 도덕, 영적 실현 등, 수많은 다양한 발달 라인과 줄기가 흘러갈 보편적인 수준에 불과하며, 모든 것들은 그들만의 역동으로, 그들만의 방식대로, 그들만의 속도대로 진행한다. 따라서 전반적인 발달은 절대적으로 선형적, 순차적, 사다리와 같은 사건이 아니다. 그것은 이러한 기본 파동을 따라 흘러가는 수많은 줄기들의 유동적인 흐름이다(Wilber, 2000e, p. 17).

기본적으로 개인의 발달 라인은 보편적이고 순차적인 방식으로 펼쳐지거나 출현하는 반면, 개인의 전반적인 발달은 비선형적이고 유동적이며 흐르는 줄기와 파동에 의해 더 규정된다. 그것은 엄격한 선형적 방식이 아니다.

이 원칙은 대부분 사람들이 근본적으로 자신의 발달적 무게중심을 바꾸지 않으면서도 다른 환경에서는 다른 파동(수준)을 탈 수 있으며, 다른 파동을 따라 흘러가는(그 모든 라인들이 똑같이 발달된) 다양한 줄기(라인)를 가지며, 다른 강조점을 가지고 동일한 기본 파동을 따라 여행하는 매우 다른 성격 유형을 가지며, 역시 다른 파동을 헤엄칠 수도 있는 다른 하부 인격을 갖는다는 사실에 기초한다(이 부분에 대해서는 제6장에서 더 다룰 것이다).

상담 및 상담심리학 분야는 그 전문성의 실제를 발달적 기초에서 발견해 왔으며, 인간 발달의 현상은 대부분의 전통적 이론에 제시하는 것보다 훨씬 더 역동적이고 복잡하다(Mahoney, 1991; Wilber, 2000e)는 점을 전경으로 간직하자. 임상적 사례는 단계 이론의 논리가 종종 제시하는 것처럼 분명한 개념적 방식으로는 펼쳐지지 않을 뿐 아니라, 상담 그리고 발달 이론은 그 자체가 발달 과정에 있으며 통합 이론과 통합상담은 이러한 복잡한 역동과 더불어 머물고자 한다.

위계적 체제의 위험성

오늘날 많은 사회과학자들은 위계라는 개념에 대해 강한 부정적인 반응을 하는데, 주로 일반적인 '실현화' 위계(자연과 복합적 시스템 모두에서 발견되는 것으로 원자는 분자의 부분으로서의 전체이고 분자는 세포의 부분으로서의 전체다. 세포는 기관의 부분으로서의 전체다 등등)와 윌버가 '병리학적' 혹은 '지배' 위계라고 불렀던 것, 즉 "한 홀론은 결국 모든 것을 손상시키는 작인적인 지배를 가정한다. 이 홀론은 전체이자 부분이라고 가정하지 않으며, 전체라고만 가정한다. 그것으로 끝난다." (2000b, p. 31)라는 것을 동등하게 치부하기 때문이다. 기본 구조 혹은 파동이 실질적으로 홀론임을 고려할 때, 그들의 조직 체계는 홀라키, 즉 홀론으로 구성된 위계를 구성한다.

제2장에서 언급했듯이, 위계적 단계 모형을 활용하여 다른 것들은 열등하다거나 그것들을 억압하고 경시한다고 말하는 것은 통합적 또는 발달적 실제가 아니다. 그것은 발달적 남용이며 병리적 위계의 한 형태다. 더욱이 커뮤

니케이션의 용이성을 위해 단계와 관련한 담론을 자주 사용할지라도, 통합적 관점에서 보면 한 인간은 특정 발달 단계에 있는 것으로 인식되지 않는다. 그보다는 발달의 전 스펙트럼은 잠재적이고 출현할 예정이며, 모든 인간에게 펼쳐지는 것이다.

단계에 대한 묘사를 사실적 · 구체적 · 환원적 방식으로 사용하는 것 또한 적절치 않다. 통합상담자는 하나의 단계에 대한 묘사와 완벽하게 맞아 떨어지는 내담자는 거의 드물다는 사실을 쉽게 인정한다. 다른 측면에서는 통합이론의 단계 요소는 가치 있는 체험적 기능을 지원하며, 또 다른 요소들(상한, 라인, 상태, 유형)은 우리에게 심리학적 발달뿐 아니라, 사회문화적, 물리적 환경, 생물학적 그리고 다른 환경의 기능으로서 사람들이 생각하고 느끼며 행동하는 것이 얼마나 엄청나게 다양한지에 대해 상기시켜 준다.

치료적 접근과 내담자의 무게중심을 조합하는 일은 〈표 4-1〉에서 제시한 것 이상으로 훨씬 복잡하다. 모든 모형, 형태, 그리고 표에는 위험이 존재한다. 그 논리는 실제로는 매우 복잡한 이슈들을 과도하게 단순화시킨다. 그러나 통합상담은 그 발달의 스펙트럼이 다른 상담 접근보다 훨씬 포괄적일지라도, 단순히 인간 발달의 단계만을 개념적으로 구현하는 것이 아니다(많은 상담 이론들은 심지어 발달 모형을 포함하지 않는다). 통합상담자들은 모든 단계를 고려할 뿐 아니라, 모든 상한, 모든 라인, 모든 유형, 모든 상태를 고려하여 개념화한다.

변화의 단계

이 장에서 지금까지 설명해 온 것과 같은 방식으로 인간 발달을 다루지는 않을지라도, 초이론적인 치료(transtheoretical therapy: TTT)(Prochaska & DiClemente, 1982; Prochaska & Norcross, 2003)는 특정 내담자의 '변화에 대한 준비성' 에 기초하여 각기 다르게 치료를 맞춤화하기 위한 또 다른 메타이론적인 발판을 제공한다. 나는 초이론적인 접근의 근본적인 결론을 치료자의 교육과 훈련의 필수적인 부분으로 생각한다.

TTT의 세 가지 원칙적 요소는 변화의 단계, 변화의 과정 그리고 변화의 수준이다. TTT에서는 '단계'는 (인지적 또는 도덕적 발달의 단계와 같은) 발달 단계가 아니라 변화의 단계를 의미한다. 그것은 사람들이 변화의 궤적 속을 통과해 나가는 잠재력을 지니고 있는 단계다. 전관조적(precomtemplation) 단계에서 내담자는 변화를 위한 욕구를 인식하지도 않고 변화를 바라지도 않는다. 관조적(contemplation) 단계에서 내담자는 변화의 욕구를 인식하기 시작하며 어떤 식으로든 변화하는 것을 고려하게 되지만, 여전히 결정을 못 내리거나 변화에 대해 확신을 가지지 못한다. 준비 단계에서는 내담자는 변화가 필요하며 가까운 미래에 그 변화를 확실히 실천하겠다는(몇 가지 형태의 행동을 취하기도 함) 결론에 도달한다. 행동 단계에서 내담자는 준비가 되었을 뿐 아니라 변화를 확신한다. 그들은 또한 목표를 달성하는 데에 상당한 시간과 에너지를 투자하기도 한다. 유지 단계에서 내담자는 그들의 목표에 도달하여 적어도 6개월 이상 그 기준이 되는 수준을 유지한다. 여기에서는 학습을 통합함으로써 재발을 방지하는 데 강조점이 있다. 즉 그들이 어떻게 진보를 성취했는가를 강조하고 미래의 어려움을 예상하며 그 이슈에 대해 지속적으로 작업할 필요를 강조하는 것이다.

TTT는 상담의 특정한 이론들(추상화의 높은 수준)을 통합하고자 시도하지 않으며, 100개가 넘는 구체적인 기법들(추상화의 낮은 수준)을 통합하고자 하는 시도도 하지 않는다. 그보다는 TTT는 상담의 다양한 형태에 걸쳐 관찰할 수 있는 변화의 과정(추상화의 중간 수준)을 통합하고자 한다. TTT에 따르면, 변화의 주요 과정은 다음과 같다.

1. 의식화: 내담자의 자각을 증대시킴
2. 정화/극적인 안도: 내담자의 정서적 표현
3. 자기-재평가: 내담자의 자기 평가
4. 자기-해방: 내담자의 동기와 의도를 가진 선택이 증가됨

5. 환경적 재평가: 역조건 형성과 자각 통제, 비상사태의 통제를 분석함
6. 관계를 돕기: 보살핌, 믿음, 수용 등으로 내담자의 변화를 지지하고 독려함(Prochaska & DiClemente, 2003).

여기에서의 핵심 이슈는 모든 특정한 변화 과정에서 치료적인 성공의 정도는 적어도 부분적으로는, 변화의 과정과 내담자의 변화 단계를 잘 조율하려는 작업으로 보인다. 예를 들어 "행동 지향적인 치료는 준비 단계 또는 실천 단계에 있는 사람들에게 매우 효과적이다. 그러나 이 같은 프로그램은 전관조적 혹은 관조적 단계의 사람들에게는 비효과적이거나 해가 될 수도 있다." (Prochaska & Norcross, 2003, p. 525) (변화의 단계와 변화의 과정을 연결시키는 것에 대한 보다 자세한 내용은 Prochaska & Norcross, 2003, 15장 참조)

TTT에는 다섯 가지 변화의 수준이 있다.

1. 증상/상황적 문제
2. 부적응적 인지
3. 현재의 대인관계 갈등
4. 가족/체계 갈등
5. 개인내적 갈등

TTT에 따르면(통합상담의 경우와 마찬가지로), 모든 수준은 의미 있고 중요하지만, 어디에 초점을 둘지는 내담자에 따라 그리고 문제에 따라 매우 다양하다. 초이론적 치료자는 일반적으로 어떤 특정 수준의 개입이 목적을 달성하지 못하는 경우에만, 그들이 할 수 있는 만큼 높은 수준을 향해(1을 향하여) 개입하기도 하며 또한 내려가기도 한다(5를 향하여). 네 가지 상한이 어떻게 서로에게 상호 영향을 미치는가와 마찬가지로, "변화의 수준은 독립적이거나 고립된 것이 아니라는 점은 강조되어야만 한다. 역으로 어떤 한 수준에서의 변화는 다른 수준에서의 변화를 만들어낼 가능성이 있다." (Prochaska &

Norcross, 2003, p. 529)

"요약하면 초이론적인 모형은 파악된 문제 수준에 따라서, 변화의 특정 단계에서 변화 과정을 차별적으로 적용하는 것을 치료적 통합으로 본다. 일상적인 용어로, 우리는 변화에 대하여 어떻게(과정), 언제(단계), 무엇(수준)의 기본을 파악해 왔다." (Prochaska & Norcross, 2003, p. 530) 나는 TTT를 내담자와의 작업을 상당히 향상시키는 임상적 가치를 지닌 접근으로 본다. TTT는 모든 단일한 이론(single-theory), 절충적 또는 통합적 접근으로 상담자를 돕는 진정한 초이론적 접근이다. 그러나 나는 또한 그것이 중요한 임상적 차원을 배제하거나 암시만 한 상태로 남겨두었다고 믿는데, 특히 내담자의 발달 수준, 발달 라인, 내담자의 다른 유형, 의식의 다른 상태, 내담자의 자기-시스템 등이다.

결론

내담자의 발달을 평가함으로써, 치료자는 내담자의 경험과 그가 어떻게 의미를 구성하는가에 대해 훨씬 더 민감해질 수 있으며, 내담자의 고통의 원천이 갖는 본질을 훨씬 잘 이해할 수 있으며, 상호적인 이해를 촉진시키는 방식으로 대화하고, 내담자의 독특한 욕구를 더욱더 만족시킬 수 있는 발달적으로 민감한 치료 계획을 보다 숙련되게 맞춤화할 수 있다. 이 장의 많은 자료들은 1984년에 윌버가 원래 발표했던 두 개의 논문에서 나왔다. 나는 이 장을 그가 「발달적 스펙트럼과 정신병리학: II장, 치료 양식들(*The Developmental Spectrum and Psychopathology: Part II, Treatment Modalities*)」에서 적었던 결론으로 마치고자 한다.

> 나는 이 발표가 시도해 왔던 것에 대해 아주 분명하게 하고 싶다. 즉 나는 고정되고, 결정적이고, 변경할 수 없는 모형을 제시한 것이 아니다. 내가 언제나

그 근거를 저명한 연구자와 임상가들의 이론적 · 현상학적 보고서 속에 두고자 했을지라도, 전체 프로젝트는 분명히 메타이론적이고 시사적이며 그 정신 속에서 제안한 것이다. 그러나 일단 누군가 인간 성장과 발달의 전체 스펙트럼을 살펴보기 시작한다면, 엄청나게 풍부한 자료들의 집합은 메타이론적인 작업을 위해 유용해진다. 다양한 연결성은 이전에는 드러나지 않았던 것을 드러낸다. 그리고 미래의 연구를 위한 풍부한 가설은 바로 가능해졌다. 더욱이 이전에는 대부분 양립할 수 없고 심지어 모순되어 보이는 서로 다른 분석적 · 심리학적 · 영적 체계가 서로를 풍부하게 만드는 종합 또는 화합의 가능성으로서 더욱 가까워지고 있는 것 같다.

이 발표는 최종적인 결론이기보다는 강력한 가능성을 시사하기 위해 하나의 전-스펙트럼 접근을 제안해 왔다. 만약 이 모형의 형태가 더 나은 형태에 도달하는 데 유용하다면, 그 목적은 달성될 것이다. 실제로 나의 논점은 지식의 상태가 이미 우리에게 가용하다는 점을 고려한다면, 어떤 모형이 덜 포괄적이라고 말하는 것은 인간 상황에 인색한 것처럼 보인다는 점이다. 덜 포괄적인 모형이란 인간 성장과 발달의 전통적이고 정관적인 영역 양쪽을 고려하지 않는 모형을 의미한다(1984b, pp. 162-163).

미 주

1) 내가 강조해 왔듯이, 통합 이론은 한 개인의 내적 경험 또는 외적 행동이 유일하고 안정적인 발달구조로부터 동질적으로 파생된다고 제안하지 않는다. 건강한 발달은 이전 단계를 현재의 발달 단계로 통합시키는 것을 포함하며, 사람들은 현재 단계 뿐 아니라 이전 단계도 접근하므로 그들은 하루에도 여러 개의 다른 고도 또는 관점으로부터 기능하고, 지각하고, 존재할 수 있다. 그럼에도 불구하고, 대부분의 사람들은 자연스럽게 자신이 완수한 가장 발달된 의미-구성 체계 또는 관점에서 행동하는 경향이 있다. 통합이론가에 따르면, 이러한 선호하는 관점 혹

은 개인들이 의미를 구성하는 '중심적인 경향성' 을 발달적 '무게중심' (Cook-Greuter & Soulen, 2007, p. 183)이라고 부르며, 그것은 애초에 쿡-그뢰터가 윌리엄 제임스의 『종교적 경험의 다양성(*Varieties of Religious Experience*)』에서 발견한 용어다.

2) 모든 인명과 기타 인적 사항은 이 책을 통한 사례에서 논의할 내담자의 신분을 보호하기 위해 변경하였다.

3) 심층구조는 각 단계를 정의하는 기저의 패턴이 있는 조직을 대변하며, 범문화적이며, 대체로 불변하며, 준보편적으로 나타난다(Wilber, 1999d). 반대로, 표층구조는 매우 문화적으로 영향을 받으므로 사람, 지역 등의 구체적인 유형에 독특하다.

4) 안정화는 일반적으로 통합심리치료의 제1목표다. 발달적 변형을 향해 우선적으로 작업하기보다는, 안정화는 내담자가 현재의 발달적 무게중심에서 보다 강화되고, 꾸준히 균형 잡히고, 안정적으로 지지받고, 순조롭게 안정화되도록 돕는 것을 포함한다. 통합 이론은 한 개인의 궁극적인 목표가 변형일지라도, 초기에는 그들의 현재 무게중심에서 안정화하고 건강하게 적응하는 데 시간을 쓰는 것이 더 나아간 발달을 위해 가장 단단한 기초를 세우는 것임을 전제한다. 이는 통합 이론의 목표가 항상 내담자를 '발달하게 만드는 것' 이 아니기 때문에 중요한 논점이다. 대부분의 경우, 우선적 목표는 그들을 현재 고도에서 건강하게 만들 뿐만 아니라 미래의 발달의 촉진할 가능성이 있다는 이해와 더불어, 내담자가 안정화되도록 돕는 것이다.

5) 윌버가 통합 이론의 이 측면에 대해 정신역동과 인지치료부터 실존-인본주의 그리고 자아초월적 전통에 이르는 엄청난 양의 전문서적을 근거로 제시했을지라도(Masterson, 1981; Kohut, 1971, 1977; Kernberg, 1976; Blanck & Blanck, 1979; Gedo, 1981; Piaget, 1977; Loevinger, 1976; Erikson, 1963, 1968, 1980, 1982; Boss, 1963; Binswanger, 1956; Maslow, 1971; May, 1977; Assagioli, 1988; Waslh & Vaughan, 1993; Scotton, Chinen, & Battista, 1996), 발달과 심인성 병리 간의 정확한 관계는 이 시점에는 여전히 추론으로 남아 있다. 윌버가 말하는 논지의 본질은 실험적 연구는 비윤리적으로, 다른 형태의 경험적 연구는 과도하게 어렵게 만든다. 모든 이론은 추론으로 시작하고 그것들이 마침내 논박될 때까지는 여전히 미확정된 상태로 남는다. 따라서 한 이론을 기각될 수 있는 형태로 구조화하는 것이 가치이다. 윌버의 대담한 추론이 가진 중요한 가치는 다양한 심인성 장애의 병인학(病因學)을 이해하는 노력을 포함한다. 그의 논지는 본질적으로 그 장애들이 대개 발달적 탈선에서 비롯되었다고 말하고 있다.

05 발달 라인과 통합심리도

'발달 수준'은 항상 '특정한 라인에서의 수준'이다

(Wilber, 2006, p. 61).

개요

단계 모형의 논리와 역동 모두를 포함하는 제4장의 발달에 대한 상세한 논의를 고려할 때, 대부분의 사람들이 얼마나 골고루 발달하는가에 대해 잠깐 생각해 보자. 우리 중 많은 사람들, 그리고 우리 내담자들 중 확실히 많은 사람들이 매우 치우쳐 발달한다는 사실에 대해 당신이 동의할지는 모르겠다(Gardner, 1983, 1998; Wilber, 2006; Hy & Loevinger, 1996). 사람들은 어떤 면에서는 상당히 발달했지만(인지적으로 매우 명료하고 지적임), 다른 면에서의 발달은 뒤처져 있다(내적으로 감지된 느낌, 특히 대인관계 상호작용에 대해서는 정서적으로 둔감함). 불균형적 발달에 대한 개념은 하워드 가드너(Howard

Gardner)의 '다중지능(mulptiple intelligence)' 연구에 의해 많은 부분 널리 알려져 있다. 가드너는 11가지의 다중지능을 제시했으며, 그중 8가지(언어, 논리-수학, 음악, 공간, 몸의 운동감각, 자연주의, 개인내적, 대인관계)에 대해서는 상당한 경험적 증거를 발견하였다(1983). 최근에 제시한 3가지는 영적 · 실존적 · 도덕적 지능으로, 아직 덜 규정되어 논쟁을 더 불러일으킬 수 있다 (Gardner, 1998).

제2장에서 언급한 것처럼, 라인은 우리 존재와 기능에 대한 다른 측면으로서, 제4장에서 그 윤곽을 설명한 발달의 기본 구조를 통해서 발달하는 잠재력을 갖추고 있다. 윌버(1999d; 2000b)는 20개 이상의 다양한 발달 라인을 묘사하고 맵핑했으며, 그 각 라인은 의식의 기본 구조를 따라 순차적으로, 그러나 준독립적으로 진행해 나간다. 라인은 다른 속도로, 다른 역동으로 발달할 수 있으며 종종 그렇게 발달한다는 점을 상기해 보자. 하이(Hy)와 뢰빙거(Loevinger)는 윌버의 라인 개념을 상대적으로 또는 준독립적인 측면 혹은 '가닥(strand)' 으로 입증하였다. "발달의 모든 형태는 동시에 일어나고 있다. 한 가닥의 발달을 다른 발달과 오류 없이 완벽하게 구별하는 방법은 존재하지 않는다." (1996, p. 7)

특정한 발달 라인이 순차적으로 펼쳐질지라도, 전반적인 발달은 결코 사다리 같지 않으며, 예상할 수 있듯이 발달의 단계 이론의 논리가 의미하는 일련의 순차적 단계다. 즉 그것은 많은 파동을 따라 유동적으로 흐르는 다양한 줄기에 더 가깝다(Wilber, 2000b). "발달 라인은 실제로는 엄격한 의미에서의 라인이 아니다. 잘해봤자 그것은 행동의 가능성을 보여 주는 것이며, 자로 쭉 그은 직선이기보다는 뭉게구름의 가능성과 같은 어떤 것이다. …… 발달은 유기적이고 유동적이며 나선형의 멋진 사건이다." (Wilber, 2006, p. 61) 제2장과 제4장에서 살펴보았듯이, 윌버는 서로 다른 용어(파동, 구조, 단계)를 사용하여 발달 수준을 의미하는 이유에 대해 언급하였다. 이러한 은유가 섞지 않기 위해, 그는 파동을 타고 흐르는 수준과 줄기를 따라 발달 라인이 진행해 나간다고 말하고 있다. 파동이 발달 수준을 이해하는 또 다른 방법인 것과 마찬가지로, 줄기는 발달 라인을 이해하는 또 다른 방법이다.

발달 라인

발달 라인은 우리의 존재, 기능 또는 '지능' 의 다양한 측면으로 인식되면서, 삶의 많은 근본적 의문들에 대해 다른 방식으로 반응하는 것으로 생각할 수도 있다(〈표 5-1〉 참조).

〈표 5-1〉 발달 라인, 삶의 의문, 연구자

발달 라인	삶의 의문	연구자
인지	나는 무엇을 알아차리고 있는가?	피아제, 키건, 비고츠키
자기	내가 알아차리고 있는 것 중 무엇과 나는 동일시하는가?	뢰빙거, 쿡-그뢰터
가치	내가 알아차리고 있는 것 중 무엇이 나에게 가장 중요한가?	그레이브, 벡과 코완
도덕	내가 알아차리고 있는 것 중 나는 무엇을 해야 하는가?	콜버그, 길리건
심미	내가 알아차리고 있는 것 중 나에겐 무엇이 가장 아름다운가?	하우젠
영성	내가 알아차리고 있는 것 중 무엇이 나의 궁극적인 관심사인가?	파울러, 틸리히
욕구	내가 알아차리고 있는 것 중 나는 무엇이 필요한가?	매슬로
운동감각	나는 신체적으로 이것을 어떻게 해야 하는가?	가드너
정서	내가 알아차리고 있는 것에 대해 나는 어떻게 느끼는가?	셀로비와 마이어, 솔로몬, 골먼
대인관계	내가 알아차리고 있는 것 중 나는 어떻게 사회적으로 다른 사람들과 연결되어야만 하는가?	셀먼, 페리

출처: Wilber(2006). *Integral Spirituality*. Shambhala Phblications, Inc. Boston, MA. www.shambhala.com과의 협의하에 게재함.

윌버가 가장 많은 주의를 기울인 발달 라인은 인지, 자기-정체성, 대상관계, 도덕성/선에 대한 개념, 역할 취하기, 사회운동적인 역량, 공감, 세계관, 성 정체성, 심리 성, 애정, 창조성, 심미성, 이타주의, 대인 인식, 욕구, '영적' 이라고 생각할 수 있는 몇 가지(보살핌, 관심, 개방성, 명상적 단계, 종교적 믿음), 가치, 욕구, 논리-수학적 역량, 의사소통 능력, 공간과 시간의 양식, 운동감각적 기술, 음악적 기술 등이다(Wilber, 2000, p. 28).

인지 라인과 다른 라인과의 관계에 대한 몇 가지 논의

우리는 인지와 인지 발달 라인을 가리킬 때, 윌버의 의도에 대해 명료화할 필요가 있다. 그렇다. 그는 몇 개의 인지 라인을 상정했다. 그러나 그것을 더 살펴보기 전에, 나는 그가 인지를 단순히 지능, IQ, 추상적 추론 능력 혹은 인지 발달에 대한 피아제의 관점만을 의미한 것이 아니라는 점을 강조하고 싶다. 물론 그것들은 인지에 대한 그의 일반적인 개념과 중요한 방식으로 연관되어 있다. 다른 방식으로 명시하지 않는다면, 대개 윌버가 의미하는 인지 발달 라인은 단순하게는 인식의 역량, 즉 사람이 자신의 마음을 포착할 수 있는 능력이다.

윌버는 라인의 3가지 넓은 분류, 즉 인지, 자기 그리고 자기-관련 라인을 각각 구별하였다. 모든 라인들 간의 정확한 관계는 거의 알려지지 않았으나, 알려진 사실은 한 라인의 발달 수준 또는 고도는 다른 라인의 수준 또는 고도를 의미한다고 절대로 가정할 수 없다는 점이다(그것은 종종 사과와 오렌지와 같다). 만약 그렇다면 모든 사람들은 매우 골고루 발달하게 되므로 우리는 다양한 라인들을 서로 구별할 필요가 없을 것이다. 뢰빙거는 이 개념에 대해 다음과 같이 입증하였다.

(하나의 발달 순서의 개념에 대한) 하나의 대안은 다소 독립적인 몇 개의 가

> 변적인 차원이 있다는 점이다. ……[콜버그와 셀먼은] 몇 가지의 서로 관련된 발달 라인이 있다고 믿는데, 최소한으로는 인지, 대인관계 그리고 도덕 라인이며, 서로 비대칭적인 관련성을 가지고 있다. 인지 발달의 특정 단계는 그에 상응하는 대인관계 발달 단계에 필수적이나 충분한 조건은 아니며, 후자는 도덕 발달과도 동일한 관계 속에 놓여 있다(1976, p. 188).

발달 라인들 간의 정확한 관계가 많은 경험적 조사와 연구를 필요로 할지라도, 윌버(2006)는 몇 개의 가장 핵심적인 라인들 간의 관계에 대한 몇 가지 일반적인 특징을 대략적으로 설명하였다. 첫째, 넓게 정의하면 인지는 한 사람이 인식할 수 있는 능력을 한정하므로 인지 라인은 다른 라인을 이끈다. 윌버에 따르면, 인지가 다른 라인을 '이끈다'는 것은 다른 라인들이 더 발달하기 위해서는 어느 수준의 인지 발달은 필수적이지만 충분치는 않다는 것을 의미한다(앞서 제시한 쾨빙거의 인용에서와 마찬가지로). 따라서 인지 라인은 다른 라인들을 상당한 정도로 한정짓는다. 자기 라인(내가 아는 것 중에서 나는 무엇과 동일시하는가?)은 인지를 따라간다. 윌버는 자기 라인(자기-시스템 라인, 정체성 또는 자아 라인이라고도 부른다)이 인지를 '뒤따르는' 이유는, 우리는 우리가 알지 못하는 것과는 동일시할 수 없기 때문이라고 주장한다. 마지막으로 자기감 또는 자아 주변을 배회하는 자기-관련 라인들이 있다(예: 가치: 나에게 무엇이 의미가 있는가? 도덕: 나는 무엇을 해야만 하는가/무엇이 정당한가? 욕구: 나는 무엇이 필요한가?) 자기-관련 라인들은 자기 라인과 근접한 위치에서 뒤따르며 발달하는 경향이 있는데, 한 사람의 의미-구성 양식과 밀접하게 연결된 정체감이 발달해 나가면서(Loevinger, 1976; Cook-Greuter & Soulen, 2007), 그 사람의 가치, 욕구 그리고 도덕적 결단은 그 뒤를 따르는 경향이 있기 때문이다(Wilber, 2000e, pp. 197-217, 도표 형태로 거의 100명의 다양한 발달심리학자들 간의 상관관계를 보여 주고 있다). 넓게는 '자각'이라고 정의하는 인지 라인이 발달해 나감에 따라, 자기 라인은 발달의 잠재력은 가지게 되지만 발달이 더 진전되는 것을 보장해 주지는 않는다. 이와 마찬가지로 자기 라인이 발달해 나감에 따라, 자기-관련 라인은 잠재력을 가지게 되지만 발달이 더 진전되는 것을 보장해 주지는 않는다.

서로 다른 인지 라인

윌버는 거친(gross), 정묘한(subtle), 인과적(causal) 인지를 구별하고 있다. 아주 간략히 설명하면, 거친 인지는 그 반성의 대상으로 외적 · 물질적 · 운동감각적 영역을 취하는 반면, 정묘한 인지는 사고의 내적 세계와 의식의 변성 상태를 취한다(이성적 영역과 정묘한 영역을 포함한다). 정묘한 인지는 서구 인지 심리학자들이 배제하고 경시하며 간과해 왔던 마음의 작용 형태를 정확하게 포함한다. 즉 심상화, 창조적 비전, 묵상, 최면, 환각 상태 그리고 초월적이고 새로운 것을 드러내는 상태, 그 밖의 순수지성적(noetic) 상태들이다. 인과적 인지는 관찰의 '입장'을 취하는 능력뿐 아니라 주의 그 자체의 깊은 본질을 포함한다. 인지에 활용했던 동일한 유형의 모형을 적용하면서, 윌버는 "세 가지 위대한 영역(거친, 정묘한, 인과적)은 내가 자아, 영혼, 참자기(또는 전면(frontal), 더 깊은 심혼(deeper psychic), 관조(Witness))라고 총칭했던 자기의 세 가지 각기 다른 라인들의 발상지다." (2000e, p. 125) (서로 다른 인지와 자기 라인에 대한 보다 자세한 설명을 Wilber, 2000e, pp. 123-127, 255-258 참조)

발달 라인을 어떻게 평가할 것인가

내담자의 발달 라인은 비공식적인 면접에서 공식적인 검사까지의 스펙트럼에 따라 다양한 방식으로 평가할 수 있는데, 통합적이든 아니든, 대부분의 치료자들은 내담자의 라인을 상대적으로 비공식적인 평가를 하는 편이다

(Marquis, 2002; Fall, Holdern, & Marquis, 2004; Cook-Greuter & Soulen, 2007). 다른 말로 하면, 내담자가 다양한 접수 양식에 기록하는 반응과 치료자의 질문, 내담자가 가져오는 딜레마와 그 딜레마에 대한 해석, 그리고 내담자에게서 감지되는 치료자의 감각, 또는 그들에 대한 역전이 반응 등에서 임상적 예감은 나타난다. 스펙트럼의 다른 끝에는, MMPI와 WAIS부터 WUSCT 또는 SCTi 그리고 DIT(도덕판단력검사(Defining Issue Test): 도덕 발달을 위한 지필 검사)까지 심리측정적으로 검증된 검사 배터리를 내담자에게 실시하는 치료자들이 있다. 보다 포괄적이고 자세한 제7장의 사례에서 이 부분을 다루겠지만, 다양한 라인을 평가하는 방법에 대해서는 여기서 소개하고자 한다.

어떤 라인을 평가할 것인가

가장 중요하게 평가해야 할 라인이 무엇인가에 대한 견해는 각 치료자의 이론적 충성도에 따라 어느 정도 다양할지라도, 나와 대부분의 동료 통합치료자들은 다음의 라인을 매우 중요하게 평가한다. 설사 중요하지는 않더라도, 각 내담자의 강점과 약점에 대해 잘 이해할 수 있는 라인들이다.

- 인지
- 자기-정체성(자아 발달)
- 세계관
- 욕구/동기
- 가치
- 영적(궁극적인 관심사, 보살핌, 개방성, 관조적 단계, 종교적 믿음)
- 도덕적/윤리적/선과 선한 삶에 대한 개념
- 심미성

- 심리 성
- 정서적, 대인관계, 대상관계, 역할극, 공감, 이타주의 그리고 의사소통 능력(준독립적이나 많은 중복이 있음)

물론 이러한 목록은 음악, 예술 그리고 다른 창조적 노력, 예를 들어 운동, 춤 또는 다른 운동감각적 추구 등 또는 만족, 성취, 자신의 일을 잘 수행함으로써 얻는 의미(사무실에서든, 집에서 자녀를 잘 양육하든) 등에서의 내담자의 강점 혹은 재능의 중요성을 배제하고자 하는 의도는 아니다. 많은 내담자들에게, 음악에 '빠져들고' '달리는 동안의 절정'을 느낄 수 있고, 의미 있는 일을 할 수 있다는 것은 삶을 살 만한 가치가 있는 것으로 만드는 많은 부분이다. 이러한 강점, 재능 또는 역량은 강조하고 인정하고 격려해야 한다. 이와 같은 라인에 대한 공식적인 평가는 그 평가를 위해 수립된 프로토콜을 따라야만 한다(예: 도덕 발달 평가에서의 콜버그의 지침 또는 가치 발달 평가에 있어서의 벡의 지침 등이다). 나는 이러한 라인들을 비공식적으로 평가하는 방법에 대해서 논의할 것이다.

인지

윌버가 지적하였듯이, 인지 라인의 가장 본질적인 측면은 자각하는 능력이라는 점을 염두에 두면서, 치료자는 내담자가 사용하는 언어와 통합접수평가지에 적은 반응, 그들이 말하는 다양한 가능성과 관점에 주의를 기울임으로써 내담자의 인지에 대해 대략적인 감을 얻을 수 있다. 예를 들어 언어에 관련하여 복잡하고 추상적인 문장으로 말할 능력을 갖추지 못한 내담자는 피아제가 칭한 구체적 조작기에서 사고할 가능성이 있다. 따라서 상담자는 이러한 내담자와는 복잡한 은유를 사용하지 말고 보다 구체적이고 확실하게 이야기해야만 한다. 통합접수평가지에 대해 반응한 질과 관련하여 어떤 내담자는 특정 질문이 무엇을 묻고 있는지를 이해하지 못하고 구체적 조작기의 사고를 암시하는 아주 간단하고 구체적인 용어로 답한다. 당신이 상담하는 인구에 따라 내담자들 중 많은 사람들이 문맹일 수도 있는데, 이 경우에 지필검사는 명백히 고려 대상이 아니다.

가능성과 관점이라는 이슈와 관련하여 두 명의 내담자를 살펴보자. 첫 번째 내담자는 대체로 극단적인 용어를 사용하여 말한다. 즉 전부이거나 아무것도 아닌(all-or-nothing) 문장이다. 또한 옳은 길(그의 길)과 틀린 길(그들의 길)이 있다. 그리고 그는 종종 사람들이나 환경을 특성 짓는 많은 회색조에 대해서는 거의 이야기하지 않는다. 이런 내담자는 좀처럼 다른 사람들의 관점을 취하지 못한다. 그는 실제로 자신과 갈등을 빚고 있는 사람과 관련하여 질문을 받으면, "어떤 점이 한심하다. …… 그 인간은 항상 문제야." 등의 반응을 하면서, 상대의 관점이나 세계를 이해하는 다른 방식이 가능하다는 점을 진정으로 알아차리지 못하고 있음을 보여 준다. 이 내담자는 잘해봤자, 구체적으로 사고하는 사람을 반영할 뿐이다(그는 구체적 조작기 혹은 전조작기에 있을 것이다). 두 번째 내담자는 자신이 힘들어하는 딜레마의 많은 측면들에 대해 다양한 시각에서 각 이슈를 논하면서 미묘한 어조로 말을 한다. 특정 이슈에 대해 자신과 서로 다른 입장을 취하는 타인의 관점에 대해서 이야기해 보라고 제안하면, 그녀는 타인의 관점에 대해 통찰력 있게 이해하는 것처럼 보인다. 이 후자의 내담자는 전자의 내담자보다 아마도 IQ 점수가 더 높을 수 있겠지만, 그것은 통합적 관점에서 가장 중요한 것은 아니다. 가장 의미가 있는 것은 더 큰 가능성, 잠재력, 관점에 대한 그녀의 높은 자각이다. 그 자각이 없이는 그녀의 자기(자아, 정체성) 발달의 가능성과 그에 따른 다양한 자기-관련 라인들의 발달은 상당히 제한된다.

자기-정체성

이것은 자기 또는 자아 발달 라인이라고 부른다. 자아 발달에 관한 제인 뢰빙거(Jane Loevinger)의 연구는 윌버가 '나'로서 가깝게 경험되는 근접자기라고 불렀던 것을 다루고 있다. 이는 내담자의 발달적 무게중심을 가장 잘 측정하는 발달 라인이기 때문에, 특히 중요한 라인이며, 나는 이 장에서 그것을 심층적으로 다룰 것이다. 제6장에서 다룰 내용이지만 근접자기는 삶의 고난을 항해하고 '대사(metabolize)' 를 할 뿐 아니라, 처음에는 특정 파동과 동일시하고, 그 후에는 그 파동과 탈동일시하여 초월하고, 그리고 마지막에는 잇따르는 다음 파동과 동일시하며 이전 파동을 포함하고 통합함으로써 발달의 축을 따라 전진해 나간다(Wilber, 1999d, p. 15).

세계관

세계관은 발달의 다른 파동에 있는 사람들이 세계를 바라보는 각기 다른 방식이다. 세계관이 사람들의 의식의 한 형태로 개인 내면에 존재할지라도, 그것은 특수한 문화와 그 지역의 표층적 특성 내에서 일어나고 전개되므로 일반적으로 '문화' 의 기능이다. 즉 공동체적 의미, 언어적 증거, 의미론적 구조, 다양한 상호 주관적인 맥락과 실제다(Wilber, 2000e). 한 사람의 세계관은 어느 정도는 그의 인지에 의존한다. 어떤 사람이 단순하게 감각운동적이며 자기와 세계를 오직 감각과 충동을 통해서만 이해할 때, 그에 상응하는 세계관은 원시적이다. 전조작기의 사람이 자기와 세계를 상징을 통해서 이해할 때 상응하는 세계관은 마술적이다. 구체적 조작기에 있는 사람이 자기와 세계를 개념, 규칙, 역할 등을 통해 이해할 때, 그에 해당하는 세계관은 신화적이다. 형식적 조작기의 사람이 형식적인 추론을 통해 자기와 세계를 이해할 때, 상응하는 세계관은 합리적이다(Gebser, 1985; Piaget, 1977; Wilber, 2000e). 세계관의 중요성은 사람이 자신이 원하는 방식으로 자유롭게 세상을 바라보지 못한다는 사실에 의해 입증된다. 만약 어떤 성인이 마술적 또는 신화적 세계관에 '매여 있다면' , 그는 세계를 합리적으로 인식하는 것이 자유롭지 않을 것이다. 그는 자신이 속한 문화와 다른 문화를 평가절하하려는 경향이 있을 것이다. 그 자신의 생각, 믿음 그리고 세계관(좌상)은 주로 앞서 언급한 문화적 구조(좌하)에 의해 만들어지고, 일어나며, 영향을 받는다. 합리적 세계관은 정확하게는 그 자신이 속한 문화의 신화, 이야기, 신념 그리고 관점을 문제의식 없이 수용하는 것이 아니므로, 다양성을 포용하고 보살핌과 자애를 그 자신이 속하지 않은 다른 집단과 세계로 확장하려는 최초의 세계관의 출현이다.

욕구/동기

윌버(2000e)에 따르면, 인간은 서로 다른 수준의 욕구에 의해 추동되고 이끌리며 동기화된다. 매슬로(1970)와 유사하게, 윌버는 욕구의 위계를 물질적인 것(물, 공기, 음식, 주거지), 정서적인 것(관계 그리고 타인과 따뜻함과 보살핌을 주고받는 것, 성적 친밀감)으로부터 정신적인 것(언어적 혹은 다른 상징적 교류), 그리고 영적인 것(우리의 분리된 자기감보다 더 큰 존재와 어떤 형태의 관계를 경험하는 것, 우리에게 의미와 제재를 제공하는 근원과의 어떤 연결성)으로 이해했다(Wilber, 2000e). 더 나아가 윌버(1999b, 1999c)는 욕구의 8수준을 탐색하고 발달적 문제가 인간의 안녕(well-being)에 필수불가결한 대인관계와 합리적인 교류를 어떻게 왜곡하는지에 대해 설명하면서 보다 자세하게 살펴보고 있다.

니체(1966)는 우리에게 설명(explanation)과 동기를 혼동하지 말라고 경고하였다(설명은 사람들이 자신들의 행동을 정당하기 위해 제시하는 이유를 의미하는 반면, 동기는 그들의 행동의 원인이나 목적이 실제로 무엇인가를 의미한다). 이와 유사하게, 매슬로는 "이러한 변화는 반드시 의식적이거나 무의식적이지는 않다. 그러나 대개의 경우 평균적인 사람들은 의식적이기보다는 더 자주 무의식적이다."(1970, p. 54)라고 하였다. 내담자의 동기를 평가할 때, 그가 천명한 동기와 드러난 동기 간의 중요한 차이를 염두에 두어야 한다. 다른 말로 하면, 전자는 내담자가 필요하다고 말하거나 보고한 것을 의미하며, 후자는 그들이 실제로 시간, 주의, 돈, 에너지를 어떻게 사용하는지를 의미한다.

가치

내담자에게 중요하고 의미가 있는 것, 가장 중요한 도덕, 문화적 행동 등이 무엇인가를 다루는 통합접수평가지 문항에 대한 반응을 통해 그들의 가치에 대해 잘 이해할 수 있다(혹은 적어도 그들이 표현한 가치). 예를 들어 만약 내담자가 그에게 중요한 것은 돈, 권력 그리고 인정이며, 그의 도덕성은 처벌을 피하는 것과 관련되며, 그의 주된 문화적 행위가 바에서 술에 취해 여성 스트립쇼를 관람하는 것이라고 보고하면, 우리는 이 사람의 가치는 대체로 자아중심적이라고 생각할 수 있다. 반대로 한 내담자가 자신에게 가장 중요한 것은 맡은 본분을 다하는 것이며, '한 가지 진실한 방법' 을 고수하는 것이라고 답하며, 그의 도덕성은 권위의 명령을 따르는 것을 수반하며(성경, 교사, 부모 또는 정부), 그의 주된 문화적 활동은 성경을 공부하고 보이스카우트 단대를 이끄는 것이라면, 우리는 이 사람의 가치를 대체로 사회중심적이라고 할 수 있을 것이다. 윌버는 나선역동이라는 체계로 대중화되어 쉽게 적용할 수 있게 된 그레이브(Graves, 1970)의 작업의 가치를 인정하고 있다(Beck & Cowan, 1996).

벡과 코완(1996)은 8가지 가치 밈(vMEMEs)[1]의 발달에 대해 묘사하였다. 그들은 또한 가치 검사(국립가치센터(National Values Center)에서 출판함)를 만들었다. 하나의 가치 밈은 본질적으로는 가치 체계이며, 아주 간략하게 설명하면 가치 밈은 다음과 같이 발달한다(더 상세한 정보는 Beck & Cowan, 1996 참조).

1. 자동적/원시적/ '본능적(instinctual)' : 생존 지향적인; 생물학적인 추구
2. 물활론적/종족주의적/ '친족 정신(kin spirits)' : 안전감을 촉진시키기 위해 마술적 사고를 사용
3. 자아중심적/착취적/ '힘의 신(power gods)' : 통제, 권력 그리고 지배 중심적인; 향락주의적이고 충동적인

4. 절대주의적/순응적/ '진리의 힘(truth force)' : 의미와 목적 지향적인; 하나의 유일한 길이 있으며 그 정당한 상위의 권력은 도덕적 행위 강령을 제공함
5. 물질주의자/성취자/ '고군분투의 충동(strive drive)' : 개선 그리고 성취 중심적인; 성공 추구, 기회주의적인 그리고 개선하고 경쟁에서 이기기 위한 목표 지향적인 전략
6. 상대주의적/민감한/ '인간적 유대(human bond)' : 평등주의 그리고 인본주의 지향의; 다양성의 수용뿐 아니라 화합, 소속감, 조화를 추구함
7. 체계적인/통합적인/ '유연한 흐름(flex flow)' : 큰 그림을 지향하는; 혼란, 복잡성, 역동적 변증법적 발달과 통합적 구조가 어떻게 연결되는가에 대해 이해하는 체계적 사고
8. 세계적/전일적인/ '전체적인 관점(whole view)' : 거대하고 통일 지향적인; 모든 생명의 상호 관계와 시너지를 봄; 행성적인 관심사가 집단의 협소한 관심사를 초월

영성

내담자의 영성 그리고/또는 종교성을 평가하는 일은 항상 쉽지는 않은데, 부분적으로는 영성이 매우 다양한 다른 방식으로 개념화될 수 있기 때문이다. 내가 다른 논문에서도 논했듯이, 윌버는 영성에 대한 다섯 가지 서로 다른 개념을 받아들인다.

1. 영성은 각 발달 라인의 가장 높은 수준과 관련되어 있다.
2. 영성은 모든 발달 라인에서의 개인적인 발달의 총합이다.
3. 영성은 그 자체로 독립적인 발달 라인이다.
4. 영성은 한 사람이 어느 발달 수준에서 가질 수 있는 개방성 또는 사랑과 같은 태도다.

5. 영성은 발달 수준이라기보다는 절정체험을 포함한다(Marquis, Holden, & Warren, 2001, p. 226).

윌버는 이러한 각 정의가 가치를 지니며, 그 모든 중요한 관점의 본질적인 측면을 포괄하는 단 하나의 정의는 존재하지 않는다고 믿는다. 또한 그는 한 편에서의 해석적/정당한/대중적 영성과 다른 편에서의 변형적/진정한/밀교적 영성 간의 분명한 차이를 구분하고 있다.

> 해석적 영성(translative spirituality)은 보다 일반적으로 관찰할 수 있는 종교의 기능으로 자기를 강화시키기 위한 것이다(to fortify the self). 믿음과 의식(rituals)의 대중적인(exoteric) 체계를 통해, 사람이 분리된 자기에 내재된 고통을 이해하고 최소화하도록 도울 수 있다. 그러므로 해석적 영성은 안전감, 편안함, 위로 그리고 보호 혹은 강화 등의 감정을 촉진한다. 해석적 영성은 세계와 자신의 공간에 대한 믿음에 어떤 정당성의 이해를 제공하기 때문에 정당하다. …… 변형적 영성(transformative spirituality)은 일반적으로 덜 관찰될 수 있는 종교의 기능으로, 자기를 해체시키는 것이다(to deconstruct the self). 자기를 위로하고 강화하거나 정당화하기보다는, 일련의 죽음과 재탄생을 통해 자기가 보다 포함적인 발달적 파동 속으로 진보하면서 분리의 환상으로부터 궁극적으로 자기를 분해하고, 변화시키고, 변형시키고, 해방시킨다. 진정한 영성은 정당한 영성에 의문을 던지는데, 후자가 설사 더 편안하게 만들지라도, 한 인간을 현재의 발달 파동 속에 묶어 두는 경향이 있으므로 고통의 실질적 원천인 분리의 환상을 역설적이게도 지연시킨다고 결론 내린다. 그 특유의 언변으로, 윌버(2000d)는 변형적 영성에서 "자기는 만들어진 내용물이 아니라, 만들어진 토스트다."(p. 305)라고 요약하였다(Marquis, Holden, & Warren, 2001, pp. 226-227).

내담자의 건강하고 불건강한 영성을 어떻게 다르게 평가하고 치료해야 하는지에 대한 탁월한 논의를 위해서는 바티스타(Battista, 1996)의 저술을 참고하기 바란다. 또한 『상담 및 가치 저널(*Counseling and Values*)』의 2001년도의 전체 호가 상담에서의 영적 이슈를 다루고 있다.

도덕

윌버에 따르면, 도덕 발달 라인은 도덕적 결정을 어떻게 내릴 것인가(도덕적 판단)뿐만 아니라, 결정을 하는 데에서 보살피고 관심을 가지고 포용할 만한 가치가 있는 대상으로 누구를 고려하는지(도덕적 범위)를 포함한다. 더 나아가 그것은 선의 문제와 삶을 잘 살게 만드는 것을 포함한다(Wilber, 2000e). 앞서 나는 자기-관련 라인들은 "자기 라인의 근접거리에서 뒤따르거나 발달하는 경향이 있다."라고 언급하였다.

> 자기의 정체성과 도덕심 안에서보다 더 명백하게 의식의 놀라운 확장이 일어나는 곳은 없다. …… 이 확장된 정체성은 도덕적 자각 속에 직접적으로 반영된다. …… 당신은 스스로를 자신이 동일시하는 어떤 것으로 취급한다. 만약 당신이 오직 자신으로만 동일시한다면, 다른 사람들을 자기애적으로 취급할 것이다. 만약 당신이 친구와 가족과 동일시하면, 그들을 보살핌으로 다룰 것이다. 만약 당신이 국가와 동일시한다면, 자국민을 동포애로 다룰 것이다. 당신이 인류와 동일시한다면, 인종, 성, 피부색 또는 신념에 상관없이, 모든 사람을 공정하고 자비롭게 대하려고 노력할 것이다. 만약 당신의 동일시가 대우주를 포용하는 정도로 확장된다면, 모든 생명을 존중과 친절로 대할 것이다. 그들은 모두 하나의 빛나는 참자기의 완벽한 현현이며, 당신 자신의 바로 참자기이기 때문이다(Wilber, 1999d, p. 548).

더불어 고통에 시달리는 내담자를 돕는 것은 기본적으로 도덕적 참여의 이슈다. "정신 건강 전문가들이 무엇을 행하거나 말하거나 상관없이, 그들은 도덕적 공간에 들어온 것이다." (Miller, 2004, p. 19) 옳고 그름을 판단하는 현대적 이해가 아니라 무엇이 삶을 살 만한 가치가 있게 만들어 주는가, 부당함에 어떻게 반응할 것인가, 고통을 어떻게 직면하고 그것으로부터 어떻게 의미를 발견할 것인가와 같은 현실적인 문제에 대한 고대적 이해 속에서 상담 및 심리치료는 엄격한 객관적이고 과학적 노력보다는 훨씬 더 윤리적이고 도덕적인 체계다(Foster & Black, 2007).

심미성

심미성의 의미와 관련하여 통합적 조력자들이 심미적 감각 또는 예술을 얼마나 잘 비평하는가에만 국한시키는 것은 아님은 확실하다. 그보다는 심미성 라인은 미에 관한 한 개인의 이해를 다룬다. 이렇듯 그것은 주체성(subjectivity)의 두드러진 라인 중 하나다. "미는 홀론의 깊이 혹은 절대정신(Spirit)의 투명한 반영이다. 예술은 미를 참조하는 모든 것이다." (Wilber, 2000e, p. 254) 윌버는 사상한을 '세 가지의 큰 차원(Big Three)' 이라고 종종 일컬었는데, 우상한은 둘 다 객관적이고 3인칭 언어(it, its)로 묘사할 수 있기 때문이다. 그는 세 가지 차원이 문화와 시간을 초월하여 얼마나 만연하게 나타나는가를 지적하면서, '세 가지의 큰 차원' 의 중요성을 지지하고 있다.

언어: I-좌상, we-좌하, it/its-우상/우하
플라톤: 선-좌하, 진-우상/우하, 미-좌상
불교: 붓다-좌상, 승가-좌하, 법-우상/우하
볼드윈(Baldwin)과 하버머스(Habermas): 심미적-좌상, 도덕-좌하, 과학적-우상/우하

심미성은 내담자의 미적 감각이 얼마나 세련되었는가뿐만 아니라, 얼마나 많은 아름다움을 경험하는가와 더 관련되어 있다. 그 사람은 특정 신체 유형

과 머리색을 가진 젊은이 안에서만 아름다움을 보는가, 아니면 표면을 넘어 심층을 보면서 젊은이든 늙은이든 모든 사람 속에서 유사한 아름다움을 보는가? 그는 사랑하는 사람의 우아한 죽음과 비극 속에서도 아름다움을 보는가? 아름다움을 전혀 경험하지 못하면서도 삶을 잘 영위하고 있다고 보고하는 내담자를 상상할 수 있겠는가? 이것이 내담자의 심미적 라인을 탐색하고, 그들로 하여금 아름다움을 보다 깊게, 보다 주기적으로 경험하도록 촉진하는 이유다.

심리 성

이것은 인간 본성에 대한 프로이트(1971)의 개념에서는 명백히 중심적인 것이었지만, 통합적 치료자는 내담자가 프로이트의 심리 성적 발달의 어떤 단계에 고착되어 있는지를 평가하는 데 관심을 두는 것은 아니다. 물론 어떤 경우에는(일반적으로 개인적 · 전개인적 단계의 아래 쪽 끝에 있는) 이러한 평가가 유익한 것으로 증명될 수 있다. 발달 스펙트럼의 다른 극단에서는(비 금욕적 종교 수련에 참여하는 사람들의 경우에), 영성과 성을 통합시키는 것은 종종 큰 도전이 된다. 데이다(Deida, 1995, 2002a, 20002b)와 존(John, 1978)은 성적인 삶을 방해하는 동일한 정서적 문제가 또한 우리의 영적 발달을 방해한다는 점에 대해 광범위하게 저술해왔다. 삶의 정서적 · 성적 차원인 심리 성은 생식적인 문제에만 배타적으로 한정되는 것이 아니라 몸, 정서, 마음, 영혼, 영을 포함한다. 따라서 내담자의 심리 성에 주목하는 것은 단순히 성적 기법에 대한 것만이 아니다. 그것은 적어도 그들의 정서적-성적 관계에서의 친밀감, 개방성, 신성함에 대한 것과 동일하다. 만약 당신이 친밀한 관계를 맺고 있다면, 당신의 해결되지 않은 심리학적 이슈나 '짐' 은 삶의 다른 어떤 측면보다도 그 맥락에서 훨씬 더 잘 드러날 것이라는 생각에 공명할 수 있을 것이다. 데이다가 추천하는 이러한 형태의 통합적이고 가슴을 여는 사랑의 연습은 친밀감을 제한하는 신경증을 황홀한 사랑의 희열로 변형시키도록 설계되어 있다.

> 많은 세상의 위대한 지혜 전통에서, 특히 그 성숙한 단계에서, 성은 영성의 정교한 표현과 더 진전된 영적 실현을 위한 길로 간주된다. 결국 성적 사랑의 황홀한 포옹 속에서 우리는 분리된 자기의 경련으로부터 해방되어 우리 자신을 넘어설 수 있다. 적어도 일시적으로나마 사랑하는 사람과의 무한하고 무변광대하며 희열감 넘치는 일체감에 도달할 수 있다. 영적 해방에 대한 더 좋은 정의로 그보다 더 무엇이 있겠는가?(Deida, 2002에서 Wilber의 추천사).

한 사람의 관계와 성 요가에서의 자기-초월적인 사랑, 정서적 · 성적 차원이 영적 실현과 어떻게 연관되는가, 어떻게 성이 의무나 영적 실현의 방해물이 아닌가, 사정과 오르가슴을 분리시킴으로써 퇴행적인 오르가슴을 재생산적인 것으로 변형시키는 특정 신체 수련에 대한 예리한 통찰과 실용적인 지침을 위해서는 존(John)과 아바바사(Avabhasa, 1993), 데이다(Deida, 1995, 2002a) 그리고 치아(Chia)와 아라바(Arava, 1996)의 저술을 참고하기 바란다.

정서

가장 넓은 의미에서 정서는 정서 그 자체뿐만 아니라 애정과 '자각의 느낌' 을 의미하는데, 상호 주관적인 관점은 정서를 탐색하고 이해하는 가장 일반적인 현대의 관점 중 하나이기 때문이다. 나는 여기서 대상관계, 역할 취하기, 공감, 이타주의, 소통 능력 등의 라인들과 더불어 정서 라인을 간략하게 다룰 것이다. 그 모든 것이 그 자체로는 구별되는 라인들이더라도, 나는 이 라인들 간에는 앞서 다루었던 다른 라인들보다 더 상호 의존적이고 중첩된다고 믿는다.

신경과학과 같은 3인칭 관점과 정서의 현상학(Sartre, 1976, 1998; Gendlin,

1962)과 같은 1인칭 관점으로부터 정서를 연구할 수 있다는 사실에도 불구하고(Damasio, 1999; LeDoux, 1996; Siegel, 2001), 정서와 애정을 다루는 많은 학자들은 정서를 탐색하는 가장 중요한 관점은 2인칭 상호작용으로부터라고 믿고 있다(상호 주관적 장 이론; Stolorow, Atwood, & Orange, 2002; Fosha, 2000; Solomon, 2007). 2인칭 관점의 기본 개념은 정서는 항상 어떤 대상에 대한 것이며, 이 어떤 대상은 항상 사회적 공간에서의 타인을 포함한다는 점이다. 따라서 내담자의 대상관계의 발달과 질, 다른 사람의 관점을 취하고 그들과 공감하는 내담자의 능력, 그리고 내담자가 얼마나 이타적이고 소통하는 능력을 갖추고 있는가는 내담자의 대인관계의 질 속에서, 내담자의 정서적 경험의 패턴 속에서 핵심적인 역할을 한다. 윌버(2000e)에 따르면, 정서는 모든 발달 라인과 마찬가지로, 전개인적/전관습적인 단계로부터 개인적/관습적, 초개인적/후관습적/후후관습적 단계로 진행한다.

- 전개인적: 쾌락과 고통과 같이 단순한 반응; 공포, 격노 그리고 만족과 같은 원초적인 정서; 분노, 소망, 불안, 취향, 안전
- 개인적: 즐거움, 사랑, 소속감, 우울, 혐오; 보살핌, 연민; 세계 정의, 세계중심적 이타주의, 모든 인류에 대한 사랑
- 초개인적: 황홀, 경외, 사랑 그리고 모든 종에 대한 자비; 사랑의 희열, 황홀경, 성스러운 확신; 보살의 자비, '영원한 자유의 해방(infinite freedom release)' 그리고 '일미(one taste)' (Wilber, 2000e, p. 198).

통합심리도

일단 치료자가 현재 내담자의 라인들이 어느 정도 발달되어 있는가에 대한 감을 잡았다면, 그 라인들은 통합심리도로서 보여 줄 수 있다. 라인을 보여 줄 수 있는 방법 중 하나는 기본적인 막대그래프인데, 각 발달 라인은 x축

으로 그려지고, 각 라인/막대의 길이는 내담자의 측면이 현재 어느 정도 발달했는가를 알려 준다. 라인이 길수록, 그 측면은 더 발달된 것이다([그림 5-1] 참조). 다양한 발달 수준 또는 파동이 실제로는 홀라키적이기 때문에, 내담

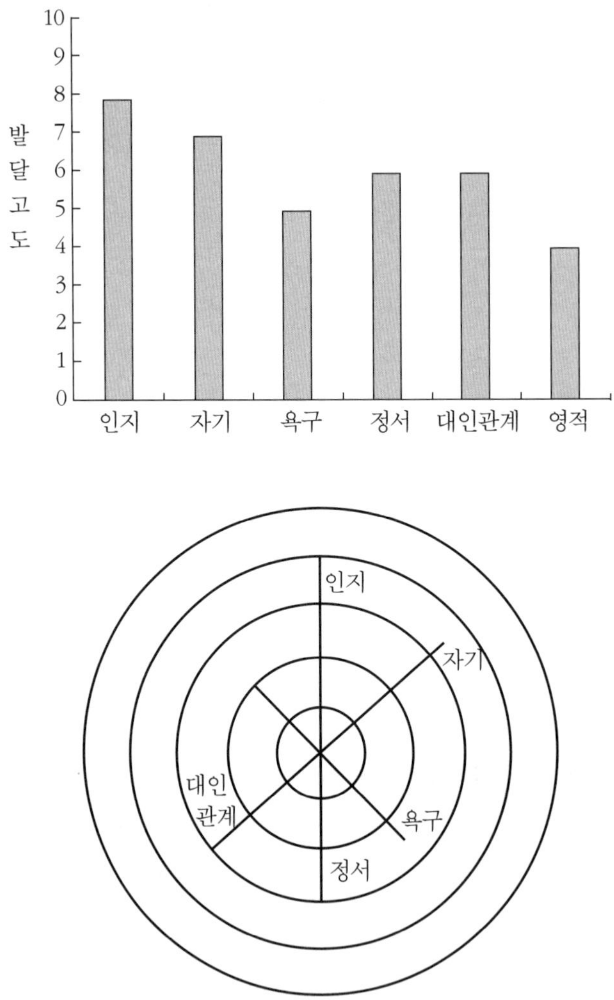

[그림 5-1] 통합심리도를 묘사하는 두 가지 방식

출처: Wilber, K. (2006). *Integral Psychology*, p. 64. Shambhala Publication, Inc. MA, www.shambhala.com 과의 계약에 따라 게재함.

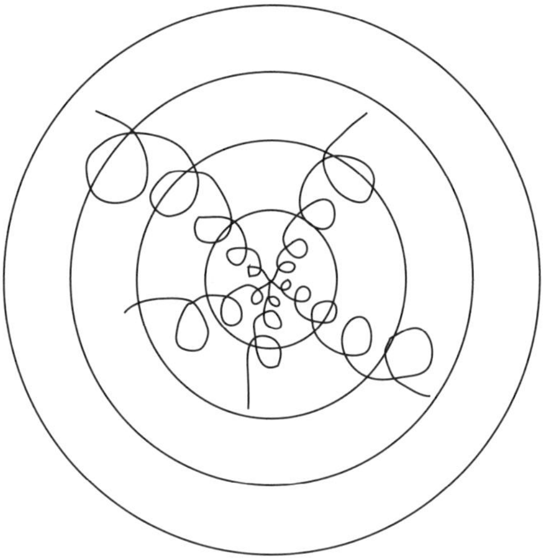

[그림 5-2] 유기적 파동을 따라 역동적으로 상승하는 발달줄기

자의 심리도는 연속적인 동심원으로 나타낼 수 있으며 각각의 더 큰 동심원은 발달의 다음 수준 또는 단계를 보여 준다(이것이 내가 보통 내담자의 심리도를 보여 주는 방법이다). 앞서 언급했듯이 라인이 길수록 그 라인은 더 발달한 것이다([그림 5-1] 참조).

특정 내담자가 심리학적 소양을 어느 정도 갖추고 있는가에 따라서, 치료자는 발달 수준과 라인의 개념을 내담자에게 설명하고 내담자로 하여금 예를 들어 대인관계 · 정서적 · 영적 발달 라인을 묘사하는 심리도를 그려 보도록 요청할 수 있다. 내담자가 그 작업을 하는 동안 상담자 또한 그녀의 심리도를 그릴 수 있다. 그다음에 치료자는 내담자를 어떻게 인식했는지와 내담자는 자신을 어떻게 인식했는지 간의 유사점과 차이점을 비교할 수 있는데, 이는 내담자의 어떤 측면이 내담자가 도움을 필요로 하는 갈등 속에 나타나는지에 대한 토론을 촉진시킨다.

윌버와 많은 여러 발달론자들은 발달적 역동(단계의 순서/논리)은 엄격히 선형적인 것과는 거리가 멀고 발달 라인은 종종 나선형적 흐름으로 더 정확하게 묘사된다고 믿으며, 시간에 따른(특정 시점의 스냅사진으로서의 내담자의 심리도와는 달리) 내담자의 심리도의 역동은 [그림 5-2]에 나타난 것처럼 더 정확하게 묘사된다.

치료자가 4수준 혹은 10수준을 포함시켰는지는 내담자의 각 발달 라인의 윤곽에 대한 전체적인 감을 잡는 것보다는 덜 중요하다. 어디에 경계를 그리는가에 상관없이, 대부분의 발달론자들은 다양한 줄기는 파동을 거쳐 흘러가며, 그것은 다음의 일반적인 맥락에서 생각할 수 있음에 동의한다.

1. 전관습적: 물리적/감각운동적(자아중심적)
2. 관습적: 구체적 조작, 규칙 및 역할(사회중심적)
3. 후관습적: 보다 형식적이며 추상적 조작(세계중심적)

많은 내담자들은 자신이 삶의 모든 측면에서 똑같이 잘 기능하지 않는다는 직감을 가지고 있으며, 그 내담자들 중 대다수는 발달 수준과 라인에 대해 교육받는 것, 그리고 그들의 심리도에 대해 우리가 최대한 추정하는 것 자체가 도움이 된다고 보고하였다(그것을 내담자를 돕기 위한 책임 있는 치료 계획으로 연결하는 평가 과정의 일부로 보는 것이 아니라).[2] 이는 치료에 대한 통합적 접근의 일부가 내담자가 자신의 발달적 윤곽에 대한 자각을 정제하는 과정을 포함하여, 내담자가 상호작용하는 타인의 강점과 약점뿐 아니라 내담자 자신의 강점과 약점을 보다 쉽게 파악하고 다룰 수 있도록 한다. 또한 하나 또는 그 이상의 라인에서 자신의 약점 또는 병리를 의식하는 것은 그들이 모든 일에서 잘하고 있다고(특히 초기에 많은 내담자들은 자신의 문제를 외부로 돌리면서 그들은 전혀 문제가 없으며, 그들의 모든 고충은 세상과 나머지 사람들이 엉망진창이기 때문이라고 생각한다) 자신의 책임을 부인하는 것을 멈추는 데 도움이 된다. 치료자의 피드백과 치료자 버전의 심리도를 참조하여 그들 자신의 심리도를 완성하고 수정하고/다듬는 것은 그들이 다루어야 할 자신의 측면들을 인식하는 데 도움을 준다.

통합적 접근을 취하는 치료자가 되기 위해, 당신이 각 라인을 최대한 계발할 것을 요구하지는 않는다(나는 그런 사람을 알지 못한다). 따라서 그것은 또한 내담자의 목표가 되어서도 안 된다. 그보다는 당신과 내담자의 심리도를 이해하라. 만약 당신과 내담자가 더 취약하거나 덜 계발된 라인을 다루기로 결정했다면, 그 자체로 심리도의 목적은 달성될 것이다(Wilber, 2006).

자아 발달 라인

한 인간으로서의 활동은 의미-구성의 활동이다. 의미-구성의 맥락과 무관한 감정, 경험, 사고, 지각은 존재하지 않으며, 그 맥락 속에서 그것은 감정, 경험, 사고, 지각이 되는데, 우리가 의미-구성의 맥락이기 때문이다. ……알더스 헉슬리(Aldous Huxley)는 "경험은 당신에게 일어나는 것이 아니다."라고 말했다. 또한 그는 "그것은 당신에게 일어난 것과 관련하여 당신이 행하는 것이다."(1972)라고 하였다. 우리에게 일어난 것과 관련하여 우리가 하는 가장 기본적인 일은 그것을 조직화하는 것이다. 문자 그대로 이해를 하는 것이다(Kegan, 1982, p. 11, 원문에서 이탤릭체임).

앞서도 언급했듯이, 자아 발달 라인은 한 개인의 발달적 무게중심의 가장 최선의 유일한 지표이므로 어떤 치료의 넓은 범주(예: 구조 구축, 폭로, 인지-각본 분석, 내성적, 실존주의적)가 특정 내담자에게 가장 도움이 될 수 있는가에 영향을 미치는 가장 최선의 유일한 요소이기도 하다. 자아 발달은 의미-구성과 불가분의 관련을 맺는다. 앞의 인용문에서 키건이 강조하였듯이, 인간으로서 우리가 하는 모든 것은 우리의 경험으로부터 의미를 구성하는 이상의 더 본질적인 것은 없다.

뢰빙거(1976, 1996)의 자아 발달 개념은 삶의 주기를 통틀어 단일한 성격 구성의 발달을 다루는 넓고 전일적인 단계 모형이다. 뢰빙거(1976)에 따르면 자아는 성격 조직의 기본적 구조의 통일성을 대표하는 전일적 구성물(holistic construct)이다. 자아는 다양한 개인내적 그리고 상호 관계적 경험을 다루는 데에서의 개인의 통합 과정과 그 결과인 자기-일관성과 의미를 창조하는 데 사용되는 참조 틀 모두를 포함한다. 자아는 자신 그리고 세상에 대한 외부적 접근(예: 강화의 외부 원천, 자신에 대한 통찰력 부족, 비난의 투사)으로부터 자신의 경험, 관심 그리고 통제의 점진적인 내재화(예: 생각, 욕구, 동기의 자각; 자기-신뢰와 유능감에 대한 강조; 자율성)에 이르는 특성을 가지고 심리학적 성숙의 9단계를 거쳐 진화한다. 자아는 전체를 아우르는 주된 특질로서 기능하는데, 다음과 같은 다른 다양한 발달적 순서를 폭넓게 포함한다. ① 도덕적 선취와 관심사에 대한 기초로서, 충동 조절과 도덕적 발달을 포함하는 성격 발달, ② 인지적 복잡성과 인지적 발달 양쪽의 수준을 포함하는 인지적 양식, ③ 대인관계와 타인에 대한 태도를 다루는 대인 양식, 관계에 대한 이해 및 관계의 선호 형태, 그리고 ④ 개인의 사고와 행동의 지배적인 테마를 내포하는 의식의 선취(conscious preoccupation) 등이다. 심리학적 문헌에서의 선행 개념은 아들러의 '삶의 양식(style of life)'을 포함하며(Ansbacher & Ansbacher, 1956), 설리번(Sullivan, 1953)의 '자기-체계(self-system)' 그리고 에릭슨(1968, 1982)의 '심리학적 발달(psychosocial development)' 등이다.

자아(자기감 또는 정체성)는 내부 논리가 진보를 향해 진행되면서, 위계적, 불변의 순차적 방식으로 9개의 구별되는 단계를 따라 구조적으로 발달해 간다. 단계는 각 수준에서 자기-체계의 재조직화를 대변하면서 보다 큰 자기-체계, 즉 자기와 타인에 대한 더 큰 자각, 유연성, 개인적인 자율성과 책임성을 가져온다. 자아는 종종 인격의 '주된 특질(master trait)'을 의미하는데, 인지 양식, 의미-구성, 도덕적 발달, 성격 발달, 대인관계, 대인 통합, 충동 통제 그리고 의식의 선취 등을 포함하여 다양한 다른 발달 라인들을 포괄한다(Loevinger, 1976; Hy & Loevinger, 1996).

배경

시간에 따라 발달하는 성격을 통합하는 구조의 개념은 아마도 그 이전에 히브리와 힌두까지는 아닐지라도, 적어도 고대 그리스까지로 거슬러 올라갈 수 있다(Hy & Loevinger, 1996). 영어권 세계에서의 공통적인 믿음에도 불구하고, 자아의 개념은 지그문트 프로이트의 연구로 시작하지 않았다. 프로이트는 결코 자아(eog)라는 용어를 실제로 사용하지 않았다. 대신 그는 구체적으로 나(Das Ich)라는 용어를 사용했는데, 문자 그대로 '그 나(The I)' 이며, 일상적 독일어에서는 일반적인 말이다. 영어 번역에서만 그의 개념은 '자기' 와 유사한 다른 용어들과 더불어 자아로 사용되는데, 그것은 19세기 철학의 일반적인 흐름 내에서는 상당히 유행이었다(Loevinger, 1976).

뢰빙거(1976)가 사용했던 의미와 유사점을 갖는 자아의 첫 번째 근접어는 알프레트 아들러(Alfred Adler)의 저작 속에 있다. 아들러의 성격 개념인 삶의 양식(style of life)은 자기 또는 자아, 인격의 통일성, 개인성 그리고 문제에 직면하는 방법과 같은 개념으로 혼용된다(Loevinger, 1976). 인격의 통일성과 일관성에 대한 아들러의 강조는 아주 중요한데, 그것은 목적과 목표를 적극적으로 추구하는 것으로, 사회적인 관습과 가치(초자아)에 의해 공격적이고 성적인 충동(원초아)의 좌절이 초래되면서 그 타협으로서 사용되는 프로이트의 나(자아)라는 개념과는 반대다.

자아에 대한 뢰빙거(1966, 1976, 1998)의 현대적 개념은 도덕적 발달(Kohlberg, 1968), 세계관 개념화(Perry, 1970), 그리고 대인 이해(Selman, 1980)와 같은 다양한 인격 특질의 참조 틀인 '주된 특질(mater trait)' 을 나타낸다. 따라서 그것은 성격심리학에서 가장 포괄적인 특질 개념의 하나로 간주된다.

자아 발달은 유아기에 시작하여 성인의 삶에 이르기까지의 심리학적 성숙의 발달적 성격학을 나타낸다(Loevinger, 1976). 그것은 인지 또는 도덕 발달 등의 다른 두드러진 발달 과정과 그 구조 면에서 유사한데, 그 과정 안에서 자아 발달은 연대기적인 나이와는 상대적으로 독립적으로 규정되는 일련의 성숙 단계로 구성된다. 자아 발달은 유아기에는 매우 일관되게 나이에 따라 점진적으로 진행되는 경향이 있다. 그러나 청소년기와 성인기에는 나이의 기능과는 다르게 진행된다(Loevinger & Wessler, 1970). 나이를 초월한 다른 단계가 발생하는 것은 대략 14세 정도로 보이며, 그 이후의 넓은 범위의 자아 발달 수준은 어떠한 특정 집단에서도 발견될 수 있다(Hauser, Powers, & Noam, 1991).

유기체적인 접근으로서, 자아 발달 이론은 기계와는 반대인 생명 체계(system)로 모형화되는데, 이는 내재된 특성과 목적을 고려하며, 부분이라기보다는 전체, 부분들 간의 관계, 그리고 어떻게 전체가 부분에 의미를 부여하는지를 강조한다(Miller, 2002). 유기체적 이론은 자기-체계와 환경 사이의 적극적인 교류를 전제하는데, 자기-체계는 특정한 환경을 선택하기도 하고, 그 환경에 그 자체를 조절하기 위한 일련의 반응으로 행동하기도 한다(Blasi, 1976).

자기-체계 구조는 반응의 선택과 가능한 형태 둘 다에 틀과 지평을 제공한다. 이 개념은 구체적인 내용이 보여 주는 다양성의 밑바닥에서 작동하는 조직적인 과정을 강조한다. 요소들과 독립적인 변화의 법칙과 관계는 구조를 정의한다. 본질적으로 발달은 다양한 요소들을 통괄하는 기본 규칙의 변화로 구성된다(Blasi, 1976).

각 단계는 가능성의 파동을 보여 주는데, 그 속에서 사고와 행동은 어떤 특정 구조의 우위를 반영한다. 제4장에서 내가 언급한 것과 유사하게, 뢰빙거는 단계 개념이 다음과 같은 다섯 가지의 전통적 특성으로 구성된다고 전제한다. ① 단계는 불변의 순서를 따르며 어떤 단계도 건너뛸 수 없다. ② 모든 단계는 이전 단계로부터 파생되며, 이전 단계를 포함하고 변형하며, 다음 단계를 준비한다. ③ 내부 논리는 단계의 평형성과 안정성을 설명한다. ④ 개인이 모든 단계를 거치지 않거나 다른 속도로 진행한다고 할지라도, 단계는 보편적이다. 모든 단계는 초기의 과도기 및 성취기와 더불어, 생성(cominginto-being), 존재(being)를 포함한다(Loevinger, 1976; Miller, 2002).

구조적 발달 이론에 따르면, 피아제(1926, 1928)의 용어인 '동화(assimilation)'와 '조절(accommodation)'로 불리는 각 구조가 제공하는 선택성과 유연성은 체계의 전반적인 안정성을 가능하게 한다(Blasi, 1976). 각 수준에서 체계가 갖는 가장 핵심적인 경향성은 현재의 구조적 특성을 보존하면서 그 구조를 인내하고 유지하는 것이다. 그러나 체계의 안정성은 한계를 보인다. 내적인 과정과 환경적인 압박감의 결과로 구조적 긴장감이 일어나면, 반응의 유연성은 환경의 스트레스 요인을 다루기에는 부적절해진다. 그 결과 평형이 깨지게 되고, 그 경우에 구조는 긴장을 조절하기 위해 움직이거나 또는 그 체계는 와해될 것이다. 심리학적 환경에서 구조 변화를 향한 충동은 전형적으로 더 유능하고자 하는 욕구에 의해 영향을 받는데, 그 충동으로 자신의 욕구를 보다 적절히 만족시키거나 세상을 보다 충분히 이해하게 된다(Blasi, 1976).

뢰빙거의 모형은 대개의 경우 전통적인 구조 체계와 일치하지만, 중요한 예외를 인식하는 것이 중요하다. 특히 자아 발달의 모든 요소들이 내용의 배타성 면에서 완전히 구조적인 것은 아니다(Manners & Durkin, 2001). 성격 발달, 인지 양식 그리고 대인 양식은 모두 전통적인 구조적 방식으로 진보하는데, 각 수준은 내부 논리와 응집성을 재조직화하고 소유한다. 그러나 의식적 관심사의 영역은 구조와 내용 모두에서 변화를 보여 준다. 관심사의 본질은 잇따르는 각 수준과 함께 변화해 가면서 다른 영역에서도 변화의 기능으로서 구조적으로 움직인다. 따라서 뢰빙거의 자아 발달을 진정한 구조 이론이라기보다는 유사-구조적 이론으로 규정하는 것이 보다 적절하다.

자아 발달에 대한 뢰빙거(1998)의 개념화는 일반적으로 어머니와 여성들의 성격 패턴을 연구할 때의 초기 작업으로부터 이루어졌다. 뢰빙거와 동료들은 심리측정적인 접근을 시작했는데, 객관적 검사 항목을 실행하고 그것의 성격 패턴 또는 특징을 찾기 위해 통계적으로 분석하였다. 뢰빙거의 연구팀은 여성의 역할을 여자들이 얼마나 수용하는가를 검토하는 데 관심을 가졌다. 그러나 분석 결과, 가장 큰 통계적 항목의 군집은 '처벌 대 허용'으로 불리는 극단적인 특질을 보여 주었다. 처벌에서 높은 점수를 보였던 여성의 특성은 권위적인 성격에 대한 아도로노(Adorno)의 모형에서 묘사된 성격과 매우 유사한 점을 가지고 있다. 결과적으로 뢰빙거(1998)는 이 항목들에 기초하여 새로운 척도를 개발했는데, 그것은 권위적 가족 이데올로기(Authoritarian Family Ideology)라고 불린다. 그러나 후속연구(Loevinger, 1998)를 통해, 그녀는 그 권위적인 양식이 연속선상의 중간 지점 이상의 특별한 특질의 극단을 보여 주지는 않다는 점을 발견하였다.

연속선상의 미숙한 극단에 있는 여성들은 그들이 권위주의적 항목에 표시를 했을지라도, 초기에 생각했던 것만큼 권위주의에 의해 규정되지는 않았다. 그보다는 연구자들은 이 여성들이 혼돈스럽고, 충동적이고, 해체되었으며, 극단적으로 자기-중심적인 삶의 양식에 의해 규정된다는 점을 발견하였다. 이러한 기능 양식으로부터 권위주의와 관습주의는 오히려 의미 있는 개선으로 나타났다. 이러한 깨달음은 주목할 만하다. 극단적인 특질을 측정하고자 시도하는 대신에, 연구자들은 그들의 변수를 질적으로 다른 단계를 가진 발달적 순서로서 재정의하였다. 그들은 자신들의 해석을 타당화하기 위한 방법으로 반투사적인 문장완성검사(SCT)를 사용하기로 결정했다(Loevinger, 1998).

뢰빙거와 동료들(1976)은 다른 모형에서 활용된 이전의 SCT로부터 항목을 채택하고 연구자의 구체적인 관심사를 반영한 새로운 항목을 추가하여, 36항목의 초기 SCT 양식 9-62를 개발했다. 그 팀은 설리번, 그란트 그리고 그란트(Sullivan, Grant, & Grant, 1957)가 작업한 대인 성숙과 대인 통합(I-수준)에 관한 연구 성과를 검사 채점을 위한 초기 이론적 지침으로 채택하였다. 뢰빙거 팀은 합리화된 범주적 채점 매뉴얼을 개발했으며, 그것은 이론적으로 타당화된 범주로 묶인 실제 응답의 예를 제공하였다(Loevinger, 1998). 초기 매뉴얼은 다양한 인구통계로부터 다중적인 샘플을 활용하여, 탁월한 평정자간 그리고 내적 일관성 신뢰도를 가지고 세밀하게 타당화되었다(Loevinger,

1998). 현재 워싱턴대학교 문장완성검사(WUSCT)라고 불리는 검사의 최종 버전과 채점 매뉴얼은 1970년에 발간되었다. WUSCT 개발자들은 1985년과 1996년에 그 항목들을 다시 수정하였고, 동시에 채점 매뉴얼도 수정하였다(Loevinger, 1985; Hy & Loveinger, 1996). 현재 사용하고 있는 검사는 WUSCT 양식 81(Hy & Loevinger, 1996)이다. 36개의 문장 중 다음의 12개 예의 출처는 현재의 WUSCT 양식 81이다.

1. 나는 비난받을 때는……
2. 다른 사람과 함께 있는 것은……
3. 나 자신에 대해 좋아하는 것은……
4. 사람들이 무력할 때는……
5. 아내는 ……해야만 한다.
6. 규칙은 ……이다.
7. 나는 ……한 사람을 참을 수 없다.
8. 나는 ……이다.
9. 나의 핵심 문제는 ……이다.
10. 내가 원하는 것을 얻을 수 없다면……
11. ……하면 나의 양심은 괴롭다
12. 남자는 항상 ……해야만 한다. 또는 여자는 항상 ……해야만 한다.

(번호 1~11은 남성과 여성 모두에 동일하다. 12번은 남성과 여성을 위한 어간을 각각 제공한다.)

1996년에 개발자들은 원래의 다섯 가지 I-수준(대인 수준)에 3개의 과도기적 단계들을 포함시켜 8개의 E-수준(자아 수준)으로 재구성하였다. 현재 뢰빙거의 모형은 9개 단계로 구성되는데, 다음에서 설명하는 이유 때문에 1개는 WUSCT에 의해 다루어지지 않는다. 다음은 뢰빙거(1976, 1988), 하이와 뢰빙거(1996) 그리고 마너스와 더킨(Manners & Durkin, 2001)이 채택한 각 단계에 대한 간략한 설명이다.

- 전사회적/상징적(E1): 즉각적 욕구에 대한 만족감에 배타적인 초점을 둠; 양육자와의 강력한 애착; 자기와 대상을 분리시키는 데 관여함; 전언어적이며(논리적 완전성을 위해 상정한) 문장완성 방식으로는 평가할 수 없음
- 충동적(E2): 물리적인 욕구와 충동에 강조점을 둠; 심리학적 인과관계에 대한 이해가 없음; 요구적인; 개념적으로 혼란스러운; 자기 그리고 타인을 단순한 이분법으로 이해함(좋고/나쁨, 착함/약삭빠름 등); 정서적인 불만과 신체적인 불만을 구별할 수 없음
- 자기보호적(E3): 경계하는; 불평하는; 기회주의적인; 곧 다가올 이익을 위해 지연하는 능력이 생기기 시작함; 타인, 환경, 그들 자신의 책임지지 않는 일부분에 대해 쏟는 비난; 괴로운 문제에 사로잡히거나 휘말리지 않으려고 몰두함
- 순응적(E4): 관습적인; 도적적인; 감상적인; 단체 혹은 권위와 동일시함; 규칙이기 때문에 받아들이는 규칙; 친밀성과 사회적인 호감에 높은 가치를 둠; 자기와 타인의 행동을 외부의 맥락에서 바라봄; 개념적으로 단순한; 협동적인; 충성스러운
- 자기-자각(E5): 제한될지라도, 다양한 관점에서의 자각과 이해가 증가함; 규칙에 대한 예외는 오직 넓은 민주적인 맥락에서만 허용됨; 감정, 문제, 그리고 조절에 약간씩 더 초점을 두게 됨; 신, 죽음 그리고 관계와 같은 삶의 이슈에 대한 상투적인 반성
- 의식적인(E6): 자기평가적인 표준; '~이다' 와 구별되는 '~해야만 한다' ; 동기나 결과가 규칙보다 더 중요해짐; 집중적인; 책임감 있는; 공감적인; 장기적인 목적과 이상; 풍부하고 분별 있는 내면화된 삶; 가치 성취; 목적을 위해 최선을 다함; 자기를 개선하기 위한 시도들; 개인적인 관심사를 넘는 사고
- 개인화된(E7): 전체 또는 삶의 양식으로서의 성격에 대한 이해; 자기와 타

인에 대한 인내; 내적 자기와 외적 자기가 구별됨; 성취보다는 관계에 가치를 둠; 해결되지 않는 내적 갈등을 자각함; 정서적 의존에 대한 특별한 관심; 심리학적 인과와 발달에 대한 자각; 역할 분리

- 자율적인(E8): 자율성에 대한 타인의 욕구를 인식; 도덕적 이분법은 더 이상 전형적이지 않음; 과도한 노력과 책임감으로부터 자유로워짐; 모호성에 대한 높은 인내력과 역설의 인식; 관계를 의존적인 또는 독립적인 차원보다는 상호 의존적인 차원으로 바라봄; 고유성에 가치를 둠; 감정의 생생한 표현; 자기실현; 심리학적 인과에 대한 명료한 지각; 적대적이기보다는 실존적 유머
- 통합적인(E9): 현명한; 넓은 공감력, 완전한 정체감; 매우 드묾(도시 지역의 인구 중 1%도 안 됨); 자격을 갖춘 평정자의 묘사에는 차이가 있으나 아마도 매슬로의 성장 동기를 가지고 그녀/그의 내재적 본성을 이해하고자 노력하며, 통합을 이루고자 하는 자기 실현하는 인간의 개념에 의해 가장 잘 설명됨

초기 개발 이후로, 뢰빙거의 모형은 광범위한 연구결과를 통해 정교화되고 확장되고 검증되어 왔다(Loevinger, 1979, 1986, 1998; Manners & Durkin, 2001). 연구자들은 자아 발달의 다양한 측면들을 탐구하기 위해 280개가 넘는 연구를 완수하였다. 이론의 개념적인 완성도를 위해, 최근까지 가장 광범위한 문헌 검토가 지속적으로 이루어져 왔다(Manners & Durkin, 2001).

자아 발달과 상담 및 심리치료

뢰빙거 모형의 자아 발달이라는 맥락 속에서 엮어지면서 이론화된 영역의 본질(성격 발달, 인지 양식, 대인 양식, 의식적인 선취)들을 고려할 때, 직관적으로 상담 및 심리치료의 실제에서의 구성 개념과 그 역할에 관한 조사는 상당히 유의미해 보인다. 영역과 치료적 실제에 대한 다양한 차원 간의 직접적인

비교도 할 수 있다. 예를 들어 성격 발달은 도덕적 관심사와 윤리적 의사 결정을 다루는데, 이것은 상담의 실제와 그 안에서 다루는 내용 둘 다에 있어 핵심적인 초점이다(Corey, 2001; Herlihy & Corey, 1996). 인지 양식은 인지적 복잡성, 모호성에 대한 인내와 심리학적 인과에 대한 이해 등을 포괄하며, 이 모든 것은 내담자의 어려움과 의미-구성 활동에 관련된 태도에 잠재적으로 영향을 미치고 있다. 마지막으로, 대인 양식은 관계의 본질을 담고 있는데, 타인에 대한 이해와 추구하는 관계의 형태를 포함한다. 특히 뢰빙거(1976)는 이 영역은 공감 능력의 발달을 포함한다고 하였다. 카를로치, 갸아, 그리고 리버만(Carlozzi, Gaa, & Lieberman, 1983)은 자아 발달 수준과 공감 능력과의 관계에 대해 명시적으로 조사하였다. 이 연구는 낮은 자아 발달의 수준에 있는 사람들은 공감력이 더 낮을 수 있음을 밝혀냈다.

도구와 채점

WUSCT는 뢰빙거(1976)의 자아 발달 단계를 측정하기 위해 설계된 반투사적인 도구로서, 36개의 불완전한 문장 구조로 구성되어 있다. 남성과 여성은 문장 체계에서 사용된 성 구별이 된 명사와 대명사에서 약간의 차이가 있는 각각의 양식을 완성한다. 그 이상의 자세한 안내 없이 단순히 피험자에게 문장을 완성하도록 요청한다. 작성 시간은 20~30분이다.

개별 항목은 전체적인 채점 매뉴얼에 따라 채점된다(Hy & Loevinger, 1996). 매뉴얼은 각 자아 수준의 문장에 따른 전형적인 반응이 갖는 주제와 다양한 예를 제공한다. 빈도 분포의 분포곡선을 보여 주는 빈도와 누적도수 분포도는 각 프로토콜의 항목을 위해 만들어진다. 전체 프로토콜은 자아 수준을 평가하는 전체 프로토콜(E-수준) 대 누적도수 분포 규칙을 위해 채점된다. 두 명의 훈련받은 평가자들은 서로 합의하여 항목 불일치를 해결하면서 프로토콜을 채점한다. 평가자들은 자아 발달 측정(Measuring Ego Development)에서 명시한 체계적인 3주간의 자가 훈련 프로그램을 통해 훈련을 받는다(Hy & Loevinger,

1996).

WUSCT의 신뢰성에 대한 기본적인 근거는 보고되어 왔다. 뢰빙거와 웨슬러(Loevinger & Wessler, 1970)는 초기에 크론바흐의 알파계수 0.91을 보고했는데, 이후의 연구(Browning, 1987; Loevinger, 1998; Novy & Francis, 1992)에서도 거의 동일한 결과를 가져온 항목 요약 점수를 활용하였다. 높은 수준의 내적 평가 신뢰도는 다양한 인구 분포에 걸친 다양한 연구에 의해 일관되게 발견되어왔다(Manners & Durkin, 2001). 노비와 프랜시스(Novy & Francis, 1992)는 연구자들이 두 부분으로 나누어 반분된 항목들 간을, 그리고 36개 항목 검사 그 자체와 비교한 반분신뢰도에서 높고 유의미한 상관계수를 보고하였다.

전반적인 문헌에 대한 검토에 기초하여, 마너스와 더킨(Manners & Durkin, 2001)은 다음과 같은 두 가지 중요한 방식으로 자아 발달의 구성 타당도에 대한 넓은 본질적 근거를 보고하였다. 즉 ① 이론의 세 가지 주요 교시(자아의 고유한 본질, 다른 성격 특성과의 통합으로서의 자아, 자아 단계의 순서)를 검증하는 맥락, ② 대안적 측정의 외적 기준과의 관계 맥락이다. 자아 발달은 사회경제적인 위치로부터 영향을 받지 않을 뿐 아니라 지능과 언어 유창성과도 구별된다(Manners & Durkin, 2001). WUSCT에 관한 발견의 강력한 타당성에도 불구하고, 자아 발달 수준은 인간 경험과 행동의 역동적인 흐름에 대한 제한된 설명에 불과하다. 뢰빙거(1976)는 자아 발달 수준에 근거해서 특정 행동을 예측하고자 할 때 상당한 주의가 필요함을 지적해 왔다.

결론

이 장은 발달 라인의 중요한 차원과 그 라인으로 어떻게 내담자의 통합심리도를 구성하는지에 대해 보다 자세히 언급하였다. 10개의 라인에 대해 검토하였고, 자아 발달 라인은 통합적 집단과 치료적 접근에서 주요한 역할을 하기 때문에 상세하게 설명하였다. 이제부터 우리는 유형, 상태 그리고 자기-체계의 영역에 발을 들여놓을 것이다.

미주

1) 이와 같은 책에 어떤 내용을 포함시킬지를 아는 것은 종종 어려운 일이다. 한편으로 나는 실제적이고 임상적으로 유용한 정보를 제공하기 원한다. 또한 나는 실용적인 측면과 이론적인 엄격성 및 완전하게 입증하는 연구 간의 균형을 맞추기 원한다. vMEMEs 개념, 벡과 코완의 연구(1996)는 내가 통합적 개념화에 통합하고자 하는 내용의 탁월한 예인데, 클레어 그레이브(Clare Grave)의 발달 모형인 '가치의 개방체계 이론(an open system theory of values)' (1970, p. 131)에 기초한 작업 은유를 체계화하고자 하는 최초의 훌륭한 시도였기 때문이다. 그러면서도 내가 그 연구를 포함시키기 망설였던 이유는 그것을 입증한 심리측정적인 타당성과 신뢰성이 부족하다는 점 때문이다. 그러나 나는 이러한 점에 주의하면서 그것을 포함시키기로 결정하였다.
2) 심리측정적으로 타당화된 평가 형식에만 가치를 두는 독자는 내담자의 발달 라인에 대하여 근사치 추정을 하거나 '최선의 추측(best guess)' 을 한다는 생각에 대해 불편함을 느낄 수도 있을 것이다. 일상의 임상 장면에서 대부분의 치료자들은 심리측정적으로 만들어진 도구보다는 임상적 판단에 기초하여 내담자를 평가하고 치료한다(Miller, 2004; Marquis, 2002). 더욱이 통합접수평가지는 개별 기술적인 평가의 형식이다. 그럼에도 불구하고, 이 장의 많은 자료들, 특히 자아 발달에 대한 앞부분의 절들은 사실상 그들 자신과 관련되는 것이 아니라(개별 기술적으로), 규준적인 인구(법칙 정립적으로)와 관련되어 평가하는 것이다. WUSCT 또는 SCTi와 같이 표준화되고 심리측정적으로 타당화된 검사만으로 배타적으로 평가하기보다는 비공식적으로 임상적 판단에 근거할지라도 말이다.

06 의식의 상태, 성격 유형 그리고 자기

개요

지금까지 의식의 수준/단계와 라인에 대해 논의해 왔으므로, 이제는 의식의 단계와 상태를 구별할 필요가 있다. 의식의 단계가 지속적인 구조 또는 특질로 인식되는 반면(의식 속에서의 상대적으로 안정된 사건의 패턴), 의식의 상태는 보다 일시적이고 상대적으로 순간적이다.

모든 상태: 세계-내의-존재 및-앎의 다양한 양식

의식의 상태에 대한 두 가지 주요 범주는 자연적(natural) 그리고 변성된(altered) 상태다. 임상을 하는 많은 치료자들을 포함한 대부분의 사람들은 변성 상태보다는 깨어 있는, 꿈꾸는 그리고 깊은 잠에 빠진 의식의 자연 상태에 보다 익숙하다. 모든 의식의 상태는 모든 의식의 단계/구조에서 일어날 수 있으므로 단계와 상태를 구별하는 것은 중요하다. 예를 들면 사람은 자신의 자아 발달 단계가 충동적이든, 순응적이든, 개인주의적이든 혹은 통합적이든 간에 상관없이 꿈을 꾼다(일상적인 각성 상태와는 다른 의식의 상태라고 할 수 있는). 사람이 깨어 있고 꿈꾸면서, 그리고 의식의 깊은 수면 상태를 일상적으로 반복하면서 자아 발달의 순응적 단계에 머물 수 있는 것과 마찬가지다. 제2장에서 언급하였듯이, 세계의 많은 지혜 전통들은 깨어 있음은 우리의 개인적인 자아 또는 일상적인 자기와 상호 연관되어 있으며, 정확하게는 우리의 정신이 그것을 창조하기 때문에, 꿈을 꾸는 영역은 영혼의 영역과 상호 연관되며(정신의 본래 의미는 '영혼(soul)' 이다), 무형의 내용이 없는 영역인 꿈이 없는 깊은 수면 영역은 무형의 인과적인 정신의 영역과 상호 연관되어 있다고 가정한다(Wilber, 1999d). 이러한 영적인 상호 연관성에 대하여 가장 중요한 점은 모든 사람들은(적어도 일시적으로나마) 그들의 '단계 발달' 과 무관하게 의식의 전체 스펙트럼에 접근할 수 있음을 시사한다는 점이다. 모든 사람들은 주기적으로 깨어 있으며, 꿈을 꾸며, 의식의 깊은 수면 상태에 접근하기 때문이다(수면 장애 또는 신경학적 손상이 없다는 점을 가정한 것이다).

변성된 혹은 의식의 비일상적인 상태는 마약 혹은 단식(외재적 상태)에 의해 유도되는 것뿐만 아니라 명상이나 다른 정관적 수련(내재적 상태)에 의해 유도되는 체험을 포함한다. 이와 같이 발달 단계와 상관없이 사람에게 일어날 수 있는 절정 혹은 몰입의 경험은 종종 초자연적인 체험이다. 제2장에서 언급하였듯이, 염두에 두어야 할 매우 중요한 경고는 어느 발달 단계에 있는 사람이든 의식의 초자연적 상태에 일시적으로 접근할 수 있을지라도, 그 사람은 자신에게 가용한 발달적 도구로 그 상태를 해석하는 경향이 있다는 것이다. 그러나 해석은 (의식의 상태의 경우에) 한 사람의 발달적 위상의 기능뿐만 아니라 상한, 라인 그리고 유형의 기능이기도 하다. 따라서 한 인간이 얼마나 발달되었는가는 인지, 영성, 세계관 라인(좌상)과 연관되어 있으며, 문화적 맥락(좌하), 신경물리학(우상), 그리고 사회 시스템(우하)이 해석적 참조 틀에 강력한 한도를 설정하고 크게 영향을 미치는 것과 마찬가지로, 충분한 해석을 위한 공간을 크게 제한하거나 열어 놓을 것이다. 더불어 한 인간의 유형은 영적 체험이 어떻게 해석되는가에 강력하게 영향을 미칠 수 있다.

윌리엄 제임스(William James)가 부드러운(tender-) 그리고 거친(tough-) 마음을 가진 성격이라고 묘사한 부분에 대해 잠시 생각해 보자. 부드러운 마음을 가진 사람은 이성-지향적이고, 원칙-지향적이고, 지적(지성 중심의)이고, 이상주의자이고, 종교적이고, '자유-의지적(free-willist)' 이고, 교조주의적인 경향이 있는 반면, 거친 마음을 가진 사람은 경험적이고, 사실 지향적이고, 감각적(감각-지향적), 비종교적이고, '결정주의적(deterministic)' 또는 운명주의적 그리고 회의주의적인 경향이 있다(1978, p. 13). 물론 이러한 유형의 '순수한' 예를 보여 주는 사람은 극히 드문 것은 사실이지만, 대부분의 사람들은 어느 한쪽보다는 다른 한쪽에 더 치우치는 경향이 있다. 나는 부드러운 마음을 가진 유형은 강한 마음을 가진 유형보다는 고상한 경험을 더 영적인 방식으로 심오하게 해석하는 경향이 있다는 점에 독자들은 동의하리라고 믿는다. 한 인간이 젖어 있는 문화와 종교적 신비는 특정한 초정신적인 (meta-mental) 체험('신성의 신비주의(deity mysticism)' 또는 '정묘한 체험(subtle experiences)' 으로도 불리는)이 해석되는 방법을 거의 좌우한다는 점은 분명하다(초정신적인 영역에 대해서는 제2장 참조). 예를 들어 인도인은 인간의 형상을 가진 신성의 원형적 이미지를 하느님으로서 경험하는 경우가 거의 없으며, 마찬가지로 기독교인은 인간 형상을 한 신성의 원형 이미지를 크리슈나(Krishna) 신으로서 거의 경험하지 못한다. 그럼에도 불구하고 주어진 문화적 맥락 내에서 한 인간의 자아 발달 수준은 자신의 경험을 어떻게 해석하느냐에 가장 강력하게 영향력을 미칠 수 있다.

예를 들기 위해, 예수를 향한 종교 영적 참조 틀이 주입된 문화적 맥락을 가진 몇 명의 미국의 기독교인들을 검토해 보자. 이 사람들, 그리고 강렬한 경험에 대한 이들의 해석에 대해 정확하게 평가하고 이해하기 위해, 우리가 우선적으로 피해야 하는 것은 전/초오류(pre/trans fallacy)[1)]다. 그 다음에 우리가 주의를 유지해야만 하는 점은 그들의 현재 무게중심이 자신의 경험을 해석하는 경향에 어떻게 영향을 미칠 것인가라는 점이다. 매우 일반화되어 있을지라도, 〈표 6-1〉은 같은 경험인 경우에도 사람들의 발달적 무게중심에 따라서 어떻게 다르게 해석될 수 있는지에 대한 가능한 예시를 보여 주고 있다.

〈표 6-1〉 매우 유사한 영적 체험에 대한 다른 해석

발달 단계	기독교인은 정묘한/초정신적 체험을 어떻게 해석할 것 같은가?
환상적-정동적 (마술적; 자아중심적)	예수는 나의 개인적인 구원자이며 나의 마음과 소망을 충족시켜주기 위해 세상을 기적적으로 변화시킬 것이다.
표상심 (신비주의적; 민족중심적)	예수는 하나의 영원한 진리를 가져오는 자다. 성경의 문자적 해석을 믿는 모든 이들은 구원받을 것이다. 그렇지 않는 이들은 모두 영원히 지옥에서 불타게 될 것이다.
초기 형식-반성심 (합리적; 민족중심에서 세계중심으로의 이행기)	예수는 완전한 신성으로서 여전히 인식되면서도 또한 보다 인간적으로 보이며, 사람들로 하여금 예수 또는 다른 종교적 또는 영적 방법을 통해 그들이 구원 받을 수 있도록 하는 보편적인 사랑을 가르치는 인간임에 확실하다.
후기 형식-반성심 (다원주의적; 세계중심적)	경험은 개인의 문화적 맥락에 의해 결정되는 것으로 인식된다. 모든 사람에게 똑같이 나타나는 신과의 합일은 비신성화된 합리적인 이신론 또는 포스트모던 경전의 다양한 특성 중의 어느 것으로도 해석할 수 있다.
비전-논리 (통합적; 우주중심적)	다양한 사람들 속에서 다양한 수준으로 현존하는 것으로 인식하는 기독교 의식과 역사적 예수를 구별하면서 이 사람은 수많은 종교적 전통으로부터 나온 정신에 대한 다양한 표현으로 그녀의 경험을 통합시킨다.

출처: Wilber, K. (2006).

이전의 논점을 반복하여 말하면, 발달의 스펙트럼상의 어느 위치에 있는 사람들도 초개인 단계의 어느 곳에서든 절정체험(일시적인 상태)을 할 수 있지만, 특정한 사람이 그 상태를 지속적인 특질로 소화해 내는가는 몇 가지 요인에 의해 결정된다. 그것은 그 일시적인 상태의 빈도와 지속 기간 그리고 무게중심과 그 경험/상태가 일어난 파동 간의 '거리', 그 사람이 심리영적 대

사 과정으로 가져오는 자각의 정도와 지속성 등이다(그 사람이 주기적으로 명상이나 관조적 기도를 하든지, 또는 '상태-훈련(state-training)' 의 형식을 갖춘 다른 주의를 키우는 훈련을 하든지 간에). 한 인간의 절정체험이 얼마나 강렬한가, 순간적인가에 상관없이, 이러한 의식의 상태는 정의에 의하면, 과도기적이며 일시적이다. 순간적인 절정체험을 매슬로(1971)가 고원체험이라고 불렀던 지속적인 특질로 전환시키고자 하는 동기를 가진 사람들에게, 요가 혹은 정관적 수련의 몇 가지 방식(윌버가 '상태-훈련' 이라고 부른)은 필수적인 것으로 여겨진다. 결국 절정체험은 순간적 · 일시적이며, 한 사람의 개인적인 통제 또는 의지하에 놓이지 않는 경향이 있다. 수면 주기에서 꿈꾸는 상태와 깊은 수면 상태는 초개인적인 상태에 접근하지만 완전히 의식적인 것은 아니다. 대조적으로, 의식의 정관적 체험은 지속적이고 의도적인 방식으로 초개인적 영역에 접근할 수 있는 능력이 있다(Wilber, 1999d).

여기서 언급한 두 가지 개념(지속적인 특질과 상태-훈련)은 윌버(2006)의 통합 이론의 일부에 수정을 초래해 왔던 매우 복잡한 이론적 이슈를 제기한다. 이 책의 성격상, 이 관점과 연관된 윌버의 모든 사상의 난해함을 캐내기 위한 지면을 제공하지 않을지라도, 구조-단계 그리고 상태-단계의 이슈에 대해서는 설명할 것이다(이 이슈에 대한 보다 심층적인 접근은 Wilber, 2006, pp. 65-94 참조).

구조-단계와 상태-단계

이미 강조하였듯이, 통합 이론에서 구조는 의식의 수준 혹은 단계에 대한 또 다른 용어로서, 의식의 보다 과도기적인 상태와 대조된다. 그러나 이러한 구조는 엄격하고, 고정되고, 완전히 안정된 것은 아니라는 점을 기억할 필요가 있다. 실제로 이러한 역동적 패턴은 회오리바람처럼 나타날 수 있다. 비유하자면, 자기 생성적으로(자기-조직적인 방식으로) 한 세포의 다양한 부분들이 지속적으로 스스로를 대체하고 재생한다고 할지라도, 세포는 그 본질적인 형태 혹은 패턴을 유지하며, 그 기본 패턴은 역동적인 전일적 구조다(Wilber, 2006). 또한 발달심리학의 많은 연구가 순차적으로 출현하는 기본 구조를 입증해 왔던 것에 따르면, 기본 구조는 본질적으로 발달 단계와 동의어다. 그러나 기법적으로는 단계와 구조는 동일하지 않다. 실제로는 구조-단계(제4장에서 언급하였듯이)와 상태-단계(이 장에서 간략하게 다룰 것이다)가 있다. 이 구분은 영적 체험의 본질을 더욱 명료하게 이해하기 위해 필수적이다. 다음에 이어지는 세 문단은 명료성과 정확성을 위한 이론적인 기법으로서, 만약 어떤 형태의 명상적 또는 정관적 훈련을 수련하는 내담자와 상담을 하고 있지 않는다면, 대부분의 치료자의 실제 작업과 반드시 직접적으로 연결된 것은 아니다.

구조-단계와 상태-단계를 구별하기 전에, 의식의 상태가 개인에 의해 즉각적이고 현상학적으로 체험되는 반면(1인칭 관점), 의식의 단계는 직접적으로 체험되기보다는, 상대적으로 객관적이고 과학적인 관점에서 개인의 내면을 재구성하는 것(3인칭 관점)이라는 점을 강조하는 것이 적절하다. 의식의 상태는 현상학의 학파 또는 학계에 의해 탐구되는 반면(개인의 내면을 탐구하고 내부로부터 바라봄), 대부분의 인간 발달의 단계 이론들은 구조주의 학파에 해당된다(개인의 내면을 탐구하지만 외부로부터 바라봄). 이 부분에서 중요한 점은 그 어떤 구조-단계(피아제의 구체적 또는 형식적 조작기, 콜버그의 관습적인 도덕성, 뢰빙거의 충동적 또는 양심적인 자아 발달 수준)라도, 그 구조가 당신의 체험과 감지된 자각을 규정하고 정제한다고 할지라도, 그 자체를 즉각적인 체험 또는 감지된 자각으로 드러내지 않을 것이라는 점이다.

당신은 다음과 같은 의구심을 가질 수도 있다. 만약 사람들이 자신의 발달 구조-단계와 무관하게 의식의 심혼, 정묘 그리고 비이원 상태에 대한 절정체험을 할 수 있다면, '상태-단계' 라고 부를 때는 무엇을 의미하는 것인가? 결국 어떤 사람의 첫 번째 절정체험은 정묘한 영역의 것이 될 수 있다. 반면에 다른 사람들은 정묘한 영역의 절정체험을 하기 전에 심혼적 또는 인과적 영역을 잠깐 맛볼 수도 있다. 상태-단계의 중요성은 정관적 · 명상적 훈련 그리고 다른 상태-훈련을 수련하는 사람들과 연관된다. 의식의 자연스러운 상태가 발달적 과정(깨어 있는, 꿈꾸는, 깊은 수면은 선형적이 아니라 순환적으로 일어난다)을 보여 주지 않는 경향이 있는 반면, 어떤 의식의 상태는 주의를 운용함으로써 훈련될 수 있다. 가장 적절한 예는, 세계 종교(동서양 모두)의 핵심적인 측면인 정관적 기도와 명상의 무수한 형태다. 동양의 정통성 있는 기독교에서 파탄잘리 요가수트라부터 붓다고사의 청정도론(Visuddhimagga of Buddhaghosha)에 이르는 연구는 의식의 훈련된 명상적 그리고 정관적 상태는 거친, 심령적 · 정묘적 · 인과적 · 비이원적으로 순차적으로 나타나는 경향이 있음을 보여 주었다(Chirban, Brown, & Engler, Wilber Engler, & Brown, 1986에서 재인용; Wilber, 2006).

절정체험을 보다 안정회 된 고원체험으로 전환시키는 상태-훈련의 맥락 내에서는 비일상적 상태가 순차적으로 나타난다는 사실에도 불구하고, 사람들은 확실히 다양한 상태-단계의 절정체험을 가질 수 있기도 한다. 극명하게 대조적으로, 우리는 사람들이 구조-단계의 절정체험을 가질 수 있다는 증거는 갖지 못하고 있다. 예를 들어 뢰빙거의 순응적 자아발달(E4)로 규정되는 사람들은 개인적인 또는 자발적인 의미-구성 능력의 절정 순간을 가지지 않는 걸로 보인다(E7과 E8 각각에서). 또한 상태-단계와 대조적으로, 구조-단계는 생략될 수 없다. 비일상적 상태(심혼적, 정묘적, 인과적, 비이원적)는 생략될 수 있어도 형식적 조작으로 사고하는 모든 사람들은 이전에는 구체적 조작기와 전조작기로 사고하였다. 즉 어떤 사람도 구체적 조작기에서 처음에 어느 정도의 발달적 시간을 보내지 않고서는 전조작기에서 형식적 조작기로 건너뛸 수 없다.

'모든 상태'와 치료의 연관성

이 지점에서 던져 봐야 할 관련 질문은 치료에서 의식의 변성 상태는 얼마나 중요한가다. 제2장에서 불안, 공포, 우울, 조증, 망상 그리고 심지어 정신증의 삽화조차도 거의 언제나 의식의 상태이라고 했던 점을 상기하라. 그것은 대부분의 개인은 영속적으로 불안하거나, 우울하거나, 조증이거나, 망상적이거나 정신증적이지 않음을 의미한다. 그보다는 이러한 의식의 상태가 일어나서 어느 정도 머물다가(가끔은 그 상태에 완전히 묶인 사람들에게는 아주 긴 시간일 수도 있다) 지나간다. 이러한 단순하지만 심오한 깨달음("이것, 역시, 지나갈 것이다.")은 상당히 많은 내담자에게 도움이 되어 왔으며, 우울증을 위한 마음챙김에 기초한 인지치료(Segal, Williams, & Teasdale, 2002), 편집강박장애(Schwartz & Begley, 2002), 불안 그리고 다른 많은 문제들을 가진 내담자를 위한 마음챙김에 기초한 치료의 주요한 요소다. 더욱이 특정 상담회기 내에서조차 내담자는 자신의 의식 상태에 적절한 특정 개입에 더 수용적이 될 수 있다. 예를 들어 만약 마음이 질주하고 있다면, 내담자는 여기-지금에서의 경험에 덜 머물게 되고 그 경험을 깊이 처리하지 못할 가능성이 있다. 이러한 경우에는 내담자를 안정시키고 중심을 잡도록 도와주는 것(심리적인 주장보다는 깊은 호흡과 자신의 신체 감각에 주의를 돌리는 것)이 경험적인 작업에 더욱 수용적일 수 있는 상태로 이행하도록 도와줄 것이다. 의식의 변성 상태의 치료적 가치에 대한 기본적인 예로는 에릭슨의 최면치료(Erickson & Rossi, 1981), 꿈 작업(Hill, 1996), 그리고 안구운동 탈감각화 및 재처리(Shapiro, 2001) 등이 많이 활용되고 있다.

칼 로저스 역시 내담자와 상담하는 동안 의식의 변성 상태에 들어간 그 자신의 능력을 치료적으로 활용하였다.

> 내가 최상의 상태일 때…… 나의 내면의, 직관적 자기와 가장 가까울 때……

관계 속에서 약간 의식의 변성 상태에 있을 때는 내가 무엇을 하든 매우 치료적인 효과가 있는 것 같다. …… 그럴 때는 나의 현존만으로도 내담자를 편안하게 해 주며 도움을 준다. …… 내가 이완할 수 있고 나의 초월적 핵심에 가까이 다가갈 수 있으면, 나는 관계 속에서 색다르고 충동적으로 행동하게 된다. 그렇게 행동하는 것에 대해서 합리적으로는 설명을 할 수 없으며, 그것은 나의 사고 과정과는 아무 상관이 없다. 그러나 이러한 색다른 행동은 어쨌든 결국 적절한 것으로 나타난다. 그 순간에 나의 내면의 영혼이 타인의 내면의 영혼으로 다가가 어루만져 주는 듯하다. 우리의 관계는 관계 자체를 초월하여 보다 큰 어떤 것의 일부가 된다. 깊은 성장과 치유 그리고 에너지가 일어난다(1986, pp. 198-199).

로저스를 비롯하여 관소적 영성에 의해 깊이 영향을 받은 웰우드(Welwood)는 치료자의 무조건적인 현존, 수용 그리고 사랑과 애도가 가진 변성 상태의 치료적인 효과에 대해 아름답게 기술하였다. 아마도 치료자의 그 변성 상태가 내담자에게 주는 가장 위대한 선물이 되었을지라도, 전문가로서의 치료자를 훈련시키는 일은 "주로 지식과 정보를 전수하는 것으로 구성된다. 가장 중요한 것, 즉 있는 그대로의 왜곡되지 않은 존재의 자질을 경험하는 능력(변성 상태)은 거의 언급조차 하기 어렵다." (2000. p. 144)

내담자와 그가 드러내는 다양한 문제들의 군집에 따라, 의식의 상태는 상대적으로 중요하지 않을 수도 있고, 아니면 성공적인 결과에 결정적인 주요 요인 중 하나일 수도 있다. 따라서 당신이 상담하는 모든 내담자의 다양한 의식 상태가 그들의 갈등과 안녕(well-being)에 어떻게 영향을 미치는지에 대해 고려해야 한다.

통합접수평가지(경험적/좌상상한에 해당하는 모든 것)의 다양한 질문들은 내담자의 의식 상태, 즉 내담자를 힘들게 만드는 것과 그에게 안도감, 힘 그리고 유연성의 원천이 될 수 있는 것 모두를 탐색한다.

- 당신의 전반적인 기분/감정을 어떻게 묘사할 수 있습니까?
- 어떤 정서를 가장 자주, 가장 강력하게 느끼십니까?
- 반복되는 이미지와 생각들을 자각하십니까? (깨어 있는 동안이나 꿈속에서나) 예/아니요
  만약 '예' 라면 설명해 주십시오.
- 현재 자살에 대한 생각을 하고 있습니까? 예/아니요
  만약 '예' 라면 설명해 주십시오.
- 어떻게 여가를 즐기고 있습니까? (취미/놀이)

치료자는 내담자의 기분, 느낌 그리고 정서에 관한 질문이 갖는 임상적 유의미성을 명확하게 이해할 수 있어야 한다. 결국 사람이 전문가의 치료적 도움을 찾는 중요한 이유 중 하나는 고통스러운 경험을 감지하기 때문이다. 특정 내담자가 감지한 경험이 어떤 구체적인 패턴을 갖는가에 대해 빨리 감을 잡는 것은 임상가로 하여금 내담자의 문제가 내포한 본질을 알게 해 줄 것이다. 어떤 내담자는 이러한 문항에 대해서 매우 모호하게 반응하기도 하는데, 항상 그렇다고 할 수는 없지만 종종 그들의 감정에 대한 전반적인 알아차림이 부족함을 암시한다(매우 억압되어 있거나 또는 심하게 지적인 사람들의 경우). 또는 극단적인 경우에는 감정표현불능증(alexithymia)일 수도 있다(아동기 때 만성적으로 애정 받는 삶을 경험하게 해 준 양육자의 부재로 그들의 다양한 정서를 인식하거나 구별하거나 표현하는 방법을 배우는 데 실패한 사람의 경우)(Mahoney & Marquis, 2002; Stolorow, Atwood, & Orange, 2002).

의식의 다양한 정서적 상태는 통합접수평가지의 363의 발달적 문제 체크리스트에 있는 '종교적 또는 영적 체험' 항목뿐만 아니라 351쪽의 체크리스트로도 진단할 수 있다. 많은 사람들은 몇 가지 대안적인 결과(일)를 위해 참여하는 활동과 대조적으로, 활동 자체(놀이)를 위해 참여하는 활동에 몰두하는 동안 절정체험을 갖는 것으로 보고해 왔다. 내담자의 긍정적인 상태가 종교적/영적 체험의 맥락에서 일어나든, 세속적인 절정체험이든, 또는 덜 강력

하기는 해도 회복시키는, 재생적인 그리고 의미 있는 자연 상태이든(음악을 듣거나 자연 속에서 산책을 하거나 강아지나 자녀와 놀거나, 뜨개질, 요리 등을 하는 동안 나타나는 상태와 같이), 이러한 건설적인 상태는 종종 삶의 문제로부터 보호막이 되어주거나 안도감을 주게 된다. 마호니의 구조주의 심리치료(2003)부터 얄롬(Yalom)의 실존-대인치료(2002)에 이르기까지, 많은 상담 접근은 내담자로 하여금 삶에 기쁨과 의미를 가져오는 여가 활동 시간을 확보하도록 촉진시키는 가치를 강조한다.

내담자가 가지는 어떤 반복되는 이미지 혹은 생각에 관한 질문은 중요한데, 왜냐하면 그 질문으로 내담자들은 아론 벡(Aaron Beck)이 "자동적 사고를 파악하기 위한 본질적인 인지 탐구"(Dattilio & Padesky, 1990, p. 29)라고 칭했던 것에 익숙해지기 시작하기 때문이다. "내가 화가 났다는 사실을 처음으로 느꼈을 때, 내 마음 안에 사고나 이미지의 형태로 스쳐간 것은 무엇인가?" 물론 이러한 인지적 탐색의 형식이 최대한 도움이 되기 위해서는 내담자는 마음챙김을 계발해야 하며, 그들이 화가 났다는 사실을 가능한 즉각적으로 깨닫고 그 문제와 화를 자극했던 사고 혹은 이미지와의 보다 정확한 연결점을 찾아야 한다. 고양된 마음챙김은 그 자체가 의식의 변성 상태라는 사실을 이미 독자가 알고 있으리라고 기대한다. 그 상태 속에서는 우울증, 불안 또는 신체적 고통 속에서조차도 사람은 거의 고통스럽지 않다고 보고한다. 그것과 싸우고, 그것 혹은 그 자체를 부정적으로 평가하는 대신에 그들이 피하려고 하는 그 감정을 알아차린다. 단순히 있는 그대로 그것을 허용하며 순수하고 비판단적인 주의로 관찰함으로써, 그것으로부터 거의 고통을 받지 않을 정도로 거리를 둔다(Kabat-Zinn, 1994; Segal, Williams, & Teasdale, 2002; Schwartz & Begley, 2002). 내담자가 현재 자살 생각을 경험하고 있는지에 대해 묻는 질문의 중요성은 마찬가지로 명백해져야만 한다. 자살 계획을 가지고 그 계획을 실행하고자 하는 방법, 이전의 자살 시도, 실패한 자살 시도, 그들 가족의 자살 이력에 대해서 그들이 안도감/당혹감 혹은 실망/분노를 느꼈는가에 상관없이, 치료자는 내담자의 안전을 보장할 수 있는 조치를 즉각적으로 취해야 할 필요가 있을 수도 있다. 자살을 시도하는 내담자의 위험성을 평가할 때 당신 자신에게 물어야 할 다른 질문들은 다음과 같다.

- 내담자가 그 행동을 감행할 만한 에너지를 가지고 있는가?
- 당신의 질문에 반응할 때 그 내담자는 얼마나 비밀스러워했는가?
- 내담자는 문제를 해결하거나 그 고통에 대처하기 위한 대안을 고려하는 데에서 얼마나 의지를 가지고 있는가?
- 내담자는 사회적인 지지를 구하는 데에서 의지가 얼마나 있는가?

당신의 직관과 임상적 판단을 신뢰하는 것을 잊지 마라. 내담자는 그날 저녁 자살할 계획을 가지고 있을지라도, 당신에게 모두 모범 답안으로 말할지도 모른다. 자살 생각 척도와 벡의 우울증 척도는 자살 가능성이 있는 내담자와 상담하는 치료자들이 광범위하게 활용하는 보편적인 진단 도구다.

나는 '변성 상태' 에 대해서 말하는 모든 사람들이 물질 남용자가 아니라는 사실을 보여 주기 위해서뿐만 아니라, 인간 본성과 경험의 유동적이고 종종 진동하는 복잡성의 더 많은 부분을 드러내기 위해 이 절에서 의식의 상태를 강조해 왔다. 실제로 저명한 연구자들은 아동기의 현기증적인 사랑으로부터 약물에 대한 청소년의 호기심 어린 실험을 거쳐, 그리고 명상, 정관적 기도 그리고 비전 추구에 대한 성인의 열정까지, 인간이 변성 상태에 대한 내재된 소망과 욕구를 가지고 있음을 가정해 왔다(Weil, 1986; Walsh, 1982, Badiner & Grey, 2002).

모든 유형: 세계-내의-존재, -앎 및 -행위의 다양한 방식

이제까지 우리는 AQAL의 다섯 가지 주요 요소들 중 네 가지인 상한, 수준, 라인 그리고 상태에 대해 다루었는데, 그 모든 것들은 사실상 상대적으로 보편적이다. 다른 말로 하면, 문화 또는 성별과 무관하게 모든 사람을 네 가지 상한으로부터 바라볼 수 있다. 모든 사람은 동일한 의식의 기본구조를 통해 발달해 나갈 수 있는 잠재력을 가지고 있다(그들이 매우 다른 방식으로 발달해 나간다는 것은 사실이고 다섯 가지 요소들 중 유형의 기능으로 곧 다루게 될지라도). 모든 사람을 발달 라인의 맥락에서 설명할 수 있다. 그리고 모든 사람은 의식의 동일한 일상적 및 비일상적 상태에 접근한다(사회문화적 맥락이 범문화적 상태에 대한 표층적 표현에 깊이 영향을 미치고 변화시킬지라도). 통합 모형의 또 다른 필수 요소는 유형(type) 또는 성격 유형의 부분으로, 그것은 다양한 사람들의 세상-내의-존재, -앎 및 -행위를 의미한다. 제2장에서 언급한 바와 같이, 발달 모형의 수직적 개념화와는 대조적으로(발달 모형을 둥지에 싸인, 동심원적 영역으로 인식하는 것을 선호할지라도) 유형 체계는 수평적으로 인식된다.

"자율성 또는 관계, 일 또는 사랑, 독립 또는 상호 의존 중 어떤 것이 더 나은가?" (Ivey, 1986, p. 272)와 같은 문제의식을 던지는 전문 서적을 만나는 것은 매우 평범하다. 이 세 가지 쌍의 질문 중, 각 쌍의 전자는 남성적이며 후자는 여성적이다. 통합적인 개념으로 유형을 포함시킬 때(앞의 남성/여성의 단순한 두 유형의 경우에서), 아이비가 언급한 골치 아픈 질문은 모든 상황에서 어떤 것이 더 나을 것도 없고 나쁠 것도 없다는 인식 속에서 희미해진다. 이러한 양극성(자율성 또는 관계, 일 또는 사랑)은 서로 다른 유형을 대변할 뿐인데, 그 각각은 발달 단계를 거쳐 간다. 예를 들어 일은 자아중심적, 사회중심적 또는 세계중심적일 수 있으며, 사랑도 마찬가지로 그 자체를 같은 단계로 드러낸다.

대부분의 유형 체계는 한 사람의 유형이 일반적으로 시간을 넘어 안정적일지라도(만약 당신이 여성으로서 10세 때 MBTI에서 ESTJ 유형이거나 에니어그램 7유형이라면, 60세에도 당신은 여성이며, ESTJ 유형이고 에니어그램 7유형이다), 성격의 측면들은 확실히 변할 수 있고 느슨해질 수도 있으며, 다른 경우에는 흔들리기도 함을 상정한다. 유형에 기초하여 우리의 행위를 규격화시키거나 비난하는 것을 피하기 위해, 우리가 유형은 아니라는 점을 기억하는 것이 현명할 수 있다. 그보다 유형은 우리의 한 측면이다. 그럼에도 불구하고, 우리는 어느 정도는 특정 유형에 의해 한정되고 제약을 받을 것이다. 다른 한편으로는 만약 우리가 한계 또는 상처를 자각의 대상으로 삼을 수 있다면 그것은 종종 잠재적인 선물이 되기도 한다. 또한 어떤 사람도 단지 하나의 유형일 수는 없다. 다시 말해서, 각기 다른 체계로부터의 각기 다른 유형은 서로 혼합된다. 예를 들어 만약 내담자가 에니어그램 2유형이라면, 그는 여성 2유형이 될 수도, 남성 2유형이 될 수도 있으며, 내향적인 2유형 또는 외향적 2유형 등등일 수도 있다.

유형 체계는 밀교의 철학적 그리고 영적 전통부터(플라톤 그리고 다른 고대적 그리스 체계, 중국의 의술) 수많은 민속심리학적 체계까지(아메리카의 토착민, 중국인, 동인디안), 시간과 문화에 걸쳐 나타난다. 잘 알려진 근대의 심리학적 유형 체계 중 하나는 5요인 모형(McCrae & Costa, 1996), MBTI(Briggs & Myers, 1977), 에니어그램(Riso & Hudson, 1999), 아들러의 성격 우선순위(Fall, Holden, & Marquis, 2004), 그리고 거친—및 부드러운—마음을 가진 성격(James, 1978) 등을 포함한다. 또한 성 역할(생물학적으로 남성이나 여성이냐가 아닌 남성성과 여성성의 원칙)은 유형적인 것으로 인식되어 왔다(Jung, 1968; Keen, 1991; Gilligan, 1982; Jordan, Kaplan, Baker Miller, Stever, & Surrey, 1991; Goldberger, Trule, Clinchy, & Belenky, 1996). 왜 이렇게 많은 유형 체계가 존재하는가? 첫째, 인간이 보여 주는 모든 복잡성을 포괄할 수 있는 단일한 체계가 존재하지 않기 때문이다. 둘째, 각 유형 체계는 인간 조건에 대한 중요한 통찰을 제공하는 동시에, 또한 한정적이고 부분적이다. 유형 체계의 근본적인 가치는 다른 유형의 사람은 매우 다른 이유로 같은 일을 한다는 사실을 우리와 내담자가 인식하고 매우 다른 길을 통해 동일한 목표를 성취할 수 있도록 도울 뿐 아니라, 사람으로 하여금 자신의 내면을 더 잘 알아차리게 만드는 것이다.

다시 말하면, 모든 사람이 동일한 의식의 기본 구조를 따라 성장할 수 있을지라도, 그들은 매우 다른 방식으로, 매우 다른 선호, 경향 그리고 혐오를 가지고 성장할 것이다. 더욱이 서로 다른 사람은 서로 다른 유형 체계에 의해 최적으로 설명될 것이다. 예를 들어 한 내담자는 MBTI를 통해 남편은 INTJ인 데 반해 자신은 ESFP라는 사실을 알게 됨으로써 크게 도움을 받을 수도 있다(이는 그들의 갈등의 본질, 그들이 의사결정을 어떻게 하는가, 그들이 여가 시간에는 무엇을 하기 원하는가 등에서의 차이에 대해 상당히 설명해 줄 수 있다). 또 다른 내담자는 MBTI 범주를 통해서는 덜 도움을 받지만, 성 역할 또는 에니어그램 분류로부터 더 많은 도움을 받을 것이다(많은 여자들은 남성적이며 많은 남자들은 여성적이라는 점을, 많은 내담자들은 자신 안에서 인식하지 못하거나 그것을 거부하는 경향이 있고, 따라서 그들의 정체성/자기 라인 내에서 그것을 통합하는 데 실패한다). 독자도 알 수 있다시피, 스스로 다양한 유형 체계와 친숙해지는 것은 통합 치료를 실습하는 중요한 요소일 뿐 아니라, 내담자의 일생을 통한 개인화된(개체 특수한) 발달적 여정에 대해 강력한 정보를 가질 수 있는 것이다.

분류에 대한 몇 가지 경고

유형(분류) 체계가 상당한 이점을 제공할지라도, 그것은 몇 가지 잠재적인 허점 또한 내포하고 있다. 적절히 사용된다면, 다른 유형을 이해하는 것은 자신만의 고유한 경험으로부터 오는 그 독특성과 차이점 속에서 다른 사람의 경험에 대해 보다 깊은 이해, 구별 그리고 공감을 촉진할 수 있다. 그러나 유형 체계를 부적절하게 사용하는 것은 경직성으로 연결될 수 있다. 더욱이 이러한 많은 체계는 그 구성타당도를 인구통계학으로부터 얻기 때문에 어떤 특정 개인에게 엄격하게 적용되는 것은 아니다. 따라서 통계학적 관점에서 본다면, MBTI의 평균적 INFP 유형은 평균적 ESTJ보다는 상담 작업을 하는

데 훨씬 능력이 있음을 발견할 가능성이 높으나, 통계적 현실은 ESTJ인 특정 사람이 상담자로서 즐기지 않는다거나 INFP인 사람이 반드시 즐긴다는 점을 의미하지는 않는다. 결과적으로, 유형은 수평적 구성 개념이기 때문에 모든 맥락에서 하나의 유형이 다른 유형에 대해 우위권을 가질 수는 없을지라도, 특정 문화 또는 하위 문화에서는 다른 유형보다는 특정 유형에 더 가치를 두거나 높이 사는 경향이 있다. 예를 들면 미국은 남성적(성 역할), 외향형/감각형/사고형/판단형 유형(MBTI의 ESTJ 유형) 그리고 에니어그램 3유형에 가치를 두는 경향이 있다.

제2장에서, 나는 길리건(1982)의 연구에 기초하여 남성적인 소년과 여성적인 소녀가 어떻게 다르게 놀려고 하는지에 대한 예를 언급하였다. 많은 치료자들이 이미 MBTI에는 익숙하기 때문에, 여기에서 나는 에니어그램에 대한 간략한 소개를 통해 유형을 이해하고, 그것을 한 인간의 개념화로 통합하는 것의 중요성에 대해 보여 주고자 한다. 모든 유형 체계가 부분적이며 그 한계를 가진다는 점이 사실일지라도, 내가 아는 통합치료자의 광범위한 다수는 에니어그램이 가장 섬세한 의미를 가지며, 정교하고 복잡한 유형 체계라는 점에는 동의한다. 명백히 유용한 임상적 도구로서의 인기도에도 불구하고, 그 타당도와 신뢰도를 지지하는 심리측정 조사는 잠정적인 수준일 뿐이다(Dameyer, 2001; Sharp, 1994; Gamard, 1986).

에니어그램

에니어그램은 신비주의적 수피(Sufi) 가르침에서 유래된 역동적 · 심리영적 성격유형 체계다(에니어그램이라는 이름은 '9개 지점의 특성' 이라는 그리스어에서 유래되었다) (Riso & Hudson, 1999, p. 9; Palmer, 1988). 그 기원이 서구가 아닐지라도, 조르지 이바노비치 구르지예프(George Ivanovich Gurdjieff, 그리스계 미국인인 신비주의 철학자)는 20세기 초에 에니어그램을 유럽 사상가들에게 소개하였다. 이어 볼리비아의 철학자인 오스카 이차조(Oscar Ichazo)와 칠레의 정신의학자인 클라우디오 나란조(Claudio Naranjo)는 에니어그램을 더 정교화하고 발전시키고 확장시켰다. 1977년에 돈 리소(Don Riso)는 이전에는 완전히 수평적 체계였던 것에 (수직적) 발달 요소를 추가했으며, 한 개인의 에니어그램 유형을 평가하는 경험적으로 타당화된 도구(리소-허드슨 에니어그램 유형 지표; RHETI)를 개발하였다. 오늘날 에니어그램은 MBTI, MMPI T-점수, 그리고 몇 가지 *DSM* 진단과 같은 서구의 많은 심리치료적 체계와 유의미한 상관 관계를 맺고 있다(Palmer, 1988).

유전, 문화 그리고 사회 체계가 한 개인의 성격에 영향을 준다는 점을 거부하지 않으면서, 에니어그램은 한 인간의 성격을 기본 욕구, 핵심적 정체성, 강점(약점으로 강등될 수 있는), 지배적인 공포, 가치, 동기, 방어 그리고 습관 등을 포함하는 경험의 기본 패턴을 둘러싸고 발달하는 것으로 인식한다. 중요하게도, 에니어그램은 한 인간의 성격(이 세상 속의 경험에 의해 규정되고 조건화되는) 밑에는 그의 가장 깊고 가장 생생한 본질인 고립된 자아의 경련을 넘는 영적 본성이 존재한다는 점을 상정한다. 따라서 에니어그램을 가지고 작업하는 궁극적인 목적은 단순히 우리와 다른 사람의 성격을 이해하는 것만이 아니라, 사람으로 하여금 그들 존재의 내적 차원을 가로지르도록 도와 상처받고 두려움을 느끼며, 막혀 있고 갈등을 겪는 것으로부터 그들의 성격을 해방시켜 더 큰 의미, 성취 그리고 영적 발달을 실현하면서 더 큰 자기 이해로 나아갈 수 있게 한다는 점이다(Maitri, 2001). 에니어그램 발달에 대한 역사적 이해를 위해서는(특히 그 연구 기초와 그것이 어떻게 서구 심리학과 정신의학의 일부가 되었는지), 리소와 허드슨(Riso & Hudson, 1999)과 파머(Palmer, 1988)의 책을 참고하기 바란다.

많은 에니어그램 전문가들은 9개의 유형을 단순하게 1번부터 9번까지로 부르는데, 그 숫자는 가치 중립적이다. 이들은 각각 다양한 유형을 묘사적으로 전달하는 다양한 명칭을 만들어 왔다. 다시 말하면, 모든 유형 체계에서처럼, 특정 유형이 특정한 맥락에서 더 성공적이거나 바람직하게 보일지라도

〈표 6-2〉 에니어그램 유형과 성격

에니어그램 유형(번호/이름)	주요 성격과 강점	기본 욕구 및 핵심 동일시	열정과 왜곡 메시지/오류	무의식적인 유아기 메시지("~하면 안 돼.")	(존재의) 기본 두려움	가장 많이 쓰는 방어	발달적 도약(다음의 패턴을 자각을 한다면)
1. 개혁가(완벽주의자)	현명한, 합리적인, 원칙적인, 더 높은 목적을 위한 삶	통합성; 분별하고 평가하는 능력을 갖춘 민감한 사람	억압된 분노, 분개; 완벽주의	실수하기	나쁜, 악한, 부패한, 망가진, 결함이 있는	반동 형성	자신과 타인의 가치 판단
2. 조력자(봉사자)	자애로운, 보살피는, 관대한, 자기와 타인을 양육함	사랑; 자신보다는 타인의 감정을 더 배려하는 양육하는 존재	자만심, 자신의 미덕에 대한 자부심; 필요로 하는 사람에 대한 갈구	나 자신의 욕구를 가지기	타인의 사랑을 받을 만하지 못음	억압	자신에게 가치를 두지 않으면서 타인에게 가치를 둠
3. 성취자(실천가)	삶을 즐김, 야심찬, 존재의 가치를 타인에게 둔 모형	자기-가치; 타인의 칭찬을 바라는 무한한 잠재력을 가진 자기 이미지	허영심, 자기기만; 성공을 좇음	나 자신의 정체성과 느낌을 가지기	무가치함 또는 내재 가치의 결핍	동일시	진정으로 자신이 아닌 누군가가 되고자 함
4. 개인주의자(비극적/낭만적)	직관적, 심미적, 용서하기, 삶의 모든 것을 성장과 개선을 위해 사용	자율적인 개별성; 강한 정서, 특히 상처 받는 느낌의 강한 존재	부러움, 자기도취적인; 방종하는	너무 행복하거나 너무 기능적이기	개인적인 중요성 또는 정체성 부재	내사	부정적인 비교
5. 탐구자(관찰자)	직관적인, 혁신적인, 비판단적인, 실재의 풍부함에 대해 관조함	유능함; 분리된, 객관적인 자각으로 통찰적인 존재	탐욕, 무심한; 쓸모없는 전문성	세상에 만족하기	무능한, 쓸모없는, 능력 없는	고립	자신의 경험에 대해 과도한 해석

6. 충성가 (악의 옹호자)	용감한, 적극적인, 책임감, 삶의 모든 상황에 반응함	안정성; 외적 지지가 부족하다고 생각하는 사람이 좋아할 만한 사람	두려움, 불안, 방어적인; 누군가의 믿음에 집착하는	자신 신뢰하기	지도 또는 지지의 부재	투사	내적이기보다는 지나치게 외적 지지에 의존함
7. 열정주의자(쾌락주의자)	행복한, 낙관적인, 다재다능한, 삶을 찬양하고 타인과 즐거움을 공유	행복; 미래의 긍정적인 경험을 예상하는 외향적인 존재	폭식, 충동적인; 열광적인 현실 회피	모든 일에 대해서 타인 의존	박탈당하는 또는 고통에 사로잡히는	합리화	현재를 즐기기보다는 다음 단계를 예측함
8. 도전자 (상사)	자기-확신적, 강한, 단호한, 믿음을 위해 앞장서고 행동함	자기-보호; 타인에게 집요하게 도전하는 원기 왕성한 독립적인 존재	욕망(성적 욕망뿐 아니라), 강력하게 지배하려 드는, 지속적으로 투쟁하는	모든 사람을 신뢰하거나 취약해짐	피해를 입거나 타인으로부터 지배당하는	부인	자신의 삶을 통제하거나 강제하려고 노력함
9. 평화주의자(날개)	평화로운, 친절한, 안심시키는, 세상에 치유와 평화를 가져오는	평화; 강력한 정서와 충동으로부터 철수된 존재	나태, 안주; 완고한 무관심	자신을 주장하기	혼자 있는, 파편화되고 타인과의 연결이 끊어짐	마취	타인과 삶에 깊이 영향 받는 것에 저항함

출처: Riso & Hudsson (1999), pp. 18-48.

(앞서 언급하였듯이, 미국의 문화는 특히 에니어그램 3유형과 연결된 자질에 가치를 둔다), 9개의 에니어그램 유형의 각각은 자산과 신뢰성을 제공한다. 〈표 6-2〉는 9개의 기본 에니어그램 유형과 연관된 다양한 특성을 보여 준다.

〈표 6-2〉에서 보여 주는 것과 비교하여, 에니어그램 체계는 〈표 6-2〉보다

는 훨씬 더 복잡하다. 기본 유형(1~9)에 추가적으로, 삼각구조(사고, 정서 그리고 본능), 날개, 본능적 변수(자기-보전, 사회적 그리고 성적) 그리고 '수평적' 유형의 각각에 적용되는 발달 혹은 건강의 '수직적' 차원이 있다(Riso & Hudson, 1999, pp. 75, pp. 49-75). 아주 간단히 말하면, 삼각대는 '지성의 중심점'으로 성격의 근본적인 불균형이 어디서 비롯되고 어떻게 우리가 우리 자신을 제한하는지를 정확히 찾아내는 데 도움을 준다. 날개는 9개의 유형을 개인화하는 데 도움을 주는데, 각 유형은 2개의 하위 유형 혹은 날개를 가질 수 있다(완벽히 순수한 유형이라고 할 것은 없다. 예를 들어 9유형의 사람은 1번 날개와 8번 날개를 가질 수 있다). 그리고 본능적인 변수는 각 성격 유형의 전체 발달 스펙트럼에 걸쳐 사고하고 느끼고 행동하는 특정한 패턴을 초래하는 세 가지의 기본 본능 중 어떤 것이 한 인간의 유아기에 가장 왜곡되었는지를 보여 준다. 리소와 허드슨(1999)의 연구 중 또 하나의 요소는 어떻게 각 기본 유형이 각 발달의 수준에 나타나는지 혹은 건강한 기능의 정도에 대한 분명한 주의다(각 유형은 건강하고, 평균적이며 그리고 불건강한 특질을 갖는다). 더불어 다양한 발달 수준(수직적)은 성격 유형(수평적)과 결합하여 하나의 행렬(matrix)를 만드는데, 그 행렬상에서 모든 유형은 모든 발달 수준에 존재할 수 있다(〈표 6-3〉 참조).

〈표 6-3〉은 그것을 고려하지 않는데, 기본 9개 유형의 각각은 2개의 하위 유형(날개)을 가지며 각 18개 하위 유형은 3개의 본능적 변이의 어떤 것으로도 규정될 수 있기 때문이다(따라서 각 9개 유형에 6개의 변이가 있다). 실제로는 에니어그램 유형 체계에는 54개의 다른 변이가 존재한다(〈표 6-3〉에 포함된 발달적 차원은 제외). 우리가 3수준의 매우 단순한 발달적 책략을 사용할지라도, 3수준과 결합된 유형에서 54개의 변이는 162개의 다른 변이를 만들어 낸다. 성 역할 또는 제임스의 거친-및 부드러운-마음의 성격과 같은 이분법적 체계와 대조적으로, 독자가 볼 수 있다시피, 에니어그램은 (나를 포함한) 대부분의 사람이 압도당하여 더 이상 임상적으로 도움이 안 된다고 생각하는 상세한 수준까지의 상당히 미묘한 차이를 받아들인다(아마도 나를 포함한

그들은 에니어그램의 이해에 충분히 도달하지 못했기 때문일 것이다). 이러한 경우에는 그것의 보다 단순화된 버전으로 돌아가는 것이 확실히 좋다. 예를 들면 건강 또는 발달의 세 가지 서로 다른 수준에서 9개의 기본 유형을 사용하는 것이다.

덜 건강한 유형

2장에서 언급한 바와 같이, *DSM-IV-TR*의 II번 장애 축은 각기 다른 유형으로 개념화될 수도 있다. 〈표 6-3〉에서 보여 줬던 바와 같이, 각 9개 에니어그램 유형에 속한 사람들은 자기실현에서부터 심각하게 손상된 상태까지의 연속선상의 어딘가에 있을 수 있다. 파머(1988)는 에니어그램 유형의 불건강한 형태와 *DSM-III* 진단 간의 상관관계를 논의했다(〈표 6-4〉를 볼 것). *DSM* 범주와 장애 유형을 예외로 하면서, 특정 유형은 모든 상황에서 다른 유형보다 일관되게 더 좋거나 더 나쁘지 않다는 사실을 기억하는 것이 중요하다.

통합접수평가지의 다양한 질문(363쪽의 발달 점검표를 예외로 하면 모든 질문은 경험적/좌상상한이다.)은 내담자의 유형을 구별하는 데 있어 도움이 되는 측면을 탐색하는 것이다.

- 당신은 어떻게 의사결정을 합니까? (예를 들어 논리와 이성을 사용합니까? 아니면 당신의 직감과 가슴을 신뢰합니까?)

이러한 질문은 MBTI의 사고/감정 차원을 다룬다. 이 방법들 중 하나로 의사결정을 하는 것이 다른 방법으로 하는 것보다 항상 더 낫다고 볼 수는 없지만, 그들은 선택을 하는 데에서 매우 다른 방식을 사용한다.

- 스트레스를 많이 받는 상황과 다른 문제에 대해서 당신은 어떻게 반응합니까?

〈표 6-3〉 발달 스펙트럼에 따른 9개의 기본 에니어그램 유형

에니어그램 유형	최적으로 건강한: 가장 발달된 ←							→	가장 불건강한: 가장 미발달된
1	현명한, 수용적인	분별 있는, 합리적인	지조 있는, 책임감 있는	의무감 있는, 의욕이 넘치는	정돈된, 자기 통제적인	비판적인, 판단적인	융통성 없는, 독선적인	모순적인, 강박적인	가혹한, 비난적인
2	무조건적인 사랑, 자기를 돌보는	돌보는, 공감적인	봉사하는, 지지적인	사람을 기쁘게 해 주는, 선의의 의도	침해하는, 소유적인	고압적인, 거만한	조종하는, 자기-정당화하는	강압적인, 특권 의식을 가진	부담스러운, 희생된
3	진정한, 내면 지향적인	무한한 잠재력, 적응적인	자기-개선적인, 목적지향적인	성공 지향적인 과도한 성취	편리주의적인, 이미지를 의식하는	과대적인, 자기-고취적인	기만적인, 절조 없는	기회주의적인, 불성실한	끈질긴, 편집광적인
4	자기를 새롭게 하는, 삶을 포용하는	내성적인, 민감한	창조적인, 자기-표출적인	낭만화하는, 개인주의적인	과민한, 자기-몰두적인	타락한, 극단적인	소외된, 혐오스러운	임상적으로 우울한, 자기-거부적인	삶을 거부하는, 절망적인
5	비전이 있는, 참여적인	직관적인, 관찰력 있는	혁신적인, 집중된	개념화하는, 준비하는	사로잡힌, 거리를 둔	도발적인, 극단적인	괴짜인, 허무주의적인	의식이 혼미한, 두려워하는	자기멸렬적인, 망각을 추구하는
6	용기 있는, 자기를 신뢰하는	신뢰할 수 있는, 매력적인	헌신적인, 협동적인	충성심 있는, 순종적인	방어적인, 양가적인	권위적인, 비난하는	신뢰할 수 없는, 전전긍긍하는	홍청망청한, 편집증적인	자기-파괴적인 자기-비하적인
7	즐거운, 감사하는	열정적인, 앞을 내다보는	생산적인, 현실적인	소비적인, 탐욕적인	분산된, 산만한	과도한, 자기중심적인	회피적인, 만족을 모르는	무모한, 조울증적인	마비된, 압도당한
8	영웅적인, 자기를 놓아버리는	강한, 자기를 신뢰하는	자기-확신, 결정적인	진취적인, 실용적인	지배적인, 오만한	위협적인, 대립을 일삼는	독재적인, 무자비한	공포에 떨게 하는, 과대망상적인	파괴적인, 반사회적인
9	불굴의, 역동적으로 존재하는	평화로운, 남의 이목을 신경 쓰지 않는	위안을 주는, 사심이 없는	쾌활한, 자기를 내세우지 않는	현실에 안주하는, 유리된	무마하는, 체념적인	태만한, 무능한	방향감각을 상실한, 해리된	둔감한, '실종하는'

출처: Riso & Hudson (1999), pp. 106-323.

에니어그램 5가 가능한 거리를 두는 방식으로 상황을 분석하는 경향이 있는 반면, 2번은 다른 사람들의 행복을 자애롭게 돌보는 데 초점을 두는 경향이 있다. 틀에 박히고 전형적으로 보일지라도, 남성적인 유형은(남성이든 여성이든 간에) 더 자주 '객관적으로' 다양한 문제의 차원들을 분석함으로써, 스트레스를 받는 상황에 대응한다. 대조적으로, 여성적인 유형은(남성이든 여성이든 간에) 어떻게 행동의 다양한 과정이 다양한 관계 내의 연결성에 영향을 줄 것인가에 대해 더 자주 고려함으로써, 스트레스를 받는 상황에 대응한다. 이러한 질문은 도덕적 추론에 대한 콜버그와 길리건의 개념 간의 차이에 대한 암시를 준다(남성과 여성, 각각).

• 스트레스를 느낄 때 당신 자신을 돌보고 위로하는 방법은 무엇입니까?

다양한 유형의 사람들은 이 질문에 대해서 매우 다르게 반응할 것이다. 예를 들어 에니어그램 8유형은 훨씬 독립적이고 오만한 경향이 있는 반면, 2유형은 대개 타인의 사랑과 인정에서 위안을 찾는다.

결과적으로 통합접수지 363쪽의 발달점검표상의 몇 가지 항목은 잠재적인 *DSM* 장애를 경계하게 할 것이다(내담자가 이러한 항목들에 표시하는 것이 어느 장애의 기준에 해당되는지를 자동적으로 알려주지 못한다는 점은 명백하다. 그보다는 실제로 유의미한 장애 기준에 해당되는지 아닌지에 대하여 내담자를 더 면담해야 할 필요성을 알려 준다). 예를 들어 한 내담자가 '동물이나 사람에 대한 잔인성' (7세)에 표시를 했다면 더 탐색을 통해 그 내담자가 동네 고양이들에게 석유를 부어 불태우는 짓을 한다는 사실을 알 수 있으며, 이는 반사회적 성격장애를 가진 내담자임을 시사할 수 있다. 이와 유사하게 '자기파괴성(위험한 성관계, 과도한 위험부담 등)' 에 표시한 내담자는 그 질문에 표시하지 않은 내담자보다는 양극성 장애를 가지고 있을 가능성이 더 높다. 결과적으로, 내담자가 구체적으로 보여 주는 사회적 문제의 본질에 기초하여 다양한 *DSM* 장애(자기애적 성격장애부터 사회적 공포증까지)를 추론할 수 있다.

〈표 6-4〉 *DSM-III* 진단과 불건강한 에니어그램 유형 극단 간의 상관관계

에니어그램 유형	1	2	3	4	5	6	7	8	9
DSM-III 진단	강박성 성격장애	히스테리성/의존성 성격장애	A 유형 성격; 일중독 (*DSM*과 상관없음)	주요 우울증/양극성 성격장애	분열형/회피성 성격장애	편집성 성격장애	자기애적 성격장애	반사회적 성격장애	강박성 성격장애 (강박적인 측면이 주됨)

출처: Palmer (1988), p. 62.

나는 *DSM*, 에니어그램이 되었든, 발달 수준 관련 문항이 되었든, 통합접수평가지에 대한 내담자의 반응 중 그 어떤 것도 분명하고 상투적인 진단을 보장해 주지는 않는다는 사실을 독자가 명확하게 이해하기 바란다. 통합접수평가지는 결국 기술적 평가 도구로서, 그 목적은 규준적인 인구 분포에 상대적으로 사람을 진단하는 것이기보다는 한 인간으로서의 개인의 고유성을 평가하는 것을 의미한다. 따라서 중요한 임상적 과제는 내담자가 특정 질문에 표시한 것을 단순히 검토하는 것이 아니라, 다음과 같은 질문으로 더 확인을 해 보는 것이다. "마크, 여기 자기-파괴성 항목에 표시를 했군요. 당신이 하는 그 자기-파괴적인 행동이 무엇인지 말해 주시겠어요?" (그러고 나서 언제 그 행동이 시작되었는지, 얼마나 자주 하는지, 그 내담자에게 그 행동이 어떤 의미가 있는지 등을 더 탐색한다)

성격 유형을 탐색하고 연구하는 것은 우리가 평가 과정 속에 유형을 포함시킬 때, 인간 본질에 대한 우리의 개념이 얼마나 다차원적이 되는가를 강조한다. 서로 다른 유형의 사람들은 세계-내의-존재, -앎 및 -행위의 각기 다른 방식을 선호하며, 삶의 다른 차원을 혐오하고 피할 뿐 아니라 강조하고 가치를 둔다는 점을 기억하기 바라면서 이 절을 마무리하고자 한다. 나는 내담자들의 고충과 성공적인 치료 과정이 얼마나 다양한가에 그들 중 한 명은 극도로 내향적인 반면, 다른 사람은 극도로 외향적(MBTI)이라는 사실이 작용할 수 있음을 인식하고 이해하기 바란다. 그들 중 한 명은 매우 여성적인 반

면, 다른 사람은 매우 남성적이라는 사실(성 역할) 또는 그들 중 한 사람은 철저하게 자기와 타인을 비판함으로써 윤리적인 우월감을 강화하는 경향이 있는 반면, 다른 이들은 사랑, 인정, 승인, 애정(에니어그램 1, 2유형 각각)을 얻기 위한 수단으로서 타인의 욕구에 맞춰주는 경향이 있다.

자기-체계

AQAL 모형의 다섯 가지 중요한 요소 중 하나는 아닐지라도, 자기 또는 보다 정확하게 말해서 자기-체계는 상담 및 심리치료에서 핵심적이다. 앞서 언급하였듯이, 자기는 사물이나 명사라기보다는 행위 또는 동사로서 여러 발달 라인들을 결합하는 역동적이고, 일반적으로 암묵적인 과정이다. 자기는 개인의 심리학적 우주로서 반복적으로 기능하면서 어느 정도의 응집적인 전체를 구축한다. 자기는 조직화, 동일시, 방어, 대사(한 사람의 경험에 대한 심리학적 소화), 의지, 항해(발달적 미로를 따라가는 한 인간의 여정) 등과 같은 수많은 주요 작용과 역량의 장소이기도 하다. 제5장의 자아 발달 라인에 관한 부분이 근접자기에 대한 설명임을 고려해 볼 때, 자기-체계에 관한 이 절은 기본 및 과도기 구조를 포함하는 자기의 다른 차원을 독자에게 소개하고 있다. 그것은 원격, 근접, 선행 자기와 서로 간의 관계, 자기-체계 병리, 퇴행과 5가지 무의식의 유형들 그리고 하위 성격 등이다. 이 절의 목적은 자기-체계에 대한 통합적 관점 전부를 자세한 수준으로 완벽하게 설명하려는 것은 아니다. 그보다는 자기-체계를 더욱 완전하게 다루고 있는 다른 주요 통합 치료의 자료들을 찾아보도록 독자의 관심을 자극하는 데 있다(Wilber, 2000e; Ingersoll & Cook-Greuter, 2007).

통합 이론은 자기감(self-sense: 한 인간이 내면으로부터 현상학적으로 경험되는 것으로서의 자기)과 자기 또는 자기-체계(외부로부터 구조적으로 분석되고 개념화되는 것으로서의 자기)를 구별한다는 사실에서 출발하고자 한다. 모든 경우에서와 마찬가지로, 통합치료자는 1인칭 관점으로 우리의 3인칭 기술과 설명을 파악할 수 있는 필수적인 요구에 주의를 기울인다. 키건(1985), 뢰빙거(1976), 윌버(2000e), 그리고 잉거솔과 쿡-그뢰터(2007)의 연구는 자기 발달 라인에 대한 서구의 가장 훌륭한 심리학적 설명의 몇 가지를 제공하고 있다.

기본 및 과도기 구조

앞서 언급한 기능에 부가적으로, 자기는 일을 하고(동일시, 조직화 등), 또한 자기는 기본 구조와 과도기 구조를 중재한다. 기본 구조는 일단 발달 과정에서 출현하면 유지되면서 이어지는 단계로 흡수되는 경향이 있다. 기본 구조의 예는 운동 역량과 피아제의 인지 발달 단계다. 그와 대조적으로 과도기 구조는 이어지는 단계에 흡수되기보다는 대체되는 것이다. 과도기 구조의 예는 콜버그의 도덕 발달 단계와 세계관이다. 윌버는 기본 구조와의 자기 동일시는 그에 상응하는 일군의 과도기 구조를 생성한다고 하였다. 따라서 윌버의 세 번째 기본 구조인 표상심과 동일시하는 자기는 복종과 처벌 회피의 도덕적 태도(콜버그), 보호적인 자기감(뢰빙거), 안전에 대한 자기 욕구(매슬로)를 생성하거나 지지한다. 자기가 발달하여 규칙/역할 기본 구조와 동일시함에 따라 일군의 새로운 과도기 구조가 생성되는데, 이 시기는 법과 질서의 도덕적 태도(콜버그), 순응주의자의 자기감(뢰빙거), 그리고 소속에 대한 욕구(매슬로)로 구성된다. 자기가 발달하여 형식-반성적 기본 구조와 동일시함에 따라 일군의 새로운 과도기 구조가 생성되며, 이 시기는 개인적인 권리를 갖는 도덕적 태도(콜버그), 양심적인 자기감(뢰빙거) 그리고 자기 존중의 욕구(매슬로) 등으로 구성된다(Wilber, 2000c).

근접, 원격 그리고 선행자기

동일한 자기-체계를 구성한다고 할지라도, 원거리, 근접 그리고 선행자기는 상담과 심리치료의 임상에서 실질적인 결과를 내포하는 서로 구별되는 개념이다. 근접자기는 한 인간이 가장 친숙하게 동일시하는 것이다. 그것은 당신이 누구인가에 가장 가깝고 밀접하며 '근거리' 에 있다(Ingersoll & Gook-Greuter, 2007). 근접자기의 상당 부분은 자각 밖에 있는데, 한 인간이 그것을 억압하기 때문이 아니라 그 인간이 속한 자기 구조이기 때문이다. 아들러(Ansbacher & Ansbacher, 1956에서 인용)의 심리학적 통각 스키마(schema of apperception)와 유사하게, 근접자기는 명확하고 투명한 렌즈 쌍과 유사한데, 우리는 렌즈 자체는 실제로 보지 못하면서 그 렌즈를 통해 세계를 볼 수 있고 해석할 수 있다. 벡(1979)의 인지 스키마(cognitive schema)와 유사하게, 근접자기는 경험과 지각을 규정하고 영향을 주는 구조를 조직화하는 것으로 구성되는데, 인간은 그 구조가 무엇인지에 대해 항상 분명히 알아차릴 수는 없다. 내담자가 근접자기에 속해 있다고 말하는 것은, '나' 라고 칭하는 것이 대개 내담자가 자각하는 대상이라기보다는 자각의 주체라는 사실에 대해 다른 방식으로 말하는 것이다.

이전에는 동일시했던 자기의 측면들을 자각의 대상으로 일관되게 성찰할 때, 그 측면들은 근접자기의 일부가 되기를 멈추고 원격자기의 일부가 된다. '원격' 은 가장 내밀하고 가까운 자기와 어느 정도의 거리를 유지하는 것을 말한다(Ingersoll & Gook-Greuter, 2007). 따라서 원격자기는 이전에는 근접자기와 동일시했던 모든 차원들을 포함하며, 근접자기는 이제 한 사람의 정체성의 핵심이라기보다는 누군가가 소유하는 자질, 기술 또는 부분에 훨씬 가까워진다. 예를 들어 나는 몇 년 전에 폭력적 성향 때문에 치료를 받으라는 법원의 명령을 받은 내담자를 상담하였다. 초기에 내가 그에게 자기 자신에 대해서 이야기해 보라고 요청했을 때 그의 첫 번째 말은 "나는 폭력적인 사람이다." 였는데, 그 말은 마치 자신이 누구인가를 전체적으로 대변하는 것 같았다. 그러나 몇 달이 지나서 똑같은 질문에 대해 그는 "나에게는 일부 공격적이거나 폭력적인 면이 있다. 그러나 그것은 실제로 진정한 나를 표현하는 몇 가지 형용사에 불과하다. 내가 어떤 사람인지에 대해서 설명하는 것은 훨씬 복잡하다."라고 하였다. 이 경우에 그가 이전에 매여 있었던, 동일시했던, 포함되어 있던 폭력은 자각의 대상이 되었고 더 이상 그는 그 폭력과 배타적으로 동일시하지 않았다. 윌버는 주체인 것과 객체인 것 간의 관계를 "자기의 양식(mode)이 단순히 더 상위의 자기의 한 요소(component)가 되는" (1980, p. 81) 과정이라고 설명하였다.

윌버는 이러한 과정을 몇 가지 다양한 방식으로 설명하였다. 주체이던 것이 객체가 된다는 것, 전체인 것이 부분이 된다는 것이라는 개념과 더불어, 그는 또한 "동일시했던 것이 탈동일시된다. …… 맥락이었던 것이 내용이 된다." (1980, p. 81)라고도 하였다. 키건(1982)은 이러한 역동을 주체와 객체 간의 균형을 잡는 것으로 부연하였다. 키건에 따르면, 발달은 항상 우리가 존재와 생성의 과정 속에 있는 주체로부터 객체를 분화시키는 과정을 포함하는데, 그것은 이전의 고착으로부터 탈피하는 과정이다.

> 내면화의 순서, 정신역동적 사고가 선호하는 개념으로서 발달은 피아제의 성장 개념과 상당히 일치한다. …… 실제로 어떤 것이라도 우리가 그 안에 속해 있는 상태로부터 탈피할 때까지는 내재화될 수 없다. 그것이 우리의 실재에 대한 구성 속에서 세상으로 투사하도록 만드는 우리의 소속, 주체성이기 때문이다(Kegan, 1982, p. 31).

키건은 더 나아가 발달에 대해 "분화라는 진화적 움직임(또는 속해 있는 상태로부터 벗어남), 그리고 재통합(속해 있는 상태보다는 세계와의 관계)." (Kegan, 1982, p. 39)이라고 묘사하였다. 키건은 인지, 정서와 같은 발달 라인이 명백히 발달하고 진화된다고 할지라도 이러한 진화적 움직임이 일어나는 맥락은 자기의 맥락이라는 점 또한 분명히 하였다. 속해 있는 상태로부터(우리가 관계 맺는 것) 출현하는 것은 원격자기다. 현재 동일시하는 것은 무엇이든(속해 있는 것) 근접자기다. 자기에 대한 이러한 진화적 혹은 발달적 개념은 심리치료에서는 필수적인데, 한 인간이 무엇이 '자기' 이고 무엇이 '타인' 인가의 문제를 어떻게 확립하느냐가 실제로 그 인간의 의미-구성의 심리적 논리(밑바닥에 있는 심리학적인 이유)를 해석하기 때문이다(Kegan, 1982).

이론적 지향성을 가진 많은 치료자들은 내담자로 하여금 자기 자신에 대한 특정 측면을 내담자의 자각 대상으로 삼도록 도울 수 있을지라도, 통합 이론은 이러한 치료의 측면을 이해하는 데에서 가장 일관되고 포괄적인 틀을 제공하는 것으로 보인다. 통합 이론은 치료자가 내담자로 하여금 그것을 달성하도록 돕는 것을 지원한다. 제4장에서 언급했고 바로 앞에서 논의하였듯이, 한 단계에서 다음 단계로 발달하는 것은 한 단계의 주체였던 것이 다음 단계의 주체의 객체가 되는 과정을 수반한다. 한 개인이 이 과정에 더 일관되게 참여할수록(이것은 동서양 모두에서 명상과 관조적 수련의 핵심에 있다), 자신의 원격 부분과 덜 동일시하며, 근접자기가 선행자기에 더욱 가까워질 수 있다. 주체('나', 자기)가 객체가 될 때마다, 새롭고 더 높은 주체('나', 자기)는 남겨진 모든 것들이 선행자기가 될 때까지, 그 위치를 점유한다(Wilber, 2006).

통합 이론에서의 선행자기는 순수한 관찰 또는 자아, 자기 또는 '나'라는 자각의 소재지다. 제임스(1980/1950)에 의해 '순수 자아(pure ego)'로, 피이테(Fichte, 1988)에 의해 '초월적 자기(transcendent self)'로, 아바바사(Avabhasa, 1985)에 의해 '관조(witness)'로, 데이크만(Deikman, 1983)에 의해 '관찰하는 자기(observing self)'로, 그리고 마하리쉬(Maharshi, 1985)에 의해 '나-나(I-I)'로 불리는데, 선행자기는 모든 것이 객체가 되는 것의 궁극적인 주체(subject)다. 그 정신은 유대 기독교의 신이든, 알라, 붓다의 본성이든 또는 삶의 신비 그 자체이든 간에 "순수한 관찰(Pure Witness) 또는 순수한 자기(Pure Self), 그리고 절대 정신이 말하는 텅 빈 공간이다." (Wilber, 2006, p. 128) 시간과 문화적 전통을 넘는 신비는 우리 스스로 가짜 자기와 동일시하는 오류가 사라질 때 남는 것은 순수한 자기 혹은 정신이라는 점을 입증해 왔다. "관찰되는 객체가 결코 아니라, 언제나 순수한 관찰자인 순수 관조다." (Wilber, 2006, p. 129) 선행자기의 임상적 적용과 관찰 연습에 대해서는 다음에 자세히 언급할 것이다.

자기-체계 병리: 주체/객체 균형이 주체/타자 역동이 될 때

여기에서, 주체가 객체가 되어 간다는 말이 1인칭 관점 내에서 일어나는 어떤 것을 3인칭으로 개념화하는 것임을 강조하는 것은 도움이 될 수 있다. 현상학적으로, 한 개인은 "'I' 였던 것에 대해 'me' (또는 'mine')이 되는 것"을 경험한다. 이는 불건강한 발달과 건강한 발달을 구별하기 위해 중요하다.

건강한 자기-발달에서는, 1인칭의 'I' 는 1인칭의 'me' 또는 'mine' 이 된다(Wilber, 2006). 이 과정에서 가장 중요한 것은 me/mine(객체)는 더 이상 배타적으로 동일시되지 않을지라도(그것은 실제로는 탈동일시 되는 것이다.), me/mine(객체)는 소유된다. 주체였던 것이 객체가 되었으나 단지 객체가 된 것은 아니다. 그것은 나의 1인칭 객체, 즉 나의 새로운 주체의 객체다.

대조적으로 불건강한 자기-발달에서는 1인칭 'I' 는 2인칭 'you' 혹은 3인칭 'it' 이 된다(Wilber, 2006). 다른 말로 하면 'I' 의 일부였던 것이 'you' 혹은 'it' 이라는 나 외의 다른 것이 되는 '주체/타인' 역동인 것이다. 자신의 측면에 대한 책임이나 주인의식을 가진다기보다는, 그 사람은 그러한 측면(그림자 요소)을 분리시켜서 타인 또는 기껏해야 세상에 투사한다. 분리와 탈동일시가 건강한 발달에 필수적일지라도, 그것은 탈동일시했던 것을 여전히 자신의 하나의 객체로서 소유할 때의 경우에만 해당되며, 유리되거나 억압된 또 다른 것과는 반대다. 심리학적 병리의 상당 부분은 그러한 부분에 대한 소유권을 통합하거나 가지지 않은 채로, 자신의 부분과 탈동일시 되거나 해리된 것을 포함한다.

한 가지 예를 들기 위해, 분노로 어려움을 겪는 내담자를 검토해 보자. 다양한 명상적 기법, 특히 윌버(2000a, 2000d)가 '관찰 연습' 이라고 불렀던 것은 내담자가 의식 상태로서의 선행자기에 대해 경험적으로 이해하는 것을 촉진할 수 있다. 선행자기 혹은 관찰의 경험은 반드시 무집착의 관점을 포함하는데, "이 상태는 문제로부터 자유로운 나 또는 자기라는 느낌을 내담자에게 줄 수 있다. 이러한 의미에서 그 상태는 집착에서 오는 고통으로부터 일시적인 위안을 제공할 수 있다." (Ingersoll & Cook-Greuter, 2007, p. 197) 그러므로 치료자는 내담자로 하여금 "나는 분노를 가지고 있다. 그러나 나는 나의 분노가 아니다."라고 스스로에게 말함으로써 그의 분노와 탈동일시하도록 가르친다. 나는 나의 분노를 자각하는 것이다. 만약 내가 분노가 일어나고 사라지는 것을 관찰할 수 있다면, 나는 내가 관찰하는 대상이 아니라 관찰자임에 분명하다. 나는 관찰자다. 나는 분노가 있다. 그러나 나는 분노가 아니다." 그 과정이 잘 진행되면 내담자는 자신이 배타적으로 자신의 분노가 아니라는 점을 확실히 깨닫게 되며, 똑같이 중요하게 그는 그가 경험하는 분노가 그의 것임을 인식한다. 그것은 내면으로부터 나온 것이며 그 자신의 몸-마음의 일부다. 이는 "나는 분노를 지각한다." 보다는 "나는 분노가 있다."는 문장이 중요하다는 점을 지적한 부분이다. 후자의 경우에, 내담자는 다른 사람(2인칭) 또는 그를 압도하는 해리된 분노(3인칭으로서 '그것' 또는 '타인'; "나는 무엇이 일어났는지는 알지 못한다. …… 나는 분노에 의해 압도당했다.")를 인식할 수 있다. 2인칭, 3인칭, 두 가지 모두, 분노를 자신의 자기에 대한 '타인'으로서 바라보는 것이므로 소유하거나 통합하지는 않은 것이다.

사람이 자신이 소유하지 않은 느낌과 사고를 어떻게 타인에게 투사하거나, 자신으로부터 해리시켜 3인칭 'it'로 인식하는가를 살펴보는 것은 내담자로 하여금 앞서 언급한 폭력적인 경향성을 상기시키는 것이다. 우리의 상담의 한 회기 중, 그는 긴장된 얼굴과 이를 악문 모습에 의자의 팔걸이를 아주 강하게 붙들고 있어, 손가락 관절이 문자 그대로 하얗다는 사실로 미루어 보아 화가 나고 있는 것 같았다. 내가 그에게 화가 난 것 같다고 말했을 때, 그는 "내가요? 나는 화나지 않았어요. 오히려 선생님이 나에 대해 화를 내고 있는 것 같군요!" (나의 자기-감시/자기-자각 능력을 최대로 동원할 때, 나는 내가 화가 났다고 생각하지는 않는다. 그 회기는 비디오로 촬영되었고, 그 회기를 본 나의 수퍼비전 집단을 어느 누구도 내가 화가 났다고 생각하지 않았다)라고 하였다. 더욱이 그 내담자는 특히 우리 작업의 초반기에, 종종 어떻게 '내가 화가 났는가' 에 대해서는 말하지 않았고, "화(그것) 또는 폭력적인 생각(그것의) 때문에 어쩔 줄 모르겠다." 라고만 했다. 마치 화는 그의 일부가 아니라, 그의 자기감에 자아-소외적인(ego-dystonic) 것(3인칭 'its' 로서)으로 존재하는 듯했다.

이러한 논의와 사례에서 볼 수 있다시피, 1인칭 역동("나는 화가 났다" 와 같은)을 2인칭("나는 화나지 않았다. 당신이 화가 났다!") 혹은 3인칭("분노, 그것이 나를 장악하고 있다.") 역동으로 전환하는 것은 대개의 경우 불건강하다. 앞의 문장에서의 '1-2-3' 과정을 기억해 보라. 1인칭 자질을 소유하지 않는 것(해리시키거나 그것을 2인칭 또는 3인칭으로 투사하는 것)은 대개의 경우 불건강하므로, 치료적인 것은 그 역동의 반대인데, 그것은 윌버가 '자기를 초월하기 전에 그것을 재소유하는 3-2-1 과정' 또는 더 간단하게는 '3-2-1 과정' 으로 불렀던 것이다(2006, p. 136). 3-2-1 과정의 가장 뼈대가 되는 형식은 내담자로 하여금 3인칭 '그것(it)' 을 2인칭 '타인(other)' 또는 '당신(you)' 으로 전환하는 것을 포함한다. 그렇게 함으로써 이전에는 방어해 왔던 재료와 대화를 할 수 있으며, 종국에 내담자는 그 재료를 '소유' 또는 책임질 수 있게 되고 더 이상 그것을 억압하거나 해리시키거나 투사할 필요를 느끼지 않는다. 분노를 가진 내담자의 경우에, 그는 자신을 '압도하는' 3인칭 분노의 관점을 취하고 그것을 화가 난 또 다른(2인칭) 사람으로 전환한다(그 대상이 치료자이든 그 밖의 누구이든). 그러고 나서 빈 의자 기법 혹은 목소리 대화 기법으로 화가 난 2인칭 '타인' 과 대화를 하게 된다. 내담자의 특정 이슈와 소유하지 않았고, 투사했던 그것에 대해 통찰이 일어난 후에는, 내담자로 하여금 자신의 1인칭 부분으로서 다른 목소리와 재동일시하여(2인칭), 2인칭 대화로부터 1인칭 소유의 독백으로 옮겨가도록 하는 것이 목적이 된다. 3-2-1 과정은 억압 장벽 및 투사와 해리 기제를 직접적으로 다루며(1-2-3), 한 존재의 모든 측면에 대해서 치료적인 소유(3-2-1)를 하게 되는 결과를 가져온다(보다 자세한 3-2-1 과정에 대해서는 Wilber, 2006 참조).

다시 말하여 요약하자면, 건강한 자기-발달은 'I' 를 'me' 혹은 'mine' 으로 변형시킨다. 병리적인 자기-발달은 'I'를 'you' 혹은 'it'으로 변형시킨다. 윌버는 이 발달 과정의 소유권 부분을 강조하면서, 자신의 충동, 생각 그리고 느낌에 대한 소유권을 거부하는 것은 건강한 탈동일시를 이끄는 것이 아니라고 기술하였다. 그것은 부정과 해리를 초래하는데, 이것은 모두 종종 불건강하다. 탈동일시는 그 과정의 필수적인 요소이지만, 그것은 개인이 그의 충동, 사고, 느낌을 소유한 이후에 일어나야만 하는 것이다. 탈동일시가 성장과 자유를 가져올 수 있는 반면, 탈소유권은 증상과 문제를 강화시키게 된다.

억압

우선 모든 망각은 억압이 아니나. 그것은 연속체로서 한쪽 극단은 단순한 부주의이며, 다른 쪽 극단은 강력한 침잠이다. 엄밀한 의미에서 한때는 동일시했던 것을 무의식적으로 망각하면서, 억압은 어떤 식으로든 항상 자신의 자기감과 관련된 재료들을 포함하는데, 그 재료는 관심의 레이더 아래의 어떤 지점으로 이제는 가라앉았다. 만약 그 재료가 동일시될 수 있었던 자기와 충분히 가까워졌고 그러한 동일시가 자기-체계에 어떤 종류의 지각된 위험 또는 위협을 수반한다면, 종종 자기는 아직 동일시해 오지 않았던 재료를 억압할 수 있다(따라서 예를 들어 인지 라인과는 대조적으로 자기-관련 측면만이 억압된다). 이와 마찬가지로, 망각된 모든 것이 신경증을 초래하는 것은 아니다. 억압되어 온 무의식적인 재료만이 위장되고 상징적인 증상의 형태로 자신을 표현한다. 이와 같은 이슈와 연관된 AQAL 개념의 가치들 중 하나는 억압은 자기 속에서, 그리고 발달의 자기-관련 라인 속에서만 일어난다는 인식이다. 그리고 자기가 그것을 위협하는 무언가와 동일시할 때에만 일반적으로 그러하다. 더욱이 무의식적인 심리 역동에 대한 통합적인 개념화는 무의식의 한 가지 형태뿐만 아니라, 무의식의 다섯 가지 질적으로 구분되는 유형을 보여 준다(프로이트, 융, 피아제, 설리번, 뢰빙거의 연구에 기초하는/더 자세한 월버의 억압 이론에 대해서는 Wilber, 19999c 참조).

무의식의 다섯 가지 다른 유형

상담 및 심리치료의 많은 접근들은 공통적으로 어떤 종류의 '무의식'이 존재한다는 점을 단순히 가정한다. 예를 들어 프로이트, 융, 로저스, 펄스가 무의식을 어떻게 인식하는가에 대해서는 확실히 차이가 있을지라도, 윌버(1980; 1999c)는 무의식에 대한 어떤 전체적인 이해는 역동적인 요인과 구조적인 특징뿐 아니라, 발달적 혹은 진화적 이슈들을 설명해야만 한다고 오랫동안 주장해 왔다. 예를 들어 다양한 규칙, 역할 그리고 책임을 학습한 성인은 어떤 행위 혹은 행동의 실패에 대한 죄책감을 억압할 수 있을지라도, 2세 유아가 죄책감을 억압해 왔다고 이야기하는 것은 이치에 맞지 않는다. 따라서 '그' 무의식 속에 있었던 것은 발달적 이슈의 기능이다. 의식 밖에 있었던 것에 대한 전체성은 처음부터 단순히 주어지지는 않는다(Wilber, 1999c). 다음은 무의식의 다른 수준이 아니라, 무의식의 다섯 가지 구별되는 유형이다.

토대-무의식(ground-unconscious)은 어떤 한 인간의 미래에 나타날 수 있는 잠재력으로 존재하는 모든(기본) 심층구조로 구성된다. 이러한 발달적 잠재력은 분화되지 않은 채로 토대-무의식 속에 묻혀 있다. "이러한 모든 구조는 무의식적이지만, 아직 의식으로 진입하지는 않았으므로 억압된 것은 아니다. 발달 또는 진화는 일련의 위계적인 변형, 펼쳐짐 혹은 토대-무의식으로부터의 심층구조의 분화로 구성된다." (Wilber, 1999c, p. 247) 윌버는 토대(ground)라는 단어를 중립적인 의미로 의도적으로 선택하였다. 그는 '모든 것을 포함하는(all-encompassing)' 토대-무의식의 차원이 존재함에도 불구하고, '존재의 토대(Ground of Being)'과 토대-무의식을 혼동하지 않기를 확실히 원했다(Wilber, 1999c, p. 247). 다음의 네 가지 무의식의 유형은 토대-무의식과 관련되어 있다.

원시-무의식(archaic-unconscious)은 영양을 추구하는 충동, 정서적-성적

에너지 그리고 정신-환상적 이미지를 포함하는데, “가장 원시적이며, 토대-무의식의 가장 덜 발달된 구조다.” (Wilber, 1999c, p. 249). 토대-무의식과 마찬가지로, 원시-무의식은 억압된 것은 아니다. 프로이트는 “억압된 모든 것이 Ucs.[무의식]이라는 점은 여전히 진실이지만, Ucs.인 모든 것이 억압된 것은 아니다.” (1962. p. 8)라고 쓰면서 이 사실을 인식하였다. 무의식적인 모든 것이 억압된 것은 아니다. 무의식의 어떤 것은 단순히 처음부터 무의식적인 것이기 때문이다. “각각의 단일한 과정은 처음에는 무의식적인 정신 체계에 속해 있다. 그것은 이러한 체계로부터 어떤 특정한 조건이 되면 의식적인 체계로 더 나아간다.” (Freud, 1935, p. 260) 윌버는 무의식의 이러한 측면이 계통발생적인 유산의 일부라는 입장을 가진 프로이트(1963)와 융(1963) 모두에게 동의하였다. 요약하면, “원시-무의식은 개인적 경험의 생산물이 아니다. 그것은 초기에 무의식적이기는 하지만, 억압된 것은 아니다. 그것은 토대-무의식으로부터 펼쳐지는 가장 초기의, 가장 원시적인 구조다. …… 대체로 전언어적이다.” (Wilber, 1999c, pp. 249-250)

침잠-무의식(submergent-unconscious)은 아마도 대부분의 치료자들이 ‘무의식’ 이라고 생각하는 것이다. 그것은 이전에는 토대-무의식으로부터 한 개인의 의식으로 출현했었지만 자각 아래로 침잠된 재료로 구성된다. 이러한 방식으로 침잠-무의식은 개인적이든 집단적이든 간에, 전개인 또는 개인 또는 초개인 단계에서 출현했던 어떤 무의식 혹은 모든 무의식을 수반할 수 있다. 더욱이 프로이트(1962, 1935, 1963)가 많이 저술하였듯이, 침잠된 무의식 속에 특정 내용이 존재하는 이유는 단순히 망각하는 것에서 엄밀한 의미의 억압에 이르기까지 부주의라는 연속선상에 걸쳐 있다. 융(1968)과 마찬가지로, 윌버는 “침잠된 무의식의 개인적인 차원을 ‘그림자’ 로 불렀으며, 그것은 보다 발달된 언어적 각본이나 명령으로부터 비구조화된 원시적인 혼돈 혹은 간신히 구조화된 원시적 재료(materia prima), 원시-무의식의 플레로마(본래 연금술의 용어로서, 각종 물질이 혼합되어 있는 혼돈상태를 말한다.-역자 주)적인 융합의 기초까지 거슬러 가는 모든 과정의 스펙트럼에 걸쳐 있다.” (1999c, p. 251)

묻힌-무의식(embedded-unconscious)은 프로이트가 무의식을 "다양한 의미를 가질 수 있는 자질"(1962, p. 8)이라고 모호하게 암시를 했을지라도, 그를 혼란스럽게 한 것 같다. 프로이트는 "자아의 많은 부분 그 자체가 무의식적이라는 점은 확실하다."(1967, p. 41)라고 강조하면서, 묻힌-무의식에 대해 보다 직접적으로 묘사하였다. 물론 명백하게 자아 그 자체는 억압된 것이 아니다. "우리는 환자의 저항은 그의 자아로부터 일어난다고 말할 수 있다." (Freud, 1967, p. 41) 프로이트가 독일어로 das Ich('나')라고 표현했던 자아는 우리 각각(각 '나')이 묻힌 것이다. 따라서 무의식적이지만 억압되지는 않은 것(묻힌 자아)은 '억압하는 것'에 대한 책임이 있다. 스키마에 대한 피아제(1977) 및 벡(1979)의 개념과 아들러의 '통각의 스키마'는 스키마 그 자체를 의식하지 않은 채로, 어떻게 묻힌 구조가 우리의 지각과 경험에 영향을 미치고, 연결하고, 조직화하는지에 대한 유사한 예를 제공한다.

> 묻힌-무의식은 자기로서 묻히기 때문에, 자기는 완전히 또는 정확하게 그것을 볼 수 없다. …… 그것은 출현할 때 자기-체계로서 출현하고 본질적으로 무의식인 채로 남아 있는 토대-무의식의 측면인데, 다른 요소들을 억압하여 침잠-무의식으로 보내는 힘을 소유한다(Wilber, 1999c, p. 254).

다른 말로 하면, 삶 속에서의 우리의 발달 단계에 상관없이, 우리는 우리의 묻힌 구조를 직접적으로 관찰할 수 없다.

창발-무의식(emergent-unconscious)은 한 인간의 삶의 과정의 특정 지점에서 아직 동일시해 오지 않았거나 그들의 잠재력으로부터 실현되지 않은 심층구조를 의미한다. 예를 들어 무게중심이 윌버의 표상심 근처에 있는 사람의 경우에, 표상심을 넘는 모든 의식의 기본 구조는 그 사람의 창발하는 무의식의 일부다(이 경우에는 초개인적 구조 뿐 아니라, 규칙/역할심, 형식-반성적, 비전-논리다. 독자는 제4장의 〈표 4-1〉을 참고하는 것이 도움이 될 것이다). 프로이트는 다음과 같이 기술하였다.

> 모든 정신적 과정은 처음에는 무의식적 상태 또는 단계 속에 존재하는데, 그 단계로부터 의식적인 단계로 발달해 나갈 뿐이다. 사진이 처음에는 음화였다가 그 다음에는 양화의 인쇄를 통해 사진이 되는 것과 아주 비슷하다. 그러나 모든 음화가 양화로 바뀌어야 하는 것은 아니며, 모든 무의식적인 정신적 과정 그 자체를 의식적인 것으로 반드시 전환시켜야 하는 것도 아니다(1935, p. 260).

통합치료자가 전개인적 · 초개인적 발달 영역뿐 아니라 모든 사람이 실현할 수 있는 발달 잠재력을 내포한 창발-무의식까지를 포괄하는 이러한 전체적인 이론적 지도를 가지고 일하는 것은 행운이다. 따라서 비전-논리 단계에 무게중심이 있는 내담자, 즉 대부분의 전통적인 치료자들이 정신 건강의 귀감이며 자기실현으로 생각하는 내담자에 대해서도, 통합치료자는 고립되고 피부에 감싸인 자아 주변을 배회하는 엄격한 개인적 수준을 넘는 몇 가지 초개인적 발달 단계를 인식한다(Watts, 1966). 중요한 점은 기본적으로 전개인적 또는 개인적 발달의 고도에 있는 사람에게 초개인적 영역은 억압되고 걸러지고 자각으로부터 차단된 것이 아니라는 점이다. 초개인적 영역은 단순히 펼쳐질 수 있는 발달적 기회를 가지지 못한 것이다. 유사하게, 우리는 한 살짜리 유아가 언어와 문법의 자각을 억압한다고 말하지 않는다. 그 아이 혹은 많은 성인들은 초개인적 영역을 억압하지 않는다. 아직 그것이 아닐 뿐이다(Wilber, 1999c).

그러나 일단 사람들이 비전-논리 단계에서 안정화되면, 그들의 자아/자기는 이전의 영역(성적, 공격적, 그리고 다른 몸 관련된 충동으로부터 파생되는 그림자 요소들)뿐만 아니라 인간 본성의 더 발달된 영역까지도 억압할 정도로 강해진다. 초의식은 잠재의식만큼 쉽게 봉쇄될 수 있다. 실질적으로 억압되었거나 자각으로부터 차단된 토대-무의식의 그러한 측면들을 창발-억압-무의식(emergent-repressed-unconscious)이라고 불린다. 따라서 자기의 초개인적 차원은 무의식적인데, 발달적 미래라는 면에서 너무 멀기 때문이 아니라, 그 차원에 대한 실질적인 저항 때문이라면, 우리는 매슬로(1971), 아사지올리(Assagioli, 1988), 그리고 윌버(1999c)가 초월에 대한 방어(defense against transcendence)로 일컬었던 것, 그것들 중 몇 개는 합리화('초월은 병리적 환상'), 비신성화(초월적 가치를 인정하기 거부하는 것에 대한 매슬로의 설명), 고립("나의 의식과 자기-자각은 내 피부 내에서 포함된 것으로 가정된다."), 전치(마약, 섹스, 모험 등등에서와 같이 다른 영역의 경험으로 더 높은 영역에 대한 욕구를 만족시키려고 시도하는 것), 죽음 공포("나는 자아의 죽음을 두려워한다. 그렇다면 나에게 남는 것이 무엇인가?")를 포함한다. 대부분은 아닐지라도, 많은 전통적 치료자들은 창발-무의식의 상위의 형태를 이해하지 못하기 때문에, 그것을 침잠-무의식으로 융합시키는 경향을 보여 왔다. 그렇게 함으로써 그들은 더 높은 구조의 창발이 아니라, 더 낮은 구조의 재등장으로서 초개인적 영역을 개념화하였다. 윌버가 가끔 지적하는 논점을 다르게 표현한다면, 그들은 진정한 신비적 체험을 유아기적인 젖가슴 융합으로, 신을 젖먹이로, 모든 초개인적인 합일 경험을 전개인적인 플레로마적인 융합으로 환원시킴으로써, 그들이 신비를 설명했다고 스스로 자축한다(1999c).

무의식의 다양한 유형을 다루지 않고서는 자기-체계에 대한 어떤 통합적 논의도 완벽하지 않기 때문에, 이 절은 그 소개로서의 역할을 했다. 통합치료자는 대부분의 전통적 접근은 이와 같은 무의식적 역동의 유형을 충분히 분화시키지 못했으므로, 그것들을 혼동하거나 또는 결과적으로 초개인적인 잠재력을 전개인적인 환상으로 환원시킨다고 믿는다. 무의식의 다양한 유형에 대해서 자세히 알고 싶다면, 윌버(1999c, pp. 243-263)를 참조하라.

하부 인격

앞에서 다룬 모든 것에 추가적으로, 자기-체계는 또한 다양한 하부 인격(subpersonality)으로 구성되는데, 하부 인격은 그 온건한 형태로는, 윌버가 "특정 심리사회적 상황을 향해하는 기능적인 자기-표현"(2000e, p. 101)이라고 불렀던 것이다. 다른 말로, 하부 인격은 특정 종류의 상황에 대처하기 위해 작동하는 특별한 사고-행위-감정-생리학 양식이다. 많은 치료자들이 인식하는 하나의 예는 자신 혹은 타인의 잘못을 대면할 때, 지나치게 판단적인 사고, 비판적인 말과 처벌적인 행위, 분노와 우월감, 그리고 고양되고 긴장된 생리적 상태 등으로 반응하는 가혹한 비난이다. 하부 인격들은 종종 한 개인의 내적 대화에서의 다른 '목소리' 또는 구성 요소로 경험된다(예: 양심은 종종 하부 인격으로 인식된다). 이와 같이 한 사람의 하부 인격은 자기의 잠재의식의 집합을 구성하는데, 이상적으로는 근접자기가 그것을 알아차리고 적절한 표현을 허용하는 것이 바람직하다(Wilber, 2000e).

다양한 심리치료 체계에서 파악해 왔던 보다 공통적인 하부 인격의 몇 가지는 다음을 포함한다. 원초아, 자아 그리고 초자아(정신분석); 아이, 부모 그리고 성인 자아 상태(교류 분석); 상전(top dog)과 하인(underdog)(게슈탈트 치료); 비판(젠들린의 포커싱) 등이다. 보다 포괄적인 다른 형태는 가짜 자기와 진정한 자기, 성취자와 익살꾼을 포함한다. 하부 인격은 특정한 원형적 형태의 주변을 자주 맴돌며, 종종 어머니, 아버지, 교사 또는 영웅과 같은 사회적 역할을 포함한다. 윌버는 사람들이 존재의 초개인적 차원과 연관된 하부 인격을 형성할 수도 있음을 상정해 왔다. 통합접수평가지의 363쪽은 내담자가 어떤 식으로든 문제로서 파악할 수 있는 하부 인격 점검표를 포함하고 있다.

일반적으로 하부 인격은 자각으로부터 해리되거나 차단된 수준까지는 병리적이다. 따라서 많은 내담자는 그들의 하부 인격을 인식하거나 '소유할' 수 없을 것이다. 자신의 정체성 측면으로서 하부 인격을 소유하기보다는 하부 인격을 억압해 왔거나 해리시켜 온 사람은 특정한 맥락에서 그것이 촉발될 때 잠재된 인격 속에서 묻힌 상태로부터 무의식적으로 행동할 것이다. 그들은 자신이 그러한 방식으로 작동하고 있다는 점을 인식하지도 못한 채로 특정한 하부 인격으로부터 행동하고 느끼고 생각할 것이다. 달리 말하면, 그들은 어떤 것(예: 그들의 상전 하부 인격)이 그들을 '압도했으며' '통제했다고' 이후에 보고할 것이다. 그러나 그것은 정확하게 우리가 그들에게 말하기 원하는 것인데, 왜냐하면 그 순간에 그들의 '숨겨진 주제' (그들이 작동하는 심리학적 공간)는 상전으로, 동일시하지 않고 해리되었던 하부 인격이기 때문이다. 따라서 그 하부 인격은 그들의 것처럼 느껴지지 않고, 다른 혹은 외계의 어떤 것이 그들을 압도하는 것처럼 느끼는데, 정확히 그들의 자기-체계 속에서 그 하부 인격을 동일시하고 통합하지 않았기 때문이다.

해리된 스펙트럼의 심각한 극단에서 우리는 해리성 정체성 장애를 만난다(이전에는 다중인격장애로 알려졌었다). 보다 일반적으로는 하부 인격은 침잠되거나, 경증에서 중간 정도의 수준으로 해리된다. 윌버와 그 밖의 성격이론가들은 대부분의 사람은 열 가지가 넘는 하부 인격을 가지고 있다고 말하고 있다. 또한 이러한 하부 인격들은 발달적 과정의 어떤 지점에서도 형성될 수 있으며, 종종 사람은 자신의 발달적 역사의 다양한 단계를 보여 주는 듯한 다양한 하부 인격들을 가지고 있다. 말하자면, 사람은 삶의 초기 몇 년 동안에 유래된 원형적 하부 인격, 초기 유아기에 형성된 마술적 혹은 신비적 하부 인격, 그리고 청소년기 또는 이후에 형성된 합리적 하부 인격뿐 아니라 영혼-혹은 초개인적 하부 인격을 가질 수도 있다(Wilber, 2000e).

건강한 기능을 위해 필수적으로 보이는 것은 자기가 단순히 하부 인격의 희생양이 되거나 자각 없이, 또는 의지에 반해 그것에 의해 '압도되기' 보다는, 기능적인 하부 인격과 의식적으로 탈동일시하여 그것을 통제하거나 지배할 수 있게 되는 정도다. 즉 언제 그리고 어떻게 하부 인격이 관여되는지에 대해 몇 가지 선택 기준을 가지게 되는 것이다. 그러나 자신 안에서 하부 인격과 탈동일시할 수 있기 위해서는, 당신은 처음에는 그 하부 인격을 자각해야만 하며, 정체성의 한 부분으로서 탈동일시하고 초월할 수 있는 한 부분으로서 그것을 인식해야 하는데, 그때 당신 혹은 타인에게 피해가 되지 않을 정도의 환경에서 의도적인 표현을 허용할 수 있다. 치료적 촉매제는 내담자의 자각과 그의 하부 인격에 대한 인식으로 보이는데, 내담자의 전반적인 자기-체계에 하부 인격을 통합하려는 목적을 가지고, 내담자로 하여금 그 '숨겨진 주제들'을 주의의 '의식적인 대상'으로 전환할 수 있도록 한다.

하부 인격의 개념은 우리가 내담자를 개념화하는 데에서 또 다른 복잡성의 차원을 추가한다. 다양한 발달 라인이 서로 상대적으로 독립적으로 발달하는 것과 마찬가지로, 다양한 하부 인격들 또한 종종 상당히 '고르지 않다.' 다시 말해서, 전반적으로 매우 성숙하고, 건강하고, '발달된' 개인 안에서조차도, 완전히 자기애적이고 자아중심적인 원시적 하부 인격이 존재할 수 있다(아이의 자아 상태와 같은). 보통 매우 정서적으로 통제되고, 공감적이고, 합리적인 사람의 경우에도 기질적 짜증으로 폭발될 때가 있다. 하부 인격은 몇 초 정도의 짧은 시간에서 몇 시간 정도의 긴 시간에 이르는 동안 자기 자신을 감당하지 못하고 표현할 수 있다. 따라서 통합 이론의 발달 모형의 선형적 논리에도 불구하고, 통합치료자는 특정 개인의 삶의 궤적의 실질적인 역동은 대개의 경우 단순하고 선형적인 진보가 결코 아니며, 그보다는 그 역동이 수많은 상승과 하강, 퇴행 등을 포함한다는 사실을 인식한다.

결론

이 장에서는 의식의 상태, 성격 유형 그리고 자기-체계를 다루면서 통합 상담과 심리치료에 대한 이론적인 해설을 마무리하였다.

사상한, 발달 수준과 라인에 더하여 이러한 세 가지 구성물은 인간들 간의 상당한 정도의 공통점을 설명하고 있다. 그러나 서로 다른 시대와 문화 속에서 서로 다른 사람이 이러한 수많은 요인들을 창조적으로 표현할 때 나타낼 수 있는 거의 무한한 조합과 순열은 인간 본성의 다양성과 각 인간의 독특성을 설명해 준다. 이 책뿐만 아니라, 윌버는 그의 많은 책을 통해 논의해 왔던 심리학적 구조는 엄격한 구조가 아니라, "'우주의 기억들'이라는 진화의 형성적 습관이라고 이해하는 것이 더 낫다. …… 이미 주어진 주형 속에 세계를 쏟아 붓는 것이 아니다."(2000e, p. 145)라는 점을 반복적으로 강조해 왔다.

미 주

1) 윌버(1999c, 1999d)에 따르면 전/초오류(pre/trans fallacy)는 임상가들이 전개인적 영역과 초월개인적(suprapersonal)/초개인적(transpersonal) 영역을 혼동하는 범주오류의 한 형태다. 전개인적과 초개인적 차원은 둘 다 비개인적이기 때문에 초개인적 문제를 가진 내담자를 상담하기 위한 교육과 훈련을 받지 않은 사람들은 초개인적 경험을 정신증적(전개인적) 삽화로 진단적인 환원을 하는 경향이 있다(프로이트와 많은 전통적 치료자들은 이 오류에 빠졌다). 전/초오류의 반대 형태는 정신증적(전개인적) 삽화를 초개인적 경험으로 진단적으로 상승시키는 것이다(융과 많은 초개인적 치료자들은 이러한 오류를 범했다). 그로프와 그로프(Grof & Grof, 1989), 스카튼, 친넨 그리고 바티스타(Scotten, Chinen, & Battista, 1996)에서는 치료에서 전개인적 문제와 초개인적 문제를 차별적으로 진단하는 관련 쟁점들을 다루기 위해 많은 지면을 할애하고 있다.

07 종합하기

내담자의 반응을 해석하고 치료 계획 세우기(사례)

개요

제2장부터 제6장까지 통합 이론과 그 구성 요소인 모든 상한, 모든 수준, 모든 라인, 모든 상태, 모든 유형을 소개하였다. 이 장에서는 주요한 발달 스펙트럼에 걸쳐 있는 두 사례를 검토함으로써, 그 재료들을 모두 종합하는 시도를 할 것이다. 사례 중 하나는 기능을 매우 잘하는 남성이며, 또 한 사람은 경계선 성격 조직을 가진 여성 내담자다. 나는 통합적 메타이론이 어떻게 서로 다른 개인을 각각 다르게 치료하기 위한 프레임워크와 정당성을 제공하는가를 보여 주고자 두 명의 서로 매우 다른 내담자를 의도적으로 선택하였다.

이 장은 치료 계획과 관련된 문제에 대한 간단한 소개로 시작한다. 이 장의 많은 부분은 두 개의 사례로 구성된다. 각 사례에서 나는 각 내담자가 통합접수평가지에 실제로 기입한 반응들을 독자에게 보여 줄 것이다. 그러고 나서 나는 초기 회기와 내담자가 당면한 문제(들), 내가 초기에 내린 AQAL 평가, 내담자의 통합심리도 그리고 *DSM* 진단, 그 내담자를 위한 초기 및 잠정적 치료 계획을 끌어낸 사례 기술(case narrative), 개입, 그리고 회기가 실제로 진행된 과정과 결론을 논의하고자 한다.

통합적 치료 계획에 관한 간략한 입문서

사람은 각자 다른 많은 이유에서 전문적인 상담과 심리치료를 찾는다. 그들의 문제는 다양할 뿐만 아니라, 서로 다른 사람들은 즉각적인 증상 완화에서부터 전반적인 삶의 개선, 심오한 자기-변형/해방에 이르는 스펙트럼에 걸쳐 근본적으로 다른 목표를 원한다. 이러한 세 가지 개념은 마호니(1991, 2003)가 치료적 작업에서의 문제, 패턴 그리고 과정의 수준으로 설명했던 것과 유사하다. 첫 회기에서는 내담자가 치료에서 얻기 희망하는 것과 그가 그 목적에 헌신하기 위해 얼마나 많은 시간과 자원을 가지고 있는지를 파악하는 것이 중요하다. 대부분의 내담자들은 자기-변형과 베이트슨(Bateson, 1982)이 '이차적 변화(second-order change: 이 변화는 종종 영적 훈련/수련이 중요한 역할을 하며, 강력하고 장기적인 자기-관찰, 실험 그리고 인내를 수반한다)'라고 칭했던 것과 유사한 심층적인 과정적 작업을 바라기보다는, 특정한 문제를 해결하고 고통스러운 증상(우울과 불안과 등)으로부터 어느 정도의 즉각적인 완화를 얻기 원하면서 치료를 찾는다. 치료 중반기에는 많은 내담자들이 단순한 증상 완화 이상을 원하기도 하지만, 그들의 정체감을 근본적으로 변화시키기 원하는 사람들만큼은 원대하지는 않다. 그들은 삶 전반에서 중요한 개선(증가된 사존감, 보다 친밀한 관계, 보다 의미 있는 일)을 원하는 경향이 있다.

마호니의 치료적 작업의 세 가지 수준(문제, 패턴 그리고 과정)과 베이트슨의 일차적, 이차적 변화에 대한 개념은 통합치료자들이 치료적 초점의 세 가지 수준이라고 불렀던 것과 중요한 관련이 있다.

1. 문제에 초점을 둔 해석 작업(problem-focused translative work): 해결에 초점을 맞추며 상당히 인지행동적인 경향이 있다. 인지적 재구성의 일부는 통합 이론과 통합적 삶을 위한 수련(앞으로 다룰 ILP)에 관한 심리적인 교육을 포함할 수 있다(Wilber, 2005b). 이 작업은 대체로 1회기부터 8회기에 내에 달성할 수 있다.
2. 패턴에 초점을 둔 해석 작업(pattern-focused translative work): 각각 동떨어진 문제들에 대해 작업하는 것을 넘어 내담자가 삶 속에서 지속적으로 부딪히며 유사한 문제들을 일으키는 기저의 패턴과 심층 구조/스키마를 다룬다. 이것은 종종 더 많은 인지정서적인 작업을 포함하며, 핵심 신념, 사고 등이 어떻게 정서와 행동에 영향을 미치는가에 보다 주의를 기울이는 것을 요한다. 이 작업의 수준은 내담자로 하여금 자기, 세상 그리고 타인을 다르게 인식하는 하나의 방법으로서 통합 이론의 개념을 보다 깊이 소화할 것을 요구할 수도 있다. 이 작업은 일반적으로 적어도 8회기 그리고 종종 30회기 혹은 그 이상을 요한다.
3. 변형적 작업(transformative work): ILP의 꾸준하고 부지런한 실천과 순간순간의 과정적 작업/자기-초월/영적 수련을 포함한다. 대개 적어도 1년 혹은 그 이상이 걸린다. 더 자주, 이 작업은 몇 년 그리고 일생 동안의 유지 작업을 필요로 한다.

일단 통합접수평가지에 대한 내담자의 반응을 읽었다면, 그다음에는 당신은 내담자의 AQAL 매트릭스에서 가장 압박을 주는 것으로 파악되는 문제를 체계적으로 다룰 (잠정적인) 치료계획을 개발한다. 가장 심각한 문제가 상태와 유형을 포함할지라도(제6장), 내 경험으로 미루어 보아, 나의 임상적 관심을 끈 대부분의 경우는 상한과 발달(수준, 라인, 자기-체계)의 문제였다. 이것이 내가 내담자의 심리도 초안을 가장 자주 스케치하는 의도다. 나는 종종 세 번째 또는 네 번째 회기가 될 때까지 많은 내담자들에게 상한, 수준 그리고 라인 등의 개념을 소개하고, 그들에게 자기 자신의 심리도를 구성해 보라고 요청한다(심각한 장애가 있는 내담자는 예외다). 만약 나의 평가와 그들의 자기 평가가 뚜렷하게 차이가 난다면, 우리는 그 차이점에 대해서 토론하는 시간을 갖는다.

내담자가 여러 개 혹은 많은 문제들을 보고할 때, 그가 빠르고 긍정적인 효과를 경험할 수 있다고 당신이 확신하는 문제가 있다면, 그것을 다루는 것이 종종 도움이 된다. 이러한 접근은 내담자에게 치료가 유익하고, 변화가 가능하고, 희망을 보장할 수 있고, 치료에 적극적으로 참여하면 그들의 이익에 기여할 것이라는 가시적이고 경험적인 증거를 제공한다(Mahoney, 1991; Garfield, 2003).

치료자는 내담자의 통합심리도(발달 수준과 라인을 포함하여)와 사상한 프로파일에 대해 숙고하고, 그다음에는 그 특정 내담자에게 가장 적합한 치료적 접근을 맞춤화한다. 이러한 맞춤 작업의 가장 핵심적인 두 가지 특성은 상한과 발달이다(제3, 4, 5장; 특히 4장의 〈표 4-1〉 참조). 추가적으로, ILP는 몸, 정서, 마음에서 영혼 그리고 정신에 이르기까지 전체 인간을 존중하고 보살피는 수련으로서, 각각은 자기('나', 좌상), 문화('우리', 좌하), 그리고 자연('그것' 그리고 '그것들', 우상 그리고 우하) 안에서 펼쳐지며, ILP는 치료 계획을 구성하는 데 있어 종종 중요한 역할을 담당한다. 본질적으로 한 인간의 발달 수준에 상관없이, 그가 할 수 있는 한 '모든 상한, 모든 수준'에 있고자 시도한다(Wilber, 2006, p. 26). ILP의 기본적인 원칙은 내담자가 존재의 가능한 많은 차원을 수련하고 계발할 때(당신이 원한다면 교차-훈련의 치료적 형태를 취할 수 있다), 긍정적인 결과를 경험할 확률이 가장 높다는 점이다. 많은 내담자들의 경우, 다르게 생각하는 것만으로는 그들이 바라는 변화(핵심 스키마를 재구축하는 것은 자동적 사고 패턴을 변화시키는 것보다 훨씬 더 많은 노력을 요한다)를 가져오기에는 불충분하다. 나의 경험으로 미루어 보아, 개인화된 ILP 요법에 지속적으로 참여하고 수련하는 내담자는 그렇지 않은 사람에 비해서는 훨씬 더 자주 자신이 원하는 목표를 달성한다.

ILP의 기본 가정

통합치료자는 종종 신체적(역도, 조깅, 요가, 다이어트) 수련부터 정서적(상담, 심리치료, 기공, 의식적인 관계), 마음(독서, 공부, 심상화, 선언) 그리고 영적 수련(명상, 정관적 기도)까지 걸친 광범위한 스펙트럼의 수련에 의해 강화될 수 있는 내담자의 자기-체계를 다룸으로써, 내담자의 ILP를 함께 구성하기 시작한다. 중요한 점은 이러한 존재의 파동은 자기 내에서뿐 아니라(좌상, 우상), 문화와 사회 체계(좌하, 우하) 내에서도 강화되어야만 한다는 점이다. 따라서 쉼터 또는 호스피스의 자원 봉사부터 학교 정책을 개선하고 동등한 고용 환경과 월급을 보장하거나 사회경제적 지위가 낮은 사람에게 정신 건강 서비스를 누릴 수 있는 혜택을 증가시키기 위해 지방 정부에 참여하는 것까지, 공공 서비스와 지원 관련 활동들을 촉진시켜야만 한다. 좌하상한에 관심을 기울이는 것은 일반적으로 내담자가 자신과 타인의 발달을 진전시키기 위해서 대인관계 작업을 하는 것을 포함한다(상사와 직원, 친구, 부모, 자녀 또는 애인 등에 대하여). 또한 우하상한에서 존재의 파동에 주의를 기울이는 것은 단순히 우리의 바람과 욕구의 도구적 맥락에서가 아니라, 우리 자신의 존재와 생성의 필수적인 측면에서 자연을 바라보는 것이다. 따라서 재활용과 자연을 기념하는 것부터 생태학적 건강을 촉진시키기 위해 일하는 국제자연보호협회(the Nature Conservancy) 혹은 시에라 클럽(Sierra Club)과 같은 단체에 참여하는 것까지, 자연을 적극적으로 존중하고 보존하는 것은 동시에 우리의 자연 환경을 존중하고 보호하는 것이다. ILP의 특정 수련 또는 구성요소에 상관없이(앞서 열거한 내용은 단지 ILP의 몇 가지 가능성에 불과하다. 사람은 자신의 가치, 관심사, 성향에 가장 적합한, 말 그대로 제한 없는 ILP의 조합과 순열을 창조할 수 있다), ILP는 신체적 · 정서적 수준부터 지적 · 영적 수준(모든 수준)까지, 자기, 문화 그리고 자연(모든 상한) 속에서 가능한 많은 의식의 기본구조를 훈련하는 것을 시도한다. ILP의 성공적이고 지속적인 실천에 도움이 되고 실제로 거의 필수적인 것은 공식적인 집단 혹은 기관부터 그러한 수련을 격려하고 고무시키는 가족 그리고 친구에 이르는 몇몇 형태의 공동체적 지지다(Murphy, 1993; Wilber, 2000e).

치료 계획의 네 가지 일반적인 범주

윌버는 일반적인 지침으로 다음의 예를 제시하였다.

- 경계선 장애, 충동적 자아, 전인습적 도덕성 그리고 분열 방어기제를 가진 내담자에게 추천하는 치료: 구조 구축 치료, 독서치료, 근력 트레이닝, 영양 보충, 약제(필요하다면), 언어 능력과 구술 훈련 그리고 집중 방식의 짧은 명상 회기(경계선 장애를 가진 내담자는 아직 충분히 갖추지 못한 주체의 구조를 해체시키는 경향이 있는 관찰-훈련 명상은 삼간다)
- 불안 신경증, 공포 요소, 인습적 도덕성, 억압 그리고 전치 방어기제, 소속 욕구 그리고 페르소나 자기감을 가진 내담자에게 추천하는 치료: 폭로 심리치료, 생물 에너지학, 각본 분석, 달리기 혹은 자전거 타기(또는 몇 가지 다른 개인 스포츠), 탈감각화, 꿈 분석/치료, 그리고 위빠사나 명상
- 실존적 우울, 후인습적 도덕성, 억제와 승화 방어 기제, 자기실현 욕구, 켄타우루스의 자기감을 가진 내담자에게 추천하는 치료: 실존분석, 꿈 치료, 팀 스포츠(예: 배구, 농구), 독서치료, 태극권(또는 프라나 순환 치료), 공동체 봉사, 쿤달리니 요가
- 수년 동안 선 명상을 수련해 왔으나 삶의 목적의 부재, 우울, 정서의 둔감화, 후관습적 도덕성, 후형식적 인지, 자기-초월 욕구 그리고 심혼적

> 자기감으로 고통 받는 내담자에게 추천할 수 있는 치료: 노출 치료, 복합 웨이트 트레이닝, 달리기, 탄트라 본존요가(심상화 명상), 통렌(연민수련) 그리고 공동체 봉사(Wilber, 2000c, p. 643)

윌버는 이와 같은 통합적 추천 목록과 관련하여 가까운 미래의 연구 목표는 "주요한 발달 흐름에 해당하는 다양한 변형적 수련의 효과에 대한 실제적인 임상적 증거와 연구가 이루어져야 한다.…… 특정 경우에 어떤 수련을 권고해야 하는가와 마찬가지로 어떤 경우에 사용을 금해야 하는가 또한 중요하다." (2000c, p. 644)라고 강조하였다. 다음의 사례에서 곧 볼 수 있다시피, 데니스는 첫 번째 시나리오와 근접하며, 게리는 두 번째와 세 번째 시나리오 사이에 있다.

사례 1: 게리

게리의 완성된 통합접수평가지

통합접수평가지

안드레 마퀴스 박사
상담 및 인간 개발학과 조교수
로체스터 대학교

고객명: 게리　　나이: 25세　　첫 방문일자: ____________
자택 전화: (　　)____________　　직장 전화: (　　)____________
주소: ________________________________
생년월일: 1981년 2월　　성별: 남　　의뢰처: ____________
비상 연락처: 이름____________　　전화: (　　)____________
(만약 질문 중 대답을 할 여백이 더 필요하다면, 이 양식의 뒷면을 활용하시기 바랍니다.)

초기 문제 및 이전 치료 이력

❐ 당신이 도움을 필요로 하는 주된 어려움이나 문제는 무엇입니까?

저는 방향성이 부족하다고 느끼며 스스로 명확한 목표를 세우는 데에서 어려움이 있습니다. 삶의 어느 한 측면(예: 일)이 저의 모든 에너지를 고갈시키는 경향이 있으므로 불균형을 느낍니다. 보통 때보다 스트레스를 더 쉽게 받는 편이며, 갈등이나 문제를 다루는 것을 피하고 싶습니다.

❐ 무엇이 문제를 더 호전시킵니까? 혹은 무엇이 문제를 악화시킵니까?

일을 해 나갈 성취 가능한 목표를 세웠을 때, 스트레스 수준은 약간 나아지는(줄어드는) 편입니다. 대인관계 갈등(애인이나 동료와의 논쟁)이 있는 경우, 거의 마비되는 느낌이 종종 있습니다. 제 실수를 머릿속에서 반복하는 상황을 통제하기 어렵습니다.

❐ 치료자가 주의를 기울여야 할 시급한 난제나 문제가 있습니까? 예/<u>아니요</u>

만약 '예' 라면 자세히 설명해 주십시오.

어떤 문제도 심각하다고는 생각하지 않습니다. 요즘 얼마 동안 문제가 커진 것 같습니다.

❐ 이전에 상담이나 심리치료를 받아 본 경험이 있습니까? <u>예</u>/아니요

만약 '예' 라면 기간은 얼마나 되고, 치료자는 누구입니까?

대학 다닐 때, 상담자로 일했던 대학원생들과 상담을 짧게 한 적이 있습니다.

❐ 치료 경험은 어떠했습니까? (이전의 치료는 어떠했습니까?)

객관적인 입장의 사람과 이야기하는 것이 좋았습니다. 성장하고 있다는 느낌은 없었어요. 준비가 되어 있지 않았던 거죠.

❐ 치료를 통해 가장 많은 도움을 받은 점은 무엇입니까?

객관적인 '낯선 사람' 과 이야기하는 것

❒ 치료를 통해 가장 도움이 되지 않았던 점은 무엇입니까?

띄엄띄엄 만났기 때문에, 우리가 무언가를 위해 작업하고 있는 것 같은, 지속된다는 느낌은 없었어요.

❒ 이전 치료로부터 당신 자신에 대해서 알게 된 점은 무엇입니까?

대체로 자신에 대해 잘 알아차리는 법을 배웠습니다. 대부분의 문제가 어디 있는지를 성찰을 통해 알게 됩니다.

❒ 치료자 혹은 치료 작업에 대한 기대는 무엇입니까?

치료의 명확한 목표를 세우는 데에서 선생님의 도움을 받고 싶습니다.

경험: 개인-내적

❒ 당신의 강점은 무엇입니까?

지적이며 새로운 것을 배우는 것을 즐깁니다. 연민이 있으며, 양심적입니다.

❒ 당신의 약점은 무엇입니까?

빈약한 자기-이미지와 가끔 자존감이 낮아지곤 합니다. 회피적이기도 하고 수동-공격적이기도 합니다.

❒ 당신의 전반적인 기분/정서는 어떠합니까?

전반적으로 괜찮은 편이지만, 가끔은 격한 감정에 휩싸이기도 합니다. 가끔은 고립된 느낌도 있고 극단적으로 절망적일 때도 있습니다.

❒ 당신이 가장 자주, 가장 강하게 느끼는 정서는 어떤 것입니까?

외로움, 권태

❒ 고통스러울 때, 자신을 돌보고 위로하는 방법들은 어떤 것들입니까?

음악을 듣습니다. 가끔은 과식을 하거나 드라이브를 가기도 합니다.

□ 자신 안에서 일어나는 강한 정서를 어떻게 다루고 있습니까?

배출구를 찾으려고 노력해요. 말하거나 기도하거나 상황에 대해 글을 쓰기도 합니다.

□ 스트레스를 주는 상황과 다른 어려움들에 대해 어떻게 반응하고 있습니까?

대개 그 일을 직접 직면하거나 혹은 직면할 수 있을 때까지 그것을 다루지 않으려고 합니다.

□ 당신이 의사 결정을 하는 방식은 어떤 것입니까? (예: 논리나 이성을 사용하는지, 직감이나 가슴을 신뢰하는지 등)

양쪽 다 약간씩 사용합니다. 저는 모든 것을 합리적으로 생각하죠. 여러 가지 가능성을 종종 마음속에서 반복적으로 검토하지만, 고민하다가 결국은 충동적으로 지르기도 합니다.

□ 반복되는 이미지나 생각이 어떤 것인지 알아차리고 있습니까? (깨어 있을 때나 꿈을 꿀 때) <u>예</u>/아니요

만약 '예' 라면 자세한 내용을 적어 주십시오.

꿈속에서 - 가족들, 계단/강당 등

□ 자기 자신이나 다른 사람을 심각하게 해치거나 죽이려고 했던 적이 있습니까? 예/아니요

만약 '예' 라면 자세한 내용을 적어 주십시오.

저는 폭력을 싫어합니다.

□ 현재 자살에 대한 생각을 하고 있습니까? 예/<u>아니요</u>

만약 '예' 라면 어떤 상황인지 알려 주십시오.

가끔 차 사고를 상상하기도 합니다. 하지만 그것은 제 자신의 취약성을 인식하는 것과 더 가깝죠.

□ 가족구성원 중 누군가 자살을 시도했거나 자살한 적이 있습니까? <u>예</u>/아니요

만약 '예' 라면 자세한 내용을 적어 주십시오.

제 사촌이 한번 약물을 과다 복용한 적이 있습니다. 저희 아버지의 사촌은 총으로 자살을 했습니다.

❐ 당신에게 지속적으로 영향을 미쳐 왔던 가족 내의 심각한 질병, 출생 문제, 죽음 혹은 다른 상실이나 큰 변화가 있었습니까? **예**/아니요

만약 '예' 라면 자세한 내용을 적어 주십시오.

제가 대학을 가기 위해 집을 떠난 직후 부모님은 두 명의 아이들을 입양했는데, 일종의 적응을 위해서였던 것 같습니다. 할아버지가 최근에 돌아가셨습니다.

❐ 가장 초기 기억은 무엇입니까?

할머니 댁의 부엌에서 팽이를 가지고 놀았던 기억

❐ 가장 행복했던 기억은 무엇입니까?

할머니와 교회에 다니던 일입니다.

❐ 가장 고통스러웠던 기억은 무엇입니까?

많습니다만, 기억이 잘 안 납니다.

❐ 당신은 몸의 어느 부위에서 스트레스를 느낍니까? (어깨, 등, 턱, 기타)

어깨, 목, 턱 등

❐ 자신을 창조적 또는 예술적으로 표현하는 방법이 있습니까? **예**/아니요

만약 '예' 라면 자세한 내용을 적어 주십시오.

가끔 글을 씁니다. 예전엔 피아노를 치기도 했는데, 더 이상은 배출구가 아닙니다.

❐ 어떻게 여가를 즐기고 있습니까? (취미/놀이)

제가 많은 시간을 허비하고 있다고 느낍니다. 독서를 하고 싶고, 가끔은 그러기도 합니다. 종종 특별히 뭔가를 살 것도 없으면서 쇼핑을 합니다. 단지 사람들 주변에 있고 싶어서인 것 같아요.

❐ 언어적, 정서적, 신체적 또는 성적 학대의 희생자가 되어 본 경험이나 그런 상황을 목격한 적이 있습니까? **예**/아니요

만약 '예'라면 자세한 내용을 적어 주십시오.

과거에 정서적/신체적인 학대 관계를 가졌던 적이 있습니다. 과거에 심각한 학대를 당한 적이 있다고 가끔 느끼지만, 분명하게 기억나지는 않습니다.

❐ 전반적으로, 당신의 삶에 대해 얼마나 만족하고 있습니까?

전혀 아님 1 2 3 4 <u>5</u> 6 7 매우 그러함

❐ 전반적으로, 당신 자신에 대해 어떻게 느끼고 있습니까? (자존감)

매우 나쁨 1 2 3 <u>4</u> 5 6 7 매우 좋음

❐ 전반적으로, 당신 삶과 감정을 어느 정도 통제하고 있다고 느끼십니까?

전혀 못함 1 2 3 4 <u>5</u> 6 7 매우 잘함

❐ 다음 중에서 당신이 최근 혹은 과거 어느 시점에 경험한 감정이나 표현이 있으면 모두 표시해 주시기 바랍니다.

______ 분노
______ 슬픔
__×__ 외로움
______ 두려움
______ 걱정/근심
______ 수치스러움/죄책감
______ 질투심
______ 행복감
__×__ 감사함/고마움
______ 성욕/에로틱함
______ 흥분
______ 원기왕성

_______ 기대감

_______ 이완/평온

_______ 종종 느끼는 다른 정서가 있다면:

____

행동: 개인-외적

❐ 현재 복용하고 있는 약이 있다면 적어 주십시오. (용도, 용량 등)

없음

❐ 주치의가 있습니까? <u>예</u>/아니요

만약 '예'라면 누구입니까?

제인 도 박사

신장: 6.1피트, 체중: 220파운드

❐ 언제 마지막으로 건강검진을 받았습니까?

3개월 전

❐ 특별한 요주의사항이 있었습니까? (질환, 혈압, 콜레스테롤, 기타)

의사는 식단에 신경 쓰고 콜레스테롤 수치를 관찰하라고 권유했습니다.

❐ 두뇌 손상이나 다른 부위에 심각한 손상을 경험한 적이 있습니까? 예/<u>아니요</u>

만약 '예'라면 자세한 내용을 적어 주십시오.

❐ 과거에 경험해 봤거나, 현재 겪고 있는 다른 주요한 의학적 증상이 있습니까?

자주 두통이 있습니다.

❐ 다음 중에서 당신에게 해당되는 행동 또는 신체 감각이 있으면 모두 표시해 주시기 바랍니다.

______ 과음
______ 금지된/향정신성 약물 복용
___×___ 과식
______ 거식
___×___ 친구와 가족에 대한 무관심
___×___ 자신 또는 자신의 욕구에 대한 무관심
______ 자신에게 친절하거나 사랑을 베풀기 어려움
______ 자신 또는 타인에게 결국 상처를 주는 방식으로 행동함
______ 과도하게 흥분함
______ 몇 가지 행동에 대해서는 통제하기 어려움
______ 자살에 대한 생각
___×___ 집중하기 어려움
___×___ 수입 이상으로 소비함
______ 울기
______ 그 밖에 이야기하고 싶은 다른 행동적인 특징들이 있다면?

____

___×___ 두통
______ 생리 문제
______ 현기증
______ 심장 두근거림
______ 안절부절못함
______ 성적 집착
______ 울렁거림/무감각
___×___ 과도한 피로감
______ 환청/환시
______ 의식 불명
______ 그 밖에 다른 신체적 고통이나 어려움이 있습니까? 예/아니요
만약 '예'라면 알려 주십시오.

____

❐ 전반적으로, 당신의 신체 건강은 어느 정도 상태입니까?

매우 나쁨 1 2 3 4 <u>5</u> 6 7 매우 좋음

❐ 수면 패턴은 어떠합니까? (몇 시에 잠자리에 듭니까? 몇 시간을 잡니까? 깨지 않고 잡니까? 아니면, 자면서 중간에 깹니까?)

새벽 1시 정도에 자고 8시 정도에 기상합니다. 7시간 정도, 선잠을 잡니다.

❐ 잠에서 깨어나면 휴식을 취한 느낌이 듭니까? 예/<u>아니요</u>

❐ 평상시의 식습관은 어떠합니까? (즐겨먹는 음식 종류나 양)

간단 요리로는 샌드위치, 스낵 등. 보통 많은 양을 먹지는 않습니다. 대체로 배가 부르면 그만 먹습니다.

❐ 비타민이나 영양보충제를 복용하고 있습니까? <u>예</u>/아니요

만약 '예'라면 알려 주십시오.

자주 복합비타민을 섭취합니다.

❐ 약물이나 알코올 섭취에 대해 적어 주십시오. (과거와 현재)

대학 다닐 때는 엄청 많이 마셨습니다만, 이제는 더 이상 많이 마시지는 않습니다(주 1회 이하). 엑스터시를 호기심으로 해 본 적은 있지만 다른 약물은 전혀 해 보지 않았습니다(2004년에 엑스터시 3번 시도해 봄).

❐ 꾸준히 하고 있는 운동이 있습니까? (에어로빅/근육강화운동) 예/<u>아니요</u>

만약 '예'라면 자세한 내용을 적어 주십시오.

❐ 혹시 의사소통에 장애(듣기, 말하기, 보기 등)가 있습니까? 예/<u>아니요</u>

만약 '예'라면 자세한 내용을 적어 주십시오.

문화: 집단-내적

❐ 친구, 가족, 동료 등 당신의 관계에 대해 기술하십시오.

동료들과 있으면 편하고 즐겁습니다. 가족과는 멀리 삽니다. 어머니와는 일주일에 한 번 정도, 아버지와는 한 달에 한 번, 누이인 캐서린과는 일주일 한두 번 정도 대화를 합니다. 어머니와 아버지는 저의 동성애에 대해 걱정을 하십니다. 친구들하고 약간 서먹서먹해지는 경우도 있지만, 그러다가 다시 괜찮아지기도 합니다.

❐ 당신에게 중요하거나 의미가 있는 것은 무엇입니까? (당신에게 가장 중요한 일은 무엇입니까?)

저에게는 영성이 중요합니다. 다른 사람들에게 봉사하고 도와주는 것이 중요합니다.

❐ 전반적으로, 친구관계를 비롯한 다른 관계들에 얼마나 만족하고 계십니까?

매우 불만족 1 2 3 4 <u>5</u> 6 7 매우 만족

❐ 전반적으로, 사회적 상황에서 얼마나 편안합니까?

매우 불편 1 2 3 4 <u>5</u> 6 7 매우 편안

❐ 전반적으로, 당신의 종교나 영성에 대해 얼마나 만족하십니까?

매우 불만족 1 2 3 <u>4</u> 5 6 7 매우 만족

❐ 원 가족 내에서 촉진되거나 주로 표현되었던 정서는 어떤 것입니까?

분노, 좌절, 행복감, 당혹감

❐ 원 가족 내에서 좌절되거나 허용되지 않았던 정서는 어떤 것입니까?

실망, 권태, 성

❐ 최근 가장 편안한 정서는 어떤 것입니까?

좌절, 행복, 평온

ㅁ 최근 가장 불편한 정서는 어떤 것입니까?
당혹감, 죄책감

ㅁ 자신의 인종적 정체성을 어떻게 보고 있습니까? 당신의 민족 문화는 당신에게 얼마나 중요합니까?
앵글로 색슨 계통의 백인; 애팔래치아인

ㅁ 원 가족은 사랑과 보살핌을 어떻게 표현했습니까?
언어적/신체적(포옹): 그렇게 편안하다고 느낀 적은 전혀 없었습니다.

ㅁ 현재 가족은 사랑과 보살핌을 어떻게 표현하고 있습니까?
언어적/신체적

ㅁ 원 가족은 불만을 어떻게 표현했습니까?
말로. 죄책감/실망/수치심을 자극하는 방식이었습니다.

ㅁ 현재 가족은 불만을 어떻게 표현하고 있습니까?
말로. 건강하고 건설적인 방식으로 합니다.

ㅁ 당신의 로맨틱한/애정관계에 대해 기술하십시오. (만약 있다면)
숨 막히고, 덫에 걸린 것 같고, 통제당한다고 느꼈지만, 신뢰감은 없었던 5개월간의 관계를 막 끝냈습니다.

ㅁ 당신의 성생활에 대해 기술하십시오. 성생활에 대해 얼마나 만족하고 있습니까?
자주 성 관계를 가지지 않습니다만(주 1회 이하), 자위행위는 매일 합니다.

ㅁ 성에 대해서 어떤 믿음을 가지고 있습니까? 그 믿음은 당신에게 얼마나 중요합니까?
[이 질문은 내가 게리를 상담할 시점에는 통합접수평가지에 없었음]

사회적 시스템: 집단-외적

❐ 현재의 물리적 주거 환경은 어떠합니까? (예: 주거 유형, 방음, 채광, 환기, 에어컨, 난방 등)

저는 네 개의 침실이 있는 집의 방 하나를 빌려 살고 있습니다. 방은 크고 빛도 잘 들어오며 물리적으로 편안합니다. 개가 세 마리나 있어 공용 공간은 매우 더럽죠.

❐ 당신의 이웃은 어떠합니까? (안전한/위험한, 친절한/불쾌한, 조용한/시끄러운 등)

룸메이트들과 사이좋게 지냅니다. 제이슨은 시끄럽고 통제적이며 불쾌한 사람입니다. 마크는 과묵합니다. 크레이그는 집에 있는 적이 거의 없습니다. 케빈은 훌륭하죠.

❐ 현재의 사회적 주거 환경은 어떠합니까? (함께 살고 있는 사람들과 어떻게 지내는지에 대해 외부인들은 어떻게 묘사할 것 같습니까?)

평균 수준의 변두리입니다.…… 제 차가 두 번이나 도난당한 적은 있지만 대체로 안전한 것 같습니다.

❐ 근무 환경은 어떠합니까? (동료와 당신에게 직접적으로 영향을 미치는 상사를 포함)

저의 감독자는 함께 일하기 매우 힘든 사람입니다. 대인관계 기술이 부족하고 관리 방식이 일관성이 없습니다. 제 부하직원은 재미있고 이상적인 사람입니다.

❐ 애인이 있습니까? 예/<u>아니요</u> 결혼한 적이 있습니까? 예/아니요

만약 '예' 라면 자세한 내용을 적어 주십시오.

최근에 헤어졌습니다.

❐ 현재 양육 분쟁에 휘말려 있습니까? 예/<u>아니요</u>

만약 '예' 라면 자세한 내용을 적어 주십시오.

❐ 법적 문제에 연루된 적이 있습니까? (징역, 집행유예, 등) 예/아니요

만약 '예' 라면 자세한 내용을 적어 주십시오.

[이 질문은 내가 게리를 상담할 시점에는 통합접수평가지에 없었음]

❐ 삶의 어떤 측면이 스트레스를 줍니까?

애정 문제, 일, 가족 등이죠. 나는 이 스트레스에 대해서는 말로 했으면 합니다.…… 쓰기에는 할 이야기가 너무 많습니다.

❐ 어떤 형태의 지지 체계를 가지고 있습니까? (친구, 가족 또는 필요시에 도와줄 수 있는 종교 단체 등)

기댈 수 있는 소수의 아주 좋은 친구들과 의지할 수 있는 누님이 있습니다.

❐ 원 가족을 부모님과 당신을 포함해서 가장 나이가 많은 사람부터 적어 주십시오.

이름	나이	성별	본인과의 관계 (양/편)
어머니, 레슬리	49	여	어머니
아버지, 스티브	50	남	아버지
제시카	27	여	누나(친남매)
스테파니	24	여	여동생(친남매)
메린다	5	여	여동생(입양)
줄리에	7	여	여동생(입양)

❐ 교육적 배경은 어떠합니까?

[중서부 소재] 주립 대학, 국제학 학사 학위

❐ 직업은 무엇입니까?

자원 개발자

❐ 당신이 하고 있는 일에 대해서 얼마나 만족합니까?

매우 불만족 1 2 3 <u>4</u> 5 6 7 매우 만족

❐ 당신의 연간 수입은 얼마입니까?

연봉 3만 달러

❒ 당신의 생활수준에 대해 얼마나 만족하십니까?

매우 불만족 1 2 3 4 <u>5</u> 6 7 매우 만족

❒ 현재 가족을 부모님과 당신을 포함해서 가장 나이가 많은 사람부터 적어 주십시오.

이름	나이	성별	본인과의 관계 (양/편)
제이슨	47	남	룸메이트
마크	42	남	룸메이트
크레이그	35	남	룸메이트
케빈	30	남	룸메이트

❒ 소속된 단체가 있습니까? 예/<u>**아니요**</u>

만약 '예'라면 자세한 내용을 적어 주십시오.

❒ 자원봉사활동에 참여하고 있습니까? 예/<u>**아니요**</u>

만약 '예'라면 자세한 내용을 적어 주십시오.

❒ 다음 중에서 당신이 어려움이나 문제를 겪었던 항목을 모두 선택하시기 바랍니다. 또한 그 어려움이 있었던 대략적인 나이를 ( ) 안에 적어 주시기 바랍니다.

[이 점검목록은 내가 게리를 상담할 때는 통합접수평가지에 없었음]

_______ 수유/먹기 ( )
_______ 배변훈련 ( )
_______ 기기 또는 걷기 ( )
_______ 말하기 ( )
_______ 손톱 물어뜯기 또는 다른 신경증적 습관 ( )
_______ 취학/주 양육자와의 분리 ( )
_______ 동물이나 사람에 대한 잔인한 행동 ( )
_______ 심각한 질병 또는 상해 ( )
_______ 학습 문제 ( )

______ 친구 문제 ( )
______ 이사 또는 다른 가족 스트레스 ( )
______ 학대(정서적, 신체적, 성적) ( )
______ 성적 성숙에서의 문제 ( )
______ 학교, 집, 그 외에 다른 곳에서의 놀림 당함 ( )
______ 자기파괴적 행동(위험한 성관계, 섭식 문제, 약물 복용, 지나친 위험감수 등) ( )
______ 사교적 집단에서 어울리기 ( )
______ 동료들의 관점과 의견이 다를 때, 믿는 것에 대한 주장 ( )
______ 사회적 기준과 다른 중요한 결정 내리는 것 ( )
______ 실존적 딜레마 ( )
______ 종교적/영적 체험(긍정적일 수 있음) ( )

❒ 다음은 많은 사람들이 다른 상황은 아니지만, 특정 상황에서 자신 내에서 알아차리는 다양한 부분, 측면 또는 하부 인격에 대한 목록입니다. 당신이 어려움을 겪었거나 문제가 있었던 것이 있다면 표시하십시오. 우리가 문제 있는 방식으로 행동하고, 생각하고, 느끼고 있음을 나중에 알아차리게 되는 것입니다. 또한 자신이 이 부분을 알아차리는 상황이나 맥락이 있다면 ( ) 안에 적어 주세요.
[이 질문은 내가 게리를 상담할 시점에는 통합접수평가지에 없었음]

______ 무책임한 아이 ______________________________
______ 비판적인 부모 ______________________________
______ 의기양양한 승리자 ___________________________
______ 실패에 취약한 패배자 _________________________
______ 가혹한 판단 또는 비판 ________________________
______ 거짓 또는 가짜 자기 __________________________
______ 무가치한, 또는 충분히 만족스럽지 않은 자기 _____________
______ 과대한, 어느 누구보다도 훌륭한 자기 _______________
______ 다른 어떤 것이라도 적어 주십시오. _________________

ㅁ 기타 치료자에게 알리고 싶은 점이 있다면 무엇이든 적어 주십시오.
[게리는 이 문항에 대해서는 답하지 않았음]

초기 면접과 주호소 문제

게리는 25세의 코카시안계의 미혼 남성이며 동성애자로서, 그를 관리하고 있는 케어 네크워크[1)]를 통해 의뢰되어 지역 클리닉을 찾아왔다. 나와의 첫 만남에서 게리는 다른 무엇보다도 분명한 목표를 수립하는 데에서의 어려움과 삶 속에서 '불균형적인 느낌' 을 가지고 있으며, 삶의 방향성이 결여되었다고 호소했다. 또한 그는 애정관계 면에서, 특히 가장 최근에 막 헤어진 관계 때문에 좌절감을 느낄 뿐만 아니라 직장에서의 다양한 요구를 처리하는 데에 어려움이 있다고 말했다. 또한 경직된 남자들과는 자주 불편감을 느낀다고 설명했다. 게리는 자신의 문제들이 심각하거나 중대한 것은 아니지만, 최근의 결별 이후에 악화되었으며 경미한 우울, 불안, 사회적 고립/외로움 그리고 낮은 자존감 등을 경험하고 있다고 보고했다. 또한 사회적 지지망의 부족과 경력과 관련된 이슈 등에 대한 어려움을 호소했다.

첫 회기에서 게리는 대학을 졸업하여 국제 연구의 학사 학위를 가지고 있으며, 현재는 국제 난민들을 재배치시키는 일을 지원하는 비영리단체의 자원 개발자로서 일하고 있다고 말했다. 그는 난민을 돕는 일에서 큰 의미를 발견한다고 보고했다. 그러나 그는 또한 '스트레스와 과도한 업무, 낮은 보상' 의 느낌과 더불어 그의 감독자와 일하는 것이 힘들다고 호소했다. 그는 자신의 위치 또는 경력 상의 변화를 고려할 수 있다고 말했지만, 어떤 방향으로 움직여야 할지는 알지 못했다.

이전 치료 경험의 맥락에서는, 게리는 대학에 다닐 때 상담 수련생으로부터 잠깐 상담을 받은 적이 있었으며 '객관적인' 입장을 취하는 사람과 이야기하는 것을 즐겼으면서도, 그 만남이 정체된 느낌이었다고 보고했다. 게다가 그들의 불규칙한 상담 스케줄 때문에 뭔가 지속되고 있다는 분명한 느낌은 없었다. 결국 그는 나에게 상담자로서의 중립적인 '반영적 역할' 을 기대했으며, 그의 치료에 대한 몇 가지 명확한 목표를 수립하기 원한다고 표현했다. 나는 상담 과정에서 적극적인 역할을 취하고자 하는 게리의 의지에 상당히 고무되었다. 처음부터 게리는 자신이 추구하는 변화를 성취하는 면에서 참여적인 협조자라는 점은 확실했다.

접수 회기를 통해, 게리는 대체로 자신이 이야기하고 있는 내용과 적절한 정서를 보여 주었으며, 분명하고 직접적으로 반응하였다. 나는 그와 빨리 편안해짐을 느꼈으며, 그가 자신의 문제를 기술할 때 사용하는 묘사적인 은유와 암시를 즐기기도 했다. 그는 애정관계에 대한 이야기를 할 때는 종종 민감한 것처럼 보이기도 했다(더 안절부절못하고 웃기도 했으며, 눈을 덜 마주쳤다). 어떤 문제에 대해서 말할 때도 강한 움직임이 일어나는 것처럼 보이지는 않았지만, 그의 정서적 범위는 적절해 보였다. 그는 접수 회기 내내 적극적이고 참여적이었으며, 나의 모든 질문에 협조적으로 답했다. 추가적인 탐색적 질문을 하지 않아도, 게리는 자세한 반응을 할 수 있었다.

첫 회기에 나는 클리닉의 정책과 절차에 대해 전달했으며, 상담 과정에 대한 기본적인 윤곽을 알려 주었다. 이때의 나의 주 초점은 게리가 자신의 문제를 더 탐색하도록 촉진하면서도 공감적인 반영을 통해 라포를 형성하는 것이었다. 초기 단계에서 나는 게리를 공감적으로 이해하는 데 상당히 집중했으며, 그의 주요 문제에 대해 감을 잡고, 연관된 개인사에 대한 정보를 얻고, 치료적 관계를 형성하고 협력적 목표 수립을 개발하기 시작했다. 첫 회기를 마무리하는 시점에 주기적인 상담 시간을 정했으며, 게리는 다음에 만나기로 한 약속 시간까지 통합접수평가지를 완성해 오겠다고 동의했다.

초기 AQAL 평가, 통합심리도, *DSM* 진단

자신의 문제에 대한 통찰뿐 아니라 사용하는 언어와 용어에 기초하여, 게리는 평균 이상의 지능과 잘 발달된 판단 능력, 추상적인 사고 능력을 갖추고 있는 것으로 보였다. 게리는 관심과 집중을 정상적으로 보였으며, 면접 회기 동안 잘 부응하였다. 사고 장애의 증거는 없었으며, 자살 또는 폭력적인 개념에 대해 특히 거부적이었다. 다음은 게리의 발달 그리고 상한에 대한 기본적이고 초기적인 평가, 통합심리도, *DSM* 진단이다.

자아 발달수준(뢰빙거): E-6(양심적 수준)과 E-7(개인주의적 수준) 사이(접수 시점)[2)]

발달적 무게중심(윌버): 형식-반성심 수준과 비전-로직 수준 사이

가장 연관된 상한 이슈(문제와 강점/자원 양쪽 측면)

경험: 개인-내적(좌상)

- 우울한 기분
- 불안
- 빈약한 자기 이미지와 자존감
- 권태
- 높은 지성, 자기 성찰, 자각
- 새로운 활동을 배우고 즐기는 능력
- 연민적인, 양심적인
- 드라이브, 쓰기, 읽기, 기도, 음악 감상을 통해 스스로를 보살피는 능력

행동: 개인-외적(우상)

- 수면 장애
- 잦은 두통
- 약물 복용은 없음
- 약간 과체중이나 전반적으로 매우 건강함
- 신체적 운동을 하지 않음

문화: 집단-내적(좌하)

- 대인관계 갈등의 와중에서 '마비된 느낌', 자주 갈등을 피하거나 수동-공격적으로 행동함
- 외로움
- 애인과 최근에 결별함
- 학대적인 관계 속에 있었던 이력, 그러나 그 경험으로부터 스스로 자유로워졌음에 대해 자부심을 느낌
- 감독자와의 불편함
- 지지적인 가족이지만, 그의 동성애에 대해서는 거부적임
- 영성은 중요하지만, 영적 단체에 대해서는 불만족스러움

사회적 시스템: 집단-외적(우하)

- 사촌 중 한 명은 자살을 시도했으며, 아버지의 사촌은 자살했음
- 외가 쪽의 진단되지 않은 우울증 이력의 가능성
- 대체로 네 명의 룸메이트들과 긍정적인 관계를 맺고 있음
- 삶의 조건에 대해 만족함

게리의 심리도(1~10의 척도) (접수 시점)

인지	8
자기	7
욕구	3
정서	6
대인관계	4
영성	7

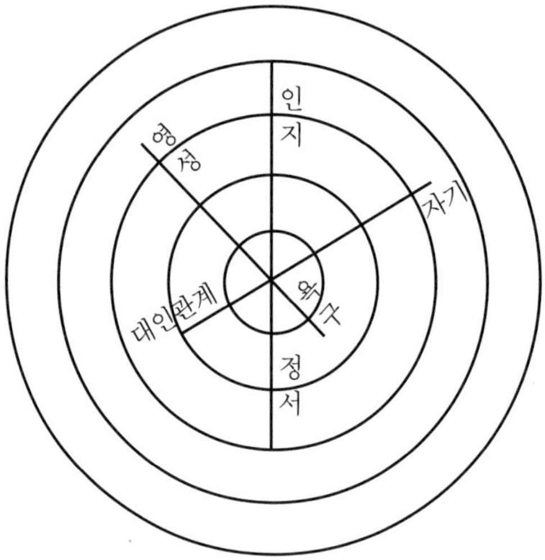

DSM 진단

I축: 309.28 불안과 우울 기분이 혼합된 적응장애, V62.2 직업적 문제

II축: V71.09 해당 사항 없음

III축: 해당 사항 없음

IV축: 사회적 환경과 관련된 문제; 직업적 문제

V축: GAF=60 (접수 시점)

사례 기술

전반적으로 통합접수평가지의 게리의 반응은 포괄적이고, 기술적이고, 자세했으며, 그 모든 반응이 그가 처음에 보여 준 모습과 일치했다. 그는 폭넓은 어휘를 사용했으며, 면담과 통합접수평가지 전부에서 자신의 문제를 정확하게 설명했다. '초기 문제와 이전 치료' 부분에서의 반응은 그가 접수 회기에서 이야기했던 것과 대체로 일치했다. 그러나 이어지는 만남에서 관심과 구체화를 요하는 사항이 하나 있었는데, 그것은 갈등이 있는 대인관계

상황에서의 '마비된 느낌' 이었다. 두 번째 회기에서 검토하면서 게리는 이 문제는 전형적으로 애인 관계에서나 직장 감독자와 가장 자주 드러나는 것으로, 자신의 느낌 또는 욕구를 주장할 필요가 있는 상황에서 불안과 두려움을 느끼는 것과 관련된다고 나에게 털어놨다. 나는 치료적 관계의 잠재적 전이를 암시하는 맥락에서 이 문제를 기록해 두었다. 그가 적은 답변 중에서 또 다시 게리는 명확한 치료적 목표를 희망한다고 강조했으며, 나는 그것을 그의 ILP를 개발하기 위한 근거로 활용할 수 있다고 느꼈다. 따라서 우리는 신속하고 협조적으로 목표를 수립했고, 그것을 초기 치료 계획 부분에 언급했다.

경험: 개인-내적(좌상)

좌상상한과 관련하여, 게리는 지성, 능력 그리고 새로운 기술이나 활동을 배우는 일을 즐겨함, 연민, 양심 등 몇 가지의 주요 강점들을 나열하고 자세히 설명했다. 그는 자기-이미지에 대해 갈등을 겪고 있음을 암시했으며, 동성애자로서의 성적 정체성에 대한 의문은 가지지 않았지만, 자신의 외모 그리고 다른 남성에게 매력적으로 느껴질지에 대해서는 자신 없어 했다. 또한 그는 다른 사람과의 갈등을 자주 회피하고 스스로 생각하기에 수동-공격적인 방식으로 행동한다고 말했다. 나는 이 반응 또한 치료적 관계에서의 가능한 함의로 기록했다.[3] 이 반응과 회기 중의 더 자세한 탐색을 통해 게리는 반성, 자기-관찰, 자각 능력을 보여 주었는데, 이는 치료 과정을 통해 그가 계발하기를 내가 바랐던 능력이다.

게리는 최근에 있었던 결별 이래로 전반적인 기분이 약간 저조하다고 묘사했으며, 불안, 압도당하는 느낌, 깊은 외로움, 권태를 겪은 기간으로 종종 강조하였다. 그러나 그는 매일 대부분 기분이 저조하거나 불안하다고는 보고하지 않았다. 따라서 앞서 언급한 불유쾌한 정서는 설사 아주 불유쾌할지라도 비교적 일시적인 의식의 상태를 반영하며, 우리는 그것을 치료에서 다루기로 했다. 또한 게리는 글쓰기, 기도, 드라이브, 음악 감상 등의 자기-보살핌의 몇 가지 방법들을 열거했다. 나는 자신을 보살피는 그의 능력과 자원에 대해 기록했으며, 치료 과정을 통해서 그 자원이 촉진되고 활성화되리라고 기대했다.

통합적 평가를 통해, 게리의 사촌 중 한 명이 10대에 약물 과다 복용으로 자살을 시도했으며, 아버지의 사촌은 총으로 자살을 했다는 사실이 밝혀졌다. 우리는 이 사건과 그것이 게리에게 미친 영향에 대해 이야기했으며, 나는 그가 스스로에게 위해를 가하지 않는다는 점을 확신하기 위해 치료 과정 내내 자살 가능성에 대해 주의 깊게 관찰했다. 그는 자신의 외가 쪽의 몇 명의 가족원들이 진단되지 않은 우울증으로 경험했던 것 같다고 내비쳤다. 나의 관찰과 게리의 반응을 볼때, 나의 인상으로는 그가 스스로에게 위해를 끼칠 것 같지는 않았으며 우울증 진단을 내리기에는 적절하지 않았다. 이 시점에서 나의 *DSM-IV-TR* 진단으로는 최근의 관계 결별에 따른 불안과 우울한 기분이 혼합된 적응장애로 판단되었다.

게리는 그의 삶과 자존감에 대해 중간 정도로만 만족하며, 중간 정도로만 삶을 통제하고 있다고 말했다. 그는 외로움, 불안, 에로틱한 감정을 그의 가장 일반적인 정서라고 명시했으며, 그것은 접수 시점에 그가 묘사한 내용과 일치했다. 그는 어깨, 목, 턱에서 가장 자주 스트레스와 긴장을 감지한다고 보고했다.

행동: 개인-외적(우상)

우상상한과 관련하여, 게리는 최근에 복용 중인 약은 없으며, 지난 3개월 전에 신체검사를 받았는데, 그 결과 콜레스테롤 수치를 관찰하고 식단을 개선하라는 권고가 있었다고 했다. 그는 자주 두통을 겪는다는 점을 보고했으나, 그 두통은 의학적 상태 때문이 아니라 스트레스로부터 유발된 것으로 짐작되었다. 신장 6피트 1인치와 체중 220파운드로 볼 때, 그는 약간 과체중이었다. 다른 의학적 문제는 보고하지 않았다.

통합적 평가를 통해, 게리는 수면에 어려움이 있다는 사실을 밝혔으며, 밤

새 여러 차례 깬다고 보고했다. 또한 그는 불규칙한 수면 습관을 보고했다. 이어지는 회기에서 게리는 대학 시절 이래로 수면에 어려움을 겪어 왔지만 최근의 결별로 악화되었다고 밝혔다.

게리는 스트레스에 대처하기 위한 방법으로 과식을 한다고 보고했다. 그는 또한 종종 자신과 자신의 욕구에 무심할 뿐 아니라 친구나 가족들에 대해서도 종종 무관심하며, 그가 감당할 수 있는 이상으로 많은 돈을 소비한다고 했다. 더 자세한 탐색을 통해 그의 소비가 낭비적인 정도는 아닌 것으로 나타났으며, 내가 보기에 조증 삽화를 의심할 만한 단서는 찾지 못했다. 마찬가지로, 집중하는 데서의 어려움도 심각하지는 않았다. 그는 스스로 중간 정도로 건강하다고 생각했고, 어떤 형태의 운동도 하지 않았으며, '간단 조리' 음식을 종종 먹는 것으로 보고했다. '대학 다닐 때는 술을 너무 많이 마셨다.'고 인정하면서 현재는 주 1회 이하로 술을 마신다고 보고했으며, 그 사실은 회기 중에 다시 확인되었다. 그는 과거에 MDMA(엑스터시)를 3번 사용한 적이 있다고 고백했으나, 지난 2년간은 사용한 적이 없으며 하고 싶은 욕구조차 느끼지 않는다고 보고했다. 의사소통장애는 발견되거나 보고되지 않았다. 나는 게리의 식습관과 운동 습관이 우리가 즉각적으로 개선할 수 있는 하나의 영역이라고 평가했다.

문화: 집단-내적(좌하)

좌하상한과 관련하여, 게리는 가족이 다른 주에 멀리 떨어져 살고 있음에도 불구하고 그들과 매우 가깝고 지지받고 있다고 보고했다. 그는 매주 적어도 한 번 어머니와 통화를 했으며, 부모보다 훨씬 자주 누이와 통화를 한다고 말했다. 그는 그의 성적 지향성 때문에 가족과 마찰이 있다고 말했다. 그의 가족은 기본적으로 그가 동성애자라는 사실을 받아들이지 않았다. 이 문제에 대해 질문을 했을 때, 게리는 비웃으면서 가족들을 무시하는 경향이 있었다. 가족이 그를 있는 그대로 받아들이기를 바라면서도, 그는 가족의 보수적인 종교적 관점을 이해했고, 다른 방식으로는 그 관계 속에서 여전히 도움을 받고 있다고 말했다. 그는 동료나 부하직원들과는 잘 지내고 있으나 그의 감독관과는 지속적인 어려움이 있다고 말했다. 그 지역에는 가까운 친구들이 거의 없으므로 종종 소외되고 외로움을 느낀다고 했다.

게리는 영성이 그에게 중요하다는 사실을 통합접수평가지의 여러 반응 속에서 보고했다. 그는 목사인 아버지와 함께 남부의 보수적인 기독교 집안에서 자라났으며, 차츰 부모의 믿음과는 거리가 멀어졌는데, 주로 그의 성적 정체성에서 비롯된 것이었다. 게리는 기독교인으로서의 정체성을 가졌으며, 규칙적인 기도, 성경 강독, 봉사, 친절 그리고 인내의 실천을 통해 영성이 일상에서 많은 부분을 차지한다고 표현했다. 또한 그는 자신의 영성에 대해 중간 정도로 불만족스럽다고 표현했다. 그 이유에 대해 질문을 하자, 그는 그 지역의 영적 공동체가 부족하기 때문이며 그가 다니던 고향 마을에 있는 교회의 몇몇 친구에 대한 그리움을 느낀다고 답변했다. 또한 그는 자신이 자란 곳보다는 덜 보수적인 영적 공동체를 찾고 있다고 강조했다. 게리는 특정 교리를 지지하는 것에 반하여, 그에게는 인내, 자애, 타인의 욕구를 이해하는 것이 중요함을 강조했다. 게리는 그의 영성은 '사람은 관계를 맺는 인격신이 있으며 타인과의 관계는 신성을 반영해야만 한다.'는 믿음을 의미한다고 답변했다. 그는 날마다 접하는 수많은 기독교인들의 위선에 얼마나 그가 화가 나는지에 대해 이야기를 하면서 더욱 열을 올렸다. 그는 자신의 가장 중요한 도덕적 가치로 정직, 연민 그리고 사랑을 옹호했다. 이러한 요소들 중 많은 것이 그가 계발하고 실행하고자 하는 미덕이라는 점은 게리와의 회기를 통해 더욱 명확해졌다. 나는 이것을 주요한 강점으로 개념화했다. 나는 게리가 적극적으로 자신의 영성을 변형적이고 진정한 방식으로 살아내기 위해 시도하고 있으며, 그의 관심과 가치는 발달을 촉진하는 데 활용될 수 있다고 생각했다.

게리는 그의 성적 정체성에 대해 매우 개방적으로 이야기했다. 그는 동성애자로서의 정체성에 대해 아주 편안해 보였고, 이 정체성은 어린 나이에도 그에게 아주 분명했었다고 말했다. 그는 부모가 자신을 더 이해를 해 주기 바라는 점 외에는 특별한 무리 없이 그 결론에 도달했었다고 대답했다. 성 취향은 관계의 중요한 차원이긴 하지만, 가장 중요한 것은 아니라고 말했다. 그는 대개 주 1회 이하일지라도, 대체로 일대일로 성관계를 하고 있다고 했다. 그는 종종 남성에 대한 환상에 빠지며 매일 자위행위를 한다고 보고했다. 회기 중에 내가 게리로부터 받은 인상은 성적 정체성이 그에게 스트레스를 주는 원천은 아니라는 그의 반응과 일치했다.

또한 게리는 과거에 정서적 · 신체적 학대 관계를 겪었음을 알려 주었다. 그의 이전 애인 중 한 명이며, 가장 두드러지게 혼란스럽고 갈등에 시달렸던 애정관계로 짐작되는데, 그 학대는 가끔 규칙적으로 신체적 폭력의 수준까지 심각해졌으며, 그는 그 폭력의 피해자였다. 그의 가장 최근 관계는 때때로 갈등은 있었으나 폭력적인 다툼은 전혀 없었다고 보고했다. 게리는 이전의 폭력적인 관계로부터 스스로 빠져나오도록 노력한 것이 그에게는 자부심의 원천이었으며, 그 같은 관계에 다시 빠지지 않기 위해 경계해 왔다고 말했다. 나는 그의 자기-패배적이며 또는 피학적인 성향이 그가 언급한 다른 관계들 속에서도 나타난 경우를 살펴보기 위해 그가 자부심을 느끼는 점에 대해 기록했다.

사회적 체제: 집단-외적(우하)

우하상환과 관련하여, 게리는 세 명의 다른 남성 룸메이트들과 네 개의 침실이 달린 집의 방 하나를 빌려서 어느 정도 편안하게 살고 있다고 보고했다. 그는 대부분의 룸메이트들과 잘 지내고 있으며, 자신의 환경을 '평균 수준의 변두리' 로 설명했다. 그는 전반적으로는 안전하다고 느끼지만, 그의 차가 두 번이나 파손된 적이 있다는 점에 약간의 걱정을 가지고 있었다. 검토하는 과정에서 그는 자신을 위한 더 많은 시간을 원하며, 어떤 시점에는 직장을 옮기기 바란다고 표현했다. 마지막으로 그는 국제난민을 재배치시키는 그의 전문적인 일 외에 다른 어떤 조직이나 자원봉사 일에 참여하는 것은 거부했다.

초기(잠정적) 치료 계획

그와 통합접수평가지의 답변을 검토하고 그의 생활, 강점, 고충을 이야기하고 나서, 게리와 나는 치료 목표를 협동적으로 수립하기 시작했다. 우리의 초기 목표 목록은 다음의 사항들을 포함한다.

- 이완 기술을 연습한다(그의 수면 장애와 불안 상태 둘 다를 위해).
- 기분과 스트레스 수준(수면과 두통)을 개선하기 위한 일부 접근으로 운동을 통한 다이어트를 시작한다.
- 사회적 상호작용을 늘린다.
- 주장 훈련을 포함하여 대인관계 기술을 향상시킨다.
- 그의 우울하고 불안한 감정에 대해서 더 이해할 수 있기 위해, 그의 사고 패턴, 이력 그리고 우리 관계가 어떻게 전개될지에 대해서 검토한다.

앞서 언급하였듯이, 내담자가 수많은 문제와 목표를 보고할 때, 내담자가 긍정적인 효과를 빨리 경험할 수 있는 문제 또는 목표를 다루는 것은 유익하다. 왜냐하면 치료가 도움이 되고 변화가 가능하며 그들의 적극적인 치료 참여가 도움이 된다는 가시적이고 경험적인 증거를 주기 때문이다. 따라서 우리는 게리의 우울한 기분을 다루기 시작하는 동시에, 내가 보다 빨리 긍정적인 효과를 만들어 낼 것이라고 가정했던 문제들과 씨름하기 시작했는데, 그것에 대해서는 곧 논의할 것이다.

이와 같은 정보를 가지고 나는 치료 계획을 개발하기 시작했다. 접수평가지의 반응과 임상 면담에서 수집한 정보들을 보충하여 나는 게리가 일반적으로는 형식-반성적 발달 수준에서, 종종 초기 비전-로직의 몇 가지 징후들이 함께 기능하고 있다고 대략적인 결론을 내렸다(이는 E-6부터 E-7까지의 자아발달 평가에 상응한다). 게리는 원칙적으로는 동기와 결과가 규칙 그 자체보다 더 중요하다는 점과 함께, 스스로 평가한 기준과 타인에 대한 그의 행동이 가져오는 결과에 대해 관심을 가졌다. 그는 관계와 정서적인 의존 문제에 대해서도 상당히 관심을 가졌다. 우리의 회기를 통해, 그는 일반적으로 정서의 격리와 주지화뿐 아니라 기대, 유머, 자기-관찰, 그리고 가끔 나쁜 믿음을 가진 승화 등 적응적인 방어를 보여 주었다. 발달, 병리 그리고 치료(제4장 참조)의 스펙트럼과 더불어, 나는 내성과 실험적 · 실존적 탐색이라는 전체적인 치료적 접근을 우리의 회기 과정 중에 게리와 작업하기 위한 넓은 범주로 채택했다. 나는 그가 상당한 심리학적 소양을 갖추고 있으며, 회기의 내용을 결정할 수 있는 능력이 있으며, 그의 관심을 진심으로 반영하고 해석해 주는 민감한 상담자로부터 도움을 받을 수 있는 가능성이 있다고 느꼈다. 나는 통합적 접근의 구성 요소로서 내가 다루기 원했던 몇 가지의 행동적 · 사회적 요소들을 인식하는 한편(아주 극소수의 내담자의 경우에만 '균등한' 발달 라인을 가지고 있다), 게리가 보다 구체적인 행동적 · 지시적 상담 접근보다는 공감적 · 경험적으로 그리고 진실하게 참여하는 관계를 경험하는 상담에서 가장 도움을 받을 수 있으며 그 접근을 통해 그 자신과 그의 관심사를 탐색할 수 있다고 생각했다. 치료 계획은 구체적인 정신 질환을 치료할 특정 개입보다는 내담자의 문제에 대한 정보를 이해하고 다루기 위한 일련의 전반적인 원칙을 보여 준다는 점을 기억하는 것이 중요하다(Mahoney, 2003; Marquis, 2006). 다음의 제안은 우리 회기에 대해 구체적이고 미리 짜인 순서보다는 게리가 자신의 증상을 고려하여 선택할 수 있는 가능성을 보여 준다.

좌상상한

1. 이완, 운동을 위한 요가 수업과 공동체 혹은 영적인 이점을 위해 실험하는 것을 촉진하기
2. 자신의 생각, 느낌, 행동을 탐색하고 평가하기 위해 치료 일기 쓰기
3. 목적과 영감뿐 아니라 우울, 불안, 자존감 그리고 자기-이미지의 문제를 탐색하기 위한 성찰적 · 경험적 심리치료
4. 자신의 영적 전통 내의 정관적 수련을 내담자가 접하도록 촉진하기

우상상한

1. 식단을 평가하고 개선하기
2. 매일 밤 8시간의 깊은 수면을 위해 수면 패턴을 바꾸기
3. 규칙적인 운동 및 다이어트를 개발하기
4. 불안 증상에 대응하기 위한 체계적인 이완 각본/기법에 대한 안내 및 연습
5. 만약 우울 증상이 4주 내에 감소되지 않거나 자살이나 폭력적 생각에 대한 어떤 가능성이 있으면 항우울제를 위한 평가를 위해 정신과 의사와 상담하기

좌하상한

1. 애정관계와 친구관계에 대한 관심사 다루기
2. 타인과 주변 자기와의 상호작용을 위해 그가 선택한 자선단체와 자원봉사를 개발하도록 내담자 촉진하기
3. 교회, 공동체 조직과 같은 사회적 단체의 회원으로 발달시키는 것 촉진하기

우하상한

1. 경력과 직장 환경에 대한 관심사 다루기

개입과 회기 진행

상담의 초기부터 나는 통합적 접근의 기본 교의(tenet)와 ILP의 형식으로 다양한 상한 내에서 우리의 작업을 맥락화할 가능성에 대해 소개했다. 나는 게리로 하여금 우리의 회기 내 시간에는 내적 · 주관적 · 상호주관적 · 심리학적 관심사에 주로 집중하도록 독려하는 한편, 회기 밖에서는 다른 상한에서의 성장을 다루기 위한 시도를 할 것을 제안하였고, 우리는 그 과정을 검토

할 수 있었다(예: 보다 사회화되고, 사회적 단체에 참여하고, 존중받지 못하거나 무시당한다고 느낄 때 그의 관리자 또는 타인과 직면하는 것 등). 게리는 자신의 전반적인 성장과 행복을 촉진시킨다는 기대감으로 발달의 다른 영역들을 다루기 위해 주중의 시간을 활용하는 것에 대해 매우 수용적이었다.

통합접수평가지의 답변을 고려하여, 나의 첫 번째 즉각적인 제안은 특히 게리의 다이어트와 운동과 관련하여 우상상한의 몇 가지 요소들을 개선하는 것이었다. 나는 게리에게 영양사와 상담하여 건강한 식습관을 개발하고, 그의 스케줄에 맞는 운동과 다이어트를 개발하는 시도를 하라고 독려했다. 그가 영양사와 상담하는 것은 원치 않았으므로, 나는 웨일(Weil)의 『최적의 건강을 위한 8주(*8 Weeks to optimum Health*)』(1998)와 『최적의 건강을 위해 잘 먹기(*Eating Well for Optimum Health*)』(2001)라는 책을 추천해 주었다. 우리는 웨일이 그 책들에서 제시했던 다양한 대안들에 대해 토의했으며, 게리는 주 4회 저녁에 걷기를 시작하고 호흡 순환기의 지구력이 개선될 때는 달리기를 하겠다는 결정을 했다. 상담 기간 내내, 게리는 운동 습관을 유지할 수 있었으며, 그것은 매우 효과적인 것으로 입증되었다. 그는 체중 감소에 따른 스트레스와 부정적인 감정을 다루기 위한 배출구를 가질 수 있었으며, 더 부가적으로는 자존감이 높아졌다고 보고했다. 나의 더 많은 격려와 웨일의 책에 따라, 또한 그는 가공 음식을 덜 먹고, 보다 자주 든든한 식사를 챙기고 저지방, 저당도 그리고 고단백 음식을 섭취하는 등 그의 식습관을 바꾸기로 동의하였다.

우상상한 관심사의 또 다른 영역은 게리의 수면 패턴이었다. 나는 그로 하여금 저녁에 마셨던 커피를 끊고 규칙적인 수면 습관을 만드는 시도를 할 것을 제안했다. 게리는 이에 대해 개방적이었으며, 불규칙적인 휴식이 그의 기분에 부정적인 영향을 미칠 수 있음에 동의했다. 그는 카페인 섭취를 즐겼는데, 카페인은 늦은 시간에 일할 때는 도움이 되었던 반면, 수면 측면에서 치루어야 하는 전반적인 대가는 매우 컸다고 말했다. 그는 최종적으로는 아침에만 커피를 마시겠다는 목표를 가지고 점차 줄여 나가겠다고 동의했다(나는 그에게 저녁에 일하는 동안 노곤해짐을 깨달을 때마다 60~90초의 체조를 할 수 있고, 그것이 매우 효과적이라는 사실을 말했다). 또한 나는 게리에게 일관된 수면 위생의 가치에 대해 교육을 시켰으며 일정한 시간에 잠자리에 들라고 독려했다(평소보다 늦게 잠이 들었을 때도 같은 시간에 일어나는 것을 포함하여). 만약 20분 이상 잠에 들지 않고 누워 있게 된다면, 그는 일어나서 아주 졸릴 때까지 뭔가를 해야만 했다. 또한 그는 규칙적으로 운동을 해야 했지만, 늦은 시간에는 하지 않았다(그는 산책을 점심의 휴식 시간으로 바꿨다). 그의 침실을 어둡고 조용하게 유지하고(또는 자연의 소리를 활용하여), 이완 기술을 훈련하도록 했다(깊은 호흡과 점진적 근육 이완도 모두). 치료의 전체 과정 동안 일관되지는 않았으나 게리는 이 제안의 많은 것들을 대체로 적용해 볼 수 있었고, 수면의 질이 상당히 개선되었음을 발견했다.

게리의 수면 위생과 습관을 다루는 것과 관련하여, 나는 게리가 이완 교본 CD를 듣고 집에서 이완 연습을 규칙적으로 하는 것을 제안했다. 그 교본은 횡경막 호흡과 점진적 근육이완법을 다루는데, 게리는 그것을 잘 받아들였다. 우리의 목표는 게리가 자기 전에 이완을 하도록 돕는 방법을 익히는 것뿐만 아니라 불안의 감정에 대응할 수 있도록 기술을 배양하는 것이었다. 처음에 게리는 CD를 규칙적으로 들을 시간을 확보하기 위해 노력했는데, 대개는 활동이 많은 그의 작업 일정 때문이었다. 그러나 몇 주 후에, 그것은 그가 어려움을 겪고 있는 수면을 유도하는 것뿐만 아니라, 아마도 더 중요하게는 불안하거나 우울한 상태에 놓일 때 자기 자신을 위로하는 능력을 눈에 띄게 향상시켜 주었다. 6회기가 되었을 때, 그는 지속적으로 7~8시간 동안 밤에 잠을 자고 있으며, 푹 쉰 느낌으로 잠에서 깬다고 보고했다.

좌하상한에서는, 나는 게리가 자신의 영적 지향성과 맥이 통하는 교회에 다님으로써 보다 사회적인 지지를 얻기 위해 노력하는 것과 더불어, 자원봉사를 하거나 아니면 다른 식으로라도 단체와 일하는 것을 고려하도록 독려했다. 그의 가족은 그에게 강한 지지 기반이었지만 몇백 마일 떨어져 산다는 점을 감안하여, 나는 게리가 보다 직접적인 사회적 연결망을 통해 도움을 받을 것을 제안했다. 그 결과, 게리는 다양한 교회를 방문하기 시작했으며, 마침내 주로 그 지역의 게이와 레즈비언 공동체의 구성원들로 구성된 교회에 등록했다. 그는 그곳에서 빨리 스스로 안정을 취하고 새로운 친구들을 만나기 위해 노력했다. 추가적으로, 그는 지역 라디오 방송국에서 자원봉사자로 일하면서 모금 활동을 도왔다. 이러한 노력들은 잘 받아들여졌고, 다른 사람을 돕는 데서 경험적 보상을 거두는 것뿐 아니라 게리가 내적으로 덜 집중하도록 촉진했다.

우상상한과 좌하상한의 개입에 추가적으로, 게리의 회기 중 상당한 시간은 그의 심리적인 역사가 어떻게 그의 관계에 영향을 미쳤는지를 다루기 위해 소요되었다. 상담의 중반부쯤, 게리는 대부분 다양한 자선 활동과 교회 일에서 비롯된 아버지의 부재가 그가 다른 남성과 관계를 맺는 데 영향을 미쳤음에 대해 이야기하기 시작했다. 게리는 이성애 남자들을 마치 예측할 수 없고 일관성이 없는 것으로 생각하는 경향이 있으며, 대체로 그들을 경계한다고 고백했다. 우리는 나와의 초기 관계에서 어떻게 이 패턴을 드러냈는가에 대해서도 이야기했다. 우리의 초기 작업에서 내가 갑자기 취소할 수밖에 없었던 회기에 대해 게리는 상당히 격하게 반응했다. 다음 회기에서 게리는 그의 일주일 동안의 일에 대해 기계적으로 이야기하는 외에는 별로 말을 하지 않았다. 그가 거리를 두는 것 같고 이전 회기처럼 나는 그와 연결되었다는 느낌이 없으며, 그것이 내가 회기를 취소한 것과 관련되어 있을지도 모르며, 그것이 혹시 그의 아버지의 특유한 무심함을 그에게 상기시켜 주지 않았을까 하는 가능성에 대해 궁금하다며 내가 지금-여기의 언급을 했을 때, 게리는 나의 해석에 대해 매우 공감했으며, 우리는 그 문제에 대해서 상세하고 생산적으로 탐색할 수 있었다. 이러한 해석을 통해 작업하면서 게리는 우리의 관계를 보다 신뢰하고 확신하게 되었다. 더 나아가 게리의 감정은 상담실 밖에서도 일반화되는 것처럼 보였는데, 마침내 직장에서 직선적인 남자 동료와 만족할 만한 우정 관계를 발전시킬 수 있었다.

게리와 나는 그의 가족이 타인을 돕는 것을 강조한 점이 어떻게 그 자신의 욕구를 표출하기 어렵게 만들었는지에 대해서도 다루었다. 작은 공동체의 종교 지도자로서, 게리의 부모는 다른 사람을 돕고 지원하는 일에 매우 적극적이었으며 상당히 집중했다. 그러나 이러한 태도의 부작용은 자신의 욕구를 표현하는 것을 이기적이고 수치스럽고 비난받을 만한 것으로 간주한다는 점이었다. "타인의 욕구가 내 욕구보다 더 중요하다"는 이러한 해석은 불만족스러운 관계나 상황을 지속시키는 게리의 성향에 영향을 미친 것으로 보였다. 우상상한에 대한 지나친 관심은 자기애로 연결될 수 있으며, 과도한 우하상한에 대한 집착은 순응을 초래할 수 있다는 제3장에서 언급한 개념과 유사하게, 과도한 자선(우하)은 잠재적으로 자신의 심리적인 욕구(좌상)에 관심을 충분히 기울이지 못하는 결과를 초래할 수 있는 것으로 보였다. 게리는 그의 감독관과 언쟁이 붙었을 때 스스로를 방어하기 위해 애를 썼으며, 게리가 실제로는 혼자 있기 원할 때도 함께 시간을 보내면서 그의 파트너를 맞추려고 했다. 우리가 함께 한 작업의 중반부가 되었을 때, 게리는 이러한 패턴들을 파악하는 데에서 차츰 자신감을 가지게 되었고, 수치심 또는 이기심에 압도당하지 않으면서 그 자신의 욕구를 차츰 주장하기 시작했다.

좌상상한 관심사와 연관된 게리의 관계(좌하)에 대해 앞서 언급한 많은 부분은 우리의 회기 내 작업의 주요한 초점이었다. 게리의 자존감과 신체 이미지 문제에 대한 많은 부분은 그의 관계에 영향을 미쳤다. 우리 만남 중에, 우리는 이러한 생각에 대한 기원(어릴 때 체중에 대한 그의 누이들의 관심사와 어린아이라고 그를 약 올렸던 습관에서 상당 부분 비롯되었다고 게리가 느꼈던 것), 그리고 그 생각이 어떻게 현재의 그에게 지속적으로 영향을 미치는지에 대해 탐색하기 시작했다. 특히 남성 치료자인 나와 그의 신체 이미지를 개방적으로 다루는 것은 초기에는 게리에게 힘겨운 일이었다. 그러나 곧 그는 그 자신에 대해서 보다 수용적이고 부드러운 태도를 계발할 수 있었다. 나는 그에게 자존감과 자기 연민의 차이에 대해서 알려 주었고(Neff, 2003a, 2003b), 타인에 대한 연민을 개인적인 강점으로서 그가 인식했다는 점을 고려하여, 나는 그 자신에 대한 몇 가지 연민을 지향하도록 독려했다. 나는 가끔 그가 회기 중에 스스로를 뚱뚱하고 매력이 없다고 말하면서 자신을 폄하하는 표현을 알아차렸고, 그가 그의 누이들을 연상시키는 듯이, 얼마나 가혹하고 비판적으로 말하는지를 지적하면서 부드럽게 직면했다. 그는 대체로 수용적이었으며, 일단 인식을 하고 나면 자신의 경험을 재구성할 수 있었다. 대부분의 나의 내담자들과 마찬가지로, 나는 마음챙김 연습을 독려했는데, 그것은 결과적으로는 내가 그에게 책을 읽고 수련을 시작하라고 제안했던 관조적 수련과 아주 잘 들어맞는 것이었다. 이 두 가지 개입 전부(마음챙김과 자기-연민)는 결과적으로 게리에게 매우 유용한 것으로 입증되었다.

게리가 효과적이라고 여겼던 또 하나의 도구는 심상화였다. 그가 활용한 한 가지 상상은 자기 자신을 어린아이로 상상하고 마치 그가 다정하고 격려하고 관심을 주는 부모인 것처럼 부정적인 자기-대화를 재구성하는 것이었다. 치료 과정 동안, 그는 자신의 비판적인 내재화를 더욱 잘 알아차릴 수 있었으며, 그 비판들을 보다 자애롭고 따뜻하고 부드러운 말과 자기-태도로 수정할 수 있었다. 나는 일관되고, 규칙적이고, 적극적으로 주의를 기울이는 수련을 통해서 이러한 태도를 배양하는 중요성을 이미 강조했었다. 내가 게리에게 말했던 것은 “우리가 스스로 말하는 것(자기-대화)은 우리의 변화 과정과 존재하는 것(what is)에 대한 우리의 자각에 중요합니다. 인지를 재구성하는 개입의 성공은 많은 부분이 행복을 지지할 사고의 패턴을 만들고 강화하는 것에 의존합니다. 그러나 역기능적 사고를 기능적 사고로 대체하기 전에, 그러한 역기능적 사고를 자각해야만 합니다. 따라서 마음챙김 수련 또는 당신이 수련하는 향심기도와 같이 주의를 기울이는 다른 과정은 우리가 현재 작업하는 인지적 방법에 유용한 요소입니다. 일단 부정적인 자기-대화를 알아차리지 못한다면, 그것을 변화시킬 수 없습니다.” 등의 말들이었다. 이것은 시걸, 윌리엄스 및 테스데일(Segal, Williams, & Teasdale, 2002)에 의한 연구에서 경험적으로 입증되었는데, 그들은 마음챙김 명상과 인지 치료를 통합하는 것은 특히 장기적인 효과성과 재발 방지와 같은 치료 후반기의 효과를 증가시킨다는 점을 보여 주었다. 그리고 슈워츠와 베글리(Schwartz &

Begley, 2002)의 작업은 강박 장애로 진단된 사람들에 대해 마음챙김에 기초한 개입의 효과성을 보여 주었다.

그가 상담을 찾도록 촉발한 문제로서, 게리와 나는 그의 애정관계를 다루는 데 많은 시간을 소비했다. 우리가 함께 작업을 하는 동안, 그 파트너는 다시 접촉을 했고 그들은 몇 번의 반복적이고 갈등을 빚는 진통을 겪었다. 일단 그가 파트너와 다시 관계를 맺게 되자, 게리는 과도하게 결핍되고 요구적이고 질식시키는 대상으로 그를 경험했으며, 그것은 차츰 게리를 좌절시키고, 대개는 게리의 정서적 철수를 초래했을 것이다. 마침내 게리는 파트너로부터 감지된 요구에 지쳤으며, 한동안 서로 만나지 말기로 했다. 일단 혼자 있게 되자 게리는 자유 시간에는 점점 외롭고 불안해졌으며, 마침내 파트너가 다시 게리에게 연락했을 때 그를 다시 받아들이게 되었다.

우리 회기 동안, 게리는 이러한 패턴과 그것이 그에게 정서를 고갈시키는 대가를 부과한다는 점을 알아차리게 되었다. 그는 자신이 파트너 또는 관계에서 원하는 바를 이 남자가 어느 정도로 표상하고 있는지 뿐 아니라 그들의 불안정한 교류의 함의에 대해서도 탐색하였다. 그는 지속적인 관심을 원하는 파트너의 욕구를 공유할 수 없으며, 더 많은 독립을 갈구한다는 확신을 점차 명확하게 인식하였다. 그러나 그의 능력으로는 그 관계를 끊기 어려운 것으로 나타났으며, 치료 과정 내내 그들은 주기적으로 서로 계속 만났다.

그의 신체 이미지, 자존감 그리고 관계와 관련된 문제에 추가적으로, 우리의 회기는 또한 삶 속에서 보다 깊은 의미와 방향성을 원하는 게리의 관심사를 다루었다. 게리는 오랜 동안 일기를 쓰다, 안 쓰다를 반복했다고 밝혔다. 나는 우리가 함께한 작업의 효과(또는 미진함)뿐만 아니라 그의 경험을 관찰하고 관심사, 고통, 즐거움, 좌절 그리고 극복을 기록하기 위한 방법으로 그에게 일기를 계속 쓸 것을 독려했다. 나는 그에게 일기를 쓰면서 '나는 누구인가?' '나는 어떻게 살아야만 하는가?' 라는 의문에 대해 깊이 검토하고 성찰할 것을 제안했는데, 그 두 가지 질문은 모두 그에게 고무적이었다. 탐색을 통해, 게리는 차츰 영적 중심 또는 '중추' 에 대한 욕구를 자각하기 시작했고, 그것을 중심으로 나머지 삶이 배열되었다. 이러한 논의는 자신의 삶의 상황에 대해서 기꺼이 책임을 지고자 하는 그의 의지에 더욱 불을 붙였다. 보수적인 기독교 교회 내에서 양육되었기 때문에 게리는 기독교의 풍부한 관조적 전통에 대해서 알지 못하고 있었다. 따라서 나는 게리에게 몇 권의 책을 읽으라고 추천했고, 우리는 그 후에 함께 토론을 할 수 있었다(독서요법). 『열린 마음, 열린 가슴: 가스펠의 관조적 차원(*Open Mind, Open Heart: The Contemplative Dimension of the Gospel*)』(Keating, 1986), 『듣는 가슴: 관조적 삶의 예술(*A Listening Heart: The Art of Contemplative Living*)』(Steindl-Rast, 1983), 『감사, 기도하는 자의 가슴(*Gratefulness, the Heart of Prayer*)』(Steindl, 1984) 등이다. 게리는 이 책들을 탐독했으며 빠르고 열정적으로 향심기도 수련을 하기 시작했는데, 그 수련을 통해 그는 즉시 큰 잠재력이 미침을 느꼈으며, 그가 느꼈던 것은 이전까지 그의 믿음에서 빠져 있었던 부분이었다. 또한 그는 감사 수련을 실천함으로써 직접적인 효과를 경험했다. 그의 마음챙김 역량은 증가해 갔으며, 부정적인 사고 패턴을 알아차리자마자('나의 감독관이 멍청이라는 사실이 완전히 돌게 만든다.' 또는 '나는 과체중이기 때문에 매력이 없다.'), 그는 그 사고를 삶 속의 선물로서 감사하면서 대응했다('나의 일은 소중하고 의미가 있으며, 나는 많은 동료들과 즐겁게 지낸다.' 그리고 '나는 내가 원하는 만큼은 몸짱이 아닐 수 있지만, 기본적으로 건강하고 그 점에 대해 감사한다.').

우하상한을 다룰 때, 게리는 자신의 경력상의 위치에 대해 힘들어했으므로 우리는 그의 관심사를 탐색하고자 했다. 난민에게 제공하는 지원의 측면에서는 자신의 일에 대해 깊은 의미를 발견하면서도, 사무실 문화와 정치적인 문제의 대가는 반복적으로 그의 신경에 거슬렸다. 자신이 대수롭지 않게 취급받고 있으며, 감독관에게 건설적으로 접근하려는 그의 시도가 대개는 무시된다고 느꼈다(우리는 몇 번의 역할 놀이를 했으며 역할을 바꾸기도 했고, 그것은 몇 가지 긍정적인 효과를 가져왔으나 그가 상사와의 관계에서 원했던 변화를 가져오기에는 충분치 않았다). 개방적이고 공감적인 태도를 유지하고 그의 밑바닥에 깔린 정서를 반영하면서 우리는 그의 문제를 지속적으로 다루었고, 그는 마침내 일에 대한 불만족에 보다 큰 확신을 가지게 되었다. 그는 다른 자리를 찾기 위한 풍부한 자원을 계발했다. 게리에게 도움이 되었던 핵심적인 연습은 그의 의도에 초점을 두는 방법으로서, 그 자신의 묘비명을 만들라는 나의 제안이었다(Yalom, 2002). 그가 죽었을 때 자신의 삶의 프로젝트가 어떻게 보였으면 하는가에 대해 검토하면서, 게리는 자신의 에너지에 집중할 수 있었고 현재의 직업을 떠나 그에게 보다 만족스러운 어떤 일을 찾는 방향으로 움직이게 되었다. 일단 결정을 하고 난 후에, 그는 이력서를 준비해서 짧은 시일 내에 몇 가지 제안들을 받게 되었다. 그는 도시 젊은이를 위한 프로그램의 펀드 모금자로서 임시 계약직을 받아들이기로 결정했다.

사례 1의 결론

게리의 전체 상담 과정은 정확히 10개월 동안 진행되었으며, 주별의 규칙적인 회기로 구성되었다. 회기 중에 다룰 만한 문제들이 줄어들었음을 게리가 인식했을 때, 작업 종결을 위해 우리는 회기를 2주에 1회로 전환했다. 나의 모든 내담자들에게 그랬듯이, 나는 유지(maintenance) 작업이 대단히 중요함을 강조했다. 유지 단계(Prochaska & DiClemente, 1982, 2003의 초이론적인 접근의 다섯 번째 및 마지막 단계)에서 내담자는 자신의 목표를 달성하게 된다. 이 시점에는 그들의 학습을 통합하여 재발을 방지하는 데 강조점이 있다(어떻게 그들의 진보를 성취했는가를 강조하고 미래의 어려움을 예측한다. 문제를 지속적으로 다루어 나가야 할 필요성을 강조한다. 그들이 목표에 도달했다는 이유가 그들이 더 이상 치료적 작업을 할 필요가 없다는 것을 의미하지는 않는다). (진보에 대한) 성공적인 유지는 부분적으로는 지속적인 자기와 환경에 대한 평가, 현재하고 있는 작업을 통해 자신이 되기 소망하는 유형의 사람이 될 수 있다는 의식적인 깨달음에 의존한다.

역설적이게도, 상담을 찾게 만든 그의 주요한 목표 중 하나인 직업을 바꾸고자 하는 게리의 결정은 마침내 우리의 회기의 종결을 가져왔다. 그가 새로운 곳에 취직하게 되면서 의료보험의 정신 건강 혜택을 상실했기 때문이다(이것이야말로 우하상한 문제다). 이러한 문제가 이 시대의 관리 의료에서 가끔은 문제가 될 수 있을지라도, 우리는 게리가 세운 많은 목표를 달성했으며, '혼자서' 노력하는 것이 편안해졌다는 점에 동의하였다. 게리는 우리의 상담으로부터 도움을 받았으며, ILP 수련을 지속할 생각이라고 말했다. 나는 몇 달 후에 추후 보고를 위한 전자우편을 받았는데, 그는 매우 잘 지내고 있고 새로운 직업에 만족하며, 결국은 그의 이전 파트너와의 관계를 끝냈으며, 조깅과 매일의 향심기도를 즐겁게 하고 있다고 말했다.

다음 사례의 예에서 볼 수 있다시피, 불행히도 게리의 사례만큼 모든 치료가 평탄히고 성공적으로 진행되는 것은 아니다.

사례 1: 데니스

데니스의 완성된 통합접수평가지

통합접수평가지

안드레 마퀴스 박사

상담 및 인간 개발학과 조교수

로체스터 대학교

고객명: 데니스 나이: 31세 첫 방문일자: ____________

자택 전화: ( )____________ 직장 전화: ( )____________

주소: ____________

생년월일: 1973년 9월 성별: 여 의뢰처: ____________

비상 연락처: 이름____________ 전화: ( )____________

(만약 질문 중 대답을 할 여백이 더 필요하다면, 이 양식의 뒷면을 활용하시기 바랍니다.)

초기 문제 및 이전 치료 이력

❒ 당신이 도움을 필요로 하는 주된 어려움이나 문제는 무엇입니까?
어머니께서 암 투병 중이시고, 관계 문제, 아동기 문제, 성격 문제가 있습니다.

❒ 무엇이 문제를 더 호전시킵니까? 혹은 무엇이 문제를 악화시킵니까?
괴로운 일이 너무 많이 일어나지만 않는다면 좋겠습니다. 오래된 일은 무시할 수 있고 행복해질 수 있습니다.

❒ 치료자가 주의를 기울여야 할 시급한 난제나 문제가 있습니까? **예**/아니요
만약 '예' 라면 자세히 설명해 주십시오.
어머니가 암 투병중이고, 결정이 필요합니다.

❒ 이전에 상담이나 심리치료를 받아 본 경험이 있습니까? **예**/아니요
만약 '예' 라면 기간은 얼마나 되고, 치료자는 누구입니까?
존 스미스, 데이비즈 존슨, 그리고 존과 제인 도, 그리고 기억 안나는 두 사람이 더 있습니다.

❒ 치료 경험은 어떠했습니까? (이전의 치료는 어떠했습니까?)
존과 제인 도의 '기독교' 상담은 매우 해가 되었고, 다른 치료도 항상 중단이 됐죠.

❒ 치료를 통해 가장 많은 도움을 받은 점은 무엇입니까?
검증 그리고 괴로운 생각이나 감정을 떨쳐버릴 수 있는 능력

❒ 치료를 통해 가장 도움이 되지 않았던 점은 무엇입니까?
문제를 제대로 해결할 만한 시간이 부족했어요.

❒ 이전 치료로부터 당신 자신에 대해서 알게 된 점은 무엇입니까?
나는 공동 의존적이고 부모님이 알코올 중독자라는 사실

❒ 치료자 혹은 치료 작업에 대한 기대는 무엇입니까?

문제를 판단하고 합리적으로 사고하고 해결할 수 있는 능력을 보다 향상시키는 것입니다.

경험: 개인-내적

❒ 당신의 강점은 무엇입니까?

상당히 조직적이고, 친절하고, 관대하고, 다정하고, 보살피고, 인내심이 있고, 사교적입니다.

❒ 당신의 약점은 무엇입니까?

낮은 자존감, 끊임없는 추측, 가끔은 분노(이제 아주 심하지는 않음). 두려움, 다른 사람의 평가에 대해서 너무 많이 신경 쓰는 것, 혼자 있는 것을 정말 좋아하지 않습니다.

❒ 당신의 전반적인 기분/정서는 어떠합니까?

아주 행복하거나 아주 불안합니다.

❒ 당신이 가장 자주, 가장 강하게 느끼는 정서는 어떤 것입니까?

극단적인 기쁨 혹은 상실을 겪거나 '꼼짝달싹 할 수 없을 때' 나 내 결정이 수포로 돌아갔을 때 마음을 털어놓고 싶은 심정

❒ 고통스러울 때, 자신을 돌보고 위로하는 방법들은 어떤 것들입니까?

체육관에 갑니다.

❒ 자신 안에서 일어나는 강한 정서를 어떻게 다루고 있습니까?

모르겠습니다.

❒ 스트레스를 주는 상황과 다른 어려움들에 대해서 어떻게 반응을 하고 있습니까?

울기도 하고, 가능하면 생각하지 않으려고 합니다.

❑ 당신이 의사 결정을 하는 방식은 어떤 것입니까? (예: 논리나 이성을 사용하는지, 직감이나 가슴을 신뢰하는지 등)

양쪽 다 사용합니다. 대부분 논리를 사용하려고 합니다.

❑ 반복되는 이미지나 생각이 어떤 것인지 알아차리고 있습니까? (깨어 있을 때나 꿈을 꿀 때) <u>예</u>/아니요

만약 '예'라면 자세한 내용을 적어 주십시오.

나는 나쁜 사람이다, 뭔가 옳지 않은 일을 하고 있다 등. 죽음에 대한 두려움, 늙고 추해지는 것에 대해 한탄스럽기도 해요.

❑ 자기 자신이나 다른 사람을 심각하게 해치거나 죽이려고 시도했던 적이 있습니까? <u>예</u>/아니요.

만약 '예'라면 자세한 내용을 적어 주십시오.

고등학교 때 몇 번 자살을 시도했던 적이 있습니다. 자해 경험; 다른 사람을 해치고자 한 적은 없습니다.

❑ 현재 자살에 대한 생각을 하고 있습니까? 예/<u>아니요</u>

만약 '예'라면 어떤 상황인지 알려 주십시오.

자살 생각은 하지 않지만, 가끔은 내가 당장 죽어버리고 다 끝내버렸으면 하고 바라기도 해요.

❑ 가족구성원 중 누군가 자살을 시도했거나 자살한 적이 있습니까? <u>예</u>/아니요

만약 '예'라면 자세한 내용을 적어 주십시오.

외할아버지가 총으로 자살을 했습니다.

❑ 당신에게 지속적으로 영향을 미쳐왔던 가족 내의 심각한 질병, 출생 문제, 죽음 혹은 다른 상실이나 큰 변화가 있었습니까? 예/아니요

만약 '예'라면 자세한 내용을 적어 주십시오.

그저 있을 수 있는 보통 일입니다. 애완견, 외조부모, 어머니의 암, 부모님의 알코올 중독 등

ㅁ 가장 초기 기억은 무엇입니까?

기억이 많이 나지 않습니다. 들었던 일이나 이야기만 내가 알고 있는가에 대해 의문이 생기기도 합니다만, 누군가 이야기를 해 주지 않은 사건에 대해서는 정말로 기억이 나지 않습니다.

ㅁ 가장 행복했던 기억은 무엇입니까?

모르겠습니다. 좋았던 일은 많이 이야기할 수 있지만 가장 행복한 일은 모르겠습니다.

ㅁ 가장 고통스러웠던 기억은 무엇입니까?

모르겠습니다. 고통스러운 일들은 많이 이야기할 수 있지만 가장 고통스러운 일은 모르겠습니다.

ㅁ 당신은 몸의 어느 부위에서 스트레스를 느낍니까? (어깨, 등, 턱, 기타)

어깨, 턱, 두통 등

ㅁ 자신을 창조적 또는 예술적으로 표현하는 방법이 있습니까? **예**/아니요

만약 '예' 라면 자세한 내용을 적어 주십시오.

그림 그리기, 시 쓰기. 그러나 마음속에서 우러나오지는 않습니다.

ㅁ 어떻게 여가를 즐기고 있습니까? (취미/놀이)

독서, 운동, 그림, 시, 영화, 자전거 타기, 요리, 고양이와 놀기

ㅁ 언어적, 정서적, 신체적 또는 성적 학대의 희생자가 되어본 경험이나 그런 상황을 목격한 적이 있습니까? 예/아니요

만약 '예' 라면 자세한 내용을 적어 주십시오.

예. 존 스미스(이전 치료자)의 치료 기록을 보시기 바랍니다.

ㅁ 전반적으로, 당신의 삶에 대해 얼마나 만족하고 있습니까?

전혀 아님 1 2 <u>3</u> <u>4</u> 5 6 7 매우 그러함

❒ 전반적으로, 당신 자신에 대해 어떻게 느끼고 있습니까? (자존감)
매우 나쁨 1 <u>2</u> <u>3</u> 4 5 6 7 매우 좋음

❒ 전반적으로, 당신 삶과 감정을 어느 정도 통제하고 있다고 느끼십니까?
전혀 못함 1 2 3 <u>4</u> <u>5</u> 6 7 매우 잘함

❒ 다음 중에서 당신이 최근에, 또는 과거 어느 시점에 경험한 감정 또는 표현이 있으면 모두 표시해 주시기 바랍니다.

__×__ 분노 촉발되는 경우에만
__×__ 슬픔
__×__ 외로움
__×__ 두려움
__×__ 걱정/근심
__×__ 수치스러움/죄책감
_____ 질투심
__×__ 행복감
_____ 감사함/고마움
__×__ 성욕/에로틱함
__×__ 홍분
_____ 원기왕성
__×__ 기대감
_____ 이완/평온
_____ 종종 느끼는 다른 정서가 있다면:

____

행동: 개인-외적

❒ 현재 복용하고 있는 약이 있다면 적어 주십시오. (용도, 용량 등)
없음

❐ 주치의가 있습니까? **예**/아니요
만약 '예' 라면 누구입니까?
제인 도 박사
신장: ?피트, 체중: 118파운드

❐ 언제 마지막으로 건강검진을 받았습니까?
작년

❐ 특별한 요주의사항이 있었습니까? (질환, 혈압, 콜레스테롤, 기타)
없음

❐ 두뇌 손상이나 다른 부위에 심각한 손상을 경험한 적이 있습니까? 예/**아니요**
만약 '예' 라면 자세한 내용을 적어 주십시오.

❐ 과거에 경험해 봤거나, 현재 겪고 있는 다른 주요한 의학적 증상이 있습니까?
과거에는 두통과 복통이 있었습니다.

❐ 다음 중에서 당신에게 해당되는 행동 또는 신체 감각이 있으면 모두 표시해 주시기 바랍니다.

_______ 과음
_______ 금지된/향정신성 약물 복용
_______ 과식
_______ 거식
___×___ 친구와 가족에 대한 무관심
___×___ 자신 또는 자신의 욕구에 대한 무관심
___×___ 자신에게 친절하거나 사랑을 베풀기 어려움
___×___ 자신 또는 타인에게 결국 상처를 주는 방식으로 행동함
___×___ 과도하게 흥분함
___×___ 몇 가지 행동에 대해서는 통제하기 어려움

___×___ 자살에 대한 생각
___×___ 집중하기 어려움
___×___ 수입 이상으로 소비함
___×___ 울기
______ 그 밖에 이야기하고 싶은 다른 행동적인 특징들이 있다면?

____

___×___ 두통
______ 생리 문제
___×___ 현기증
___×___ 심장 두근거림
___×___ 안절부절못함
______ 성적 집착
______ 울렁거림/무감각
______ 과도한 피로감
______ 환청/환시
______ 의식 불명
______ 그밖에 다른 신체적 고통이나 어려움이 있습니까? 예/아니요
만약 '예' 라면 알려 주십시오.

____

□ 전반적으로, 당신의 신체 건강은 어느 정도 상태입니까?
매우 나쁨 1 2 3 4 5 <u>6</u> 7 매우 좋음

□ 수면 패턴은 어떠합니까? (몇 시에 잠자리에 듭니까? 몇 시간을 잡니까? 깨지 않고 잡니까? 아니면, 자면서 중간에 깹니까?)
여러 번 잠이 깹니다. 4~6시간 잡니다.

□ 잠에서 깨어나면 휴식을 취한 느낌이 듭니까? 예/**<u>아니요</u>**

❐ 평상시의 식습관은 어떠합니까? (즐겨 먹는 음식 종류나 양)
충분한 칼로리를 섭취하지는 않습니다. 아주 건강한 음식을 먹으려고 합니다.

❐ 비타민이나 영양보충제를 복용하고 있습니까? **예**/아니요
만약 '예' 라면, 만약 '예' 라면 알려주십시오.
예. 복합비타민을 먹습니다.

❐ 약물이나 알코올 섭취에 대해 적어 주십시오. (과거와 현재)
과거에 마약 복용 경험-코카인, 크랙, 팟. 술을 많이 마셔본 경험은 전혀 없음

❐ 꾸준히 하고 있는 운동이 있습니까? (에어로빅/근육강화운동) **예**/아니요 만약 '예' 라면 자세한 내용을 적어 주십시오.
요가, 심장 강화 운동-걷기, 달리기 및 프리 웨이트

❐ 혹시 의사소통에 장애(듣기, 말하기, 보기 등)가 있습니까? 예/**아니요**
만약 '예' 라면 자세한 내용을 적어 주십시오.

문화: 집단-내적

❐ 친구, 가족, 동료 등 당신의 관계에 대해 기술하십시오.
[데니스는 이 질문에 답하지 않았으며, 이는 임상적으로 의미가 있음]

❐ 당신에게 중요하거나 의미가 있는 것은 무엇입니까? (당신에게 가장 중요한 일은 무엇입니까?)
삶의 동반자를 갖는 것. 일에서의 만족감, 편안한 집, 친구, 가족, 평화

❐ 전반적으로, 친구관계를 비롯한 다른 관계들에 얼마나 만족하고 계십니까?
매우 불만족 1 2 **3** 4 5 6 7 매우 만족

❐ 전반적으로, 사회적 상황에서 얼마나 편안합니까?

매우 불편 1 2 <u>3</u> 4 5 6 7 매우 편안

□ 전반적으로, 당신의 종교나 영성에 대해 얼마나 만족하십니까?
매우 불만족 1 2 3 4 <u>5</u> 6 7 매우 만족

□ 원 가족 내에서 촉진되거나 주로 표현되었던 정서는 어떤 것입니까?
분노

□ 원 가족 내에서 좌절되거나 허용되지 않았던 정서는 어떤 것입니까?
나의 분노

□ 최근 가장 편안한 정서는 어떤 것입니까?
?

□ 최근 가장 불편한 정서는 어떤 것입니까?
[데니스는 '없음' 이라고 적었으며, 그리고 거기에 줄을 긋고 "?" 를 표시함]

□ 자신의 인종적 정체성을 어떻게 보고 있습니까? 당신의 민족 문화는 당신에게 얼마나 중요합니까?
저는 코카시안계 미국인이며, 문화라고 할 만한 것은 없습니다. 그러나 인디언, 레바논과 같은 다른 문화들에 대해 공부하는 것은 좋아합니다.

□ 원 가족은 사랑과 보살핌을 어떻게 표현했습니까?
모르겠습니다.

□ 현재 가족은 사랑과 보살핌을 어떻게 표현하고 있습니까?
현재 가족은 없습니다.

□ 원 가족은 불만을 어떻게 표현했습니까?
분노, 고함치기, 외출금지, 다투기, 물건을 던지거나 부수기

❒ 현재 가족은 불만을 어떻게 표현하고 있습니까?
[데니스는 '해당 없음' 을 표현하기 위해 한 줄을 그었다.]

❒ 당신의 로맨틱한/애정관계에 대해 기술하십시오. (만약 있다면)
새로운 애인을 만나고 있습니다.

❒ 당신의 성생활에 대해 기술하십시오. 성생활에 대해 얼마나 만족하고 있습니까?
매우 만족합니다.

❒ 성에 대해서 당신은 어떤 믿음을 가지고 있습니까? 그 믿음은 당신에게 얼마나 중요합니까?
누구도 상대가 원치 않을 때 강요할 수 없습니다. 양쪽 당사자가 좋다고 하면 문제 될 일이 없습니다.

❒ 종교/영적 공동체 또는 수련을 가지고 있습니까? <u>예</u>/아니요
만약 '예' 라면, 자세한 내용을 적어 주십시오.
저는 신을 믿지만 종교는 믿지 않습니다.

❒ 종교/영성에 대해서 어떤 믿음을 가지고 있습니까? 그 믿음은 당신에게 얼마나 중요합니까?
[데니스는 이 질문에 답하지 않았음]

❒ 당신에게 가장 중요한 도덕적 가치는 어떤 것입니까? 그 도덕적 가치들은 당신에게 얼마나 중요합니까?
정직, 연민, 책임감

❒ 당신이 참여하고 있는 정치 또는 시민연대가 있다면 적어 주십시오.
별로 없습니다. 우리는 힘이 너무 미약해서, 투표를 해도 별 영향을 미치지 않습니다. 나는 대통령 선거에는 투표합니다.

□ 당신이 참여하고 있는 환경운동이 있다면 적어 주십시오. (재활용, 카풀, 에너지 절약 등)
[데니스는 이 질문에 답하지 않았음]

□ 어떤 문화 활동이나 단체에 소속되어 있습니까? 예/<u>아니요</u>
만약 '예'라면 자세한 내용을 적어 주십시오.

□ 어떤 형태의 편견 혹은 차별의 희생자가 되어 본 적이 있습니까? (종족, 성차별 등) 또는 사회생활 중에 권력이나 특혜라는 맥락에서 불이익을 겪어 본 적이 있습니까? 예/아니요
만약 '예'라면 자세한 내용을 적어 주십시오.
[내가 데니스를 상담했을 때는 이 질문은 통합접수평가지에 없었음]

사회적 시스템: 집단-외적

□ 현재 물리적 주거 환경은 어떠합니까? (예: 주거 유형, 방음, 채광, 환기, 에어컨, 난방 등)
모든 편의시설이 구비된 두 개의 침실이 있는 아파트에 삽니다. 잘 꾸며져 있으며, 볕이 잘 들어오지는 않습니다. 그렇게 좋은 훌륭한 동네는 아닙니다.

□ 당신의 이웃은 어떠합니까? (안전한/<u>위험한</u>, 친절한/<u>불쾌한</u>, 조용한/시끄러운 등)
약간

□ 현재의 사회적 주거 환경은 어떠합니까? (함께 살고 있는 사람들과 어떻게 지내는지에 대해 외부인들은 어떻게 묘사할 것 같습니까?)
[데니스는 이 질문에 답하지 않았음]

□ 근무 환경은 어떠합니까? (동료와 당신에게 직접적으로 영향을 미치는 상사를 포함)
[데니스는 이 질문에 답하지 않았음]

☐ 애인이 있습니까? <u>예</u>/아니요. 결혼한 적이 있습니까? <u>예</u>/아니요
만약 '예'라면 자세한 내용을 적어 주십시오.
이혼했습니다.

☐ 현재 양육 분쟁에 휘말려 있습니까? 예/<u>아니요</u>
만약 '예'라면 자세한 내용을 적어 주십시오.

☐ 법적인 문제에 연루된 적이 있습니까? (징역, 집행유예 등) 예/아니요
만약 '예'라면 자세한 내용을 적어 주십시오.
[이 질문은 내가 데니스를 상담할 시점에는 통합접수평가지에 없었음]

☐ 삶의 어떤 면이 스트레스를 줍니까?
[데니스는 이 질문에 답하지 않았음]

☐ 어떤 형태의 지지 체계를 가지고 있습니까? (친구, 가족 또는 필요시에 도와줄 수 있는 종교 단체 등)
어느 쪽도 별로 없습니다.

☐ 원 가족을 부모님과 당신을 포함해서 가장 나이가 많은 사람부터 적어 주십시오.

이름	나이	성별	본인과의 관계 (양/편)

[데니스는 이 질문에 답하지 않았음]

☐ 교육적 배경은 어떠합니까?
고등학교를 졸업하고 대학에 다녔습니다.

☐ 직업은 무엇입니까?
경리

❐ 당신이 하고 있는 일에 대해서 얼마나 만족합니까?
매우 불만족 1 2 3 4 5 <u>6</u> 7 매우 만족

❐ 당신의 연간 수입은 얼마입니까?
연봉 3만 2천 달러.

❐ 당신의 생활수준에 대해 얼마나 만족하십니까?
매우 불만족 1 2 3 <u>4</u> 5 6 7 매우 만족

❐ 가족의 병력을 적어 주세요.
[데니스는 이 질문에 답하지 않았음]

❐ 현재 가족을 부모님과 당신을 포함해서 가장 나이가 많은 사람부터 적어 주십시오.

이름 나이 성별 본인과의 관계 (양/편)

혼자 살고 있습니다.

❐ 소속된 단체가 있습니까? 예/<u>아니요</u>
만약 '예'라면 자세한 내용을 적어 주십시오.

❐ 자원봉사활동에 참여하고 있습니까? 예/아니요
만약 '예'라면 자세한 내용을 적어 주십시오.
할 수 있을 때는 합니다. 영적 단체, 암 환자 달리기/걷기에서 일을 좀 합니다.

❐ 다음 중에서 당신이 어려움이나 문제를 겪었던 항목을 모두 선택하시기 바랍니다. 또한 그 어려움이 있었던 대략적인 나이를 ( ) 안에 적어 주시기 바랍니다.
[이 점검목록은 내가 데니스를 상담할 때는 통합접수평가지에 없었음.]

______ 수유/먹기 ( )

______ 배변훈련 ( )
______ 기기 또는 걷기 ( )
______ 말하기 ( )
______ 손톱 물어뜯기 또는 다른 신경증적 습관 ( )
______ 취학/주 양육자와의 분리 ( )
______ 동물이나 사람에 대한 잔인한 행동 ( )
______ 심각한 질병 또는 상해 ( )
______ 학습 문제 ( )
______ 친구 문제 ( )
______ 이사 또는 다른 가족 스트레스 ( )
______ 학대(정서적, 신체적, 성적) ( )
______ 성적 성숙에서의 문제 ( )
______ 학교, 집, 그 외에 다른 곳에서의 놀림 당함 ( )
______ 자기파괴적 행동(위험한 성관계, 섭식 문제, 약물 복용, 지나친 위험감수 등) ( )
______ 사교적 집단에서 어울리기 ( )
______ 동료들의 관점과 의견이 다를 때, 믿는 것에 대한 주장 ( )
______ 사회적 기준과 다른 중요한 결정 내리는 것 ( )
______ 실존적 딜레마 ( )
______ 종교적/영적 체험(긍정적일 수 있음) ( )

ㅁ 다음은 많은 사람들이 다른 상황은 아니지만, 특정 상황에서 자신 내에서 알아차리는 다양한 부분, 측면 또는 하부 인격에 대한 목록입니다. 당신이 어려움을 겪었거나 문제가 있었던 것이 있다면 표시하십시오. 우리가 문제 있는 방식으로 행동하고, 생각하고, 느끼고 있음을 나중에 알아차리게 되는 것입니다. 또한 자신이 이 부분을 알아차리는 상황이나 맥락이 있다면 ( ) 안에 적어 주세요.
[이 질문은 내가 데니스를 상담할 시점에는 통합접수평가지에 없었음.]

______ 무책임한 아이 ______________________________
______ 비판적인 부모 ______________________________

______ 의기양양한 승리자 ______________________________

______ 실패에 취약한 패배자 ____________________________

______ 가혹한 판단 또는 비판 ___________________________

______ 거짓 또는 가짜 자기______________________________

______ 무가치한, 또는 충분히 만족스럽지 않은 자기 __________

______ 과대한, 어느 누구보다도 훌륭한 자기 ______________

______ 다른 어떤 것이라도 적어 주십시오 ________________

□ 기타 치료자에게 알리고 싶은 점이 있다면 무엇이든 적어 주십시오.

[데니스는 이 문항에 대해서는 답하지 않았음.]

초기 면접과 주호소 문제

31세의 코카시안계의 독신 여성인 데니스는 제약회사의 경리 부서에서 일하고 있으며, 근로자지원프로그램(EAP)을 통해 지역 상담 클리닉에 의뢰되었다. 첫 회기에서 데니스는 최근 한 남성과 2년간의 친밀한 관계를 끝내려는 결정 과정에서 유발된 불안과 스트레스로 어려움을 겪고 있다고 호소했다. 그녀는 그의 카이로프랙틱 치료실에서 비서로 일했었다. 그녀의 말에 따르면, 그녀는 그의 이전 애인이 집을 사는 것을 도와주었을 뿐 아니라 사업을 시작하는 데도 재정적인 지원을 했다. 관계를 끝내면서, 그 애인은 재정적인 빚을 떠안기를 거절한 것으로 알려졌으며 데니스를 일자리에서 해고했다. 이 시점에 데니스는 집중하기 어려움, 우울한 기분, 활동에 관한 관심 부족 등을 보고했다. 추가적으로 그녀는 전 남편이 최근에 결혼한 사실을 알게 되면서 불편한 감정이 생겼다고 보고했다. 게다가 그녀는 새로운 친밀한 관계에 대해서도 불만족스럽고 우려가 되었다.

첫 회기가 시작되기 바로 전에 나는 데니스에게 다음과 같은 말을 했다. "첫 번째 회기는 정말로 양방향 면담입니다. 저는 당신이 누구인지, 당신이 겪는 고통의 본질이 무엇이며, 제가 당신에게 도움이 될 수 있을지 없을지에 대해 이해를 하도록 노력할 것입니다. 동시에 당신도 저와 편안한 느낌을 갖는지에 대해 살펴보아야 합니다. 당신은 우리가 함께하는 치료가 생산적일 수 있다고 낙관할 수도 있고 아닐 수도 있습니다." 일반적인 경우와 마찬가지로, 나의 초기 치료적 목표는 데니스가 자신의 어려움과 문제의 더 많은 것을 나눌 수 있도록 요청하면서도 공감적 반영을 통해 라포를 형성하는 것이었다. 나는 우선적으로는 데니스를 공감적으로 이해하는 것에 관심을 가졌으며, 그녀의 근본적인 문제를 이해하고 관련된 개인사를 듣고, 치료적 관계를 형성하면서 협력적으로 목표를 수립하기 시작했다.

첫 회기에 내 눈에 가장 두드러졌던 점은 구체적이고 이분법적인 사고를 반영하는 듯하며 분열과 부인의 방어기제를 암시하는 그녀의 반응 양식이었다. 내가 그녀의 과거 관계에 대하여 몇 가지 질문을 했을 때, 데니스는 '옛날 사건은 잊어버리고 행복하기'를 원한다고 말했다. 더 구체적으로 물어보자, 그녀는 "나는 오래된 친구가 없죠. 오케이!?"라고 힘을 주어 말했다(한 가지 질문에 대한 한 가지 대답이 반드시 특정 진단을 시사하는 것은 아닐지라도, 만약 이해할 만하고 정상을 참작할 만한 환경이 없다면, 누군가 오래된 친구가 하나도 없다는 말을 들을 때 나는 항상 경계선 성격장애를 의심한다). 이를 염두에 두면서 (이전 관계가 끝나자마자 거의 바로 새로운 애정관계를 시작하는 것이 그녀의 패턴으로 보인 점을 포함하여), 나는 데니스에게 현재 혹은 가까운 과거에 자살이나 자해의 생각은 없었는지에 대해 질문했다. 그녀는 그러한 질문에 대해 분명하게 부인했다.

데니스는 이전에 정신 건강 전문가들과 여섯 번의 상담을 했다고 보고했으며, 두 번의 종교적 상담의 과정은 '매우 상처를 준 것'으로 결론 지었다. 그녀는 그 종교적 상담자를 판단적, 비판적이며, 그녀 안의 죄책감과 수치심을 자극한 사람으로 묘사하면서 그 내용에 대해 상세히 이야기했다. 데니스는 다른 치료 과정 또한 그다지 도움이 되지 않았다고 치료자를 비난했으며, 치료자가 훌륭했다고 말한 두 번의 경우에는 '제대로 문제를 해결할 만한' 충분한 시간이 부족했다고 비난했다. 그녀는 상담에서 받은 도움은 검증받은 느낌, (정서적으로) '떨쳐버릴 수 있는' 기회가 주어진 점으로 보고했다. 또한 치료자로부터 자신이 공동 의존적(보살핌을 필요로 하는 사람과 그것을 베푸는 사람 사이의 지나친 정서적 의존성-역자 주)이라는 사실과 그녀의 부모가 알코올 중독자였음을 알게 되었다. 내가 치료를 통해 가장 달성하기 원하는 것이 무엇인가에 대해 질문했을 때, 그녀는 자신의 모든 문제를 해결할 수 있는 능력이 향상되기 바란다고 강조했다(구체적인 목표는 말하지 않았다).

데니스는 회기 중에 편안해 보이지 않았으며, 나 역시 마찬가지였다. 그녀의 분노와 부정적 성향(대부분의 생활에 대한 불만족)이 그녀가 말했던 내용을 고려할 때 적절한 것으로 보였을지라도, 첫 회기의 정서적 동요와 어떤 식의 장기적인 우정도 갖지 않았다고 힘주어 말한 점을 감안하여, 나는 게리(첫 번째 사례)를 상담했을 때의 진정한 인본주의자보다는 '전문적인 상담자' 역할을 더 취하게 되었다(이전에 나는 경계선 성격장애에 대해 연구를 해 왔고 동료들이 그러한 내담자들과 그들의 정신역동과 작업하는 것을 지켜보았었지만, 데니스는 내가 경계선 성격장애라고 진단하고 작업한 첫 번째 내담자였다).

그 회기가 끝날 무렵, 나는 그녀에게 우리가 함께한 작업에 대해 어떻게 느끼는지에 대해 질문했다. 그녀는 하나의 시도로 여기고 싶다고 대답했다. 그 말은 내가 도움이 될 수 있다는 것으로 여겨졌다. 나는 치료실의 정책과 절차에 대해서 전달했으며, 상담 과정의 기본적인 윤곽에 대해서 알려주었다. 첫 회기를 마무리할 때 우리는 주기적으로 만나는 시간을 정했으며, 데니스는 다음에 예정된 약속 전에 통합접수평가지를 완성하는 것에 동의했다.

초기 AQAL 평가, 통합심리도, *DSM* 진단

그녀가 회기 중에 보여 준 것에 따르면, 데니스는 평균 수준의 지능을 갖춘 것으로 보였다. 그녀는 경계를 하는 편이었지만, 참여적이고 주의를 기울이는 것으로 보였다. 추상적인 사고를 하는 능력은 제한적이었으며, 구체적이고 단순하고 특정한 사건에 초점을 두는 경향이 있었다. 데니스는 회기 중에 우리가 이야기한 추상적인 개념에 어려움을 느끼는 것으로 보였다. 그녀의 판단 수준은 중간 정도로 손상된 것으로 보였으며, 타인에 의해 쉽게 호도되고 이용당하면서 자신의 행동에 대한 다른 사람의 반응을 예측하기 어려워했고, 사건과 그 의미에 대한 해석이 왜곡되어 있었다(비일상적이고 매우 특이한). 회기 중에 그녀는 사람, 장소 그리고 시간 등 구체적인 사실에 완전히 초점을 맞추는 것처럼 보였다. 데니스의 기억은 최근의 사건에 대해서는 정상적인 것으로 보였지만, 유아기와 청소년기의 사건에 대해서는 낮은 기억력을 보여 주었다. 데니스는 자신의 상황이 갖는 심리학적 본질에 대해 제한된 통찰을 보여 주었으며, 자주 자신의 문제를 다른 사람들과 환경 탓으로 돌리는 경향이 있었다. 사고 장애라는 증거는 없었다.

정서적인 관찰은 두려움, 분노, 좌절, 슬픔 그리고 드물게는 들뜸, 정서의 강력하고 변덕스러운 범위를 포함했다. 그녀의 전반적인 기분은 불쾌하고 짜증스러운 것으로 보였다. 데니스는 안절부절못하거나 압박 언어에 의해 입증되다시피, 회기 중에 종종 불안하고 좌절된 것처럼 보였다. 데니스는 정서적으로 불편한 재료를 상세히 다루는 것에 대해서 대개 저항적이었다. 데니스는 상담 내에서의 정서적인 처리와 탐색의 역할에 대해서 매우 불편해 보였다. 그렇게 할 때 '통제할 수 없는' 느낌이라고 말하면서 그녀는 자신의 느낌을 타인과 공유하는 것이 어렵다고 표현했으며, 속이 상할 때는 감정을 억누르고 논리적으로 생각하려고 노력한다고 보고했다. 데니스는 사건들에 대해 묘사할 때는 몇 가지 정서적인 언어를 사용하기도 했지만, 상황의 구체적인 묘사에 초점을 맞추는 경향이 있었다.

통합접수평가지의 데니스의 반응은 대부분 초기 면접과 일치했다. "자신 안의 강한 정서를 어떻게 다루십니까?"라는 질문에 대한 반응으로, 그녀는 "모르겠습니다."라고 적었다. "당신의 전반적인 기분 또는 감정을 어떻게 묘사하겠습니까?"라는 질문에 대한 반응으로 "매우 행복하지 않으면, 매우 불안합니다."라고 했다. "어떤 정서를 당신은 가장 강하게 가장 자주 느낍니까?"라는 질문에 대해서는 "극도의 기쁨 혹은 속을 다 털어놓고 싶은 심정"

이라고 했다. 그녀의 극단적인 정서는 그녀가 보고한 것처럼, 그 정서를 다루는 무능력(스트레스에 대한 반응으로 '가능하면' 그녀는 울거나 거리를 두려고 한다)은 경계선 성격 조직을 강하게 암시한다(Kernberg, 1980; Greenberg & Mitchell, 1983; Wilber, 1999d). 다음은 데니스의 발달과 상한, 통합심리도, *DSM* 진단에 대한 기본적이고 초기적인 평가다.

자아 발달수준(뢰빙거): E-2(충동적)와 E-3(자기 방어적) 수준 사이(접수 시점)[4)]

발달적 무게중심(윌버): 표상심과 초기 규칙/역할심; 환상-정동적 단계(촉발된 시점)[5)]

가장 유의미한 상한 이슈(문제와 강점/자원 양쪽 측면)

경험: 개인-내적(좌상)

- 내적 불안정/극단적 정서로부터의 동요가 있으며, '가능하면 거리를 두는' 시도를 통해 대처함
- 우울증
- 불안
- 심리학적 통찰의 부족
- 정서적 반응을 처리하고 성찰하는 데에서의 불편함
- 낮은 자존감, 혼자 있기 두려워함
- '조직적인, 친절한, 관대한, 다정한, 보살피는, 친밀한' 등의 자기 보고

행동: 개인-외적(우상)

- 여러 차례의 자살 시도
- 자해 이력: 유리, 면도날, 칼로 팔을 그음
- 불면증
- 독서, 운동, 그림, 시, 영화, 요리 등의 취미

문화: 집단-내면(좌하)

- 과거 및 현재의 친밀한 관계에 대한 불만족
- 사회적 지지 집단과 오래된 친구의 부족
- 여섯 번의 이전 치료에 비해 낮은 성과

사회적 시스템: 집단-외면(우하)

- 4세 때 가족 구성원의 친구에게 성추행을 당함
- 18세 때 동료에 의해 강간당함
- 어머니가 최근에 암 진단을 받음
- 변덕스럽고 일관성 없는 알코올 중독 부모의 외동딸
- 25세 때 결혼 했음; 적대적인 갈등과 남편의 부정으로 3년의 결혼생활 후에 28세 때 이혼

데니스의 심리도(1～10척도) (접수 시)

인지: 5

자기: 3

욕구: 3

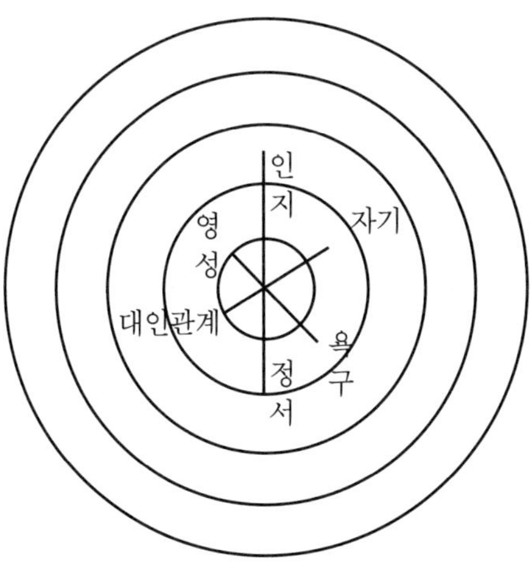

정서: 2
대인관계: 2
영성: 2

DSM 진단

I축: 296.32 주요 우울 장애, 재발, 중등도

II축: 301.83 경계선 성격장애

III축: 해당 사항 없음

IV축: 주요한 지지 집단의 문제; 사회적 환경에 관련된 문제

V축: GAF=45(접수 시점)

사례 기술

경험: 개인-내적(좌상)

좌상상한과 관련하여, 데니스는 자신의 강점은 '조직적인, 친절한, 관대한, 다정한, 보살피는, 친절한' 자질을 포함한다고 말했다. 약점에 대해서는 '낮은 자존감, 걱정, 타인의 평가에 대한 걱정, 혼자 있는 것을 두려워함' 으로 광범위하게 묘사했다. 데니스는 아주 행복한 느낌에서 아주 불안하고 우울한 감정으로 치닫기까지 극단적인 감정 변화를 보고했다. 스트레스 상황에 놓일 때 거리를 둔다고 보고한 것뿐만 아니라 어떻게 강한 감정을 다루는지에 대해 설명하는 데 있어서의 무능력이 보여 주다시피, 정서를 조절하는 데니스의 능력은 상당히 미발달되었다. 데니스는 '나는 나쁜 사람이거나 뭔가 잘못해왔다, 죽음에 대한 공포, 늙어 가고 추해지는 것에 대해 한탄' 을 포함하여 몇 가지 유의미한 산란한 이미지들에 대해서 말했다. 초기 면접과 이어지는 회기 내내 데니스는 학대 이력, 자해, 부모의 알코올 중독에 대해 이야기를 하면서도 그녀의 환경을 '있을 수 있는 일' 정도로 축소시키는 것 같이 보였다.

데니스는 유년기와 청소년에 있었던 많은 사건들을 기억하는 데 어려움이 있어 보였다. 통합접수평가지에서, 데니스는 가장 행복한 혹은 가장 고통스러운 기억을 구체적으로 회상할 수는 없으나 양쪽 다 많이 있다고 반응했다. 이어지는 회기 중에, 데니스는 유년기에 있었던 즐거운 일에 대해서는 구체적으로 회상하지 못했으며, 모호한 말로 문제점에 대해서 이야기했다. 이후에 데니스는 몇 가지의 고통스러운 아동기 기억들을 구체적으로 자세하게 기억할 수 있었다. 그것은 주로 부모의 음주와 반복되는 다툼이었다.

통합접수평가지와 회기 중에 수집한 정보에 기초하여, 데니스는 초기 규칙/역할심의 발달적 수준에서 많은 부분 기능하는 것으로 보였으나 환상/정동 수준에서의 전반적인 고착을 보여 주는 경계선 장애의 주요 증거를 보였다. 이는 데니스가 분열, 이상화, 평가절하, 투사적 동일시와 같이 이미지를 왜곡시키는 주요 방어들을 자주 사용하는 것에 의해 시사한다. 데니스는 또한 행동화, 수동 공격, 부인과 같은 행동 수준의 방어를 보여 주기도 했다. 일반적인 병리수준과 일치되게, 엄격한 규칙 및 자신과 타인에 대한 기대가 보여 주듯이, 그녀는 초기 관습적 도덕성뿐만 아니라 충동적인 자기감을 보여 주었다. 그녀는 자주 정서적 상황에 휩싸이거나 압도당하는 것처럼 보였다. 데니스는 *DSM-IV-TR* 진단의 주요 우울 장애와 연관된 증상을 보여 주었으며, 경계선 성격장애의 증상적 기준과도 맞아떨어졌다.

데니스는 주기적으로 두통뿐만 아니라 어깨와 턱에서 스트레스를 경험한다고 보고했다. 그녀는 시를 쓰고 그림을 그리는 작업을 통해 창조적으로 자신을 표현한다고 말했으며, '마음에서 우러나와 작업' 하지는 못한다고 했다. 데니스는 독서, 운동, 그림, 시, 영화, 요리와 같은 여러 종류의 취미를 나열했다. 이러한 활동들을 하는 것은 여전히 즐겁지만, 그녀의 여가 시간은 업무와 어머니의 병을 보살펴 주는 것 때문에 제한된다고 말했다.

행동: 개인-외적(우상)

우상상한에 관하여, 데니스는 작은 신장과 평균 체중을 가졌다. 그녀의 언어는 종종 자신과 타인에 대해 지나치게 비판적이었으며 비난조였고, 지나치게 극적이었다. 데니스의 말수는 보통 수준이었고 흥분하거나 동요될 때의 음성은 매우 날카로웠다. 데니스는 말을 하면서 종종 머리카락을 비비꼬았으며, 정서적인 재료를 이야기할 때는 손짓을 하기도 했다. 그녀는 정상적인 범위의 어휘와 발음으로 표현했다. 자동증이나 듣고 말하는 데에서의 장애는 없었다.

데니스는 최근에는 작년에 건강 검진을 받았으며, 주목할 만한 결과는 없었다고 보고했다. 그녀는 복합비타민을 규칙적으로 먹는 것 외에는 다른 약을 복용하지 않고 있다고 말했다. 데니스는 친구와 가족뿐만 아니라 자기 자신을 무시하는 것, 스스로에게 친절하게 대하기 어려움, 흥분하는 것, 집중하기 어려움 그리고 울기 등 몇 가지 유의미한 행동을 표현했다.

또한 그녀는 불안이 극단에 치달을 때(어머니의 진단을 알게 된 이후로 더 악화되었다), 가끔 현기증을 느끼고 심박동수가 빨라지고, 신경과민 상태가 된다고 했다. 그녀의 증상이 공황장애와 유사한 점이 있을지라도, 그 경험의 강도에서는 준 임상적으로 보였으며, 그녀는 자신의 걱정과 불편의 강도에 대해 강한 걱정보다는 덜 우려할 만한 상태로 보인다는 점에 동의했다.

데니스가 초기, 중기, 후기 불면증으로 어려움을 보고할지라도(그녀에 따르면 매일 밤 평균 4~6시간밖에 잠을 자지 않음), 그녀의 수면 문제는 주요 불면증 *DSM* 진단을 내릴 정도로 직업적, 사회적, 그리고 삶의 다른 차원에 큰 손상을 미치지는 않는다는 점에 그녀와 나는 동의했다. 그녀는 더 나아가 체중에 대한 우려를 표현했다. 그녀는 요가, 걷기, 자전거 타기, 근육 운동 등 매일 운동을 함에도 불구하고 많이 먹지는 않는 듯했다. 데니스는 현재는 극히 드물게 술을 마시고 있으나 십대 때에는 마리화나, 코카인, 크랙 등을 광범위하게 사용했다고 보고했다.

문화: 집단-내적(좌하)

좌상상한과 관련하여, 데니스는 자신이 항상 '낯을 가리고 불안한' 것으로 표현했으며, 살아오는 내내 친구 관계를 만들고 유지하는 데 어려움이 있었다고 말했다. 그녀는 4세 때 가족의 한 지인으로부터 성추행을 당했으며, 그 사실을 성인이 될 때까지 입 밖에 낸 적이 없었다. 데니스의 외할아버지는 데니스와 그녀의 어머니를 성적으로 학대했다는 소문이 떠돌던 중에 그녀가 7학년 때 자살을 했다. 데니스는 외할아버지로부터 성추행을 당한 사실에 대해 명확하게 회상하지 못한다고 보고했다.

데니스는 고등학교 때 한 번의 깊은 연애를 했었는데, 그 사건에 대해 '열정적이고 강렬한' 경험이었다고 묘사하였다. 그들은 주기적으로 다퉜고, 그들의 불화는 종종 서로 고함을 지르고 몸싸움을 하는 수준까지 치달았으나 '화해의 성관계는 환상적인' 것이었다고 말했다. 그들의 관계는 거의 2년 동안 지속되었다. 16세 때부터 20세 때까지 데니스는 유리, 면도날, 칼로 자신의 팔을 그으면서 주기적으로 자해를 했다. 또한 그녀는 처방 진통제를 과용하고 손목을 긋는 등 다양한 방식으로 적어도 5회 정도 자살을 시도했으나 입원하지는 않았다. 17세 때, 데니스의 어머니는 2년 동안 갑자기 사라졌고, 음주 운전을 한 혐의로 체포된 후에 나중에 발견되었다. 같은 해에 진지하지 않은 성 경험의 결과로 우연히 임신이 된 후에 유산을 했다. 같은 해 후반기에 데니스는 동료에 의해 강간을 당했으나 관리자에게 보고하지는 않았다. 18세부터 20세까지, 데니스는 주기적으로 코카인을 남용했고, 클라미디아(성병의 일종)에 걸렸으며 항생제로 성공적으로 치료되었다.

데니스는 한 남성과 연애를 한 지 4개월 만에 25세에 결혼을 했다. 그녀는 처음에는 그 관계가 만족스러웠으나 6개월 후에는 차츰 둘 다 무관심해지고 비판적이 되었다고 보고했다. 데니스는 결혼 생활의 마지막 2년은 반복된 갈등, 적대감, 남편 쪽의 부재와 외도로 점철되었다고 털어놓았다. 결국 그녀가 28세 때 그들은 헤어졌으나, 남편이 학교를 마치는 8개월 동안은 함께 계속 살았다. 전남편은 최근에 재혼했는데, 데니스는 이 사건이 주요한 스트레스 요인이 되었다고 보고했다.

데니스는 통합접수평가지에서 자신의 관계에 대해 기록하지 못했다(그녀는 "친구, 가족, 그리고 동료들을 포함한 당신의 관계에 대해 이야기해 주십시오." 라는 질문에 답을 하지 않았다. 이러한 무응답은 종종 임상적으로 매우 명백한 것이다.). 이어지는 회기에서, 그녀는 모든 관계에서 어떤 식으로든 어려움을 느꼈으며, 현재 애인을 포함하여 특별히 친밀하게 느껴지는 누군가가 부족하다고 보고했다. 그녀는 살아오는 내내 관계를 형성하고 유지하는 일이 어려웠으며, 다른 사람들에 의해 자주 착취당하고 조종당한다고 표현했다. 전반적으로 데니스는 자신의 관계에 대해 매우 불만족스럽게 느꼈으며, 사회적 상황에서 상당한 불편감을 느꼈다. 그럼에도 불구하고, 그녀가 자신에게 가장 중요한 것으로 보고한 내용은 인생의 동반자를 만나는 것, 일에 대한 만족감, 친구와 가족, 평화였다.

데니스는 그녀의 원 가족 내에서 가장 자주 표현되었던 정서는 다른 사람의 분노였다고 말했다. 가장 좌절된 정서는 자신의 분노였다. 현재 그녀는 어떤 정서가 편안하거나 불편한지에 대해서 표현하고 이야기를 나누는 데 어려움이 있었다. 그녀는 "그저 감정일 뿐이잖아요."라고 말하면서 나의 질문을 이해하지 못했다. 무가치함과 수치심을 느끼면서도 이전 애인과 어떻게 성도착과 결박의 행위를 할 수밖에 없었는가에 대해 상세하게 설명했다. 그녀는 현재 관계에서는 성적으로 매우 만족한다고 보고했다. 데니스는 영성, 정치, 환경 또는 문화적 활동에 대해서는 거의 또는 전혀 관심이 없다고 보고했으며, 그녀의 중요한 도덕으로 정직, 연민, 책임감을 나열했다.

사회적 체계: 집단-외적(좌상)

우하상한과 관련하여, 데니스는 여전히 혼인 관계를 유지하고 있는 양쪽 부모에 의해 양육되었다고 보고했다. 데니스는 자신의 부모에 대하여 알코올 중독자이며, 변덕스럽고, 일관성이 없다고 묘사했다. 데니스는 외동딸이다. 데니스는 초기 유년기의 많은 일들을 기억하지 못한다고 말했으나, 갈등과 다툼이 많았던 것으로 기억하였다. 그녀의 부모는 거의 밤마다 집에서 과음을 했으며, 한 부모 혹은 양 부모가 각각 몇 시간 또는 더 많은 시간 동안

사라졌던 많은 에피소드들이 있었다고 말했다.

통합접수평가지에서 데니스는 원 가족 구성원을 기입하지 않았다. 후속 회기 동안에 그녀는 현재 가족을 의미하는 질문을 이해하지 못했으며, 임의대로 추측했다. 그러고 나서야 현재 가족구성원을 나열할 수 있었다(그녀의 부모로만 구성되었다). 데니스는 가까운 친구가 없고 가족과 소원해서 지지 체계가 부족하다고 강조했다. 최근 어머니의 암 진단은 그녀가 몇 년 동안 가족과 가졌던 가장 많은 접촉을 하게 된 계기가 되었다. 부모의 알코올 중독 외에는, 데니스는 질병으로 진단된 가족력은 없다고 말했다. 그녀는 어떤 단체에도 관여하지 않았으며, 자원 봉사만 최소한으로 참여하고 있는 것으로 보고했다.

데니스는 고등학교와 지역 커뮤니티 대학의 몇 개 과정을 성공적으로 끝마쳤으나, 결국은 중단하여 학위를 마치지는 못했다. 그때 이후로 데니스는 저임금의 다양한 소매상, 서비스 산업, 행정 업무에 종사해 왔다. 그녀는 현재의 직장을 9개월 동안 다녔으며 '지루하고 불만족스러운 것'으로 보고했다. 데니스는 전형적인 중산층 시설과 적절한 상태의 저렴한 두 개의 방이 있는 아파트에서 살고 있는 것으로 보고했다. 그 집을 자신의 취향에 맞게 꾸몄으며, 그것에 대해 대체로 만족하고 있다고 표현했다. 그녀는 동네의 안전에 대해서 몇 가지 우려를 표현하였으며, 그 지역은 볕이 잘 들지는 않으나 직접적인 위험을 느끼지는 않았다.

초기(잠정적) 치료 계획

발달, 병리, 치료의 스펙트럼과(제4장의 〈표 4-1〉 참조) 더불어, 나는 구조-구축 심리치료의 일반적인 치료적 접근을 데니스의 주요 문제들을 다루기 위한 치료적 형태로서 채택했다. 표가 보여 주듯이, 환상적/정서적 단계의 발달적 탈선으로부터 비롯된 경계선과 자기애적 장애는 코헛 이후에는 자기의 장애라고 불리기도 한다(Kohut & Wolf, 1978). 이 접근의 주요 과제는 자아/자기를 강화하는 것으로(자아/자기 구조의 구축), 내담자는 더 이상 원시적인 방어에 의존할 필요가 없는데(분열, 투사적 동일시, 방어적 이상화, 평가절하 등), 자기구조가 충분히 강하면 더 높은 수준의 방어기제를 사용할 역량을 갖게 되기 때문이다. 다른 말로 하면, 그녀는 억압 장벽 자체를 만들어 낼 수 있다(Kohut & Wolf, 1978; 제6장에서도 언급함). 이 과정에서 다양한 분열 또는 부분 대상관계는 공감적 해석과 전이의 분석을 통해 전체 대상관계로 통합된다(Kernberg, 1980; Kohut, 1977, 1984; Stolorow, Brandcraft, & Atwood, 1987; Stolorow, Atwood, & Orange, 2002). 따라서 내담자의 자기가 발달함에 따라 그녀의 내적 경험은 보다 응집력 있고 안정적이고 조직화될 뿐만 아니라, 스스로를 존중할 수 있고 충동적인 행동화를 감소시키고 보다 적응적으로 정서적 경험을 조절할 수 있게 된다.

이 과정은 경험적(내담자와 치료자 사이의 여기-지금 상호작용에 주의를 가져오기 위해 즉시성을 활용하는 것)이면서도 분석적이다(내담자가 초기 유년기의 일차적 대상/양육자를 어떻게 경험하고 내면화하는지, 초기 자기대상을 내면화한 표상이 어떻게 현재의 경험 본질에 지대한 영향을 미치면서 현재의 심리학적 경험 구조를 유지하고 있는지뿐 아니라 여기-지금 경험을 검토한다)(Kohut, 1984; McWilliams, 1994; Greenberg & Mitchell, 1983). 자기의 장애를 가진 내담자는 자기대상 전이를 일으키는데 "초기의 자기와 유년기의 자기대상 간의 잘못된 상호작용에 의해 충족되지 못한 채로 남아 있었던 구체적인 욕구"(Kohut & Wolf, 1978, p. 414)가 재활성화된다. 자기의 장애를 가진 내담자를 치료하는 것은 앞서 언급했듯이, 다음의 기본적인 치료 과정 또는 근본적인 치료 계획을 포함한다.

① 내담자 욕구의 재활성화(자기대상 전이)
② 상담자가 내담자의 몇 가지 욕구를 충족시키지 못함(최적의 좌절/공감적 실패)
③ 내담자(자기)와 상담자(자기대상) 간의 공감적인 유대감의 재확립. 이러한 순서는 치료 과정 내내 수도 없이 반복되어야만 한다(Fall, Holden, &

Marquis, 2004, p. 88; 이 과정에 대한 보다 자세한 사항은 Fall et al., 2004, 3장 참조; Mahoney & Marquis, 2002, pp. 802-911 참조).

치료 과정에서 중요한 측면은 내담자와 치료자 사이에서 일어나는 경험에 대한 치료자의 해석이지만, 해석의 객관적인 정확성보다 더 중요한 점은 내담자의 경험에 치료자가 공감적인 조율을 유지하는 것으로, 특히 내담자가 평가받거나 오해받는다고 경험할 때다. 이러한 '최적의 공감적 실패'가 치료자와 내담자에 의해 처리되면 내담자의 변형적 내재화를 잠재적으로 촉진하는데, 내담자는 이전에는 치료자나 다른 자기대상이 제공해 주기 원했던 자기-체계 기능을 차츰 스스로 충족시킬 수 있다. 최적의 공감적 실패의 과정에서 치료자는 이상적으로, ① 비방어적으로 내담자의 부정적인 경험에 영향을 미친 자신의 역할/오류를 인식한다. ② 공감적으로 조율된 상태를 유지함으로써 내담자 반응의 불균형적인 강도가 내담자의 삶 속의 이전 경험에서 비롯된 트라우마의 잔재를 어떻게 명백하게 반영하는지를 이해한다. ③ 관계 속에서 혼란과 동요가 진정되면(자기-자기대상 유대감의 재확립), 치료자와 내담자 사이에서 방금 일어난 것을 어떻게 이해할 것인가에 대해 공감적으로 해석을 제공하는 것이다. 중요하게도, 코헛은 치료 과정에서의 치유적 요인은 공감적 조율(이해 단계) 속에서만 유지된다고 강조했다. 해석(설명 단계)은 부차적인 것이다. "그것은 첫 단계에만 공감에 기초하는 것이 아니라 모든 단계에서 분석가의 필수적인 활동이라는 점을 강조하는 것이다." (1984, p. 176) 치료적 유대감의 방해를 공감적으로 인식함으로써, 잠재적인 외상의 재경험은 '최적의 좌절을 구축하는 발달적 증진 구조' 로 변형될 수 있다(Kohut, 1984, p. 207).

명확하고 구체적인 목표를 기대한다고 표현했던 게리(사례 1)와는 대조적으로, 나는 초기 면접에서 데니스와의 치료는 어려울 것이며 긍정적인 효과는 장기간의 작업으로부터 느리게 나타날 수 있으리라고 예상했다. 이 시점에서 나의 우선적 목표는 발달적인 것이었다.

- 데니스가 자기 구조를 충분히 발달시켜 보다 적응적인 방어기제를 사용하도록 돕기
- 정서 조절 능력을 증대시키기
- 자기를 위로하고 존중하는 능력을 증가시키기
- 이러한 세 가지를 성취함으로써, 장기적인 관계를 구축하고 유지할 수 있는 가능성이 더 많아질 수 있음

앞서 설명한 경험과 분석이 차례로 반복되는 순서를 통해, 데니스와 나는 이 목표를 향해 주로 작업할 것이다. 가장 사용하기 적합한 구체적인 개입은 다음을 포함한다.

좌상상한

1. 매일의 역기능적 사고기록지에 자기-관찰과 자기-검토를 기록(다음 참조; 이 책의 299~300쪽 참조)
2. 우울, 불안, 자존감 그리고 자기-이미지 문제를 탐색하기 위한 정신역동적 심리치료(Kernberg, 1980; Kohut, 1984; McWilliams, 1994; Greenberg & Mistchell, 1983)
3. 내담자의 사고, 감정 그리고 행동을 탐색하고 평가하기 위한 치료적 일기
4. 취미와 이완 연습(부분적으로는)을 통한 자기-위로와 정서 조절(다음 참조)
5. 보다 확신 있고 긍정적인 자기-대화

우상상한

1. 매일의 역기능적 사고 기록(Beck, 1979)
2. 밤마다 푹 쉬는 8시간의 잠을 자기 위해 수면 패턴 개선하기
3. 불안 증상에 대응하기 위해 체계적인 이완 교본/기법을 알려 주고 연습하기

4. 정신과 의사에게 항우울제 복용을 위한 진단 의뢰

좌하상한

1. 내담자와 치료자 간에 일어나는 경험을 공감적으로 해석하기
2. 애정관계를 비롯한 관계 문제 다루기

우하상한

1. 잠재적 가능성: 자살하지 않겠다는 계약
2. 어머니와의 미해결된 과제 표현하기
3. 경력과 직장 환경에 대한 문제 다루기
4. 사회적 기술 훈련

주별 치료 회기는 회기 시간, 길이, 휴가 또는 휴식 계획, 상담료 지불 등의 매우 구조화되고 안정적인 제한을 가지고 수립했다. 이러한 내담자의 경우에 분명하고 공식적인 계약의 중요성은 무엇보다도 최우선적이며 그 작업은 내담자의 혼란스러운 내적 세계를 안정화시키기 위한 것이다. 더 나아가 계약 구조에 대한 내담자의 부정적인 반응은 이후의 과정에서 하나의 잠재적인 매개체로 활용될 수도 있다.

개입과 회기 진행

초기 상담 회기의 대부분은 공감, 상담자의 진솔성 그리고 무조건적 긍정적 관심을 통해 안전하고 안정된 치료 관계를 형성하는 데 초점이 있었다. 상담 초기에 데니스는 남성 상담자와 작업하는 것에 대해 약간 미더워하지 않으면서 우려를 나타냈다. 그녀는 남성과 일을 하는 것에 대해 거리낌이 있었는데, 자신의 인생에서 대부분의 남자들이 신뢰할 만하지 않았기 때문이라고 말했다. 만약 편안하지 않은 상태가 계속된다면, 다른 상담자에게 의뢰하

여 상담을 지속할 수도 있다는 나의 설명을 데니스가 받아들였다. 네 번째 회기가 되자, 그녀는 나에 대해 좀 더 편안해졌다고 표현했으며, 신뢰할 수 있다는 느낌이 든다고 말했다. 매 회기가 시작될 때마다 데니스는 대체로 예민했고 초점이 분명하지 않았으며, 회기 내내 낮은 불안 수준을 유지했다. 상담을 시작할 때의 초기 불편감에 이어서 치료 과정 내내 다양한 수준으로 라포가 형성되었고 유지되었다.

애인이 충분히 헌신하지 않는다는 점에 대해 일관되게 불만을 토로하면서도, 데니스는 스스로 착취당하고 이용당하고 있다고 표현한 그 불만족스러운 관계를 유지하려는 자신의 선택에 대한 직면과 해석에는 대체로 저항적이었다. 데니스는 자주 자신의 감정을 탐색하고 처리할 때 불편하게 보였는데, 특히 나에 대한, 그리고 나와의 즉각적인 경험에 직접적으로 초점을 맞출 때 그랬다. 데니스는 나에게 "당신은 비판적이며 내가 행복해지기를 원하지 않는군요."(이에 대한 보다 자세한 설명은 이어질 것이다)라고 말하면서 중간 수준에서 뚜렷한 수준까지 상담 회기 내의 즉각적인 경험에 대한 몇 가지 해석에 대해 방어적이었다. 일반적으로 그녀는 회기의 덜 구조화된 요소들을 어려워했으며, "어떻게 자신이 달라져야 할지에 대한 답"을 원한다고 표현했다. 상담 중에, 데니스는 종종 화를 내면서 즉각적인 정서적 반응을 처리하기를 거절하였고 나를 비난하면서("당신은 내가 행복해지기를 원하지 않는군요.") 치료를 끝내겠다고 여러 차례 협박하기도 했다. 자신의 문제를 해결하는 것을 도와주기 바라는 그녀의 소망과 요구, 구체적인 전략을 분명하게 선호하는 측면을 수용하기 위해 나는 그녀에게 몇 가지 행동적 · 인지적 전략을 가르쳐 주기 시작했다. 체계적 이완, 수면 위생, 행동적 연습 그리고 애인과의 관계, 직장 동료와의 관계 문제에 구체적으로 초점을 둔 역할 놀이와 역기능적인 사고를 매일 기록하기, 탈재앙화하기(실제로 일어날 수 있는 최악의 결과를 상상하고, 그런 다음 그 결과의 정도를 평가하는 것-역자 주) 등이었다. 데니스는 이러한 보다 구체적인 개입에 대해서는 대체로 호응적이었으며, 구체적인 맥락에서 자신의 부적응적인 인지를 인식하고 수정하기 위한 초보적인 기술을 개발하였다.

이완 기술과 관련하여, 나는 데니스에게 느리고 깊은 횡경막 호흡을 가르쳐주었다. 나는 이완 상태와 불안 상태가 동시에 공존할 수 없으며 불안은 생리학, 행동, 인지의 기능임을 설명했다. 그녀가 문제 해결 능력을 바라는 점을 활용하여 점진적 이완 기법을 지지하는 과학적 연구를 강조함으로써 회기 내에 그것을 따라하도록 안내하고, 집에서도 연습할 수 있도록 몇 개의 이완 교본이 들어 있는 안내 CD를 제공했다. 다른 경우와 마찬가지로, 나는 매일 하는 수련의 중요성(상황이 나빠져서 이 기술을 시도할 때까지 기다리지 말고)과 기술력은 지속적인 연습으로 증대된다는 사실을 강조했다. 다행히도 그녀가 회기 중에 혼란스러워하고 즉각적인 순간을 처리하는 것을 거절하는 시점에, 그녀는 내가 안내한 이완법을 여러 차례 함께하면서 긍정적인 효과를 경험할 수 있었으며, 나는 그녀가 자신을 이완시키고 위로하는 것을 촉진했다. 나는 안내 역할을 차츰 줄여나가고자 했으며, 필요할 때 신호를 보내서 그녀 스스로 이완하고 위로하도록 독려했다. 수면 위생에 관해서는 내가 이 장의 260쪽에서 게리에게 설명했던 것과 거의 유사한 지침을 전달했다.

벡(1970, p. 403)의 역기능적 사고의 일지 기록에 관하여, 나는 이 양식의 몇 페이지를 제공하고 불쾌한 감정이 일어날 때 다음과 같은 다섯 가지 항목을 기입하라고 안내했다.

- 상황(불쾌한 감정을 촉발한 사건)
- 구체적인 감정과 그 강도(1~100의 척도)
- 불쾌한 감정과 연결된 자동적 사고와 그 사고 속의 신념(1~100의 척도)
- 자동적 사고에 대한 합리적인 반응과 그 반응 속의 신념(1~100의 척도)
- 결과(자동적 사고 속에서의 그녀의 믿음에 대해 두 번째 점수 매기기, 결과적인 감정을 구체화하고 점수 매기기, 두 가지 모두 1~100의 척도)

나는 그녀가 집과 직장에 이 양식을 두고 마음이 불편한 상태를 알아차릴 때마다 양식을 기록하도록 안내했다. 가능하면 일관되게 실천하고 각 회기마다 그 양식을 가져와서 함께 작업하자고 말했다. 그녀는 다른 방식보다는 대체로 이 개입을 좋아했으며, 자신의 사고 패턴에 대한 상당한 통찰을 보고했다. 다음은 그녀가 적은 역기능적 사고 기록 중 하나의 예다.

- 상황: "남자친구는 내가 함께 하기 원했던 것을 하는 대신, 그의 친구들과 나가버렸다."
- 구체적인 감정과 강도: '격노, 배신감, 두려움(90)'
- 자동적 사고와 강도: "그는 나를 속이고 있거나 나를 떠날 것이다(90)."
- 자동적 사고에 대한 합리적인 반응과 그 합리적인 반응 속의 신념: "아마도 그는 어느 정도의 '남자들만의 시간' 을 원한 것뿐이며, 우리는 함께 행복해질 수 있다(50)."
- 결과: "나의 자동적 사고는 상황을 훨씬 악화시켰다. 여전히 불행하다고 느끼지만 전보다는 나아졌다(75)."

앞서 언급하였듯이, 데니스는 대체로 자신의 문제에 대해 행위 지향적이며 해결 중심적인 제안에 더 긍정적으로 반응했으며, 자신이 무엇을 해야만 하는지에 대해 구체적으로 말해 달라고 종종 나에게 간청했다. 그 간청을 다시 그녀와 그녀 자신의 자율성 측면으로 돌리면, 그녀는 종종 아이 같이 굴며 애원하기도 했다. 데니스는 가끔 '나' 전달법과 감정 반응을 활용하는 등의 대화 기법을 연습할 수 있었고, 애인과의 관계에서도 그 방법을 어느 정도는 성공적으로 활용하고 있다고 보고했다. 사고를 지속적으로 기록함으로써 그녀는 "나는 행복해져야만 한다." "모든 사람은 내가 매력이 없다고 생각한다." "내가 만약 애인을 지속적으로 즐겁게 해 주지 않으면 관계는 실패할 것이다."와 같은 몇 가지 병리적인 사고를 인식하는 방법을 배울 수 있었다. 그녀는 사고 중지와 가설 검증과 같은 인지적 기법을 실행하는 것으로부터 얻는 몇 가지 이점을 보고했다. 그러나 그녀는 종종 자기 자신과 자신의 결론에 대해 의문을 제기하였고, 나로부터 지지, 격려, 검증받기를 원했다.

나는 그녀의 발달에 궁극적으로 가장 도움을 줄 수 있다고 생각한 것(덜 구체적이며, 더 즉각적인 코헛 방식의 작업)과 인지행동적 작업에 대한 그녀의 선호 사이에서 지속적으로 균형을 맞추고자 노력했다. 내담자가 치료에 계속 참여할 만큼 충분히 만족할 수 없다면 치료자는 내담자를 도울 수 없을 것이라는 관점으로, 나는 초반 7회기까지 대부분의 시간을 데니스와 함께 인지행동적 위주의 방식으로 보냈다. EAP에 의해 지원되었던 7회기 후에 그녀는 치료를 중단하겠다고 하면서, 그 이유를 경제적인 어려움 때문이라고 말했다. 그녀는 우울한 감정에서 약간 벗어났음을 보고했으나 자신을 함부로 대하거나 이용하려 드는 애인을 선택하는 패턴에 대해서는 낮은 수준의, 또는 전혀 통찰을 보여 주지 않았다. 다행히도 종결 과정에서 그녀의 경제적 상황에 대한 해결을 찾을 수 있었는데, 우리 클리닉의 차등 적용과 보험을 사용하는 방법을 모두 활용해서 대부분의 상담료를 지불할 수 있었다. 이 시점에 데니스는 직장과 상담 양쪽에 2주 간의 휴가를 내고 어머니를 방문했다.

다시 돌아왔을 때, 데니스의 관심사는 가망이 없다고 판정된 어머니의 위암 악화에 있었으므로 그녀의 우울과 불안은 심화되었다. 그녀는 중간 중간 울음을 터뜨리면서 깊은 슬픔과 공항 발작에 가까운 불안, 집중력 저하와 더불어 사는 재미가 전혀 없다고 보고했다. 마치 그녀가 겪는 고통이 충분하지 않았던 것처럼, 그녀가 어머니를 찾아간 동안 남자친구는 결별을 선언했다. 그가 더 이상 매이기 원치 않고, 그녀의 기분이 동요하는 것을 인내할 수 없으며, 그녀가 사람을 너무 피곤하게 만든다는 식의 말을 했다고 데니스는 보고했다. 나는 결별에 대한 그녀의 반응을 호전된 표시로 보았다. 큰 슬픔과 분노에도 불구하고, 그녀는 그 감정을 잘 처리하고 있는 듯했다. 자살에 대한 생각은 하지 않았고, 심지어 "사실 그는 나한테 잘해 주지 않았어. …… 그보다 더 괜찮은 사람을 찾을 수 있을 거야. …… 지금은 엄마한테 집중해야 돼. …… 그 인간은 심지어 엄마가 돌아가실 지경이 되었는데도 관심조차 보이지 않았어!"라고 말하면서 스스로를 위로할 수도 있었다. 나는 결별에 대해 건강한 방식으로 반응하는 그녀를 칭찬하고 격려해 주었다. 데니스는 이 시점에서의 우선적 목표는 8시간 걸리는 곳에 떨어져 살고 있는 어머니를 간호하기 위해 돌아가야 하는지를 결정해야 하는 것이라고 보고했다. 몇 주 후에 그녀는 집에 돌아가지 않기로 결정했다.

어머니의 상태에 대한 반응으로 공감과 지지를 하면서, 나는 죽음 과정뿐 아니라 애도 단계에 대해서도 그녀와 이야기를 나눴다. 데니스는 미해결된 상실감과 연결된 감정, 그리고 어머니가 돌아가시기 전에 그녀에게 말하기 원하는 문제점에 대해서 파악하였다. 데니스는 상담 회기에 어머니의 사진과 기념품을 가져와서 그녀에게 그것들이 어떤 의미가 있는지에 대해 이야기했다.

어머니의 죽음과 애인과의 결별이라는 심리사회적 스트레스 때문에 나는 차츰 데니스의 안전에 대해 신경이 쓰이기 시작했다. 그녀는 자살 시도를 하지 않겠다는 계약서에 사인을 했으며, 나는 그녀의 불안과 우울을 도와줄 약을 처방받기 위해 정신과 의사를 찾아갈 것을 권고했다. 데니스는 처음에는 정신과 의사를 만나기를 주저했으나, 내가 향정신성 약물의 잠재적 이점에 대해 설득을 하자 동의했다. 정신과 의사는 나의 진단에 동의하면서 매일 이펙사(Effexor) XR 350ml의 복용을 처방했다(나는 처방 약을 복용하고 있는 내담자를 상담할 때, 자문을 구할 수 있는 정신과와 같은 좋은 의뢰 기관을 알아두는 것이 반드시 필요하다는 점을 깨달았다. 그렇게 함으로써 내담자들이 경험할 수 있는 가능한 부작용의 형태에 대해 주의를 기울일 수 있다). 데니스는 경미한 변비와 메스꺼움 등의 초기 부작용을 경험하였으나 약물로부터 얻는 이점을 고려할 때 참을 만한 수준이었다. 이펙사가 데니스의 우울 기분의 강도에 확실하게 긍정적인 효과를 보여 주기 시작하면서, 그녀는 불면증도 완화되었다고 보고했다. 이펙사의 일반적인 부작용이 불면증이었기 때문에(Ingersoll & Rak, 2006), 후자의 효과는 예상했던 것은 아니었다.

또한 나는 데니스가 현재의 운동 다이어트, 특히 유산소 운동을 지속하도록 격려했다. 그녀는 치료 과정 동안 자전거 타기와 조깅을 모두 지속적으로 실천했으며, 그녀는 이 운동들이 힘든 일로부터 기분을 전환하는 데 도움이 되었고 스스로 잘하고 있다는 느낌이 든다고 보고했다. 나는 그녀가 주도권을 잡고 자신이 좀 더 나아지기 위해 할 수 있는 것을 알고 있으며, 그것을 실제로 실천하면서 자신을 충분히 돌보고 있는 점을 칭찬했다. 또한 데니스는 집중 명상이 포함된 요가 수업에 참석하기 시작했다. 그녀는 이것이 심신의 긴장을 풀어 주었으며 위로가 되었다고 보고했다.

요가 수업에서 데니스는 또 다른 남자를 만났으며, 그를 알게 된 지 단 몇 주 만에 그의 집에서 동거하는 것을 결정하였다. 이러한 선택이 갖는 가능한 함의와 실패로 끝냈던 이전의 다른 관계들과의 유사점에 대해 내가 직면하자, 데니스는 버럭 화를 냈고 상담을 끝내겠다고 으름장을 놓았다. 그 반응 자체를 검토했을 때, 그녀는 더욱 좌절했을 뿐이며 아무도 그녀의 행복을 원하지 않는다고 반응했다. 나는 할 수 있는 한, 계속 공감적인 조율을 유지했으나, 그것은 종종 나에게 고문이었다. 그 상호작용은 다음과 같다.

내담자(들뜨고 흥분한 모습으로): 저와 데이비드는 합치기로 결정했어요. 제가 너무 행복하다는 사실을 선생님께 이야기하고 싶어요. …… 아주 큰 의미가 있다고 생각해요. 그는 시간제로만 일하는데 추가 수입을 활용할 수 있고, 우리는 함께 더 큰 집에서 살 수 있어요. …… 게다가 그는 요즘 저에게 너무 잘해 주고 우리는 아주 잘 맞아요. 음, 이번에는 뭔가 정말 잘 될 것 같다는 생각이 들어요. …… 마치 두 마리 고양이가 함께 잘 살 수 있는 것 같이…….

상담자: 네. 그 고양이가 당신에게 의미 있다는 건 알아요. 그와의 미래에 대해 상당히 기대에 찬 것처럼 보이는군요. 그러나 이 감정이나 상황이 당신에게 그 밖의 다른 것에 대해서는 상기시켜 주지 않는지가 궁금하군요.

내담자(당황하고 어리둥절하면서): 무슨 말씀이죠? 이번에는 나는 그저 행복할 뿐인데요.

상담자: 압니다. 얼굴 표정, 목소리에서 당신이 흥분하고 있음을 알 수 있어요. 저는 당신이 아주 행복하다는 것, 진정으로 기분이 고양되어 있는 것 같아 기쁩니다. 그러나 혹시 당신이 현재 진행하고 있는 일이 이전에 경험했던 일과 유사하다는 생각은 안 드시나요?

내담자(여전히 당황해하면서): 음……. 그렇지는 않다고 생각해요. …… 저는 별로 그런 생각은 들지 않는군요.

상담자: 예전 애인과 헤어지고 난 후에 몹시 슬픈 상태에서 짐을 만났을 때 보여 주었던 흥분과 유사하다고 할 수 있을까요? …… 이번에는 당신은 진짜로 뭔가 달라지고 있다고 생각하는 것 같네요. 저는 또한 당신이 그 이전의 관계를 시작했을 때 말했던 내용을 기억하고 있어요. 저는 그 관계에 대해서도 당신이 얼마나 많은 믿음을 가졌는지에 대해 이야기했다는 사실을 상기시켜 주고 싶군요. 그 남자의 치료실과 집을 위해 기꺼이 돈을 대줄 정도로 말이에요.

내담자(화가 나서 내 말을 자르면서): 하지만 이번에는 그때와 똑같지는 않아요. 데이비드는 달라요. …… 저는 그가 저를 진심으로 생각하고 있다는 것을 알아요.

상담자: 3주 밖에 만나지 않았으면서 어떻게 그걸 알죠?

내담자(머뭇거리면서): 그가 저에게 들어와 살자고 했어요. 그리고 실제로 데이트가 즐겁기도 하죠.

상담자: 그가 정말로 돈이 필요하다고 말했던 적이 있죠. …… 그리고 이전에 당신이 저녁에 외식비를 거의 다 내고 있다고 말했죠. …… 이번 달의 청구서에 돈 갚을 일이 골치 아플 정도로까지 말이에요.

내담자(더욱 화를 내고 흥분하면서): 무슨 말씀을 하시는 건가요? 선생님은 왜 그런 얘기를 하시는 거죠? 데이비드는 잘해 주고 함께 지내기를 원한다는 말이에요! 제가 이렇게 행복할 때, 선생님은 왜 그 골치 아픈 이야기를 늘어 놓으셔야 하죠? 선생님은 제가 행복해지기 원하지 않는 사람인 것 같아요!

상담자: 데이비드가 당신에게 잘해 주고 있다는 것은 정말 사실일 수 있어요. …… 여기서 제가 지적하고자 하는 점은 당신이 남자들과 맺는 관계의 패턴인 것 같아요. 당신은 그들을 너무 빨리 이상화하고 그 남자가 경험하는 이상으로 더 잘되고 있다고 생각하는 경향이 있어요. 저는 이번 일이 당신이 가졌던 이전의 관계와 유사할 수 있다는 점과 그 일이 당신에게 어떤 결과를 가져올지에 대해 의문이 있을 뿐입니다. 저는 당신이 가장 관심을 가지는 것을 깊이 배려하지 않는 사람에 의해 스스로를 취약해지게 내버려둘 수도 있다는 점이 우려가 되요.

내담자: 그렇지 않아요! 선생님이야말로 정말로 저에 대해서 관심이 없군요. 제가 무언가에 기뻐하고 있을 때면 항상 기분을 망치게 하죠! 선생님은 비판적일 뿐이에요! 지금 이런 대우를 받아야만 한다면, 제가 여기 왜 오는지 모르겠네요! 아무래도 상담을 끝내야겠어요…….

상담자: 제가 말씀드린 사실에 대해서 당신이 얼마나 상처를 받고 화가 났는지 알아요.

내담자(빈정대면서): 알긴 뭘 알아요. …… 저는 화가 나요. …… 아니, 화가 난 이상이에요. …… 울화통이 터져 죽겠어요!

상담자: 알아요. …… 이 관계에 대해 기뻐하며 여기 왔는데, 제가 다른 각도에서 생각해 보라고 말한 점에 대해서 화가 났군요.

내담자(말을 자르면서): 아니에요! 단지 선생님은 내가 정말로 행복해지는 것을 원하지 않는다는 말이에요. …… 다른 모든 사람들이 그렇듯이!

상담자: 다른 모든 사람들이라니요?

내담자: 네. 내 부모, 내 친구, 심지어 과거의 내 한심한 치료자들까지, 모두 다 똑같아요…….

상담자: 당신이 그렇게 밖에 느낄 수 없다는 점 이해해요. 즉 누구도 나를 지지하기 원치 않고 나의 기쁨을 공유하기 원하지 않는다는 거죠. 당신의 기쁨을 나와 나누고 싶었을 것 같아요. 뭔가 서둘러 결정하기

보다는 그 관계에 대해서 약간 신중해야 한다고 제안한 방식에 대해 매우 실망스러울 수밖에 없을 것 같아요. 그런데 저는 당신 아버지의 비판과 분노가 당신이 저를 그런 방식으로 보는 데 얼마나 많은 영향을 미쳤는지도 역시 궁금하군요.

내담자(약간 화가 누그러지면서): 뭐라고요?

상담자: 오늘의 제 반응이 '다른 모든 사람들의 반응' 과 유사하게 여겨진다는 점에 대해서 궁금합니다. 당신은 아버지가 술에 취해서 당신에 대해 얼마나 비판적이었던가에 대해서 자주 이야기해 왔어요. 저는 그 일이 당신이 저를 인식하는 방식에 어느 정도 영향을 주었는지가 궁금합니다. 제가 당신을 보살피고 있다는 점을 이해하기 바라며, 만약 잠시 생각해 본다면, 제가 당신에게 비난으로 들리지 않았던 많은 말들을 해왔음을 기억할 거예요. 물론 제가 말한 전부가 다 그렇다고 하는 것에 대해서는 확신은 없어요.…… 제가 당신이 다른 관점에서 그 결정을 볼 수 있으리라고 생각했던 바로 그 이유입니다. …… 데이비드 집으로 옮겨 함께 살겠다는 결정을 빨리 내리는 것이 실제로 당신이 원하는 결과를 가져오게 할지는 모르겠군요…… 저는 당신이 또 다시 상처 받을까 봐 우려가 돼요. [확실히 나는 이렇게 심각한 문제를 겪고 있지 않은 내담자들과 있을 때보다 그녀에게는 훨씬 더 직접적이었다. 그녀가 충동적으로 행동하고 있다는 것을 스스로 알게 하고, 이와 같은 일을 그토록 빨리 결정하기 전에 상황을 분석하는 방법을 배우도록 도와주고자 했다.]

내담자: 음……. 아버지에 대한 이야기는 선생님이 맞을 수도 있어요. 아버지는 정말 형편없었어요. 그러나 설사 그렇다 할지라도, 저는 데이비드는 다르다고 정말로 생각하고, 이 일을 그대로 밀고 나가겠어요.

상담자: 저는 당신의 결정을 존중합니다. 단지 당신이 일을 너무 급하게 처리하지 않았으면 하고, 가능하다면 관계가 진행되는 상황을 잘 알아차리기 위해 노력하기를 원할 뿐입니다.…… 우리는 다른 방식으로

살고자 노력하는데도 불구하고, 가끔 관계에서 똑같은 상황을 반복하는 경향이 있습니다.

내담자: 그 말은 이전에도 하셨죠. 앞으로 두고 보시면 알 거라고 생각해요.

이 경우에 데니스는 애인과의 패턴을 인식할 수는 없었으나 부분적으로나마 나에 대한 분노에서 한 걸음 나올 수 있으며, 그녀가 나에게 반응하는 방식의 일부는 아버지와의 관계가 작용한 것이라는 점을 인식할 수 있었다. 나는 그것을 유의미한 진전으로 보았으며, 그 내용을 데니스에게 전달했다. 특히 의미가 있었던 점은 그녀가 처음에는 크게 화를 내고 자신이 행복하기 바라지 않는다며 나를 비난했으나, 일관된 공감적 조율을 통해, 그녀를 보살피면서도 동시에 그녀를 화나게 만드는 전체 대상으로 나를 인식하면서 나와의 심리적인 접촉을 유지할 수 있었다.

데니스와의 상담에서 주요 초점은 그녀의 내적 주관적 과정을 다루는 데 있었으나, 그녀는 또한 전반적으로 보다 더 풍부하고 좋은 관계를 바랐다. 구체적으로 나는 데니스가 직장에서 동료들과 새로운 관계를 발전시키는 시도를 하도록 자주 독려했다. 그러나 그녀는 이 부분에서는 계속 어려움을 겪었으며, 자신의 애인을 제외하고는 의미 있는 관계를 형성할 수 없었다. 경계선 성격 조직과 일치하게, 그녀의 관계는 종종 변덕스럽고 불안정하며 타인을 이상화하고 평가절하하는 사이에서 오가는 그녀의 성향에 의해 망가졌다(이는 부분적으로 그녀가 자주 사랑에 빠지면서도 관계가 쉽게 악화되는 패턴을 설명하고 있다). 그러나 자기 심리학(코헛)의 관점을 받아들이며, 나는 그녀의 증상적 행동을 참아내기 어려운 감정을 회피하고 자기-위로감, 자기-응집성, 자기-가치를 회복하기 위한 최선의 노력으로 보는 편이었다. 이러한 방식으로 내담자의 부적응적인 행동에 대해 틀을 잡는 것은 치료자로 하여금 이 행동을 단지 병리적인 것뿐만 아니라 미발달된 자기의 욕구를 충족시키기 위한 그들의 최선의 노력, 즉 자기의 발달적 과정이 여전히 진행 중이며 촉진될 수 있다는 암시로서 바라볼 수 있게 해 준다(Kohut, 1984).

데니스는 타인의 의도에 대해 종종 의심이 많았으며, 명백히 중립적인 상호작용을 착취적이거나 비판적인 것으로 곡해했다. 몇 번의 회기는 동료와 애인에게서 온 전자우편을 다루면서 진행했는데, 그들에 대해 그녀는 무시당하거나 모욕당하는 느낌으로 반응했다. 데니스의 인상을 수정하기 위한 나의 노력에도 불구하고, 그녀는 종종 저항적이었으며, 타인에 대해서, 가끔은 나에 대해서도 '고의적으로 그녀의 문제를 유발하는' 대상으로 인식하였다. 나는 데니스가 이상화하고 평가절하하는 많은 부분의 대상이었다. 특히 내가 얼마나 열심히 그녀를 돕기 위해 작업했는지를 감안할 때, "선생님은 나에 대해 관심이 없어요!" "내가 행복해지기 원하지 않는군요!" 그리고 "왜 아무도 나를 도와주려고 하지 않는 거죠?" 라는 말을 듣는 입장이 되는 것은 결코 쉽지 않았다. 그녀가 폄하하고 비난을 하는 와중에도, 나는 초점을 유지하고(깊은 호흡과 함께 현재에 깨어 있고자 노력하며) 경계선 성격 조직을 가진 내담자와 일하는 도전에 대한 코헛의 경고를 기억하고자 최선을 다했다(모든 심각한 성격장애는 경계선 성격 조직을 보여 줄 수 있다).

> 환자의 비난을 (심리학적으로) 현실적인 것으로 분석가가 지속적으로 진지하게 수용하며, 분석가 자신을 들여다보고 환자에 대한 공감적 이해를 저해하는 내적 장애를 제거하고자 하는 꾸준한(또한 궁극적으로는 성공적인) 노력이 따라주어야만 결과적으로 흐름을 바꿀 수 있는 기회를 갖게 된다(Kohut, 1984, p. 182).

공감적 이해를 비방어적으로 제공하고 내담자의 고통스러운 경험의 어떤 측면들을 재현하는 데에서 치료자의(때로는) 현실적인 역할을 인정하는 것은 코헛의 심리치료에서 핵심적이다. 그는 "이 시점에서 일부 동료들은 그것은 분석이 아니라고 말할 것이다. 맞다. 나는 뜨거움을 참을 수 없다면 부엌에서 나와야만 한다는 오랜 속담처럼 반응하는 편이다."(Kohut, 1984, p. 183)라고 강조했다. 경계선 성격 조직을 가진 내담자와 일을 해 본 경험이 있는 치료자라면 누구나 정말로 힘들 수 있다는 점을 이해한다. 다행히도 치료자가 수용적이고, 잘 조율하고, 정서를 명료화하고 조절하는 데 도움이 된다고 내담자가 받아들일 때, 종종 내담자의 정서적 장애는 약간 감소된다. 또한 그들 자신으로부터 부인된 어떤 부분을 새로운 발달적 기회를 위해 재통합할 수 있을 때, 그 발달적 기회의 일부는 치료 안에서 이루어질 수 있는 것으로 인식된다(Mahoney & Marquis, 2002).

> 치료자의 '정서적 능력', 즉 자기 자신과 다른 사람의 정서적(합리적) 경험을 처리하고, '다루고', 소화하고, 촉진하는 능력은 다른 무엇보다도 가장 중요하다(Fosha, 2000). 치료자가 내담자의 절박한 두려움 혹은 위기 경험을 공감적으로 파악하지 못한다면, 내담자의 감지된 욕구는 저항을 불러일으키게 되어 저항의 분석은 치료적으로 효과가 없다. 따라서 엄청난 두려움의 순간에 내담자의 감정에 대한 공감이 이루어지면 자기대상 유대감을 (재)구축한다. 즉 내담자가 과거의 부모에 대해 가지고 있었던 이마고가 반복되는 것이 아니라 대상(치료자)의 이미지를 창조하는 것이다(Mahoney & Marquis, 2002, p. 808).

데니스의 발달적 역동의 심각성과 복잡성에 의해, 우하상한 관점(사회적 체계)과 관련된 유일한 직접 개입은 그녀 어머니의 삶과 죽음을 탐색하는 것이었다. 초기에 데니스는 어머니의 병환에 대해 어떤 식으로든 책임감을 느끼며, 멀리 떨어져 사는 것에 대해 죄책감을 느낀다고 보고했다. 그 감정을 다루기 위해, 데니스는 어머니에 대한 몇 개의 시를 지어 사진과 함께 다른 의미 있는 물건들을 회기에 가져왔다. 더 나아가 그녀는 눈물을 흘리면서 어머니와의 관계에 대해 나와 이야기를 나누었고, 그녀가 방치되었던 경험에 대해 이해하고 어머니의 상황에 대해서 연민을 계발하고자 노력했다. 이러한 지지적인 회기들을 통해 데니스는 어머니의 병환에 대한 책임감과 관련하여 뚜렷한 정서적 안도감과 통찰을 보고했다.

몇 회기 후에, 더 나아가 나는 미해결된 과제가 있다면 아직 할 수 있을 때 어머니에게 표현하라고 그녀를 독려했다. 데니스는 어머니와 너무 감정적으로 엮이기 원하지 않는다고 답했다. 나는 "데니스, 당신에게 정말로 고통스러울지는 모르겠지만, 어머니가 오늘 돌아가셨다고 상상을 해 보세요. 그녀가 더 이상 여기에 있지 않아 당신은 이야기를 할 수 없어요. 정말로 고통스럽겠지만, 그녀에게 말을 하지 않는다면 가장 후회하게 될 것은 무엇이라고 생각해요? 예를 들면 이런 이야기가 될 수 있겠죠. 당신은 어머니를 사랑하고, 당신을 더 돌봐주고 보호해 주지 않았던 점에 대해서는 화가 나요. …… 어떤 이야기라도 가능해요." 이는 명백히 데니스에게는 너무 힘든 것이었다. 내가 말을 하는 중에, 그녀는 숨을 제대로 쉬지 못할 정도로 몇 분 동안 깊이 흐느껴 울었다. 나는 그녀를 공감하고 지지하면서 그녀에게 자신을 위로하는 기술을 시도해 볼 것을 상기시켰다. 깊이 그리고 느리게 숨을 쉬고 긍정적으로 자기-대화를 하며("고통스럽고 두려울지라도, 나는 어머니의 죽음을 잘 이겨낼 것이다."), 그녀의 보살피고 다정한 자질(데니스가 어린아이였을 때 어머니가 주었던 모든 상처에도 불구하고 얼마나 많이 그녀가 여전히 어머니를 보살피는지)에 대해 자기 자신을 존중하라고 격려했다. 데니스가 그동안 자신의 정서 조절 능력을 개선시켜 왔었으며 몇 분 이내에 침착한 태도를 다시 회복했을지라도, 돌이켜보면 내가 그녀로 하여금 그렇게 직접적인 방식으로(더 높은 자아강도를 가진 내담자에게는 아주 적절한 방식일지라도) 어머니의 죽음을 다루라고 촉진한 것은 발달적으로는 부적절한 것이었을지도 모른다고 생각한다.

사례 2의 결론

그다음 주에 그녀는 애인과 다투고 나서, 혼자 화장실 문을 잠그고 들어가 이펙사를 과다 복용하였다. 남자친구는 911을 불렀고, 그녀는 지역 정신 병동으로 실려 갔다. 초기 관찰 이후, 그녀는 법정에 회부되었고 자신에게 위해를 가할 수 있다는 판단되어 정신 병동에 머물러야만 했다. 데니스는 이 사건을 큰 트라우마가 되었던 끔찍한 경험으로 보고했으며, 자신의 상황을 알려 주기 위해 나에게 몇 차례 전화를 했다. 병동 내에서 데니스는 또 다른 상담자와의 개인 상담과 더불어, 정신교육적인 집단치료를 받았으며, 세로켈(Seroquel)과 알프라졸람(Xanax)이 포함된 추가적인 약물을 처방받았다. 일주일 후에 그녀는 퇴원을 했고, 나와 주 2회의 간격으로 개인 상담을 재개했다. 데니스는 병원에서 받은 치료에 대해 극단적으로 분노하였고, 자신의 행동의 본질에 대해서는 거의 또는 전혀 통찰을 보여 주지 않았으며, 자신은 정말로 그럴 의도가 아니었으므로 그러한 치료를 받을 이유가 없었다고 주장했다. 데니스는 4회의 상담 회기를 더 진행하는 동안 불만에 가득 차 있었으며, 갑자기 상담을 끝내기로 결정하였다. 그녀의 어머니를 보살피기 위해 이사를 가기로 결정했기 때문이다. 나는 새로운 지역에서도 치료를 계속 받을 것을 제안했고 적절한 의뢰를 제공했나. 종결 이후와 이 내용을 적은 다음에도 더 이상의 접촉은 없었다. 나는 데니스를 6개월 동안 22회기 상담을 했다. 데니스를 주 2회 만났던 동안의 두 주간을 제외하고는 매주 회기당 50분을 진행했다.

게리의 상담과는 달리, 이 사례는 해피엔딩으로 종결되지 못했다. 치료 과정 동안 약간의 성장과 어느 정도의 진보를 했음에도 불구하고, 자살 시도를 한 후에 그렇게 빨리 종결하게 된 것은 좌절할 만한 일이었다. 이전의 다른 치료자들과의 일부 상담 과정과 마찬가지로, 우리가 원했던 진보를 이룰 만큼 충분한 시간이 없었던 것으로 보인다. 컨버그(Kernberg, 2005)에 따르면, 심각한 경계선 성격장애를 가진 내담자를 뚜렷한 정도로 도와줄 수 있는 치료의 평균 기간은 매주 2회씩 3~5년이라고 한다. 데니스가 경계선 성격 조직의 경미한 형태를 보여 주었을지라도, 우리가 함께 작업한 시간은 아주 짧은 것으로 여겨진다. 그럼에도 불구하고, 내가 데니스에게 적용한 치료 계획과 개입은 그녀와 같은 내담자에게 전형적인 통합적 접근이었다.

결론

나는 5년 전에 이 두 명의 내담자를 상담했다(종신 지위를 인정받게 될 교직 신분의 조교수로서, 나는 지난 몇 년 동안 내 시간을 연구, 출판, 강의에 집중해 왔다). 그 사이의 기간 동안 내 생각의 많은 부분은 변해 왔으며, 내가 수퍼비전 집단에서 전달했던 사례 발표에서 우리가 함께한 작업을 재구성했을지라도, 게리와 데니스와 상담했던 몇 가지 중요한 상세 내용은 잊어버렸음이 확실하다.

당신이 보았다시피, 이 두 명의 내담자에 대한 상담 방식은 매우 달랐다. 데니스의 발달적 무게중심은 많은 측면에서 경계선 성격 조직을 반영하는 환상적-정동적 수준이었다. 그녀를 위한 나의 최우선 목표(완전히 달성되지는 않았다)는 그녀로 하여금 자기 혹은 자아를 충분히 발달시켜서 자신의 정서를 조절하고 스스로를 존중하고 방어기제로서 분열, 부인 등보다는 억제를 사용하도록 하는 것이었다. 이러한 우선적인 목표는 무게중심을 더욱 발달시켜 기능하게 만드는 것이라는 게리와 내가 세웠던 목표 및 작업 방향과는 아주 극명한 차이를 보여 주는 것이었다. 자존감과 관련된 게리의 몇 가지 어려움에도 불구하고, 그는 단단하고 개인적인 자기감을 발달시켜 왔다(형식-반성심과 비전-로직 사이). 따라서 그가 추구할 수 있는 보다 명확한 삶의 목표를 수립하도록 돕기 위해 우리는 이완과 주장 기술을 익히고 그에게 의미 있는 것에 대해 탐색함으로써, 그는 대체로 삶 속에서 보다 균형이 잡혔음을 느낄 수 있었다.

이 장을 요약하며 마무리하자면, 통합적 치료 계획은 우선적으로는 각 내담자의 가장 두드러진 발달과 상한적 특성의 기능으로서 설계되었다. 엄격한 규칙으로 구현되어야 함을 의미하지는 않을지라도, 발달, 병리 그리고 치료의 스펙트럼(〈표 4-1〉 참조)은 각 내담자에게 적용되는 일반적인 치료적 접근을 위한 주요 발판을 제공한다. 그다음에, 통합치료자는 주목할 만한 상한적 특성을 탐색하는데, 아마도 내담자의 어려운 문제 속에 숨겨진 것으로, 또는 악화시키는 것으로, 예를 들어 환경적 스트레스 요인, 사회적 압력 또는 경제적·의료적·교육적 시스템(우하)에 대한 접근 부족, 종족적/종교적/정치적 믿음과 다른 유의미한 문화적 의미-구성 시스템(좌하), 의료적 상태, 관찰 가능한 행동, 또는 식당, 운동 패턴 또는 약물과 알코올 섭취(우상), 공허한 느낌부터 만성적인 걱정 혹은 공황 발작에 이르기까지 내담자의 자기-경험 속에서 주목할 만한 패턴(좌상) 등이다. 각 내담자의 발달을 평가하는 과정에서 무게중심이 환상-정동적 수준을 넘고 발달이 상당히 불균등한 내담자의 경우에는 특히 특정 발달 라인과 관련된 이슈들을 종종 다루기도 한다(제5장 참조). 내담자의 의식 상태에 대한 치료적 관심은 가끔은 핵심적이기도 하고, 또 다른 때는 지엽적이기도 하다. 내담자로 하여금 그들의 불안하거나 우울한 상태에 대한 자각을 발달시키도록 돕거나 이러한 상태에 대해 관찰의 관점을 취하는 것은 종종 그 고통으로부터 상당한 위안을 제공하기도 한다. 각 치료자가 내담자의 성격 유형에 대해 어떻게 작업할지는 더욱 개인에게 특수한 것으로, 부분적으로는 얼마나 많은 유형적 체계가 치료자에게 이용 가능한가에 기인한다.

많은 치료 과정은 시간적 제약 혹은 다른 실용적인 한계에 의해(나는 두 사례 다 유형 차원에서는 작업하지 않았다), 통합 치료의 모든 차원에 주의를 기울이지 않는다(모든 상한, 모든 수준, 모든 라인, 모든 상태, 모든 유형). 그러나 통합심리치료자는 내담자의 문제를 다룰 수 있는 특정한 개입(예: 마음챙김, 기본적인 센터링 기법, 자각/의식화(좌상); 이완 기법, 인지적 재구조화,[6] 약물치료(의뢰)(우상); 역할극, 빈 의자 기법, 전이 분석, 치료 관계 자체(좌하); 폭로기법, 가계도 분석, 사회적 해방(우하))을 찾기 위해서뿐 아니라, 각 내담자의 문제 속에서 가능한 많은 잠재적이고 유의미한 요인을 찾는 데 도움을 받기 위해서 AQAL 프레임워크를 사용한다.

본질적으로 통합적 치료 계획은 당신이 이미 진단하고 계획하고 치료를 수행하고 있는 방법을 근본적으로 변화시키기보다는 보완하기 위해 AQAL

프레임워크를 사용하는 것을 의미한다. 다른 말로 하면, 각 내담자의 AQAL 매트릭스(상한, 수준, 라인, 상태, 유형)를 살펴봄으로써, 내담자의 삶에서 유의미한 특성을 관찰할 수 있는데, 그것을 당신이 이미 제공하고 있는 치료의 형태에 추가하는 것이다. 통합치료는 모든 전통적 치료 접근들이 갖는 가치와 장점을 인정하므로, 당신은 자신의 치료적 선호도를 유지할 수 있다. AQAL 치료 계획이 하는 일은 내담자, 내담자의 어려움, 우리의 전통적 치료 실제의 맥락을 보다 크고 포괄적인 프레임워크 내에서 설정하는 것이다.

미 주

1) 모든 이름과 다른 식별 가능한 특성들은 관련된 내담자의 인적 사항을 보호하기 위해 수정하였다.
2) 내가 자아발달 평가를 훈련받기 전에 게리를 상담했을지라도, 돌이켜보면 게리의 무게중심은 아마도 E-6(양심적 수준)과 E-7(개인적 수준) 사이에 있었다고 생각한다.
3) 나의 우선적이고 주된 이론적 프레임워크는 통합적일지라도, 나는 또한 정신역동적 접근에 상당히 관심을 가지므로 내담자의 반복적인 부적응적 패턴(CMP)과 그것이 치료적 관계에서 어떤 역할을 하는지에 대해 민감하다. 통합적 메타이론이 갖는 강점 중 하나는 그것이 각 치료자들에게 상당한 개인적 자유를 허용하면서도 단순한 개념적 발판을 제공하는 것이다. 내가 상당히 경험적이고 정신역동적이라면, 다른 통합적 치료자들은 상당히 인지행동적, 자아초월적, 게슈탈트적 등이다.
4) 게리(사례 1)와 마찬가지로, 나는 자아발달 평가를 훈련받기 전에 데니스를 상담하였다. 그러나 돌이켜봐도, 데니스의 무게중심은 기본적으로는 E-2(충동적)와 E-3(자기-보호적인) 수준에서 머물고 있다고 생각한다(5장 178쪽을 참고할 것)
5) 데니스의 사례는 어떤 사람들은 단지 한 단계에만 있는 것이 아니라, 맥락과 환경적 스트레스 인자가 상당히 다양하게 작용한다는 점을 보여 준다. 대부분의 사람들의 존재와 기능이 단일한 발달 단계에서 비롯되지는 않을지라도, 대부분은 발달의 한 단계의 특성으로 규정된 무게중심을 갖는다. 경계선 특성을 가진 많은 사람들과 마찬가지로, 데니스는 대부분의 사람들보다는 발달적 무게중심이 덜 안정적이며 더 '산재되어 있다.'
6) 인지적 접근은 가능한 객관적이고 경험적이고자 노력하기 때문에, 인지적 개입은 우상상한의

개입으로 범주화되었으며, 그것은 한 사람의 생각으로부터 '거리를 확보하는' (외부로부터/외면에서 들여다보는) 방법이라는 제3장의 주 1)의 내용을 기억하기 바란다. 그것은 우리가 자신의 생각을 실제 있는 그대로 볼 수 없다는 사실과는 꼭 관련되어 있지 않으며, '객관성' 이 무엇인가와 관련된 모든 것이다.

08 연구

과거와 미래의 발전

제1장에서 나는 통합적 평가의 필요성에 대해 주장하였다. 이 장에서는 이론적인 기반을 갖춘 기존의 개별 기술적 접수 도구들을 평가한 연구, 즉 나의 박사 학위논문에 대해 기술할 것이다. 이 연구에 대한 자세한 기술은 『정신건강상담저널(*The Journal of Mental Health Counseling*)』에 실렸으므로, 이 장에서는 연구에 대한 개관, 결과 및 결론만을 아주 간략하게 기술할 것이다. 마퀴스와 홀든(Marquis & Holden, 출간 중)은 모든 자료에 대한 분석과 통계 절차까지 포함하여 내가 수행한 연구를 재현하기 위해 필요했던 모든 세부 사항을 제공할 것이다. 또한 이 장에서는 통합접수평가에 대한 미래의 몇 가지 연구 계획뿐만 아니라, 나의 박사논문 자료에 대한 답변으로 통합접수평가지에 반영한 수정 사항에 대해서도 논할 것이다.

전문적 문헌의 철저한 검토를 통해 개별 기술적인 초기 평가 도구들의 상대적인 유용성에 대해 보고한 연구가 놀라울 만큼 적다는 사실이 밝혀졌다.

그러나 이와 같은 연구는 상담을 받는 내담자에게 보다 효율적이고 효과적인 서비스를 제공하는 데 기여할 수 있으므로 관심을 요한다. 나는 전문적인 상담 문헌에서의 이러한 연구의 부족을 보완하려는 시도로서, 이론적인 기초를 갖추고 출간된 두 가지(내가 학위논문을 썼을 당시의 기준)의 개별 기술적인 초기 평가 도구인 다중양식 생애사 검사(Multimodal Life History Inventory: MLHI)와 아들러의 삶의 양식 소개면담(Adlerian Life-Style Introductory Interview: LSII) 등과 비교하여, 통합접수평가지(II)를 상담 및 심리치료 전문가들이 어떻게 평가하는지에 대해 탐구하였다. '전문가들(experts)' 은 상담 또는 심리학 교수이고, 상담자나 심리학자로 적어도 5년 동안 수련을 받은 자격을 갖춘 임상가들로 정의하였다.

연구의 목적

이 연구의 목적은 두 가지였다. 전문 치료자들이 어떻게 II, LSII, 그리고 MLHI를 평가했는가를 통해 나는 첫째, 차이가 있는지 여부를 파악하고, 만약 있다면 그 차이가 무엇인지 탐색하고자 하였다. 참여자들은 생각, 느낌, 행동, 문화, 영성, 물리적 측면, 환경, 가장 의미 있는 것 등 내담자의 8가지 차원을 평가하는 데에서 해당 도구들이 얼마나 포괄적이고, 유용하고, 효율적인지와 관련하여 검사들의 순위와 점수를 매겼다. 둘째, 나는 참여자들로부터 통합접수평가지를 개선하는 방법과 관련하여 피드백과 제안을 받기 원했다. 참여자들이 작성한 평가 양식지의 유용성(helpfulness), 포괄성(comprehensiveness) 그리고 효율성(efficiency)은 다음과 같다.

유용성: 내담자, 그들의 가장 절박한 문제, 그리고 최적의 치료 과정과 관련하여 임상가에게 해당 검사가 얼마나 임상적으로 유용한가.

포괄성: 각각의 도구가 내담자를 얼마나 철저하게 평가하는가. 포괄성은

넓이와 깊이라는 두 가지 요소로 이루어져 있다. 깊이가 특정한 영역이 탐구되는 정도를 의미한다면, 넓이는 내담자를 구성하는 다양한 영역이 얼마나 탐구되고 있는지를 의미한다. 한 개인의 정신 건강을 이해하는 데 필수적인 것으로 여겨지는 8가지 차원(생각, 정서, 행동, 개인의 물리적 측면, 개인의 환경의 물리적 측면, 문화, 영성 그리고 의미)과 관련하여 나는 포괄성의 깊이에 대한 질문을 던졌다. 전반적인 포괄성을 다루는 질문에서는 검사의 깊이 보다는 상대적인 넓이에 더욱 많은 신경을 썼다.

효율성: 검사를 작성하는 데 필요한 시간이 얼마나 생산적인가. 효율성은 주어진 포괄성 수준을 산출하는 데 필요한 시간의 총점의 함수다(포괄성의 대략적인 총점을 검사를 완성하는 데 소요되는 시간으로 나눈다). 달리 말하자면, 검사를 작성하는 데 소요된 시간이 낭비적이거나 혹은 불필요하지 않은가를 측정하는 것이다. 이 차원은 내담자의 피로도와 내담자가 검사를 완료할 가능성 등의 문제와 관련되어 있다.

연구 질문과 가설

3개의 연구 질문과 22개의 가설이 검증되었다. 첫 번째 질문은 이 3가지의 각기 다른 초기 평가 검사들의 전반적인 유용성과 관련하여 참여자의 평가가 어떻게 달라지는지를 포함하였다. 두 번째 질문은 앞서 언급한 각각의 8개 차원과 3가지 검사에 대하여, 참여자의 반응이 검사의 포괄성과 관련하여 어떻게 달라지는지를 포함하였다. 세 번째 질문은 검사의 효율성과 관련하여 참여자의 평가가 어떻게 달라지는지를 포함하고 있으며, 이 효율성을 가지고 가설 2~9와 13~20에서 열거된 내담자의 8개 차원을 평가하였다. 연구 가설은 다음과 같다(가설 12~22는 점수 매기기와 관련 있다는 점만 제외하면 1~11 가설들과 동일하며, 반면 1~11 가설들은 순위 매기기와 관련이 있다. 모든 경우에 3이 가장 높고 1이 가장 낮다).

1. 전반적인 유용성 차원에 대해, 참여자들은 검사의 순위를 다음과 같이 매길 것이다: II(3), MI(2), LI(1)
2. 내담자의 사고 차원에 대해, 참여자들은 검사의 순위를 다음과 같이 매길 것이다: MI(3), II(2), LI(1)
3. 내담자의 정서 차원에 대해, 참여자들은 검사의 순위를 다음과 같이 매길 것이다: MI(3), II(2), LI(1)
4. 내담자의 행동 차원에 대해, 참여자들은 검사의 순위를 다음과 같이 매길 것이다: MI(3), II(2), LI(1)
5. 내담자의 물리적 측면 차원에 대해, 참여자들은 검사의 순위를 다음과 같이 매길 것이다: MI(3), II(2), LI(1)
6. 내담자 환경의 물리적 측면 차원에 대해, 참여자들은 검사의 순위를 다음과 같이 매길 것이다: II(3), MI(2), LI(1)
7. 내담자의 문화 차원에 대해, 참여자들은 검사의 순위를 다음과 같이 매길 것이다: II(3), MI(2), LI(1)
8. 내담자의 영성 차원에 대해, 참여자들은 검사의 순위를 다음과 같이 매길 것이다: II(3), MI(2), LI(1)
9. 내담자에게 가장 의미 있는 것 차원에 대해, 참여자들은 검사의 순위를 다음과 같이 매길 것이다: II(3), MI(2), LI(1)
10. 검사의 전반적인 포괄성 차원에 대해, 참여자들은 검사의 순위를 다음과 같이 매길 것이다: II(3), MI(2), LI(1)
11. 다양한 차원을 평가하는 검사의 전반적인 효율성 차원에 대해, 참여자들은 검사의 순위를 다음과 같이 매길 것이다: II(3), MI(2), LI(1)
12. 전반적인 유용성 차원에 대해, 참여자들은 검사의 점수를 다음과 같이 매길 것이다: II(3), MI(2), LI(1)
13. 내담자의 사고 차원에 대해, 참여자들은 검사의 점수를 다음과 같이 매길 것이다: MI(3), II(2), LI(1)
14. 내담자의 정서 차원에 대해, 참여자들은 검사의 점수를 다음과 같이 매

길 것이다: MI(3), II(2), LI(1)

15. 내담자의 행동 차원에 대해, 참여자들은 검사의 점수를 다음과 같이 매길 것이다: MI(3), II(2), LI(1)
16. 내담자의 물리적 측면 차원에 대해, 참여자들은 검사의 점수를 다음과 같이 매길 것이다: MI(3), II(2), LI(1)
17. 내담자 환경의 물리적 측면 차원에 대해, 참여자들은 검사의 점수를 다음과 같이 매길 것이다: II(3), MI(2), LI(1)
18. 내담자의 문화 차원에 대해, 참여자들은 검사의 점수를 다음과 같이 매길 것이다: II(3), MI(2), LI(1)
19. 내담자의 영성 차원에 대해, 참여자들은 검사의 점수를 다음과 같이 매길 것이다: II(3), MI(2), LI(1)
20. 내담자에게 가장 의미 있는 것 차원에 대해, 참여자들은 검사의 점수를 다음과 같이 매길 것이다: II(3), MI(2), LI(1)
21. 검사의 전반적인 포괄성 차원에 대해, 참여자들은 검사의 점수를 다음과 같이 매길 것이다: II(3), MI(2), LI(1)
22. 다양한 차원들을 평가하는 검사의 전반적인 효율성 차원에 대해, 참여자들은 검사의 점수를 다음과 같이 매길 것이다: II(3), MI(2), LI(1)

방법과 절차

통합접수평가지와 평가 양식의 개발

나는 학위논문을 쓰기 수년 전에 통합접수평가지를 개발했었는데, 그 이유는 내가 상담을 했던 클리닉에서 활용했던 접수평가도구가 불만족스러웠기 때문이었다. 연구의 목적을 위해, 나는 평가 양식(Evaluation Form: EF)을 개발하였다. EF는 4개의 요소로 이루어져 있다. 첫 번째 요소는 인구통계적 정보를 다루고 있다. 두 번째 요소는 검사에 대한 참여자들의 초기의, 따라서 주관적인 편향이 최소화된 평가를 수집하기 위해 고안된 여섯 개의 개방형 질문들로 구성된 질적 평가였다. 세 번째 요소는 참여자들이 우선 각각의 검사를 11개의 차원에 대해 순위를 매기고, 그다음엔 동일한 11개의 차원에 대해 점수를 매기는 양적 평가였다. 네 번째 요소는 추가적인 질적 자료를 얻기 위해 고안된 개방형의 "그 밖에 또 무엇이 있는가?" 라는 질문으로 이루어졌다. 양적 측정 방법과 질적 측정 방법을 모두 활용하는 것은 일종의 방법론적 삼각검증법이며, 단일한 자료 수집 방법에 배타적으로 의존함에 따라 생길 수 있는 편향을 제거하기 위한 시도다(Gall, Borg, & Gall, 1996).

절차

나는 동의서 양식, 설명서, 3가지 검사, EF, 그리고 우표가 동봉된 반신용 봉투로 구성된 소포를 만들었다. 그다음에는 선발된 참여자들에게 소포를 배포하였다. 참여자에게 3가지 검사를 각각 철저히 읽어 보고 EF를 작성하도록 지시하였다. 참여자들이 검사를 읽는 순서는 통제되고 회전되었다. 순서 조합은 여섯 가지가 나왔다. II, LI, MI; II,MI, LI; MI, LI, II; MI, II, LI; LI, II, MI; LI, MI, II. 우편으로 보내거나 직접 전달할 때마다, 3가지 검사의 읽는 순서를 회전시켜, 각 순서의 조합이 균등하게 나타나게 하였다. 실제로 검사를 읽기 전에 참여자들이 참고할 설명서와 각각의 검사에 대한 간략한 소개가 소포에 포함되었다.

분석

나는 EF를 통해 얻은 자료를 컴퓨터에 입력해서 윈도우판 SPSS 10.1을 활용해 분석하였다. EF의 양적 자료에 대한 신뢰도는 크론바흐 알파 계수를 통한 내적 일관성 검토를 통해 확립되었다. 이 연구의 목적을 위해, 크론바흐 알파 계수는 .80 이상이 신뢰할 만한 것으로 간주되었고, .65~.79는 약간 신뢰할 만한 것으로, 그리고 .64 이하는 신뢰할 수 없는 것으로 간주되었다. 각 검사에 대한 11개 문항의 응답 모두를 분석하여 순위와 점수 별도에 대해 크론바흐 알파 계수를 도출했다. 분석 결과는 〈표 8-1〉에 나와 있다.

〈표 8-1〉에 나타난 것처럼, 3가지 검사에 대한 내적 일관성 신뢰도는 .85에서 .97까지로 나왔다. 결과적으로 EF는 3가지 검사를 평가하기에 신뢰할 만한 자원으로 간주되었다.

참여자들에게 EF의 11개 차원에 따라 3가지 검사의 순위와 점수를 매기도록 요청했으며, 이 11개의 차원은 다양한 이론적 관점을 지닌 정신 건강 상담자들이 첫 회기(접수 면접 또는 면담을 통해)에 가장 일반적으로 평가하는 내담자의 측면들을 반영한 상담 문헌으로부터 선택한 것이다. 이처럼 생각, 정서, 행동, 물리적 측면, 문화, 환경 체계, 영성 그리고 각 내담자에게 가장 의미 있는 것이라는 내담자의 8가지 차원은 상담자가 치료 계획에서 가장 자주 다루는 측면뿐 아니라 내담자와 그의 괴로움을 이해하는 데에서 중요한 공통적인 구성 요소를 나타내기 위한 것이다. 마찬가지로 전반적 유용성, 포괄성 그리고 효율성이라는 3가지의 도구 차원은 접수 면접 평가 문헌에서 빈번하게 등장하는 구성 요소다. 접수 면접 도구를 활용하는 상담자들은 포괄적이면서도 지나치게 길지 않은 도구, 효율적이면서 임상적으로 유용한 도구

〈표 8-1〉 EF의 내적 일관성 신뢰도

EF의 부분	검사	알파 계수
A(순위)	II	0.88
A(순위)	LI	0.90
A(순위)	MI	0.85
B(점수)	II	0.97
B(점수)	LI	0.93
B(점수)	MI	0.93

를 원한다.

순위를 포함한 연구 가설을 검증하기 위해, 나는 각 차원에 대한 3가지 검사 각각의 평균 순위를 계산하였다. 이 평균치들을 활용하여, 나는 각 차원에 대한 검사의 순위를 결정하였다.

순위 차이의 통계적 유의미함을 검증하기 위해, 나는 EF의 섹션 A 부분의 11차원들 각각에 대한 프리드먼(Friedman) 검증을 실시하였다. 이것은 프리드먼의 이원변량분석(two-way analysis of variance)이라고도 알려져 있으며, 이 통계 기법은 만약 서로 다른 집단이 기준변인(基準變人, criterion variable; 이 경우에는 3개의 검사)과 관련하여 차이가 없다면 참여자들의 순위는 무작위적이어야 하며, 그에 따라 통계적으로 유의미한 차이를 보이지 않아야 한다(Siegel, 1956).

참여자들이 각 차원에 대해 3가지 검사의 순위를 서로 다르게 매겼는지 여부를 확인한 후, 나는 순위의 평균치 사이의 차이를 판정하기 위해 각각의 검사 짝(II-LI, II-MI, LI-MI)에 대한 윌콕슨의 부호 순위 검증(Wilcoxon's Signed Rank Test)을 실행하였다.

점수와 관련된 연구 가설을 검증하기 위해, 나는 각 차원에 대한 3가지 검사 각각의 평균 점수를 계산하였다. 3개의 평균치를 활용하여, 각 차원에 대한 검사의 점수 순위를 확정하였다.

점수 차이의 통계적 유의미함을 검증하기 위해서, EF의 11차원의 각 점수에 대한 반복적인 일원분산분석(ANOVA) 방법을 실행하였다. 참여자들이 각 차원에 대해 3가지 검사를 서로 다르게 점수 매겼는지 여부를 판정한 다음, 나는 평균 점수들 사이에 존재하는 차이를 확인하기 위해 각각의 검사 쌍에 대해 ANOVA 대응표본 t-검증을 실행하였다.

이 연구에서 나는 영가설/비방향적 가설보다는 연구가설/방향적 가설을 활용했는데, 각 검사가 11개의 각 차원을 어떻게 다루고 있는지에 대한 확실한 이해가 있었기 때문이다. 비록 내가 가설을 영가설과는 반대로 방향적/단측 방식으로 기술했음에도 불구하고, 이의 통계 검증은 양측 방식으로 실행하였다. 거기에는 두 가지 이유가 있었다. 첫째, 양측 분석을 실행하는 것은 차이에 대한 판별을 가능하게 하는데, 그러한 차이가 가설과 다른 방향에 있다할 지라도 말이다. 달리 말하면, 만약 내가 단측 검증을 실시했고 나의 가설과 반대되는 차이가 존재했다면, 그러한 차이는 발견되지 않은 채로 넘어갔을 것이며, 그것은 연구 실제와는 거리가 멀다. 둘째, 양측 검증은 보다 보수적이고 '정직한(honest)' 것으로 간주되기에, 결과의 유의미성에 신뢰를 부여해 준다(McDonald, 1999). 프리드먼 검증과 반복적인 ANOVA를 위해, 연구 가설을 유지할 것인지 혹은 거부할 것인지에 대한 기준으로서의 통계적 유의미함의 수준은 .05로 설정되었다. 윌콕슨과 대응 표본 ANOVA 검증을 위해, 나는 1종 오류의 위험성을 줄이고자 본페로니(Bonferroni) 보정 기법을 활용하였다. 따라서 윌콕슨의 부호순위 검정과 대응 표본 ANOVA 검정이 각 가설을 세 차례 검증하기 때문에 .05의 p값은 3으로 나누이지며, 이는 .017을 산출하고, 이는 .02로 반올림된다(Huck, 2000). 본페로니 기법을 활용하는 것은 "수행된 별개의 검사 각각에 대해 보다 엄격한 알파계수 수준을 가져오며, [그리고] 각 검증은 더욱 '까다로운(demanding)' 것이 된다." (Huck, 2000, p. 223) 그러므로 영가설의 기각을 받아들이기에 앞서, 본페로니의 보정된 알파 계수 수준은 보다 엄격한 기준을 요구한다(자료가 영가설의 예상으로부터 훨씬 더 일관되지 않는다).

다음의 절들은 이 연구의 결과에 대한 요약, 결과의 의미(주 연구자에 의해 해석된), 치료자를 위한 함의, 연구의 한계 및 추후 연구를 위한 제안을 다루고 있다.

결과

이 연구에 참여하기로 동의한 71명 중에, 58명의 참여자들이 연구 소포를 회신하였다. 이론적 지향성을 살펴보면, 7명은 아들러 학파, 6명은 인간중심적, 4명은 정신역동적, 4명은 자아초월적, 3명은 다중양식적, 3명은 실존적/인본주의적, 2명은 통합적(integral), 1명은 융 학파, 나머지 한 명은 인지적이었다. 8명은 '기타'에 표시했는데, 그중 4명은 절충주의적, 2명은 게슈탈트 학파, 1명은 통합적(integrative), 나머지 한 명은 발달적이었다. 마지막으로, 19명의 참여자들의 이론적 지향성은 판단할 수 없었는데, 두 가지 이상의 서로 다른 이론들에 표시를 했기 때문이다. 그들의 직업을 살펴보면, 40명은 상담자, 14명은 상담학 교수 혹은 상담자 교육 전문가, 13명은 심리학자, 나머지 8명은 심리학 교수였다. 이 숫자들의 총합은 58명이 넘는다. 그 이유는 어떤 참여자들은 1가지 이상의 직업에 표기를 했기 때문이다.

참여자들이 3가지 검사를 평가한 방식의 차이에 대한 발견

나는 참여자들이 평가한 것은 통합접수평가지의 초판(원본)이란 점을 강조하고 싶다. 반면 LI와 MI는 각각 몇 개의 개정판을 갖고 있었다(도구가 개정되면, 우리는 보통 그 도구가 더 향상되었다고 가정한다). 통합접수평가지의 원본은 이 연구에서 나온 자료를 바탕으로 개선되었다. 그 결과가 현재의 통합접수평가지다. 이것은 이 책의 부록에 담겨 있다.

양적 탐구

이 논의를 명료화하기 위해, 〈표 8-2〉에 11개 차원들에 대한 3가지 검사의 전반적인 순위와 점수를 요약하였다.

3개의 주요 연구 질문과 관련하여, 자료는 간단명료하게 나타났다. 참여자들은 일관되게 II와 MI를 LI보다 유용하고 포괄적이며 효율적인 것으로 평가했으며, 나머지 8개 차원에 대해서도 II와 MI 두 검사가 전반적, 상대적으로 LI보다 더 높게 나왔다. 22개 항목에 대해 II와 LI를 비교해 보면, 참여자들은 II를 통계적으로 유의미하게 보다 높이 평가하였다. MI와 LI를 22개 항목에 대해 비교해 보면, 참여자들은 마찬가지로 MI를 일관되게 보다 높게 평가하였지만, 전부 통계적으로 유의미하지는 않았다. 다음의 단락들은 3가지 검사의 점수와 순위를 차원 별로 요약해 놓은 것이다.

〈표 8-2〉 현재 출판된 3가지 초기 접수 면접 검사들의 전반적인 순위/점수 요약

차원	II	MI	LI
(3 = 최고, 1 = 최저)			
전반적인 유용성	3/3	2/2	1/1
내담자의 사고	2/2	3/3	1/1
내담자의 정서	2/2	3/3	1/1
내담자의 행동	2/2	3/3	1/1
내담자의 물리적 측면	2/2	3/3	1/1
내담자 환경의 물리적 측면	3/3	2/2	1/1
내담자의 문화	3/3	2/2	1/1
내담자의 영성	3/3	2/2	1/1
내담자에게 가장 의미 있는 것	3/3	2/2	1/1
전반적인 포괄성	3/3	2/2	1/1
전반적인 효율성	3/3	2/2	1/1

자료를 취합해서 살펴보면, 검사들이 내담자의 사고 차원을 얼마나 잘 다루고 있는가에 대해서, 이 점수와 순위는 동일한 평가 프로파일을 나타냈다. 비록 참여자들이 MI의 순위와 점수를 II보다 높게 매기기는 했지만, 이러한 차이는 통계적으로 유의미하지 않았다. 그러나 참여자들은 II와 MI의 순위와 점수 둘 다 LI보다 유의미하게 높게 매겼다.

자료를 취합해서 살펴보면, 검사들이 내담자의 정서 차원을 얼마나 잘 다루고 있는가에 대해서, 이 점수와 순위는 동일한 평가 프로파일을 나타냈다. 비록 참여자들이 MI의 순위와 점수를 II보다 높게 매기기는 했으나, 이러한 차이는 통계적으로 유의미하지 않았다. 그러나 참여자들은 II와 MI의 순위와 점수를 둘 다 LI보다 유의미하게 높게 매겼다.

자료를 취합해서 살펴보면, 검사들이 내담자의 행동 차원을 얼마나 잘 다루

고 있는가에 대해서, 이 점수와 순위는 동일한 평가 프로파일을 나타냈다. 비록 참여자들이 MI의 순위와 점수를 II보다 높게 매기기는 했지만, 이러한 차이는 통계적으로 유의미하지 않았다. 그러나 참여자들은 II와 MI의 순위와 점수를 둘 다 LI보다 유의미하게 높게 매겼다.

자료를 취합해서 살펴보면, 검사들이 내담자의 물리적 측면 차원을 얼마나 잘 다루고 있는가에 대해서, 이 점수와 순위는 동일한 평가 프로파일을 나타냈다. 비록 참여자들이 MI의 순위와 점수를 II보다 높게 매기기는 했지만, 이러한 차이는 통계적으로 유의미하지 않았다. 그러나 참여자들은 II와 MI의 순위와 점수를 둘 다 LI보다 유의미하게 높게 매겼다.

자료를 취합해서 살펴보면, 검사들이 내담자 환경의 물리적 측면 차원을 얼마나 잘 다루고 있는가에 대해서, 이 점수와 순위는 동일한 평가 프로파일을 나타냈다. 비록 참여자들이 II의 순위와 점수를 MI보다 높게 매기기는 했지만, 이러한 차이는 통계적으로 유의미하지 않았다. 그러나 참여자들은 II와 MI의 순위와 점수를 둘 다 LI보다 유의미하게 높게 매겼다.

자료를 취합해서 살펴보면, 검사들이 내담자의 문화 차원을 얼마나 잘 다루고 있는가에 대해서, 이 점수와 순위는 동일한 평가 프로파일을 나타냈다. 비록 참여자들이 II의 순위와 점수를 MI보다 높게 매기기는 했지만, 이러한 차이는 통계적으로 유의미하지 않았다. 또한 참여자들은 MI와 II를 LI보다 높게 순위와 점수를 매겼지만, 그 차이는 II와 LI 사이에서만 통계적으로 유의미했고, MI와 LI 사이에서는 그렇지 못했다.

자료를 취합해서 살펴보면, 검사들이 내담자의 영성 차원을 얼마나 잘 다루고 있는가에 대해서, 이 점수와 순위는 동일한 평가 프로파일을 나타냈다. 참여자들은 II의 순위와 점수를 MI보다 높게 매겼고, 이러한 차이는 순위에서만 통계적으로 유의미하게 나타났다. 또한 참여자들은 MI와 II를 LI보다 높게 순위와 점수를 매겼지만, 그 차이는 II와 LI 사이의 순위에서만 통계적으로 유의미했고, MI와 LI 사이에서는 그렇지 못했다.

자료를 취합해서 살펴보면, 검사들이 내담자에게 가장 의미 있는 것 차원을 얼마나 잘 다루고 있는가에 대해서, 이 점수와 순위는 동일한 평가 프로파일을 나타냈다. 참여자들은 II의 순위와 점수를 MI보다 높게 매겼고, 이러한 차이는 순위에서만 통계적으로 유의미하게 나타났다. 또한 참여자들은 MI와 II를 LI보다 높게 순위와 점수를 매겼지만, 그 차이는 II와 LI 사이의 순위에서 통계적으로 유의미했고, MI와 LI 사이에서는 그렇지 못했다.

자료를 취합해서 살펴보면, 검사들이 전반적인 포괄성 차원을 얼마나 잘 다루고 있는가에 대해서, 이 점수와 순위는 동일한 평가 프로파일을 나타냈다. 참여자들은 II의 순위와 점수를 MI보다 높게 매겼고, 이러한 차이는 순위에서만 통계적으로 유의미하게 나타났다. 그러나 참여자들은 II와 MI의 순위와 점수를 둘 다 LI보다 유의미하게 높게 매겼다.

자료를 취합해서 살펴보면, 검사들이 전반적인 효율성 차원을 얼마나 잘 다루고 있는가에 대해서, 이 점수와 순위는 동일한 평가 프로파일을 나타냈다. 비록 참여자들이 II의 순위와 점수를 MI보다 높게 매기기는 했지만, 이러한 차이는 통계적으로 유의미하지 않았다. 그러나 참여자들은 II와 MI의 순위와 점수를 둘 다 LI보다 유의미하게 높게 매겼고, 그중 II와 LI의 차이만 통계적으로 유의미했다.

요약하면, LI는 전 차원에 걸쳐 일관되게 가장 안 좋은 검사로 평가되었다. MI는 내담자의 사고, 정서 행동 그리고 물리적 측면을 포함한 4개의 차원에 걸쳐 가장 좋은 검사로 평가되었다. II는 내담자 환경의 물리적 측면, 내담자의 문화, 내담자의 영성, 내담자에게 가장 의미 있는 것, 그리고 주목할 만한 것으로, 전반적인 포괄성, 전반적인 효율성, 전반적인 유용성을 포함한 7개의 차원에 걸쳐 가장 좋은 검사로 평가되었다.

비록 앞서 제시한 단락들이 많은 차이를 밝혀 놓기는 했지만, 더 흥미롭고 확실히 더 미묘한 차이는 참여자들이 MI와 II를 비교하여 평가한 방식에 있을 것이다. 전반적인 유용성, 포괄성 그리고 효과성을 다룬 3가지 차원에서 비록 통계적으로 유의미하지는 않았을지라도, 참여자들은 일관되게 II의 순위와 점수를 MI보다 높게 매겼다. 이러한 차이는 아마도 58개의 양적 자료

세트 중 13개가 분석될 수 없는 것으로 간주되지 않았다면 통계적으로 유의미해졌을 것이다. 결국 빠진 13명 중 7명이 II를 선택하였고, 4명은 MI를, 그리고 1명은 LI를 선택하였다.[1] 이러한 발견은 자신을 '통합적(integral)' 이라 생각하는 참여자들이 실제보다 적었다는 점을 감안하면, 더욱 주목할 만한 것이다. 회신된 EF에서 하나 이상의 이론(적어도 그중 하나는 이 연구에서 평가된 검사와 관련된 이론이었다)을 구체적으로 표기한 이들 중 오직 2명, 그리고 딱 하나의 검사-관련 이론을 표기한 지닌 이들 중 오직 2명의 참여자들만이 자신을 '통합적' 이라고 생각했으며, 하나 이상의 이론을 구체적으로 표기한 이들 중 '아들러식' 이라고 표시한 사람은 14명, 단 하나의 검사-관련 이론에 표기한 이들 중 자신을 '아들러식' 이라 표시한 사람은 7명이었다. 그리고 하나 이상의 이론을 구체적으로 표기한 이들 중 자신을 '다중양식적' 이라 표시한 사람은 9명, 단 하나의 검사-관련 이론을 표기한 이들 중엔 자신을 '다중양식적' 이라 표시한 사람이 3명이었다. 또 하나 주목할 만한 것은 내가 통계적 분석을 하는 데에서 보수적이지 않았다면(만약 내가 방향적/단측적 방식으로 통계 분석을 실행했다면, 이것이 내가 가설을 기술했던 방식인 만큼), 통계적 유의미성의 수준은 더욱 올라갔을 가능성이 크다.

참여자들은 내담자의 문화, 영성 그리고 의미 쟁점들을 평가하는 항목에 있어 II의 순위와 점수를 MI보다 통계적으로 유의미하게 높게 매겼다. 이것은 매우 유의미한 실용적 발견이다. 전반적으로 참여자들은 그들의 이론적 지향성과 관계없이, II를 가장 높게 평가하였다. 따라서 II는 그 초기 버전에서 이미 가장 우수한 전반적인 검사였다. 그러나 참여자들은 내담자의 사고, 정서, 행동 그리고 물리적 측면 차원에서는 MI의 순위를 II보다 높게 매겼다. 비록 이러한 차이가 통계적으로 유의미하지는 않았지만 말이다. 따라서 실용적인 관점에서 II를 개정했을 때, 나는 이 II가 현재 이와 같은 검사를 활용하고자 하는 치료자들이 쓸 수 있는 가장 유용한, 심지어 다른 검사들과 그 유용성에 있어 큰 차이가 있을 정도의 초기면접 검사가 될 수 있도록, 이 4가지 차원에 특별한 주의를 기울였다.

양적 결과에 근거하여, 22개의 연구 가설 전부가 입증되었다. 이러한 발견의 실천적인 함의는, 내가 비록 통합 이론과 관련이 깊다고 할지라도, 통합 평가접수지에 대한 선호로 전반적으로 편향되지 않았다는 것이다. 나와 참여자들은 3가지 검사의 서로 다른 강점과 약점을 똑같이 인지하고 있었다. 이러한 기초를 바탕으로, 양적 자료에 대한 나의 분석은 II를 선호하기는 하지만 배타적인 선호는 아니었기 때문에, 상대적으로 편향되지 않았다고 좀 더 자신 있게 주장할 수 있을 것이다.

질적인 탐구

3가지 검사를 검토하고 인구통계학적 정보를 적은 뒤, 앞서 기술한 양적 부분으로 넘어가기 전에, 참여자들은 이 연구를 위한 질적 자료를 제공하는 6개의 개방형 '전반적인 인상(general impressions)' 질문에 응답하였다. 6개의 질문은 다음과 같다.

1. 임상적인 관점에서 봤을 때, 이 검사들을 살펴보면서 당신이 받은 인상이나 반응은 어떤 것이었습니까?
2. 이 검사의 작성을 요청하는 것에 대해 내담자가 어떻게 반응하리라고 생각하십니까?
3. (a) 이 3가지 검사들 중 당신의 내담자에게 쓸 가능성이 가장 큰 검사는 무엇입니까? (b) 그 이유는 무엇입니까?
4. (a) 이 3가지 검사들 중 당신으로부터 부정적인 반응을 이끌어낸 측면이 있습니까? (b) 그것은 무엇입니까? (검사명과 항목명을 구체적으로 밝혀 주세요).
5. 당신이 보다 임상적으로 유용하다고 생각하는 그 밖의 다른 평가 검사/도구가 있습니까? (b) 그것은 무엇입니까?
6. 그 밖에 하시고 싶은 말씀이 있으십니까?

마퀴스와 홀든(출간 중)에서 훨씬 자세한 질적 분석을 기술하였기 때문에, 여기에서는 피상적으로만 다룰 것이다.

질문 1에 대한 응답으로, 참여자들은 II와 MI 둘 다 LI보다 포괄적이고, 유용하고, 사용자 친화적이며, II가 다른 두 개보다 더욱 간결하고 영적이라고 답하였다.

질문 2에 대한 응답으로, 참여자들은 II가 다른 두 가지 검사보다 내담자에게 더욱 과학적이고 상호작용적이며 간결해 보인다고 답하였다. MI가 II 또는 LI보다 더욱 사용자-친화적으로 보이기는 하지만, 귀찮기도 하고 두 배 정도는 더 부담될 것이다.

질문 3(a)에 대한 응답으로, 26명의 참여자들은 II를 사용할 가능성이 가장 클 것 같다고 언급하였다. 5명의 참여자들은 아무것도 쓰지 않을 것이라고 응답하였다. 그리고 3명의 참여자들은 이 세 가지 도구들을 조합해서 쓰는 것을 더 원한다고 언급하였다. 질문 3(b)에 대한 응답으로, 선호하는 도구로 II를 선택한 참여자들은 그 이유에 대해서 지나치게 길지 않으면서도 포괄적이고, 보다 관계적이며 '상호작용적' 이고, 보다 맥락적인 자료를 제공해 주기 때문이라고 기술하였다. 선호하는 도구로서 MI를 선택한 참여자들은 그 이유에 대해서 형식이 마음에 들고(MI는 내가 소책자 형태로 만들어 보낸 유일한 검사 도구였다. II와 LI는 페이지들의 왼쪽 상단을 스테이플러로 찍어서 묶었다), 보다 명확하게 치료 계획으로 이끌어 주기 때문이라고 기술하였다(이것은 참여자들이 II보다 MI의 배경 이론에 더욱 친숙하기 때문이라고 설명할 수 있다). 선호하는 도구로 LI를 선택한 참여자들은 그 이유에 대해서 LI가 보다 흥미로운 자료를 만들어 내고 그들의 주된 이론에 적합하기 때문이라고 기술하였다.

질문 4에 대한 응답으로, 참여자들은 LI와 MI가 II보다 훨씬 더 부정적인 반응을 이끌어낸다고 답하였다. 15명의 참여자들은 LI의 설명서가 지나치게 복잡하다고 생각하였다. 12명의 참여자들은 LI가 가족과 형제의 분위기를 지나치게 강조한다고 생각하였다. 10명의 참여자들은 LI가 과거와 어린 시절에 대한 회상을 지나치게 강조한다고 생각하였다. 12명의 참여자들은 MI

가 지나치게 길다고 생각하였다(3명의 참여자들은 II가 지나치게 길다고 생각하였다). 4명의 참여자들은 MI가 이성애적인 편견을 지니고 있다고 생각하였다. 2명의 참여자들은 MI가 '병리화한다고(pathologizing)' 생각하였다. 5명의 참여자들은 II가 모호하거나 상관없는 질문을 담고 있다고 생각하였다(그것들은 전부 현재의 개정판에서 수정되었다).

질문 5(a)에 대한 응답으로, 거의 대부분의 참여자들이 '아니요' 라고 답하였다. 한 참여자는 완전히 다른 유형의 평가 도구인 MMPI-2(사람들을 정신병리와 성격 유형에 따라 분류하고 사람들의 행동에 대한 추론적 정보를 제공하는 것에 초점이 맞춰진 법칙정립적인 도구)를 활용한다고 언급하였다(Hood & Johnson, 1991). 한 참여자는 대부분의 기관들은 자신들의 내담자와 서비스에 맞춰 고유한 면담 양식을 만든다고 적었다. 두 명의 참여자들은 임상에서 가계도를 중심으로 한 인터뷰를, 다른 두 명은 벡의 우울검사(BDI)를 활용한다고 언급하였다. 한 참여자는 MBTI와 케어시-베이츠(Keirsey-Bates) 검사/케어시 기질 검사(Kiersey Temperament Sorter)를 활용한다고 응답하였다. 몇몇 참여자들은 질문 5에 다음과 같이 응답하였다. "나는 치료적 관계라는 대인관계 맥락에서 내담자의 정보 대부분이 드러나게 하는 것을 선호하기 때문에(1인칭 객관적, 그리고 1인칭 체계적/객관적이 아닌 방식으로) 초기에 긴 검사를 거의 활용하지 않는다. 필요하다면, 로르샤흐(Rorschach)를 상호작용적인 진단 도구로 활용한다." 또 다른 참여자의 반응은 다음과 같았다. "꼭 그렇지는 않다. 나 아주 많이 봤다. 나는 임상 면담에 대해 가르치는데, 주로 두 가지 선택을 보았다. ① 광범위한 지필식 접수 면접은 어떤 사람들에게는 아주 잘 통하지만, 어떤 사람들에게는 그렇지 않다. ② 면담자의 기억을 도와주는 구술 면담 지침서는 면담 메뉴를 제공하기는 하지만, 지겹지는 않다." 마지막으로 "아니다. 대부분의 초기 검사들은 상담 과정을 우회하여 상담자가 즉각적으로 내담자의 '문제' 에 초점을 맞출 수 있도록 하는 것 같다. 상담자는 내담자와의 관계를 발전시키고 이러한 유형의 정보가 펼쳐지도록 허용함으로써 훨씬 많은 정보와 초점을 얻을 수 있을 것이다."

EF의 4요소에서의 마지막 개방형 질문인, "그 밖에 하시고 싶은 말씀이 있으십니까?" 에서 몇 가지 흥미로운 자료를 이끌어냈다. 한 참여자는 "II는 상담 분야의 최근의 변화를 반영하고 있다. 그러나 응답을 위한 시간과 자기-분석을 필요로 한다." 3명의 참여자들은 그들이 LI와 MI와의 친숙함뿐만 아니라 아들러식 그리고 다중양식 이론과의 친숙함에 의해서도 영향을 받았으며, 통합 이론과 II에 전혀 친숙하지 않은 점에 의해서도 영향을 받았음을 언급하였다. II와 관련하여, 한 참여자는 그것이 "전체로서의 한 인간과 관계를 훨씬 많이 지향한다. 영적으로 중요하고 유용한 부가물이다. 작성 요건 때문에 어떤 내담자들에겐 검사를 끝내는 것이 어려울 수도 있다. 나는 다른 두 가지 검사들도 본 적이 있다. 흥미로운 연구다." 또 다른 한 명은 "MI는 너무 길고 자세했다. 꼭 필요하지 않을 만한 정보도 있다. II는 간결하고 적합하다." 또 다른 사람은 "II는 가장 균형 잡히고 가장 포괄적인 범위를 지니고 있다. 그것은 (놀랍게도!) 자기-경험으로 다시 돌아가는 내담자의 경향과 더불어, 대인 분야에서는 약하다. II는 또한 '개인-주관적' 인 구성 요소상에서는 괜찮지만, MI만큼 자세하지는 않다. MI는 내담자에 대한 가장 면밀한 세부 사항을 제공해 준다. 주관적인 자기-경험(지속적인 '테이프(tapes)' 와 감정들). LI는 대인 상황과 내담자의 원 가족에 대한 가족도의 그림을 제공하는 데에서는 가장 강력하다." (나는 현재 II의 대인/사회 시스템 차원을 강화시켰다고 믿는다.) 또 다른 참여자는 다음과 같이 적었다. "만약 몇몇 정보들이 점검표로 고정될 수 있다면, II의 가치가 훨씬 높아질 것이다. 내담자가 보다 기꺼이 응답할 것이고, 보통 체크리스트는 내담자들이 중요하다고 생각하지 않았던 정보를 이끌어낼 수 있기 때문에 가치가 더 높아질 것이다. 나는 만약 II를 구술 면담 모형으로 활용하면 어떨지가 궁금하다. 접수 면접이 지필식이 아니라 구술식으로 이루어지면 얻게 되는 정보에 어떤 차이가 있을지 궁금하다. 생각: 아마도 II를 우편으로 보내 내담자들이 남는 시간에 작성하게 할 수도 있을 것이다. 의문: 내가 이 II를 임상에서 지금 당장 활용할 수 있을까?"

앞의 생각들과 비교하여, 다음의 두 참여자들은 다른 관점을 피력하였다.

"나는 평가를 통한 대부분의 질문을 실존적인 관계를 통해 이해하는 것을 선호한다." 그리고 "내담자에게 너무 많은 분석이란 짐을 안겨주기보다는, 치료자가 접수면접 도구가 될 수 있도록 훈련시키는 일을 더 잘하자."

함의

이 연구의 결과는 몇 가지 함의를 가지고 있다. 첫째, 통합접수평가지라는 초기 평가 도구를 만들었다. 그 첫 버전은 전문적인 임상가들에 의해 전반적으로 가장 우수하고 활용 가능한 출판된 접수 검사로 순위와 점수가 매겨졌다. 내가 이 연구를 통해 II의 다양한 측면을 개선하고 명료화하는 것과 관련하여 건설적인 피드백을 받았다는 점도 감안하면, 현재의 II가 전반적으로 치료자들을 위한 가장 유용한 개별 기술적 평가 도구로서 여겨진다고 충분히 믿을 만하다. 내가 II의 두 번째 개정판에서 수행한 변화는 모호한 질문을 보다 명확한 표현으로 바꾸는 것부터, 유사한 내용을 다른 방식으로 접근하고 하부 인격과 발달적 이슈에 대해서도 질문을 던지는 몇 가지 점검표를 추가하였다. 앞서 언급하였듯이, 참여자들이 MI가 II보다 더 높다고 평가한 차원들에 대해서도 특별한 주의를 기울여야만 하였다. 물론 MI 또한 매우 유용하고 포괄적인 검사로 점수 매겨졌다. 그러나 MI는 II보다 훨씬 길며, 참여자들은 내담자들이 MI를 II나 LI보다 '부담스럽다고' 경험할 빈도가 두 배나 더 높을 거라고 생각하였다. 몇몇 참여자들이 II가 부담스럽다고 보고했기 때문에, 나 역시 II의 포괄성을 해치는 일 없이 몇몇 항목들을 어떻게 제거할 수 있을지에 대해 고민하였다.

평가의 그림자

이 연구의 결과는 한편으로 평가의 '그림자'에도 조명을 하였다. 예를 들어 많은 참여자들은 특정 검사에 대한 그들의 관심 또는 선호에도 불구하고, 자신의 내담자들을 지필 도구보다는 오히려 대화 또는 비공식적인 면담을 통해 평가하는 것을 선호한다고 보고하였다. 그들의 염려는 주로 내담자들이 믿을만하고 건강한 치료적 동맹을 형성하기에 앞서 이처럼 개인적인 정보를 드러내야만 하는 상황을 기피할 수 있다는 점과 관련이 있었다. 나는 이것이 중요하고 타당한 우려라는 점에 동의한다. 임상가들은 어떤 내담자가 지필검사를 작성하는 것을 잘 받아들일지, 그리고 어떤 내담자가 대화를 통해 비공식적으로 평가하는 것에 의해 더 도움을 받을지에 대해 자신의 최선의 판단력을 활용해야 한다. 후자의 경우, 치료자는 검사를 접수 면접을 위한 하나의 지침으로 활용할 수 있을 것이다.

또 다른 관심 항목은 〈표 8-1〉에서 보고된 높은 상관관계와 관련된 것이었다. EF의 각 검사에 대한 11문항이 높은 상관관계를 보였기 때문에, 이 상관관계는 매우 동질적인 구성 개념을 측정한 것으로 보인다. 실제로 요인 분석결과는 11개의 문항이 하나의 요인부하량(각 검사의 전반적인 효용성 혹은 유용성과 유사한 것)을 지닌 것으로 확인하였다. 나는 이 중요하고 예상치 못했던 자료를 고려하였다. 하나의 요인이 발견되었다는 것은 또한 특정 검사에 대한 참여자의 전반적인 반응이 그 검사의 각 개별 문항의 평가에 영향을 끼치는 것처럼, 후광 효과(halo effect: 어떤 사물이나 사람을 평가함에 있어서 부분적인 속성에서 받은 인상 때문에 다른 측면의 평가나 전체적인 평가가 영향을 받는 부적절한 일반화의 경향을 의미함-역자 주)의 도구-변종과 같은 어떤 것이 영향력을 발휘했을 가능성을 암시한다. 말하자면, 참여자의 반응은 일종의 편견이 반영된 것일 수 있으므로, 11개의 문항들 사이에서도 평가의 차이가 드러나지 않을 것이라는 뜻이다. 그러나 참여자들은 3가지 검사를 서로 다르게 평가하였다. 달리 말하자면, 참여자들은 각 차원에서 II를 최고로 평가하지 않았다는 것이다. 이는 참여자들은 특정 검사에 의해, 혹은 특정 검사에 반해 완전히 편향된 것이 아니라, 각 차원을 개별적으로 평가했다는 것을 암시한다.

마지막으로 참여자들 중 한 명은 II가 "더욱 객관적이고 이론적으로 덜 편향되어 보인다."라고 덧붙였다. 나는 그 말이 분명 사실이라고 믿으며, 그 이유는 통합적 관점이 아들러식이나 다중양식적 관점과는 달리, 메타이론이기 때문이다. 메타이론은 전통적인 상담 이론들을 보다 차별화된 프레임워크 내에 배치할 수 있는 개념적인 발판으로서, 보다 높은 복잡성의 수준에서 다양한 관점을 수용하기 때문이다. 이 이슈에 대한 자세한 설명은 제2장을 참고하라.

연구의 제한점과 추수 연구를 위한 제언

이 연구는 원래 탐색적 연구, 즉 나의 학위논문으로서 제안했던 것이다. 따라서 몇 가지 한계점을 갖는다. 첫째, 참여자들을 무작위적으로 선발하지 않았기 때문에 현장에서 일하는 치료자들의 모집단을 충분히 대변하지 못한다.[2] 내가 층화무작위 추출(random stratified sampling)로 하기보다는 자원 참여자들을 선택한 이유는, 연구 소포를 만드는 데 많은 비용이 소모되므로, 자료 분석을 위해 적절한 수(*N*)를 확보하여 높은 회수율을 얻을 필요가 있었기 때문이다. 그러나 자원 참여자들이 현장에 있는 치료자들의 모집단과 구조적으로 다를 수 있기 때문에, 후속 연구는 참여자들의 층화무작위 추출을 활용해야 할 것이다.

이 연구의 또 다른 한계는 주로 본 연구자만 질적 자료를 분석했다는 사실과 관련된다. 그러나 나는 편향을 최소화하기 위한 조치를 취하였다. 예를 들어 검사들의 강점과 약점을 각각 다르게 파악하는 것뿐만 아니라, 연구에서 질적 연구 방법과 양적 연구 방법을 모두 사용하였고, 양적 연구 영역 내에서도 이해를 형성하기 위해 순위와 점수 매기기를 모두 사용함으로써 방법론적 삼각검증법을 활용하였다. 또한 앞서 언급하였듯이, 나는 II에 대하여 전반적으로 편향되지 않았다. 나의 가설에서 나는 참여자들이 내담자의 행동,

사고, 정서 그리고 물리적 측면을 평가하는 데에서 MI를 최고의 도구로 평가할 거라고 예측하였다. 그럼에도 불구하고 만약 아들러식과 다중양식적 공동-연구자들이 질적 분석에 참여했다면 질적 연구결과는 더욱 강화될 수 있었을 것이다. 이는 추수 연구에서 제안하는 바다.

또 하나 염두에 두어야 할 한계점은 이 연구에서 수집된 모든 자료, 즉 양적 자료와 질적 자료는 참여자들의 자기-보고를 의미한다는 점이다. 따라서 반응의 정확도는 결과의 타당성에 있어 매우 중요한 요인이다. 달리 말하면, 참여자들이 EF에 얼마나 진실하고 주의 깊게, 혹은 성실하게 응답하였는가? 크론바흐의 알파 계수를 통해 확인된 높은 수준의 내적 타당도를 감안하면, 나는 참여자들이 평가에 성실하고 진실하게 임했다고 가정해도 무방하다고 본다. 그러나 응답의 진실성은 자기-보고 자료와 관련하여 언제나 실질적인 의미를 지닌 이슈다.

또한 MI의 양식이 가장 전문적인 것으로 보였다는 점을 감안하면(한 참여자가 MI의 소책자 형태를 마음에 들어 했다고 언급한 것을 떠올려보라), 이와 같은 검사들을 비교하는 미래의 연구는 이상적으로는 검사의 형식을 동일하게 맞추어야 할 것이다. 즉 전부 소책자 형태로 하든지, 아니면 전부 스테이플러로 왼쪽 상단을 찍어서 묶어야 한다는 뜻이다.

가까운 미래에 나는 여기서 언급한 한계점에 주의를 기울여 나의 박사학위 연구를 재현하고자 한다. 지난 수 년 동안 나는 국제 컨퍼런스와 세미나에서 통합접수평가지를 발표해 왔고 수백 명의 치료자들이 그것을 사용하겠다고 요청했으며, 나는 그 요청을 받아들였다. 또한 나는 지속적인 향상을 요하는 것으로 파악되는 영역이 무엇인지를 탐색할 뿐만 아니라 통합접수평가가 내담자들을 평가하고 치료를 촉진하는 데에서 얼마나 유용한지를 알기 위해 치료자들 중 사례 하나를 골라서 면담을 하고 싶다. 만약 당신이 통합접수평가지를 사용해 온 이들 중 한 명이고 통합접수평가와 관련된 후속연구에 참여하고 싶다면, 나에게로 연락해 주기 바란다(amarquis@its.rochester.edu). 나는 통합접수평가지나 이 책에 제시된 다른 개념들을 경험적으로 연구하는 사람이라면 그 누구의 작업이라도 커다란 관심을 갖고 지켜볼 것이며, 미래에 이와 같은 연구가 촉진할 통합적 평가와 치료 분야에서의 발전을 기대하는 바다.

결론

전문가 참여자들이 3가지 검사를 어떻게 평가하는가에 대한 탐구에 더하여, 나는 참여자들로부터 통합접수평가지를 향상시키는 방법에 대한 피드백을 받고자 원하였다. 이 두 가지 목표는 전부 달성되었다. 연구결과와 여기서 언급한 평가에 대한 논의에 근거하여, 전반적으로 II가 최고의 검사로 평가되었다는 점은 명확하게 나타났다. 또한 나는 참여자들의 피드백이 II의 두 번째 판(현재의 판형)에 통합되었다고 결론을 내릴 수 있다. 나는 그렇게 많은 건설적인 피드백을 받은 사실에 감동했으며, 이미 매우 유용했던 검사를 다시 한 번 개선했다는 점이 많이 기쁘다.

미주

1) 13명의 참여자들은 EF의 순위 및 점수 매기기 부분의 지시를 정확히 따르지 않았다. 예를 들어 숫자로 빈칸에 순위 또는 점수를 채운 것이 아니라, 몇몇 참여자들은 특정한 검사의 문항에 그냥 체크 표시만 했다.
2) 나는 동료들, 전문가를 위한 심리치료 컨퍼런스의 참여자들, 그리고 만약 기꺼이 이 연구에 참여하고자 한다면 그 전문가 참여자들에 의해 소개받은 전문가 참여자들에게 질문을 던졌다.

09 결론

통합 평가의 주요 목적은 강점, 자원 그리고 안녕(well-being)뿐만 아니라 고통, 고군분투 그리고 병리에 지대한 역할을 했던 내담자의 차원과 그의 환경에 대하여 조사하는 것이다. 내담자에 대해, 그리고 내담자가 전문적인 도움을 찾는 이유에 대해 보다 전반적으로 이해함으로써, 치료자는 내담자들의 어려움의 잠재적인 원인이 되는 여러 가지 요인들 중 몇 가지를 추려 내고 특정 내담자와 그들의 환경에 실제로 가장 유의미한 요인이나 환경을 보다 가깝고 정확하게 집어낼 수 있다. 또한 삶의 전 과정에 걸쳐, 즉각적으로 다루어져야 하는 트라우마와 같은 위기로부터 심리영적 발달에 이르는 내담자 욕구의 전체 스펙트럼에 최적의 도움을 줄 수 있도록 촉진한다.

물론 (10~12쪽 분량의) 통합접수평가지만으로는 AQAL과 자기-체계의 모든 차원을 철저히 평가할 수는 없다. 그러나 이 책과 통합 이론에 대한 해설과 함께, 통합접수평가지는 치료자들에게 개별성 및 인류 전체와의 유사성 양쪽 측면에서 자신의 내담자들을 보다 완전하게 이해하고 맥락화하며 도울 수 있는 평가 도구와 메타이론적인 개념적 프레임워크를 제공해야만 한다.

적어도 통합적 평가는 반드시 사상한과 발달 수준을 다루어야만 한다. 이상적으로는 발달 라인과 상태, 유형 그리고 자기-체계에도 관심을 기울인다. 통합적 평가와 치료가 통합적이고 통일된 '큰 그림' 의 접근일지라도, 또한 통합치료자는 "주요한 문제가 무엇인가?" 라는 질문을 던진다. 보통 핵심적인 문제는 발달적이다(내담자의 현재 삶의 상황은 발달적인 변형을 요구하거나, 또는 내담자의 하나 또는 두 개의 특정 발달 라인들이 나머지 라인들에 비해 특히 덜 발달되어 있으므로 임상적인 관심을 요할 수 있다). 그것은 또한 사상한적이다. 즉 의학적 관리의 부족, 열악한 노동 조건, 학대적인 관계(우하); 한 때는 적절했던 의미-구성 체계가 더 이상 충족되지 않으며, 친구와 가족과 연결되거나 이해받지 못한다는 느낌, 자신의 경험에 대한 도움이 되지 않는 해석(좌하); 자존감/자기-효능감/자기-개념, 우울 또는 불안, 동기 또는 삶의 목표나 즐거움의 결여(좌상); 내담자를 치료에 오게 만든 구체적인 행동, 의학적 장애, 신경전달물질의 이상(우상)이다. 대부분의 문제 혹은 병리는 모든 사상한의 차원에 의해 영향을 받는다(특히 현재뿐만 아니라, 과거의 사상한으로부터도 영향을 받는다).

만약 발달 수준에 문제가 있어 심각한 억압이나 자기로부터 해리된 측면이 있다면, 폭로기법이 필요하다. 만약 병리가 이전 발달 단계와 관련된다면(내담자의 무게중심이 형식-반성적이지만 그녀가 전개인적으로 보이는 하부 인격을 배제한 이유 때문에 어려움을 겪는다면), 3-2-1 작업이 필요하다. 한 내담자가 하나의 독립된 문제만을 해결하기 원하거나 다른 치료자를 소개 받아 프로작(Prozac)을 처방받기 원할 때에도, 통합 치료자들은 내담자, 병리 그리고 치료를 통합적으로 맥락화하는 AQAL에 입각한 관점을 지니고 있다.

통합접수평가지는 기본적으로는 개별 기술적인 평가 도구다. 치료 평가와 처치에 대한 통합적 접근은 제4장의 발달 단계 이론에 대한, 그리고 특히 제5장에서의 자아 발달에 대한 상세한 논의에서 살펴보았듯이, 법칙 정립적인 평가도 존중한다. 진정한 통합적 접근은 항상 개인과 그 개인이 살고 있는 집단 체계의 내부적인 그리고 외부적인 관점(각각 개별 기술적인 관점과 법칙 정립적인 관점)을 둘 다 고려한다. 따라서 비록 내가 개별 기술적인 평가에 더욱 초점을 두었을지라도, 그것이 통합적 평가에서 표준화된 평가를 위한 여지가 별로 없음을 의미하는 것은 아니다(그러나 모든 도구와 책은 나름의 범위, 한계, 그리고 초점을 가지고 있으며, 통합접수평가지와 이 책의 초점은 개별 기술적인 평가라는 점이다).

통합접수평가지를 개발함으로써, 나는 치료자들에게 서로 다르고 다차원적인 문제와 욕구를 가진 다양한 내담자들을 수용할 수 있는 효율적이고 포괄적이며 임상적으로 유용한 접수 평가 도구를 제공하여, 치료자들이 그들의 이론적 · 실용적 '도구함' 을 확장하는 데 도움을 받기를 바란다. 또한 이 책을 쓰고 통합 이론에 대해 어느 정도 깊게 논의함으로써, 나는 각 개별 내담자를 위한 최적의 '도구' (치료 접근)를 선택하는 데에 도움을 줄 수 있는 통합적인 개념 체계를 치료자들에게 전달했기를 바란다. 못은 망치로 박아야 하지만, 내담자는 그렇지 않다. 어떤 사람은 인지적 재구조화 또는 지기주장 훈련이 필요하고, 어떤 사람은 명상 또는 관상 기도가 필요하며, 어떤 사람은 지지가 필요하며, 어떤 사람은 치료적 관계라는 중재만 필요하다. 통합접수평가지와 이 책이 치료자로 하여금 망치의 법칙을 좀 더 잘 자각하고 보다 통합적 · 자애적 · 포용적인, 즉 통합적인 접근에 의해 보다 더 큰 도움을 받을 수 있는 사람을 똑같은 접근으로 두드리지 않도록 하는 데 도움이 되기를 바란다.

부록 1

통합접수평가지

안드레 마커스 박사
로체스터 대학교

고객명: ____________________ 나이: __________ 첫 방문일자: __________
자택 전화: (   )_______________ 직장 전화: (   )_________________
주소: ____
생년월일: _____ 성별: (남/여) 의뢰처: ____________________
비상 연락처: 이름_________________ 전화: (   )_________________
(만약 질문 중 대답을 할 여백이 더 필요하다면, 이 양식의 뒷면을 활용하시기 바랍니다.)

초기 문제 및 이전 치료 이력

당신이 도움을 필요로 하는 주된 어려움이나 문제는 무엇입니까?

____
____
____
____
____

무엇이 문제를 더 호전시킵니까? 혹은 무엇이 문제를 악화시킵니까?

치료자가 주의를 기울여야 할 시급한 난제나 문제가 있습니까? 예/아니요
만약 '예' 라면 자세히 설명해 주십시오.

이전에 상담이나 심리치료를 받아본 경험이 있습니까? 예/아니요
만약 '예' 라면 기간은 얼마나 되고, 치료자는 누구입니까?

치료 경험은 어떠했습니까? (이전의 치료는 어떠했습니까?)

치료를 통해 가장 많은 도움을 받은 점은 무엇입니까?

치료를 통해 가장 도움이 되지 않았던 점은 무엇입니까?

이전 치료로부터 당신 자신에 대해서 알게 된 점은 무엇입니까?

치료자 또는 치료 작업에 대한 기대는 무엇입니까?

경험: 개인-내적

당신의 강점은 무엇입니까?

당신의 약점은 무엇입니까?

당신의 전반적인 기분/정서는 어떠합니까?

당신이 가장 자주, 가장 강하게 느끼는 정서는 어떤 것입니까?

고통스러울 때, 자신을 돌보고 위로하는 방법들은 어떤 것들입니까?

자신 안에서 일어나는 강한 정서를 어떻게 다루고 있습니까?

스트레스를 주는 상황과 다른 어려움들에 대해 어떻게 반응하고 있습니까?

당신이 의사 결정을 하는 방식은 어떤 것입니까? (예: 논리나 이성을 사용하는지, 직감이나 가슴을 신뢰하는지 등)

반복되는 이미지나 생각이 어떤 것인지 알아차리고 있습니까? (깨어 있을 때나 꿈을 꿀 때) 예/아니요

만약 '예' 라면 자세한 내용을 적어 주십시오.

자기 자신이나 다른 사람을 심각하게 해치거나 죽이려고 했던 적이 있습니까? 예/아니요
만약 '예' 라면 자세한 내용을 적어 주십시오.

____

____

____

현재 자살에 대한 생각을 하고 있습니까? 예/아니요
만약 '예' 라면 어떤 상황인지 알려 주십시오.

____

____

____

가족구성원 중 누군가 자살을 시도했거나 자살한 적이 있습니까? 예/아니요
만약 '예' 라면 자세한 내용을 적어 주십시오.

____

____

____

당신에게 지속적으로 영향을 미쳐 왔던 가족 내의 심각한 질병, 출생 문제, 죽음 혹은 다른 상실이나 큰 변화가 있었습니까? 예/아니요
만약 '예' 라면 자세한 내용을 적어 주십시오.

____

____

____

____

____

가장 초기 기억은 무엇입니까?

____

가장 행복했던 기억은 무엇입니까?

가장 고통스러웠던 기억은 무엇입니까?

당신은 몸의 어느 부위에서 스트레스를 느낍니까? (어깨, 등, 턱, 기타)

자신을 창조적 또는 예술적으로 표현하는 방법이 있습니까? 예/아니요
만약 '예' 라면 자세한 내용을 적어 주십시오.

어떻게 여가를 즐기고 있습니까? (취미/놀이)

언어적, 정서적, 신체적 또는 성적 학대의 희생자가 되어 본 경험이나 그런 상황을 목격한 적이 있습니까? 예/아니요
만약 '예' 라면 자세한 내용을 적어 주십시오.

____

____

전반적으로, 당신의 삶에 대해 얼마나 만족하고 있습니까?

전혀 아님 1 2 3 4 5 6 7 매우 그러함

전반적으로, 당신 자신에 대해 어떻게 느끼고 있습니까? (자존감)

매우 나쁨 1 2 3 4 5 6 7 매우 좋음

전반적으로, 당신 삶과 감정을 어느 정도 통제하고 있다고 느끼십니까?

전혀 못함 1 2 3 4 5 6 7 매우 잘함

다음 중에서 당신이 최근 혹은 과거 어느 시점에 경험한 감정이나 표현이 있으면 모두 표시해 주시기 바랍니다.

_____ 분노
_____ 슬픔
_____ 외로움
_____ 두려움
_____ 걱정/근심
_____ 수치스러움/죄책감
_____ 질투심
_____ 행복감
_____ 감사함/고마움
_____ 성욕/에로틱함
_____ 흥분
_____ 원기왕성
_____ 기대감
_____ 이완/평온
_____ 종종 느끼는 다른 정서가 있다면:

____

행동: 개인-외적

현재 복용하고 있는 약이 있다면 적어 주십시오. (용도, 용량 등)

___

___

___

주치의가 있습니까? 예/아니요
만약 '예' 라면 누구입니까? ______

신장 ______ 체중 ______

언제 마지막으로 건강검진을 받았습니까? ______

특별한 요주의사항이 있었습니까? (질환, 혈압, 콜레스테롤, 기타)

___

___

___

두뇌 손상이나 다른 부위에 심각한 손상을 경험한 적이 있습니까? 예/아니요
만약 '예' 라면 자세한 내용을 적어 주십시오.

___

___

___

과거에 경험해 봤거나, 현재 겪고 있는 다른 주요한 의학적 증상이 있습니까?

___

___

___

다음 중에서 당신에게 해당되는 행동 또는 신체 감각이 있으면 모두 표시해 주시기 바랍니다.

_____ 과음
_____ 금지된/향정신성 약물 복용
_____ 과식
_____ 거식
_____ 친구와 가족에 대한 무관심
_____ 자신 또는 자신의 욕구에 대한 무관심
_____ 자신에게 친절하거나 사랑을 베풀기 어려움
_____ 자신 또는 타인에게 결국 상처를 주는 방식으로 행동함
_____ 과도하게 흥분함
_____ 몇 가지 행동에 대해서는 통제하기 어려움
_____ 자살에 대한 생각
_____ 집중하기 어려움
_____ 수입 이상으로 소비함
_____ 울기
_____ 그 밖에 이야기하고 싶은 다른 행동적인 특징들이 있다면?
____

_____ 두통
_____ 생리 문제
_____ 현기증
_____ 심장 두근거림
_____ 안절부절못함
_____ 성적 집착
_____ 울렁거림/무감각
_____ 과도한 피로감
_____ 환청/환시
_____ 의식 불명
_____ 그 밖에 다른 신체적 고통이나 어려움이 있습니까? 예/아니요

만약 '예' 라면 알려 주십시오.

____

전반적으로, 당신의 신체 건강은 어느 정도 상태입니까?

매우 나쁨 1 2 3 4 5 6 7 매우 좋음

수면 패턴은 어떠합니까? (몇 시에 잠자리에 듭니까? 몇 시간을 잡니까? 깨지 않고 잡니까? 아니면, 자면서 중간에 깹니까?)

____

____

잠에서 깨어나면 휴식을 취한 느낌이 듭니까? 예/아니요

평상시의 식습관은 어떠합니까? (즐겨 먹는 음식 종류나 양)

____

____

____

비타민이나 영양보충제를 복용하고 있습니까? 예/아니요

만약 '예' 라면 알려 주십시오.

____

____

약물이나 알코올 섭취에 대해 적어 주십시오. (과거와 현재)

____

____

____

꾸준히 하고 있는 운동이 있습니까? (에어로빅/근육강화운동) 예/아니요
만약 '예' 라면 자세한 내용을 적어 주십시오.

____

____

혹시 의사소통에 장애(듣기, 말하기, 보기 등)가 있습니까? 예/아니요
만약 '예' 라면 자세한 내용을 적어 주십시오.

____

____

문화: 집단-내적

친구, 가족, 동료 등 당신의 관계에 대해 기술하십시오.

____

____

____

____

당신에게 중요하거나 의미가 있는 것은 무엇입니까? (당신에게 가장 중요한 일은 무엇입니까?)

____

____

____

____

전반적으로, 친구관계를 비롯한 다른 관계들에 얼마나 만족하고 계십니까?
매우 불만족 1 2 3 4 5 6 7 매우 만족

전반적으로, 사회적 상황에서 얼마나 편안합니까?
매우 불편 1 2 3 4 5 6 7 매우 편안

전반적으로, 당신의 종교나 영성에 대해 얼마나 만족하십니까?

매우 불만족 1 2 3 4 5 6 7 매우 만족

원 가족 내에서 촉진되거나 주로 표현되었던 정서는 어떤 것입니까?

____

____

원 가족 내에서 좌절되거나 허용되지 않았던 정서는 어떤 것입니까?

____

____

최근 가장 편안한 정서는 어떤 것입니까?

____

____

____

최근 가장 불편한 정서는 어떤 것입니까?

____

____

____

자신의 인종적 정체성을 어떻게 보고 있습니까? 당신의 종족 문화는 당신에게 얼마나 중요합니까?

____

____

____

원 가족은 사랑과 보살핌을 어떻게 표현했습니까?

____

____

현재 가족은 사랑과 보살핌을 어떻게 표현하고 있습니까?

원 가족은 불만을 어떻게 표현했습니까?

현재 가족은 불만을 어떻게 표현하고 있습니까?

당신의 로맨틱한/애정 관계에 대해 기술하십시오. (만약 있다면)

당신의 성생활에 대해 기술하십시오. 성생활에 대해 얼마나 만족하고 있습니까?

성에 대해서 어떤 믿음을 가지고 있습니까? 그 믿음이 당신에게 얼마나 중요합니까?

당신은 종교적/영적 공동체나 수련 모임에 소속되어 있습니까? '예/아니요'
만약 '예' 라면 자세한 내용을 적어 주십시오.

종교나 영성에 대해 어떤 믿음을 갖고 있습니까? 그 믿음은 당신에게 얼마나 중요합니까?

당신에게 가장 중요한 도덕적 가치는 어떤 것입니까? 그 도덕적 가치들은 당신에게 얼마나 중요합니까?

당신이 참여하고 있는 정치 또는 시민연대가 있다면 적어 주십시오.

당신이 참여하고 있는 환경운동이 있다면 적어 주십시오. (재활용, 카풀, 에너지 절약 등)

어떤 문화 활동이나 단체에 소속되어 있습니까? 예/아니요
만약 '예' 라면 자세한 내용을 적어 주십시오.

어떤 형태의 편견 또는 차별의 희생자가 되어 본 적이 있습니까? (종족, 성차별 등) 또는 사회생활 중에 권력이나 특혜라는 맥락에서 불이익을 겪어 본 적이 있습니까? 예/아니요
만약 '예' 라면 자세한 내용을 적어 주십시오.

____

____

____

사회적 시스템: 집단-외적

현재의 물리적 주거 환경은 어떠합니까? (예: 주거 유형, 방음, 채광, 환기, 에어컨, 난방 등)

____

____

____

____

당신의 이웃은 어떠합니까? (안전한/위험한, 친절한/불쾌한, 조용한/시끄러운 등)

____

____

현재의 사회적 주거 환경은 어떠합니까? (함께 살고 있는 사람들과 어떻게 지내는지에 대해 외부인들은 어떻게 묘사할 것 같습니까?)

____

____

____

근무 환경은 어떠합니까? (동료와 당신에게 직접적으로 영향을 미치는 상사를 포함)

____

____

애인이 있습니까? 예/아니요 결혼한 적이 있습니까? 예/아니요
만약 '예' 라면 자세한 내용을 적어 주십시오.

애완견을 키우십니까? 예/아니요
만약 '예' 라면 그것이 얼마나 당신에게 소중합니까?

군복무를 했습니까? 예/아니요
만약 '예' 라면 자세한 내용을 적어 주십시오.

현재 양육 분쟁에 휘말려 있습니까? 예/아니요
만약 '예' 라면 자세한 내용을 적어 주십시오.

법적 문제에 연루된 적이 있습니까? (징역, 집행유예 등) 예/아니요
만약 '예' 라면 자세한 내용을 적어 주십시오.

삶의 어떤 측면이 스트레스를 줍니까?

어떤 형태의 지지 체계를 가지고 있습니까? (친구, 가족 또는 필요시에 도와줄 수 있는 종교 단체 등)

원 가족을 부모님과 당신을 포함해서 가장 나이가 많은 사람부터 적어 주십시오.

이름	나이	성별	본인과의 관계 (양/편)

교육적 배경은 어떠합니까?

직업은 무엇입니까? ____________ 당신이 하고 있는 일에 대해서 얼마나 만족합니까?

매우 불만족 1 2 3 4 5 6 7 매우 만족

당신의 연간 수입은 얼마입니까? ____________ 당신의 생활수준에 대해 얼마나 만족하십니까?

매우 불만족 1 2 3 4 5 6 7 매우 만족

당신의 현재 가족을 부모님과 당신을 포함해서 가장 나이가 많은 사람부터 적어 주십시오.

이름	나이	성별	본인과의 관계 (양/편)

가족 내 정신질환 이력이 있다면 적어 주십시오.

소속된 단체가 있습니까? 예/아니요
만약 '예' 라면 자세한 내용을 적어 주십시오.

자원봉사활동에 참여하고 있습니까? 예/아니요
만약 '예' 라면 자세한 내용을 적어 주십시오.

다음 중에서 당신이 어려움이나 문제를 겪었던 항목을 모두 선택하시기 바랍니다. 또한 그 어려움이 있었던 대략적인 나이를 ( ) 안에 적어 주시기 바랍니다.

_____ 수유/먹기 ( )
_____ 배변훈련 ( )
_____ 기기 또는 걷기 ( )
_____ 말하기 ( )
_____ 손톱 물어뜯기 또는 다른 신경증적 습관 ( )
_____ 취학/주 양육자와의 분리 ( )
_____ 동물이나 사람에 대한 잔인한 행동 ( )
_____ 심각한 질병 또는 상해 ( )
_____ 학습 문제 ( )
_____ 친구 문제 ( )
_____ 이사 또는 다른 가족 스트레스 ( )
_____ 학대(정서적, 신체적, 성적) ( )
_____ 성적 성숙에서의 문세 ( )
_____ 학교, 집, 그 외에 다른 곳에서의 놀림 당함 ( )
_____ 자기파괴적 행동(위험한 성관계, 섭식 문제, 약물 복용, 지나친 위험감수 등) ( )
_____ 사교적 집단에서 어울리기 ( )
_____ 동료들의 관점과 의견이 다를 때, 자신이 믿는 것에 대한 주장 ( )
_____ 중요한 결정이 사회적 기준과 다를 때 결정 내리는 것 ( )
_____ 실존적 딜레마 ( )
_____ 종교적/영적 체험(긍정적일 수 있음) ( )

다음은 많은 사람들이 다른 상황은 아니지만, 특정 상황에서 자신 내에서 알아차리는 다양한 부분, 측면 또는 하부 인격에 대한 목록입니다. 당신이 어려움을 겪었거나 문제가 있었던 것이 있다면 표시하십시오. 자주 문제 있는 방식으로 우리가 행동하고, 생각하고, 느끼고 있음을 알아차린다는 것입니다. 또한 자신의 이 부분을 알아차리는 상황이나 맥락이 있다면 ( ) 안에 적어 주세요.

_____ 무책임한 아이 ____
_____ 비판적인 부모 ____

_____ 의기양양한 승리자 ____________________

_____ 실패에 취약한 패배자 ____________________

_____ 가혹한 판단 또는 비판 ____________________

_____ 거짓 또는 가짜 자기 ____________________

_____ 무가치한 또는 충분히 만족스럽지 않은 자기 ____________________

_____ 과대한, 어느 누구보다도 훌륭한 자기 ____________________

_____ 다른 어떤 것이라도 적어 주십시오. ____________________

기타 치료자에게 알리고 싶은 것이 있으면 무엇이든 적어 주십시오.

____

____

____

____

부록 2

정신의학적 통합접수평가지

안드레 마커스 박사
데이비드 레빗 박사

고객명: ____________________ 나이: __________ 첫 방문일자: __________

자택 전화: (   )______________ 직장 전화: (   )________________

주소: ____

생년월일: _____ 성별: (남/여) 의뢰처: ____________________

비상 연락처: 이름________________ 전화: (   )________________

(만약 질문 중 대답을 할 여백이 더 필요하다면, 이 양식의 뒷면을 활용하시기 바랍니다.)

초기 문제 및 이전 치료 이력

당신이 도움을 필요로 하는 주된 어려움이나 문제는 무엇입니까?

____

____

____

____

무엇이 문제를 더 호전시킵니까? 혹은 무엇이 문제를 악화시킵니까?

치료자가 주의를 기울여야 할 시급한 난제나 문제가 있습니까? 예/아니요
만약 '예' 라면 자세히 설명해 주십시오.

이전에 정신의학적 치료를 받아본 경험이 있습니까? 예/아니요 기간은 얼마나 되고, 치료자는 누구입니까?

치료를 받은 적이 있다면 치료 경험은 어떠했습니까? 치료를 통해 가장 많은 도움을 받은 점은 무엇입니까? 치료를 통해 가장 도움이 되지 않았던 점은 무엇입니까?

정신의학적 치료에 대한 기대는 무엇입니까?

지난 2주간 당신의 전반적인 기분/정서는 어떠합니까?

당신이 가장 강하게 느끼는 경향이 있는 정서는 어떤 것입니까?

____

____

다음 중에서 당신이 최근 혹은 과거에 가끔 가졌던 감정이나 경험이 있으면 모두 표시해 주시기 바랍니다.

_____ 집중하기 곤란함
_____ 일을 하는 데 있어서 관심이나 즐거움이 부족함
_____ 부진하거나 과도한 식욕
_____ 과도한 피로함
_____ 절망감을 느낌
_____ 무력함을 느낌
_____ 강한 죄책감
_____ 평소보다 훨씬 높은 에너지 수준
_____ 머릿 속을 질주하는 생각들
_____ 평소보다 수면 욕구가 감소함
_____ 차라리 죽는 것이 나을 것 같다는 생각
_____ 자신을 해치고 싶은 충동
_____ 타인을 해치고 싶은 충동
_____ 실제로 존재하지 않는 소리를 듣거나 사물을 봄
_____ 기괴한 생각을 하면서도 그것을 멈출 수 없음
_____ 명백한 이유도 없이 일어나는 불안발작
_____ 지속적이거나 과도한 염려
_____ 누군가 자신을 해치려고 한다는 공포

위의 경험이나 감정 중 당신이 겪어본 것에 대해 보다 상세히 기술해 주십시오.

____

____

____

당신의 강점은 무엇입니까?

당신의 약점은 무엇입니까?

스트레스를 주는 상황 또는 강한 정서를 경험할 때 어떻게 반응하고 있습니까?

당신이 의사 결정을 하는 방식은 어떤 것입니까? (예를 들어, 논리나 이성을 사용하는지, 직감이나 가슴을 신뢰하는지 등)

자기 자신이나 다른 사람을 심각하게 해치거나 죽이려고 했던 적이 있습니까? 예/아니요 만약 '예' 라면 자세한 내용을 적어 주십시오.

현재 자살 또는 다른 사람을 해치려는 생각을 하고 있습니까? 예/아니요 만약 '예' 라면 자세한 내용을 적어 주십시오.

가족구성원 중 누군가 자살을 시도했거나 자살한 적이 있습니까? 예/아니요
만약 '예' 라면 자세한 내용을 적어 주십시오.

당신에게 영향을 미쳤던 가족 내의 심각한 질병, 출생 문제, 죽음 혹은 다른 상실이 있었습니까? 예/아니요 만약 '예' 라면 자세한 내용을 적어 주십시오.

가장 고통스러웠던 기억은 무엇입니까?

언어적, 정서적, 신체적 또는 성적 학대의 희생자가 되어본 경험이나 그런 상황을 목격한 적이 있습니까? 예/아니요 만약 '예' 라면 자세한 내용을 적어 주십시오. 여전히 그 경험에 영향을 받고 있다고 생각합니까?

전반적으로, 당신의 삶에 대해 얼마나 만족하고 있습니까?
전혀 아님 1 2 3 4 5 6 7 매우 그러함

전반적으로, 당신 자신에 대해 어떻게 느끼고 있습니까? (자존감)
매우 나쁨 1 2 3 4 5 6 7 매우 좋음

전반적으로, 당신 삶과 감정을 어느 정도 통제하고 있다고 느끼십니까?

전혀 못함 1 2 3 4 5 6 7 매우 잘함

행동: 개인-외적

정신 질환으로 입원해 본 적이 있습니까(예: 우울/자살 충동/신경쇠약)? 예/아니요 어떤 사유로, 언제부터 언제까지 입원했습니까?

____

____

현재 또는 과거의 질병	과거(×)	현재(×)	비고(질병과 현재도 문제를 일으키는지 여부에 대해 간략하게 기술하시오.)
간질발작			
갑상선 질환			
두부 외상			
기타:			
기타:			
기타:			
기타:			
기타:			
기타:			

약에 대한 알레르기 반응:

약: 일어난 반응:

_______________ _______________

_______________ _______________

_______________ _______________

수술 경험: 언제:

_______________ _______________

_______________ _______________

현재 복용 중인 처방약이 있습니까?

*** 다음 진료 때 약을 가져오시기 바랍니다. ***

복용 약	복용 목적	복용 시작시기	하루 복용량

현재 복용 중인 비타민/미네랄/허브/영양보충제가 있습니까?

*** 다음 진료 때 약을 가져오시기 바랍니다. ***

제품 명/브랜드	복용 목적	복용 시작시기	하루 복용량

정신 질환으로 과거에 복용했던 약이 있습니까?(예: 우울/불안/불면 등)

복용 약	복용 목적	복용 시작시기	하루 복용량

주치의가 있습니까? 예/아니요 만약 '예' 라면 누구입니까? ______________

치료실 연락처 ______________

신장 ______________ 체중 ______________ 파운드

언제 마지막으로 건강검진을 받았습니까? ______________________________

특별한 요주의사항이 있었습니까? (질환, 혈압, 콜레스테롤, 기타 등) 예/아니요 만약 있었다면 자세히 기술해 주십시오.

____

다음 중에서 당신에게 해당되는 행동 또는 신체 감각이 있으면 모두 표시해 주시기 바랍니다.

_____ 과음
_____ 금지된/향정신성 약물 복용
_____ 과식
_____ 거식
_____ 친구와 가족에 대한 무관심
_____ 자신 또는 자신의 욕구에 대한 무관심
_____ 자신에게 친절하거나 사랑을 베풀기 어려움
_____ 자신 또는 타인에게 결국 상처를 주는 방식으로 행동함

_____ 과도하게 흥분함
_____ 몇 가지 행동에 대해서는 통제하기 어려움
_____ 자살에 대한 생각
_____ 집중하기 어려움
_____ 수입 이상으로 소비함
_____ 울기
_____ 그 밖에 이야기하고 싶은 다른 행동적인 특징들이 있다면?

____

_____ 두통
_____ 생리 문제
_____ 현기증
_____ 심장 두근거림
_____ 안절부절못함
_____ 성적 집착
_____ 울렁거림/무감각
_____ 과도한 피로감
_____ 환청/환시
_____ 의식 불명
_____ 그밖에 다른 신체적 고통이나 어려움이 있습니까? 예/아니요 만약 '예' 라면 알려주십시오.

____

다음 중에서 당신에게 해당되는 행동적 특성이 있으면 표시해 주시기 바랍니다.

_____ 과식
_____ 거식
_____ 친구와 가족에 대한 무관심
_____ 자신 또는 자신의 욕구에 대한 무관심
_____ 자신에게 친절하거나 사랑을 베풀기 어려움
_____ 자신 또는 타인에게 결국 상처를 주는 방식으로 행동함
_____ 쉽게 이성을 잃는 경향이 있음

_____ 몇 가지 행동에 대해서는 통제하기 어려움

_____ 수입 이상으로 소비함

_____ 자주 울기

_____ 그 밖에 이야기하고 싶은 다른 행동적 특징들이 있습니까? 예/아니요 만약 '예' 라면 알려주십시오.

____

____

____

다음 중에서 당신이 가끔 경험하는 어려움이 있다면 표시해 주시기 바랍니다.

_____ 두통

_____ 생리 문제

_____ 현기증

_____ 심장 두근거림 또는 심장 경련

_____ 안절부절함

_____ 울렁거림/무감각

_____ 의식 불명

_____ 그밖에 다른 신체적 고통이나 어려움이 있습니까? 예/아니요 만약 '예' 라면 알려주십시오.

____

____

전반적으로, 당신의 신체 건강은 어느 정도 상태입니까?

매우 나쁨 1 2 3 4 5 6 7 매우 좋음

현재의 수면 패턴은 어떠합니까? (몇 시에 잠자리에 듭니까? 하루에 몇 시간을 잡니까? 잠들거나, 잠자는 상태를 유지하거나, 아침에 잠이 깨는 데 어려움이 있습니까?)

____

____

평상시의 식습관은 어떠합니까? (즐겨 먹는 음식 종류나 양)

____

____

____

대안/보충 치료를 해 본 경험이 있습니까? (아래의 난을 채워주십시오.)

치료 형태	(×)	설명(각 범주를 어떤 방식으로 활용했는지에 대해 구체적으로 기술하시오.)
허브요법		
동종요법		
민간요법		
바디워크 또는 마사지		
카이로프랙틱/접골요법		
에너지 치료(예: 치유의 손길, 라이키 정령요법, 기공)		
기도		
자조그룹		
침술 또는 한의학		
아유르베다		
운동		
요가		
기공		
최면요법		
이완		
명상		
바이오피드백		
심상화		
기타:		

약물이나 알코올 섭취에 대해 적어 주십시오. (과거와 현재) 현재 약물과 관련해서 문제를 겪고 있습니까?

___

꾸준히 하고 있는 운동이 있습니까? (에어로빅/근육강화운동) 예/아니요 만약 '예' 라면 자세한 내용을 적어 주십시오.

___

혹시 의사소통에 장애(듣기, 말하기, 보기 등)가 있습니까? 예/아니요 만약 '예' 라면 자세한 내용을 적어 주십시오.

___

문화: 집단-내적

친구, 가족, 동료 등 당신의 관계에 대해 기술하십시오.

___

당신에게 중요하거나 의미가 있는 것은 무엇입니까? 당신에게 가장 중요한 일은 무엇입니까?

___

전반적으로, 친구관계를 비롯한 다른 관계들에 얼마나 만족하고 계십니까?
매우 불만족 1 2 3 4 5 6 7 매우 만족

전반적으로, 사회적 상황에서 얼마나 편안합니까?
매우 불편 1 2 3 4 5 6 7 매우 편안

전반적으로, 당신의 종교나 영성에 대해 얼마나 만족하십니까?
매우 불만족 1 2 3 4 5 6 7 매우 만족

자라날 때, 원 가족 내에서 촉진되거나 주로 표현되었던 정서는 어떤 것입니까?

____

____

원 가족 내에서 좌절되거나 허용되지 않았던 정서는 어떤 것입니까?

____

____

최근 가장 편안한 정서는 어떤 것입니까?

____

____

____

최근 가장 불편한 정서는 어떤 것입니까?

____

____

____

자신의 인종적 정체성을 어떻게 보고 있습니까? 당신의 종족 문화는 당신에게 얼마나 중요합니까?

____

당신의 성생활에 대해 기술하십시오. 성생활에 대해 얼마나 만족하고 있습니까?

당신은 종교적/영적 공동체나 수련모임에 소속되어 있습니까? 예/아니요 만약 '예' 라면 자세한 내용을 적어 주십시오.

종교나 영성에 대해 어떤 믿음을 갖고 있습니까? 그 믿음은 당신에게 얼마나 중요합니까?

당신이 참여하는 문화적 활동 또는 단체가 있습니까? 예/아니요 만약 '예' 라면 자세한 내용을 적어 주십시오.

사회적 시스템: 집단-외적

이름	나이	성별	본인과의 관계 (양/편)

원 가족(당신이 어릴 때 성장했던 가족)을 부모님과 당신을 포함해서 가장 나이가 많은 사람부터 적어 주십시오.

이름	나이	성별	본인과의 관계 (양/편)

당신의 현재 가족을 부모님과 당신을 포함해서 가장 나이가 많은 사람부터 적어 주십시오.

가족 정신질환 이력	(×)	질환을 앓았던 가족 구성원을 적으십시오 (형제, 부모, 조부모, 자녀).
우울		
불안		
두부 손상		
양극성 또는 조울증		
정신분열증		
알코올 또는 물질 남용		
자살		
정신과 입원		
기타:		

현재의 물리적 주거 환경은 어떠합니까? (예를 들어, 주거 형태 그리고 사생활 보장, 채광, 에어컨, 난방 등 기타 전반적인 환경 등)

____

____

____

____

현재의 사회적 주거 환경은 어떠합니까? (편안하게 느끼고 있습니까? 함께 살고 있는 사람들과는 잘 어울립니까?)

____

____

____

____

애완견을 키우십니까? 예/아니요 만약 '예' 라면 그것이 얼마나 당신에게 소중합니까?

____

____

당신의 이웃은 어떠합니까? (안전한/위험한, 친절한/불쾌한, 조용한/시끄러운 등)

당신은 현재 직장이 있습니까? 예/아니요 만약 '예' 라면 어떤 종류의 일을 하고 있으며 보통 몇 시간 정도 일을 합니까?

당신이 하고 있는 일에 대해서 얼마나 만족합니까?

매우 불만족 1 2 3 4 5 6 7 매우 만족

당신의 연간 수입은 얼마입니까? ______________원. 당신의 생활수준에 대해 얼마나 만족하십니까?

매우 불만족 1 2 3 4 5 6 7 매우 만족

근무 환경은 어떠합니까? (동료와 당신에게 직접적으로 영향을 미치는 상사를 포함)

배우자 또는 애인이 있습니까? 예/아니요 결혼한 적이 있습니까? 예/아니요 자녀가 있습니까? 예/아니요   만약 '예' 라면 그들의 이름, 나이, 기타 중요한 정보들을 적어 주십시오.

삶의 어떤 측면이 가장 스트레스를 줍니까? 적어 주시기 바랍니다.

어떤 형태의 지지체계를 가지고 있습니까? (예: 필요시에 도와줄 수 있는 친구 또는 가족)

교육적 배경은 어떠합니까?

군복무를 했습니까? 예/아니요   만약 '예' 라면 자세한 내용을 적어 주십시오.

범죄로 체포되거나 처벌받은 적이 있습니까? (징역, 집행유예, 등) 예/아니요 만약 '예' 라면 자세한 내용을 적어 주십시오.

소속된 단체가 있습니까? 예/아니요　만약 '예'라면 자세한 내용을 적어 주십시오.

어떻게 여가를 즐기고 있습니까? (취미/놀이)

자원봉사활동에 참여하고 있습니까? 예/아니요　만약 '예'라면 자세한 내용을 적어 주십시오.

그밖에 당신 자신에 대해서 더 언급하고 싶은 것이 있습니까? (필요하다면 뒷면을 활용하시기 바랍니다.)

부록 3

새로운 내담자들에게 보내는 편지

통합접수평가지의 작성과 관련하여 알려드립니다

내담자 ____________ 씨께,

치료자로서의 제 경험을 통해, 저는 이 양식(통합접수평가지)의 문항에 대해 내담자의 답변을 얻는 것이 치료 과정에 상당히 유용하다는 점을 인식해 왔습니다. 이 평가지는 제가 당신을 보다 더 전체적으로 이해하고 치료의 목적을 달성하도록 조력하는 데 있어 어떻게 하면 더욱 효율적이고 효과적일 수 있는가에 대해 알 수 있도록 도와줍니다. 또한 그것은 치료 목표와 관련된 삶의 측면들을 당신이 보다 더 잘 자각할 수 있게 해 주며 우리가 함께 작업해 나가면서 당신이 그 목표를 성취하는 것과 연관된 생각과 감정을 명료화할 수 있도록 돕습니다. 우리가 첫 회기를 최대한 잘 활용하기 위해서 이 양식을 작성하여 저와의 첫 회기에 가져오시기 바랍니다. 첫 회기에서는 우리가 앞으로 함께 작업해나가면서 당신이 치료에서 원하는 것을 달성하는 데 있어 당신 또는 나에게 중요하게 여겨지는 어떠한 사안에 대해서도 논의할 수 있습니다.

질문에 대해 핵심적인 요점만으로 아주 간략하게 답하실 수도 있으며, 또는 상세히 기술하셔도 됩니다. 어떤 쪽이든 당신이 선호하는 방식으로 작성하실 수 있습니다. 저와 보다 상세히 다루기를 원하는 답변이 있다면 그 항목의 좌측에 *와 같은 방식으로 표시를 해 주시기 바랍니다. 이 평가지를 완료하기 위해서는 한 시간 또는 그 이상이 걸릴 수 있습니다. 한 자리 앉아서 이 작성을 마칠 수도 있고, 아니면 보다 짧은 시간 동안 두 번 또는 그 이상의 횟수로 나눠서 마칠 수도 있습니다.

어떤 답변의 경우에는 매우 사적이거나 또는 글로 적기에는 너무 복잡한 사안이라고 느낄 수도 있습니다. 글로 적기보다는 말로 의논하기를 원하는 답변이 있다면 그 난은 비워두시고 그 항목의 좌측에 * 표시를 해 주시기 바랍니다. 당신이 적는 모든 답변에 대해서는 저의 전문가 비밀보장 서약서에서 기술한 바대로, 제가 할 수 있는 최대한의 비밀을 보장해드릴 것을 약속드립니다.

만약 궁금한 사항이나 문제가 있다면 언제든 연락을 주시기 바랍니다. 당신과 함께 작업해 나가기를 기대합니다.

____________________(치료자 이름) 드림

참고문헌

Alexander, C., Druker, S., & Langer, E. (1990). Introduction: Major issues in the exploration of adult growth. In C. Alexander & E. Langer (Eds.). *Higher stages of human development* (pp. 3-32). New York: Oxford University Press.

American Counseling Association. (2005). *Code of ethics and standards of practice*. [Electronic version]. Retrieved Oct. 21, 2005, from http://www.counseling.org/ethics.

American Psychiatric Association. (2000). *Diagnostic and statistical manual of mental disorders* (4th ed.) (text rev.). Washington, DC: Author.

Ansbacher, H. L., & Ansbacher, R. R. (Eds.). (1956). The individual psychology of Alfred Adler: A systematic presentation in selections from his writings.

Assagioli, R. (1988). *Transpersonal development: Dimensions beyond psychosynthesis.* San Francisco: Aquarian.

Avabhasa, D. (1985). *The dawn horse testament.* Clearlake: Dawn Horse Press.

Aurobindo, S. (1970). *The life divine, vols. 1 & 2.* Pondicherry: Sri Aurobindo Ashram.

Austin, J. H. (1998). *Zen and the brain.* Cambridge: MIT Press.

Badiner, A. H., & Grey, A. (Eds.). (2002). *Zig zag zen: Buddhism and psychedelics*. San Francisco: Chronicle Books.

Baillargeon, R., & De Vos, J. (1991). Object permanence in young infants: Further evidence. *Child Development, 62,* 1227-1246.

Basch, M. F. (1988). *Understanding psychotherapy: The science behind the art*. New York: Basic Books.

Bateson, G. (1972). *Steps to an ecology of mind*. New York: Ballantine.

Battista, J. (1996). Offensive spirituality and spiritual defense. In B. Scotton, A. Chinen, & J. Barrista (Eds.), *Textbook of transpersonal psychiatry and psychology*. New York: Basic Books.

Beck, A. T., Rush, A. J., Shaw, B. F., & Emery, G. (1979). *Cognitive therapy of depression*. New York: Guilford.

Beck, D. E., & Cowan, C. C. (1996). *Spiral dynamics: Mastering values, leadership, and change*. Malden: Blackwell Publishers.

Beck, D. E., & Cowan, C. C. (2000). *The values test: Mapping the currents of change*. Denton, TX: National Values Center.

Bettelheim, B. (1983). *Freud and man's soul*. London: Vintage.

Beutler, L. E. (1995a). Issues in selecting and assessment battery. In L. E. Beutler & M. R. Berren (Eds.), *Integrative assessment of adult personality* (pp. 65-93). New York: Guilford Press.

Beutler, L. E. (1995b). The clinical interview. In L. E. Beutler & M. R. Berren (Eds.), *Integrative assessment of adult personality* (pp. 94-120). New York: Guilford Press.

Beutler, L. E., & Rosner, R. (1995). Introduction to psychological assessment. In L. E. Beutler & M. R. Berren (Eds.), *Integrative assessment of adult personality* (pp. 1-24). New York: Guilford Press.

Binswanger, L. (1956). Existential analysis and psychotherapy. In F. Fromm-Reichmann & J. Moreno (Eds.), *Progress in psychotherapy*. New York: Grune & Stratton.

Blanck, G., & Blanck, R. (1979). *Ego psychology 2: Psychoanalytic developmental psychology*. New York: Columbia University Press.

Blasi, A. (1976). Concept of development in personality theory. In *Ego development: Conceptions and theories* (pp. 29-53). San Francisco:

Jossey-Bass.

Bohart, A. C., & Tallman, K. (1999). *How clients make therapy work: The process of active self-healing.* Washington, DC: American Psychological Association.

Boss, M. (1963). *Psychoanalysis and daseinanalysis.* New York: Basic Books.

Bowlby, J. (1988). *A secure base: Parent-child attachment and healthy human development.* New York: Basic Books.

Briggs, K. C., & Myers, I. B. (1977). *Myers-Briggs type indicator.* Palo Alto, CA: Consulting Psychologists Press.

Brown, D. P. (1986). The stages of meditation in cross-cultural perspective. In K. Wilber, J. Engler, & D. P. Brown (Eds.), *Transformations of Consciousness: Conventional and contemplative perspectives on development* (pp. 219-284). Boston: Shambhala.

Browning, D. L. (1987). Ego development, authoritarianism, and social status: An investigation of the incremental validity of Loevinger's Sentence Completion Test (short form). *Journal of Personality and Social Psychology, 53,* 113-118.

Campbell, W. H., & Rohrbaugh, R. M. (2006). The biopsychosocial formulation manual: A guide for mental health professionals. New York: Routledge.

Carlozzi, A. F., Gaa, J. P., & Lieberman, D. B. (1983). Empathy and ego development. *Journal of Counseling Psychology, 30*(1), 113-116.

Cavanagh, M. (1982). *The counseling experience: A theoretical and practical approach.* Prospect Heights: Waveland Press.

Chia, M., & Arava, D. A. (1996). *The multi-orgasmic man: How any man can experience multiple orgasms and dramatically enhance his sexual relationship.* San Francisco: Harper Collins.

Chirban, J. (1986). Development stages in eastern orthodox Christianity. In K. Wilber, J. Engler, & D. P. Brown (Eds.), *Transformations of consciousness: Conventional and contemplative perspectives on development* (pp. 285-314). Boston: Shambhala.

Clarkin, J. F., & Levy, K. N. (2004). The influence of client variables on psychotherapy. In M. J. Lambert (Ed.), *Bergin and Garfiled's handbook of psychotherapy and behavior changes* (5th ed.). New York: John Wiley & Sons.

Cohn, L. D. (1991). Sex differences in the course of personality development: A meta-analysis. *Psychological Bulletin, 109,* 252-266.

Cook-Greuter, S. (2000). Mature ego development: A gateway to ego transcendence? *Journal of Adult Development, 7,* 227-240.

Cook-Greuter, S. (2003). *Postautonomous ego development: A study of its nature and measurement.* Wayland, MA: Harthilll USA.

Cook-Greuter, S., & Soulen, J. (2007). The developmental perspective in integral counseling. *Counseling and Values, 51,* 180-192.

Corey, G. (2001). *Theory and practice of counseling and psychotherapy* (6th ed.). Belmont, CA: Brooks Cole.

Cormier, S., & Hackney, H. (2005). *Counseling strategies and interventions* (6th ed.). Boston: Allyn and Bacon.

Damasio, Antonio (1999). *The feeling of what happens.* San Diego: Harcourt.

Dameyer, J. J. (2001). Psychometric evaluation of the Riso-Hudson Enneagram Type Indicator. *Dissertation Abstracts International, 62*(02), 1136B.

Dana, R. H., & Hoffman, T. (1987). Holistic health: Definitions, measurement, and applications. In J. N. Butcher & C. D. Spielberg (Eds.), *Advances in personality assessment* (Vol. 6). Hillsdale: Lawrence Erlbuam.

Dattilio, F. M., & Padesky, C. A. (1990). *Cognitive therapy with couples.* Sarasota, FL: Professional Resource Exchange.

Deida, D. (1995). *Intimate communication: Awakening your sexual essence.* Austin: Plexus.

Deida, D. (2002a). *Find god through sex: A spiritual guide to ecstatic loving and deep passion for men and women.* Austin: Plexus.

Deida, D. (2002b). *Dear lover: A women's guide to enjoying love's deepest bliss.* Austin: Plexus.

Deikman, A. (1983). *The observing self: Mysticism and psychotherapy.* Boston: Beacon Press.

Douthit, K. Z., & Marquis, A. (2006). Empiricism in psychiatry's post-psychoanalytic era: Contemplating DSM's "atheoretical" nosology.

Constructivism in the Human Sciences, 11(1), 32-59.

Eckstein, D., Baruth, L., & Mahrer, D. (1992). *An introduction to life-style assessment* (3rd ed.). Dubuque: Kendall/Hunt.

Engel, G. L. (1977). The need for a new medical model: A challenge for biomedicine. *Science, 196,* 129-136.

Engel, G. L. (1980). The clinical application of the biopsychosocial model. *American Journal of Psychiatry, 137,* 535-544.

Erikson, E. H. (1963). *Childhood and society.* New York: W. W. Norton.

Erikson, E. H. (1968). *Identity: Youth and crisis.* New York: W. W. Norton.

Erikson, E. H. (1980). *Identity and the life cycle.* New York: W. W. Norton.

Erikson, E. H. (1982). *The life cycle completed: A review.* New York: W. W. Norton.

Erickson, M. H., & Rossi, E. L. (1981). Experiencing hypnosis: Therapeutic approaches to altered states. New York: Irvington.

Fall, K., Holden, J. M., & Marquis, A. (2004). *Theoretical models of counseling and psychotherapy.* New York and Hove: Brunner-Routledge.

Farnsworth, J., Hess, J., and Lambert, M. J. (2001, April). A review of outcome measurement practices in the Journal of Consulting and Clinical Psychology. Paper presented at the annual meetings of the Rocky Mountain Psychological association, Reno, NV.

Fichte, J. G. (1988). *Fichte: Early philosophical writing.* Ithaca, NY: Cornell University Press.

Fosha, D. (2000). *The transforming power of affect: A model for accelerated change.* New York: Basic Books.

Foster, D., & Black, T. G. (2007). An integral approach to counseling ethics. *Journal of Counseling and Values, 51*(3), 221-234.

Freud, S. (1935). *A general introduction to psychoanalysis.* New York: Liveright.

Freud, S. (1962). *The ego and the id.* New York: W. W. Norton.

Freud, S. (1963). *An outline of psychoanalysis.* New York: W. W. Norton.

Freud, S. (1967). *Beyond the pleasure principle.* New York: Bantam.

Freud, S. (1971). *A general introduction to psychoanalysis.* New York: Pocket.

Gall, M. D., Borg, W. R., & Gall, J. P. (1996). *Educational research: An introduction* (6th ed.). White Plains: Longman.

Gamard, W. S. (1986). Interrater reliability and validity of judgments of enneagram personality types. *Dissertation Abstracts International, 47*(07), 3152B.

Garfield, S. L. (2003). *Eclectic psychotherapy: A common factors approach*. In J. C. Norcross & M. R. Goldfried (Eds.), *Handbook of psychotherapy integration*. New York: Oxford University Press.

Gardner, H. (1983). *Frames of Mind: The theory of multiple intelligences.* New York: Basic Books.

Gardner, H. (1998). *Intelligence reframed: Multiple intelligences for the 21st century.* New York: Basic Books.

Gebser, J. (1985). *The ever-present origin*. Athens: Ohio University Press.

Gedo, J. E. (1981). *Advances in clinical psychoanalysis*. New York: International University Press.

Gendlin, E. (1962). *Experiencing and the creation of meaning: A philosophical approach to the subjective.* Evanston, IL: Northwestern University Press.

George, L. K. (1994). Multidimensional assessment instruments: Present status and future prospects. In M. P. Lawton and J. A. Teresi (Eds.), *Annual review of gerontology and geriatrics: Focus on assessment techniques* (Vol. 13). New York: Spring.

Gilligan, C. (1982). *In a different voice: Psychological theory and women's development.* Cambridge, MA: Harvard University Press.

Glasser, W. (1990). *The basic concepts of reality therapy.* Canoga Park, CA: Institute of Reality Therapy.

Goldberger, N., Trule, J., Clinchy, B., & Belenky, M. (1996). *Knowledge, difference, and power: Women's ways of knowing*. New York: Basic Books.

Goleman, D (1995). *Emotional intelligence*. New York: Bantam Books.

Goleman, D. (Ed.). (2003). *Destructive emotions: How can we overcome them?* New York: Bantam.

Graves, D. (1970). Levels of existence: An open system theory of values. *Journal of Humanistic Psychology, 10,* 131-154.

Greenberg, J. R., & Mitchell, S. A. (1983). *Object relations in psychoanalytic theory*. Cambridge, MA: Harvard University Press.

Greenberg, L. S. (2002). *Emotion-focused therapy*. Washington, DC: American Psychological Association.

Grof, S. (1998). *The cosmic game: Explorations of the frontiers of human consciousness*. Albany: State University of New York Press.

Grof, S. & Grof, C. (Eds.) (1989). *Spiritual emergency: When personal transformation becomes a crisis*. Los Angeles: Jeremy P. Tarcher.

Groth-Marnat, G. (1999). *Handbook of psychological assessment*. New York: John Wiley.

Guidano, V. F. (1987). *Complexity of the self: A developmental approach to psychotherapy and therapy*. New York: Guilford Press.

Hargens, S. (2001). Intersubjective musings: A response to Christina de Quincey's "The promise of integralism." *Journal of Consciousness Studies, 8*(12), 35-78.

Hauser, S. T., Powers, S. I., & Noam, G. G. (1991). *Adolescents and their families: Paths of ego development*. New York: Free Press.

Heidegger, M. (1962). *Being and time*. New York: Harper & Row.

Herlihy, B., & Corey, G. (1996). *ACA ethical standards casebook*. Alexandria, VA: American Counseling Association.

Hill, C. E. (1996). *Working with dreams in psychotherapy*. New York: Guilford.

Hodges, K. (1993). Structured interviews for assessing children. *Journal of Child Psychiatry and Psychology, 34,* 49-68.

Hohenshil, T. H. (1996). Editorial: Role of assessment and diagnosis in counseling. *Journal of Counseling and Development, 75*(1), 64-67.

Hollon, S. D., & Beck, A. T. (2004). Cognitive and cognitive behavioral therapies. In M. J. Lambert (Ed.), *Bergin and Garfield's handbook of psychotherapy and behavior change* (5th ed.). New York: John Wiley & Sons.

Hood, A. B., & Johnson, R. W. (1991). *Assessment in counseling: A guide to the use of psychological assessment procedures*. Alexandria: American Association for Counseling and Development.

Hoyt, M. F. (Ed.). (1998). *Constructive therapies* (Vol. 2). New York: Guilford.

Huck, S. W. (2000). *Reading statistics and research* (3rd ed.). New York: Longman.

Hy, L. X., & Loevinger, J. (1996). *Measuring ego development*. Mahwah, NJ: Lawrence Erlbaum Associates.

Ingersoll, R. E. (2002). An integral approach for teaching and practicing diagnosis. *The Journal of Transpersonal Psychology, 34,* 115–127.

Ingersoll, R. E., & Cook-Greuter, S. R. (2007). The self-system in integral counseling. *Journal of Counseling and Values, 51*(3), 193–208.

Ingersoll, R. E., & Rak, C. F. (2006). *Psychopharmacology for helping professionals: An integral exploration.* Belmont: Thomson Brooks/Cole.

Ivey, A. E. (1986). *Developmental therapy*. California: Jossey-Bass.

James, W. (1890/1950). *The principles of psychology*. New York: Dover.

James, W. (1978). *Pragmatism and the meaning of truth*. Cambridge, MA: Harvard University Press.

John, B. F. (1978). *Love of the two-armed form: The free and regenerative function of sexuality in ordinary life, and the transcendence of sexuality in true religious or spiritual practice.* Clearlake, CA: Dawn Horse Press.

Jordan, J. V., Kaplan, A. G., Baker Miller, J., Stever, I. P., & Surrey, J. L. (1991). *Women's growth in connection*. New York: Guilford Press.

Jung, C. G. (1961). *Memories, dreams, reflections*. New York: Random House.

Jung, C. G. (1968). *Analytical psychology: Its theory and practice.* New York: Random House.

Kabat-Zinn, J. (1994). *Wherever you go, there you are: Mindfulness meditation in everyday life.* New York: Hyperion.

Karg, R. S., & Wiens, A. N. (1998). Improving diagnostic and clinical interviewing. In G. P. Koocher, J. C. Norcross, & S. S. Hill (Eds.), *Psychologist's desk reference* (pp. 11–14). New York: Oxford University Press.

Kaufmann, W. (1992). *Discovering the mind:* Vol. 3. *Freud, Adler, and Jung.* Edison, NJ: Transaction Publishers.

Keating, T. (1986). *Open mind, open heart: The contemplative dimension of the gospel.* Amity: Amity House.

Keen, S. (1991). *Fire in the belly: On being a man.* New York: Bantam.

Kegan, R. (1982). *The evolving self: Problem and process in human development.* Cambridge, MA: Harvard University Press.

Kegan, R. (1994). *In over our heads: The mental demands of modern life.* Cambridge, MA: Harvard University Press.

Kernberg, O. (1976). *Object relations theory and clinical psychoanalysis.* New York: Jason Aronson.

Kernberg, O. (1980). *Internal world and external reality: Object relations theory applied.* New York: Jason Aronson.

Kernberg, O. (2005). Transference-focused psychotherapy. Paper presented at the Evolution of Psychotherapy Conference. Anaheim, CA.

Kohlberg, L. (1969). Stage and sequence: The cognitive-developmental approach to socialization. In D. Goslin (Ed.), *Handbook of socialization theory and research* (pp. 347-480). Chicago: Rand McNally.

Kohlberg, L. (1990). Which postformal levels are stages? In M. L. Commons, C. Armon, L. Kohlberg, F. A. Richards, T. A. Grotzer, & J. D. Sinnott, *Adult development: Models and methods in the study of adolescent and adult thought* (pp. 263-268). New York: Praeger.

Kohut, H. (1971). *The analysis of the self.* New York: International Universities Press.

Kohut, H. (1977). *The restoration of the self.* New York: International Universities Press.

Kohut, H. (1984). *How does analysis cure?* Chicago: University of Chicago Press.

Kohut, H., & Wolf, E. S. (1978). The disorders of the self and their treatment: An outline. *International Journal of Psychoanalysis, 59,* 413-425.

Kottler, J. A., & Brew, L. (2003). *One life at a time: Helping skills and interventions.* Brunner-Routledge.

Lambert, M. J., & Cattani-Thompson, K. (1998). Key principles in the assessment of psychotherapy outcome. In G. P. Koocher, J. C. Norcross, & S. S. Hill (Eds.), *Psychologist's desk reference* (pp. 22-25). New York: Oxford University Press.

Lazarus, A. A. (1995). Multimodal therapy. In R. J. Corsini & D. Wedding (Eds.), *Current psychotherapies* (5th ed.) (pp. 322–255). Itasca: F. E. Peacock Publishers.

Lazarus, A. A. (1997). *Brief but comprehensive psychotherapy: The multimodal way.* New York: Springer.

Lazarus, A. A., & Lazarus, C. N. (1991). *Multimodal life history interview.* Champaign, IL: Research Press.

Lazarus, A. A., & Lazarus, C. N. (1998). Clinical purposes of the multimodal life history inventory. In G. P. Koocher, J. C. Norcross, & S. S. Hill (Eds.), *Psychologist's desk reference* (pp. 15–22). New York: Oxford University Press.

LeDoux, J. (1996). *The emotional brain: The mysterious underpinnings of emotional life.* New York: Simon & Schuster.

Leonard, G., & Murphy, M. (1995). *The life we are given.* New York: G. P. Putnam's Sons.

Levenson, H. (1995). *Time-limited dynamic psychotherapy: A guide to clinical practice.* New York: Basic Books.

Linehan, M. (1993). *Skills training manual for treating borderline personality disorder.* New York: Guilford.

Loevinger, J. (1966). The meaning and measurement of ego development. *American Psychologist, 21,* 195–206.

Loevinger, J. (1976). *Ego development.* San Francisco: Jossey-Bass.

Loevinger, J. (1979). Construct validity of the Sentence Completion Test of ego development. *Applied Psychological Measurement, 3,* 281–311.

Loevinger, J. (1985). A revision of the Sentence Completion Test for ego development. *Journal of Personality and Social Psychology, 48,* 420–427.

Loevinger, J. (1987). *Paradigms of personality.* New York: Freeman.

Loevinger, J. (Ed.). (1998). *Technical foundations for measuring ego development: The Washington University Sentence Completion Test.* Mahwah, NJ: Lawrence Erlbaum.

Loevinger, J., & Wessler, R. (1970). *Measuring ego development.* San Francisco: Jossey-Bass.

Mahler, M. S., Pine, F., & Bergman, A. (1975). *The psychological birth of the human infant: Symbiosis and individuation*. New York: Basic Books.

Maharshi, R. (1985). *Be as you are: The teachings of Ramana Maharshi*. Godman, David (Ed.). London: Penguin Books.

Mahoney, M. J. (1991). *Human change processes: The scientific foundations of psychotherapy*. New York: Basic Books.

Mahoney, M. J. (2003). *Constructive psychotherapy: A practical guide*. New York: Guilford.

Mahoney, M. J., & Marquis, A. (2002). Integral constructivism and dynamic systems in psychotherapy processes. *Psychoanalytic Inquiry, 22*(5), 794-813.

Maitri, S. (2001). *The spiritual dimension of the enneagram: Nine faces of the soul*. New York: Penguin Putnam.

Manners, J., & Durkin, K. (2001). A critical review of the validity of ego development theory and its measurement. *Journal of Personality Assessment, 77*(3), 542-567.

Marquis, A. (2002). Mental health professional's comparative evaluations of the Integral Intake, Life-Style Introductory Interview, and the Multimodal Life History Inventory. Unpublished doctoral dissertation. University of North Texas.

Marquis, A. (2006). *An integral taxonomy of therapeutic interventions*. Manuscript submitted for review.

Marquis, A. (2007). What is integral theory? *Journal of Counseling and Values, 51*(3), 164-179.

Marquis, A., & Douthit, K. Z. (2006). The hegemony of "empirically supported treatment": Validating or violating? *Constructivism in the Human Sciences, 11*(2), 108-141.

Marquis, A., Holden, J. M., & Warren, E. S. (2001). An integral psychology response to Helminiak's (2001). "Treating spiritual issues in secular psychotherapy." *Counseling and Values, 45*(3).

Marquis, A., & Ingersoll, R. E. (in progress). *Handbook of Integral Psychotherapy*.

Marquis, A., & Holden, J. M. (in press). Mental health professionals' evaluations of the Integral Intake, a metatheory-based, idiographic intake instrument. *Journal of Mental Health Counseling.*

Marquis, A., & Warren, E. S. (2004). Integral counseling: Prepersonal, personal, and transpersonal in self, culture, and nature. *Constructivism in the Human Sciences, 9*(1), 111-132.

Marquis, A., & Wilber, K. (in press). Unification beyond eclecticism: Integral psychotherapy. *Journal of Psychotherapy Integration.*

Maslow, A. H. (1970). *Motivation and personality* (2nd ed.). New York: Harper & Row.

Maslow, A. H. (1971). *The farther reaches of human nature.* New York: Viking Press.

Masterson, J. (1981). *The narcissistic and borderline disorders.* New York: Brunner/Mazel.

Matthews, G., Zeidner, M., & Roberts, R. D. (2002). *Emotional intelligence: Science and myth.* Cambridge, MA: MIT Press.

Maturana, H. R., & Varela, F. J. (1987). *The tree of knowledge: The biological roots of human understanding.* Boston: Shambhala.

May, R. (1977). *The meaning of anxiety* (Rev. ed.). New York: Norton.

May, R., & Yalom, I. (1995). Existential psychotherapy. In R. J. Corsini & D. Wedding (Eds.), *Current psychotherapies* (5th ed.) (pp. 262-292). Itasca: F. E. Peacock.

McDonald, R. P. (1999). *Text theory: A unified treatment.* London: Lawrence Erlbaum Associates.

McCrae, R. R., & Costa, P. T. (1996). Toward a new generation of personality theories: Theoretical contexts for the five-factor model. In J. S. Wiggins (Ed.), *The five-factor model of personality: Theoretical perspective.* New York: Guilford.

McWilliams, N. (1994). *Psychoanalytic diagnosis: Understanding personality structure in the clinical process.* New York: Guilford.

Miller, P. (2002). *Theories of developmental psychology.* New York: Worth Publishers.

Miller, R. B. (2004). *Facing human suffering: Psychology and Psychotherapy as moral engagement.* Washington, DC: American Psychological Association.

Mosak, H. H. (1995). Adlerian psychotherapy. In R. J. Corsini & D. Wedding (Eds.), *Current psychotherapies* (5th ed.) (pp. 51–94). Itasca: F. E. Peacock.

Murphy, M. (1993). Integral practices: Body, hearth, and mind. In Walsh, R. and Vaughan, F. (Eds.), *Paths beyond ego: The transpersonal vision.* Los Angeles: Jeremy P. Tarcher.

Neff, K. (2003a). Self-compassion: An alternative conceptualization of a healthy attitude toward oneself. *Self and Identity, 2,* 85–101.

Neff, K. D. (2003b). The development and validation of a scale to measure self-compassion. *Self and Identity, 2,* 223–250.

Nietzsche, F. (1966). *Beyond good and evil: Prelude to a philosophy of the future.* New York: Vintage Books.

Novy, D. M., & Francis, D. J. (1992). Psychometric properties of the Washington University Sentence Completion Test. *Educational and Psychological Measurement, 52,* 1029–1039.

Palmer, H. (1988). *Enneagram: Understanding yourself and the others in your life.* New York: HaperCollins.

Palmer, S. (1997). Modality assessment. In S. Palmer & G. McMahon (Eds.), *Client Assessment* (pp. 134–167). London: Sage.

Pearson, W. (2007). Integral counseling and a three-factor model of defenses. *Journal of Counseling and Values, 51*(3), 209–220.

Perry, W. G. (1970). *Forms of intellectual and ethical development in the college years.* New York: Holt, Rinehart & Winston.

Persons, J. B. (1991). Psychotherapy outcome studies do not accurately represent current models of psychotherapy: A proposed remedy. *American Psychologist, 46,* 99–106.

Piaget, J. (1926). *Language and thought of the child.* New York: Harcourt Brace Jovanovich.

Piaget, J. (1928). *Judgment and reasoning in the child.* New York: Harcourt Brace Jovanovich.

Piaget, J. (1948). *Moral judgment of the child*. Glencoe: Free Press.

Piaget, J. (1977). *the essential Piaget*. H. E. Gruber & J. J. Voneche (Eds.). New York: Basic.

Popper, K. R. (1963). *Conjectures and refutations: The growth of knowledge*. London: Routledge and Kegan Paul.

Pressly, P. K., & Heesacker, M. (2001). The physical environment and counseling: A review of theory and research. *Journal of Counseling and Development, 79*(2), 148-160.

Prochaska, J. O., & DiClemente, C. C. (1982). Transtheoretical therapy: Toward a more integrative model of change. *Psychotherapy: Theory, Research, and Practice, 19*(3), 276-288.

Prochaska, J. O., & DiClemente, C. C. (2003). The transtheoretical approach. In J. C. Nocross & M. R. Goldfried (Eds.), *Handbook of psychotherapy integration*. New York: Oxford University Press.

Prochaska, J. O., & Norcross, J. C. (2003). *Systems of psychotherapy: A transtheoretical analysis*. Pacific Grove, CA: Brooks Cole.

Riso, D. R., & Hudson, R. (1999). *The wisdom of the Enneagram: The complete guide to psychological and spiritual growth for the nine personality types*. New York: Bantam.

Robinson, T. (1997). Insurmountable opportunities. *Journal of counseling and Development, 76*, 6-7.

Rogers, C. R. (1957). the necessary and sufficient conditions of therapeutic personality change. *Journal of Consulting Psychology, 21*, 95-103.

Rogers, C. R. (1961). *On becoming a person: A therapist's view of psychotherapy*. Boston: Houghton Mifflin.

Rogers, C. R. (1986). A client-centered/person-centered approach to therapy. In I. Kutash & A. Wolf (Eds.), *Psychotherapist's casebook* (pp. 197-208). San Francisco: Jossey-Bass.

Ruddell, P. (1997). General assessment issues. In S. Palmer & G. McMahon (Eds.), *Client Assessment* (pp. 6-28). London: Sage.

Sartre, J. P. (1976). *The emotions: Outline of a theory*. Secaucus, NJ: Citadel Press.

Sartre, J. P. (1998). *Existentialism and human emotions.* Secaucus, NJ: Citadel Press.

Schwartz, J., & Begley, S. (2002). *The mind and the brain: Neuroplasticity and the power of mental force.* New York: HarperCollins.

Schwartz, T. (1995). *What really matters: Searching for wisdom in America.* New York: Bantam.

Scotton, B. W., chinen, A. B., & Battista, J. R. (Eds.). (1996). *Textbook of transpersonal psychiatry and psychology.* New York: Basic.

Segal, Z. V., Williams, J. M. G., & Teasdale, J. D. (2002). *Mindfulness-based cognitive therapy for depression: A new approach to preventing relapse.* New York: Guilford.

Selman, R. (1980). *The growth of interpersonal understanding.* New York: Academic.

Shapiro, F. (2001). *Eye movement desensitization and reprocessing: Basic principles, protocols and procedures.* New York: Guilford.

Sharp, P. M. (1994). A factor analytic study of three enneagram personality inventories and the vocational preference inventory. *Dissertation Abstracts International, 55*(05), 1228A.

Shertzer, B., & Linden, J. D. (1979). *Fundamentals of individual appraisal: Assessment techniques for counselors.* Boston: Houghton Mifflin.

Short, B. (2005). AQAL: Beyond the biopsychosocial model. *AQAL Journal of Integral Theory and Practice, 1*(3), 2-14.

Siegel, D. J. (2001). Toward an interpersonal neurobiology of the developing mind: Attachment relationships, "mindsight," and neural integration. *Infant Mental Health Journal, 22,* 67-94.

Solomon, R. (2007). *True to our feelings: What our emotions are really telling us.* New York: Oxford University Press.

Steindl-Rast, D. (1983). *A listening heart: The art of contemplative living.* New York: Crossroad.

Steindl-Rast, D. (1984). *Gratefulness, the heart of prayer: An approach to life in fullness.* New York: Paulist Press.

Stolorow, R. D., Atwood, G. E., & Orange, D. M. (2002). *Worlds of experience:*

Interweaving philosophical and clinical dimensions in psychoanalysis. Hillsdale, NJ: Analytic Press.

Stolorow, R. D., Brandchaft, B., & Atwood, G. E. (1997). *Psychoanalytic treatment: An intersubjective approach*. Hillsdale, NJ: Analytic Press.

Sullivan, C., Grant, M. Q., & Grant, J. D. (1957). The development of interpersonal maturity: Applications to delinquency. *Psychiatry, 20,* 373-385.

Sullivan, H. S. (1953). *The interpersonal theory of psychiatry*. New York: Norton.

Vacc, N. A., & Juhnke, G. A. (1997). The use of structured clinical interviews for assessment in counseling. *Journal of Counseling and Development, 75*(6), 470-480.

Van Audenhove, C., & Vertommen, H. (2000). A negotiation approach to intake and treatment choice. *Journal of Psychotherapy Integration, 10*(3), 287-299.

Visser, F. (2003). *Ken Wilber: Thought as passion*. Albany: State University of New York Press.

Wachtel, P. L. (1993). *Therapeutic communication: Knowing what to say when*. New York: Guilford Press.

Walsh, R. (1982). Psychedelics and psychological well-being. *Journal of Humanistic Psychology, 22*(3), 22-32.

Walsh, R. (1993). Meditation research: The state of the art (pp. 60-67). In R. Walsh & F. Vaughan (Eds.), *Paths beyond ego: The transpersonal vision* (pp. 212-213). Los Angeles: Jeremy P. Tarcher.

Walsh, R., & Vaughan, F. (Eds.). (1993). *Paths beyond ego: The transpersonal vision*. Los Angeles: Jeremy P. Tarcher.

Walsh, R., & Vaughan, F. (1994). The worldview of Ken Wilber. *Journal of Humanistic Psychology, 34*(2), 6-21.

Washburn, M. (1988). *The ego and the dynamic ground: A transpersonal theory of human development*. Albany: State University of New York Press.

Washburn, M. (1994). *Transpersonal psychology in psychoanalytic perspective.*

Albany: State University of New York Press.

Watts, A. (1966). *The book: On the taboo against knowing who you are.* New York: Vintage.

Weil, A. (1986). *The Natural Mind: An Investigation of Drugs and the Higher Consciousness.* Boston, Houghton Mifflin.

Weil, A. (1998). *8 weeks to optimum health.* New York: Ballantine Books.

Weil, A. (2001). *Eating well for optimum health: The essential guide to bringing health and pleasure back to eating.* New York: Collins.

Welwood, J. (Ed.). (1985). *Awakening the heart: East/West approaches to psychotherapy and the healing relationship.* Boston: Shambhala.

Welwood, J. (2000). *Toward a psychology of awakening: Buddhism, psychotherapy, and the path of personal and spiritual transformation.* Boston: Shambhala.

Westen, D., & Morrison, K. (2001). A multidimensional meta-analysis of treatments for depression, panic, and generalized anxiety disorder: An empirical examination of the status of empirically supported therapies. *Journal of Consulting and Clinical Psychology, 69,* pp. 875-899 (downloaded from Ovid Web gateway, pp. 1-36).

Westen, D., Novotny, C. M., & Thompson-Brenner, H. (2004). The empirical status of empirically supported psychotherapies: Assumptions, findings, and reporting in controlled clinical trials. *Psychological Bulletin, 130,* pp. 631-663 (downloaded from Ovid Web gateway, pp. 1-65).

White, J. (1984). *What is enlightenment: Exploring the goal of the spiritual path.* Los Angeles: Jeremy P. Tarcher.

Wilber, K. (1980). *The atman project: A transpersonal view of human development.* Wheaton, IL: Quest Books.

Wilber, K. (1983). Where it was, there I shall become: Human potentials and the boundaries of the soul. In R. Walsh & D. H. Shapiro (Eds.). *Beyond health and normality: Explorations of exceptional psychological well being.* New York: Van Nostrand, pp. 67-123.

Wilber, K. (1984a). The developmental spectrum and psychopathology: Part I, stages and types of pathologies. *Journal of Transpersonal Psychology,*

16(1), 75-118.

Wilber, K. (1984b). The developmental spectrum and psychopathology: Part II, treatment modalities. *Journal of Transpersonal Psychology, 16*(2), 137-166.

Wilber, K. (1999a). *The collected works:* Vol. 1. *The spectrum of consciousness, no boundary, selected essays*. Boston: Shambhala.

Wilber, K. (1999b). *The collected works:* Vol. 2. *The atman project, up from Eden*. Boston: Shambhala.

Wilber, K. (1999c). *The collected works:* Vol. 3. *A sociable god, eye to eye*. Boston: Shambhala.

Wilber, K. (1999d). *The collected works:* Vol. 4. *Integral psychology, transformations of consciousness, selected essays*. Boston: Shambhala.

Wilber, K. (2000a). *The collected works:* Vol. 5. *Grace and grit*. Boston: Shambhala.

Wilber, K. (2000b). *The collected works:* Vol. 6. *Sex, ecology, spirituality*. Boston: Shambhala.

Wilber, K. (2000c). *The collected works:* Vol. 7. *A brief history of everything, the eye of spirit*. Boston: Shambhala.

Wilber, K. (2000d). *The collected works:* Vol. 8. *The marriage of sense and soul, one taste*. Boston: Shambhala.

Wilber, K. (2000e). *Integral psychology: Consciousness, spirit, psychology, therapy*. Boston: Shambhala.

Wilber, K. (2001). On the nature of a post-metaphysical spirituality: Response to Habermas and Weis. Retrieved October, 20, 2001 from wilber.shambhala.com

Wilber, K. (2003). Waves, streams, states, and self: An outline of an integral psychology. *Journal of Humanistic Psychology 31*(2-3), 22-49.

Wilber, K. (2005a). *Introduction to integral theory and practice. http://integralnaked.org.*

Wilber, K. (2005b). *Integral life practice starter kit*. Boulder, CO: Integral Institute.

Wilber, K. (2006). *Integral spirituality: A startling new role for religion in the modern and postmodern world*. Boston: Integral Books.

Wilber, K., Engler, J., & Brown, D. (1986). *Transformations of consciousness: Conventional and contemplative perspectives on development*. Boston: Shambhala.

Yalom, I. D. (2002). *The gift of therapy: An open letter to a new generation of therapists and their patients*. New York: Harper Collins.

찾아보기

《인 명》

《내 용》

저자 소개

안드레 마퀴스는 로체스터 대학교의 상담 및 인간 발달의 조교수로서 통합-구조적 관점에서 심리치료, 교육, 슈퍼비전 및 연구를 하고 있다. 그는 텍사스에서 상담 전문가와 뉴욕의 정신 건강 상담자 자격증을 가지고 있으며, 심리학과 상담, 인간 발달 프로그램에서 20개의 다양한 과정을 지도해 왔다(노스이스턴 주립대학교와 로체스터 대학교 각각에서). 안드레는 *Constructivism in the Human Sciences* 저널의 공동 편집자를 포함하여 여러 저널의 편집자 역할을 맡아 왔으며, 동료 심사 저널에서 11개의 논문을 발표했다. 통합연구소의 설립자 중 한 명이며, *AQAL: Journal of Integral Theory and Practice*의 자문위원을 맡고 있다.

안드레의 주요 연구가 상담 및 심리치료의 통합적 접근을 개발하는 것이라는 점을 고려할 때, 그가 *Journal of Psychotherapy Integration, Psychoanalytic Inquiry*, 그리고 *Studies in Gestalt Therapy to Counseling and Values, Journal of Humanistic Psychology*에 이르는 저널에 발표해 왔음은 그에게 의미가 있다. 그는 또한 켄 윌버와 마이클 마호니와 공동으로 논문을 저술하기도 했으며, 『상담과 심리치료에서의 이론적 모델(*Theoretical Models of Counseling and Psychotherapy*)』 역시 Routledge에서 출판되었다. 그는 현재 『통합심리치료 편람(*The Handbook of Integral Psychotherapy*)』의 공동 편집을 맡고 있다.

역자 소개

문일경은 연세대학교 사학과를 졸업하고 한국 IBM에서 10여 년 동안 IT 컨설턴트로 재직하였다. 서울불교대학원대학교 자아초월상담학을 전공하여 상담학 박사 학위를 취득하였다. 서울불교대학원대학교, 대원불교대학, 명지대학교 사회교육원, 단국대학교 평생교육원 등에서 상담과 심리치료, 자아초월심리학과 관련된 강의를 진행해 왔다. 자아초월심리학 및 상담, Ken Wilber의 통합심리학 분야에 대해 공부를 해 왔으며, 최근에는 통합 이론을 실제에 적용한 수련모델(Integral Life Practice)과 치료모델(Integral Psychotherapy)을 국내에 활성화하기 위한 구체적인 실천방안을 마련하고자 연구하고 있다. 현재 한국상담심리학회 소속 상담심리사(1급)로 활동하고 있다. 통합심리학 및 통합심리치료와 관련된 몇 편의 논문을 발표하였으며, 『7가지 행복명상법』(공역, 김영사, 2007)을 번역하였다.

통합심리치료
평가와 사례개념화
The Integral Intake

2011년 8월 5일 1판 1쇄 인쇄
2011년 8월 10일 1판 1쇄 발행

지은이 • Andre Marquis
옮긴이 • 문일경
펴낸이 • 김진환
펴낸곳 • (주) 학지사
121-837 서울특별시 마포구 서교동 352-29 마인드월드빌딩 5층
대표전화 • 02)330-5114 팩스 • 02)324-2345
등록번호 • 제313-2006-000265호

홈페이지 • http://www.hakjisa.co.kr
커뮤니티 • http://cafe.naver.com/hakjisa

ISBN 978-89-6330-715-2 93180

정가 18,000원

역자와의 협약으로 인지는 생략합니다.
파본은 구입처에서 교환해 드립니다.